国家出版基金项目
NATIONAL PUBLICATION FOUNDATION
国家社科基金重大项目结项成果
“十四五”国家重点出版物出版规划项目

二十世纪东亚抗日叙事文献整理与研究丛书

丛书主编——牛林杰

史料编·日记卷

分卷主编——吴　铭

山东大学出版社
SHANDONG UNIVERSITY PRESS
·济南·

图书在版编目(CIP)数据

二十世纪东亚抗日叙事文献整理与研究丛书. 史料编. 日记卷 / 牛林杰主编 ; 吴铭分卷主编. -- 济南 : 山东大学出版社, 2025. 8. -- ISBN 978-7-5607-9015-2

Ⅰ. K152

中国国家版本馆 CIP 数据核字第 20252CN137 号

策划编辑 张铭芳
责任编辑 张铭芳
文案编辑 孙燕红
封面设计 卡古鸟设计

二十世纪东亚抗日叙事文献整理与研究丛书・史料编・日记卷

ERSHI SHIJI DONGYA KANGRI XUSHI WENXIAN ZHENGLI YU YANJIU CONGSHU・SHILIAOBIAN・RIJIJUAN

出版发行 山东大学出版社
社　　址 山东省济南市山大南路 20 号
邮政编码 250100
发行热线 (0531)88363008
经　　销 新华书店
印　　刷 山东新华印务有限公司
规　　格 720 毫米×1000 毫米 1/16
　　　　 28.75 印张 513 千字
版　　次 2025 年 8 月第 1 版
印　　次 2025 年 8 月第 1 次印刷
定　　价 160.00 元

国家社科基金重大项目『二十世纪东亚抗日叙事文献整理与研究』结项成果

二十世纪东亚抗日叙事文献整理与研究丛书

编辑说明

“二十世纪东亚抗日叙事文献整理与研究丛书”由文学编、史料编、研究编及总目组成，其中文学编及史料编为文献整理部分。该部分内容卷帙浩繁、体裁众多，整理难度较大。现将整理编辑原则说明如下。

一、收录原则

“二十世纪东亚抗日叙事文献整理与研究丛书”文献整理卷册系统整理并收录了国内外有关东亚抗日叙事的重要文学作品及相关史料。收录作品的国别范围包括中国、朝鲜、韩国、日本、苏联等国家。苏联在传统意义上是一个横跨亚欧大陆的欧洲国家，但其远东地区位于东北亚，并且在第二次世界大战期间曾与日本直接发生战争。因此，我们将苏联列入了东亚抗日叙事文献收录的国别范围。同时，丛书也收录了抗战时期来华的一些欧美人士创作的有关东亚国家抗日叙事的作品。丛书所录中国抗日叙事作品原则上仅限于涉及东亚国家抗日或反战主题的作品。对于东亚各国战争期间创作的作品和战后创作的作品采取了区别对待的原则。战争期间创作的作品十分珍贵，能收尽收。战后创作的作品，由于各国社会制度和意识形态不同等原因，抗日记忆和叙事内容出现了一些较为复杂的变化，对此，我们坚持历史唯物主义原则，甄选并收录了各国较具代表性或影响力较大的作品。其中，篇幅较长的部分文本，视内容的不同情况，或全文收录，或节选部分重要章节。

二、所据版本

为再现东亚抗日的历史现场、确保文献的真实性，丛书收录的文献以20世纪前半期(1900—1950年)创作和发表的文献为主，部分回忆录、传记、翻译等文本则兼顾20世纪后半期发表或出版的文献。所录文献原则上以初刊本或初版本为准，以保留初始版本叙事的语境、意义和风格。对于一些初刊本难以查阅到的文献，则收录较早的转载本。在每篇文献之后均标注了文献的详细出处。

三、关于文献作者和国籍

文献作者及其国籍原则上以原始文献为准进行标注。作者不详或没有注明作者的文献均以“佚名”标注。民国时期，关于朝鲜半岛国家的名称有“朝鲜”“韩国”“高丽”等多种标记方式。因此，朝鲜民主主义人民共和国和大韩民国正式成立(1948年)以前的文献保留原始文献的国籍标记方式，1948年以后的文献则根据作者的实际国籍分别标注为“朝鲜”“韩国”。

四、编排顺序

丛书文献部分按小说、诗歌、戏剧、散文、传记、史传、书信、日记、纪实、评论等分卷编辑，各类下篇目主要以公开发表时间为序进行排列，个别未公开发表的文献按作品中标注的创作时间列入。为了方便读者阅读，部分卷册在目录中对文献进行了时段区分。

五、文字和格式处理

为尊重原文献的历史语境，不尽符合现行语法规范的字句，在不影响文意的情况下一般不予改动。原文疑似错字后加[ ]标出拟改文字，无法辨识的文字用□表示，衍字用〔 〕表示，漏字加〖 〗表示。小说、散文和诗歌已有分段、空格的按原刊格式，个别明显不当的略有调整。戏剧的人物称谓和格式按原刊。旧体诗词、散文和小说原文无标点或只标句读，大部分无分段，为便于阅读，本书编者增加了标点和分段，其中或有不当，望识者指正。

六、其他

其他未尽事项及特殊情况参见正文相关注释或按语。

二十世纪东亚抗日叙事文献整理与研究丛书

总序

“二十世纪东亚抗日叙事文献整理与研究丛书”是国家社科基金重大项目“二十世纪东亚抗日叙事文献整理与研究”(15ZDB090)的最终结项成果。在纪念中国人民抗日战争暨世界反法西斯战争胜利80周年之际,本丛书付梓出版,为我们提供了一个重新认识东亚抗日叙事文化内涵、深入思考和平与发展的契机,具有重要的学术价值和现实意义。

当今世界正面临百年未有之大变局,坚持和平与发展,携手构建人类命运共同体已成为国际社会的广泛共识。但在东亚地区,由于20世纪上半期日本军国主义发动侵略战争而遗留的一些问题,如对侵略战争的认识问题、殖民统治问题、“慰安妇”制度问题、战时强征劳工问题等仍没有得到妥善解决,人们对于战争的记忆难以磨灭,这种情况甚至还在影响东亚国家关系的正常发展。

从文化史、文学史的层面上,深入挖掘和整理东亚国家抗日叙事的文本资料,可辨析东亚抗日叙事中丰富的历史文化信息,还原历史真实。通过阐释东亚抗日叙事的历史价值和美学价值,可为阐明20世纪东亚精神的本质和意义、建构和谐东亚提供理论依据。同时,通过跨文化、跨学科的全面系统研究,阐述东亚抗日叙事的独特性和内在关联,进而阐明东亚文学与文化交流的历史发展规律和特征,并深入探讨文学与时代精神、文学与身份认同、文学与意识形态等文学的理论和实践问题。因此,20世纪东亚抗日叙事文献整理与研究无论在理论方面还是现实方面都具有重要的意义。第一,从东亚抗日的视角出发，深入发掘和整理20世纪中国、朝鲜、韩国、日本、苏联等国以及部分来华欧美作家的东亚抗日叙事文献资料，可从东亚文学史的角度为阐明“中国的抗日战争是世界反法西斯战争的重要组成部分”“中国抗日战场是世界反法西斯战争的东方主战场”提供文献资料支撑。第二，东亚各国的抗日叙事并非各自孤立的存在，而是在抗日语境下作家们相互交流、传播思想、译介作品中展开的。深入探讨抗日语境下东亚各国作家之间的人文交流、作品译介和传播及其对东亚抗日叙事的影响，对于阐明20世纪上半期东亚文学的形成和发展、特点和规律具有重要意义。第三，通过对东亚各国抗日叙事的比较文学研究，阐明东亚诸国作家的民族认同、国家认同、东亚认同，进而可以从跨文化的视角探讨东亚抗日叙事在世界反法西斯文学乃至世界文化史中的价值及地位。第四，以新时代习近平中国特色社会主义思想为指导，基于“东亚抗日叙事”的性质和特点，在研究过程中尝试提出并应用“抗日叙事与反战叙事”“跨国体验与跨界叙事”“东亚认同与身份认同”“意识形态与抗日记忆”等一系列创新性学术话语，为构建中国特色学术话语体系做出贡献。第五，东亚抗日叙事研究蕴含了“让历史说话，用史实发言”“还原历史，以史为鉴”的精神，有利于推动爱国主义教育、民族认同、国家认同，有利于正确认识东亚抗日的历史和本质。

“二十世纪东亚抗日叙事文献整理与研究丛书”共34卷，由文学编（13卷）、史料编（11卷）、研究编（9卷）及总目（1卷）组成。其中，文学编和史料编属于文献整理部分，文学编按照小说、诗歌、戏剧、散文等分卷编辑，史料编按照传记、史传、书信、日记、纪实、评论等分卷编辑。丛书系统整理了中国近现代文学史料中的东亚抗日叙事文本，重点发掘整理了中国、朝鲜、韩国、日本、苏联等国的抗日叙事文献资料，并对一些重要的外语文本进行了中文翻译。

中短篇小说卷（共2卷）选录了90余篇短篇小说和4部中篇小说，其中不乏新发掘的文本，短篇小说如歌颂朝鲜义士英雄壮举的《韩儿舍身记》（泪人，1915）、批判日本殖民台湾惨状的《一位台湾女子的谈话》（白薇，1931）、以鬼的口吻讽刺德军罪行的《一九三八年的鬼》（A. ABRAMOV，1938）、赞颂苏联红军在哈桑湖区域击退日军的《哈桑湖畔》（莫什梁克，1942）等作品；中篇小说则包括以安重根义举为主线的《朝鲜血》（黄世仲，1909—1910）、以朝鲜亡国为蓝本的《朝鲜亡国演义》（1921）等。

长篇小说卷（共4卷）选录了17部长篇小说作品，其中包括以朝鲜亡国为蓝本的《亡国影》（倪轶池、庄病骸，1915）、《朝鲜遗恨》（沈桑红著、蓝剑青评，1932），无名氏以韩国爱国志士李范奭为原型创作的《荒漠里的人》（1942—

1943)、《北极风情画》(1943—1944),以朝鲜抗日事迹为主题的《历史》(韩雪野,1957)等。小说卷收录的作品反映了抗日语境下东亚文人的集体记忆,展现了国家民族危亡状态下人民的困苦生活与精神渴求,对于研究东亚各民族联合抗战与东亚认同具有重要的文献价值。

诗歌卷(共 2 卷)收录了近 700 首东亚抗日诗歌作品,涉及的国家包括中国、朝鲜、日本、韩国、苏联等。所录诗歌的体裁与形式多种多样,既有古体诗、词、曲、赋,也有自由体、新格律体、散文诗等形式的新诗作品。其中,很多国内诗歌作品都是第一次被发掘出来,很多外国诗歌则是第一次被翻译成中文。这些诗歌作品,或叙事、或抒情、或言志,承载并生动反映了 20 世纪上半期东亚各国人民反抗日本侵略的坚定立场和大无畏精神,是东亚现代诗歌文学研究的重要资料。

戏剧卷(共 2 卷)收录了近 60 篇东亚抗日戏剧作品。收录作品的国别主要有中国、朝鲜、韩国、日本、苏联等。戏剧卷所录戏剧既有抗战时期就多次公演并引起较大反响的作品,也有编者新发掘和直接从外文翻译成中文的一些鲜为人知的珍稀作品。如侯曜创作的《山河泪》、文靖珍创作的《阿里朗》、鹿地亘创作的《三兄弟》等作品,在中国抗战期间公演时获得了文化界知名人士艾青、林林、王莹、力扬、杨朔等人的高度评价。而戏剧卷所录反映朝鲜半岛抗日斗争的中国戏剧《海牙剖腹记》《炸皇宫》,反映日本反战意识的日本戏剧《正义血战》《骷髅的跳舞》,反映朝鲜半岛人民抵抗殖民压迫的戏剧《朝鲜的女儿》等则都是新发掘的文学史料。长谷川海太郎创作的《安重根——十四场面》、金春光创作的《安重根史记》、乌鸦创作的《血海之唱》《战斗的密林》等作品,则都是第一次被翻译成中文介绍到国内。

散文卷(共 3 卷)收录了近 300 篇东亚抗日散文作品。收录作品的国别包括中国、朝鲜、韩国、日本、苏联等国家。同时,也收录了史沫特莱、约士登等抗战时期来华的一些欧美作家创作的有关东亚国家抗日叙事的散文作品。东亚抗日叙事中的散文丰富多彩,其中既有中国成名大家之作,如郭沫若的《鸡》、卞之琳的《一个敌军小队长》等。也有日本、韩国、苏联等国的散文作品,如鹿地亘的《过香港》、金在天的《亡国痛史》等。鹿地亘的《回忆录:在抗日战争中》、金台俊的《延安行》等文献都是第一次被翻译成中文。

传记卷(共 1 卷)收录的抗日人物传记作品涉及中国、朝鲜、韩国等国家。其中记录东北抗联李红光烈士事迹的《李红光传》(澹,1936)、《东北抗日联军第一军第一师师长李红光烈士传》(1937),以及《安义士重根》(李斗山,1941)、《韩国同志李斗文传》(贺彪,1945)等传记作品,反映了东亚人民不屈不挠的抗日斗争精神，以及对民族独立、祖国光复的强烈诉求。

史传卷(共 2 卷)收录了 17 部作品，多为朝鲜亡国史相关著述。除梁启超的《朝鲜亡国史略》《日本并吞朝鲜记》等经典作品外，《朝鲜亡国史略》(尚中，1910)、《日本合并朝鲜始末记》(长舆，1910)、《朝鲜亡国鉴》(刘彦，1915)等均为新发掘的近代中国人撰写的朝鲜亡国史传作品。这些作品反映了当时日本吞并朝鲜半岛的暴行，表现出中国对朝鲜亡国的深刻同情，具有十分重要的文本价值。

书信卷(共 1 卷)选录了 1919 年至 1945 年间东亚各国人士与抗日有关的私人信件、公函、公开信等。东亚不同国籍人士之间的官方或民间书函往来，真实反映了抗日语境下东亚人士频繁的跨国交流情况。其中，中方书信中有巴金、吴石等著名人士与国际友人的书信，也有桂林儿童团体、贵阳书店工人、中华全国文艺界抗敌协会等致国际友人的慰问信；国际人士信件则包括日本反战人士鹿地亘、池田幸子、绿川英子，韩国抗日独立运动家金九、申圭植、安昌浩、赵素昂、金若山，以及各在华抗日团体与中国友人之间的信函。书信卷所录在华从事抗日或反战活动的国际人士之间的交往信件是不可多得的贵重资料，如日本反战人士绿川英子致朝鲜义勇队的信函、日本俘虏觉醒后与鹿地亘的书信交流等。此外，书信卷还收录了一部分战时中方缴获的日本士兵的家书，这些书信对研究战时日本国情、士兵心理以及对战争的态度等均具有重要文献价值。

日记卷(共 1 卷)搜集并选编了抗战时期中国报刊、书籍中登载的部分日记及日记评论，涉及中国、日本、苏联、韩国等国的 60 余位作者。这些日记资料都与“东亚抗日”这一主题相关，其中既有中国普通民众的日记，也有韩国独立运动家、日本反战人士及苏联战士的日记，而更多的日记资料则来自战时中方缴获并翻译刊行的日本士兵日记。中国人日记方面，《春生日记》记录了一名普通中国学生与韩国流亡抗日志士遗孤的交往片段，《编辑室日记》反映了战时《黄河》杂志与韩国青年战地工作队、日本俘虏的交流，这些都是值得关注的资料。朝鲜义勇队队员的《阵地工作队日记》《中条山反扫荡日记》、日本反战人士池田幸子的《武汉行》、苏联西尔倩考的《冲上张鼓峰去》、格罗金的《一个空军战士的手记》等国际反法西斯人士的战斗日记，为我们拓宽了东亚抗日叙事研究的国际视野。此外，本卷选录的日本士兵日记中译本与日记评论，对了解战时中国文艺抗战和军中敌工工作、战时日本军队情况等都是可资参考的重要资料。

纪实卷(共 3 卷)收录了 1909 年至 1948 年间有关东亚抗日的报告文学、

长篇通讯、人物采访、历史纪实等文献资料。这些资料涉及中国、日本、朝鲜、韩国、苏联等国家。其中有对安重根、尹奉吉、李奉昌、朝鲜义勇队等朝鲜抗日志士或团体的真实记录和描写，有对日本铁蹄践踏下的朝鲜社会现状之控诉，也有对各国抗日情形之真实再现，还有绿川英子、鹿地亘等在华日本反战人士的深情回忆。上述文献资料散见于20世纪上半期的报纸、期刊和图书，内容多为真人真事，是研究东亚抗日不可多得的宝贵资料。

评论卷(共3卷)收录了400余篇东亚抗日相关评论文献。所录文献既包括文学评论，如鹿地亘的《创作方法之现实的基础》、金光洲的《朝鲜文坛的最近状况》等；也包括一部分政论和史论，如申睆观的《吾人今后之责任》、杜洛斯基的《苏俄政府何以不对日宣战》、金奎光的《朝鲜民族反日革命总力量问题》等。这些评论资料紧紧围绕抗日的时代主题，或从世界大势的宏观视角，或从东亚各国内部的微观视角，深入分析了当时东亚抗日战场的现状、动态和趋势。

丛书的文献整理部分几乎每一卷都包含了一些尚未引起国内外学界关注的珍贵文献资料，这些文献不仅是研究20世纪东亚国别文学的重要资料，也是从宏观上研究抗日语境下东亚文学交流与互动的重要史料。

“二十世纪东亚抗日叙事文献整理与研究丛书”研究编由9部专题著作组成。《抗日语境下的东亚跨界叙事研究》围绕20世纪上半期抗日语境下东亚文学中的跨界叙事进行研究，重点分析了中国现代文学和日本反战作家文学中的抗日叙事。《抗日语境下的东亚文学交流研究》聚焦抗日语境下东亚各国的作家交流、文本译介及其对抗日叙事的影响。《东亚抗日叙事比较研究》则通过比较东亚各国抗日叙事的发展脉络，阐明其特殊性和普遍性。《中朝韩当代抗日叙事研究》以第二次世界大战后中朝韩当代抗日叙事为中心，对东亚文学中的当代抗日记忆进行了比较研究。《朝鲜半岛来华留学文人的跨国体验与文学书写研究》《申圭植的中国体验与文学创作研究》《朴殷植的文坛活动与文学创作研究》《赵素昂的跨界体验与文学创作研究》《金学铁抗日文学研究》等5部著作则分别从作家研究的角度深入阐述了抗日语境下朝鲜半岛作家在中国的跨国体验与文学创作。

在开展20世纪东亚抗日叙事文献整理和研究的过程中，编者团队就东亚抗日叙事文献的资料价值、东亚抗日叙事的主要特点等相关问题形成了一系列的学术观点，现将其中几个重要观点简要介绍如下。

第一，20世纪东亚抗日叙事是东亚现代文学研究值得深入挖掘的一个丰富的资源宝库。从目前整理的20世纪东亚抗日叙事相关文献资料来看，其数量之多、范围之广、体裁之全面、内容之丰富、价值之重要，都远远超出了我们的预想。东亚抗日叙事相关资料反映了侵略与反侵略、正义与邪恶、进步与反动的人类斗争，充分体现了20世纪的东亚精神和文人的文化自觉。这些珍贵的文献资料无疑是20世纪东亚文学的重要组成部分。但令人遗憾的是，其中很多文学史料尚未被纳入东亚现代文学的研究视野。

第二，中国抗日战场是东亚抗日叙事生成的重要历史场域和空间场域。在抗日的大背景下，东亚被殖民国家和地区的抗日志士纷纷流亡中国，在中国开展抗日斗争。中国政府也适时提出了支持东方弱小民族抗日独立运动的口号。日本人民反战同盟、朝鲜义勇队等抗日、反战组织先后在中国抗日大后方成立。来自东亚各国的抗日志士除少数人直接参加武装斗争，大多数人主要从事写作、宣传活动。他们在和中国文人、作家积极进行交流互动的同时，以抗日或反战为主题，创作了丰富多彩的抗日叙事作品。这些抗日叙事作品的内容往往超越国家、超越民族，反映的是东亚人民共同的心声。这些作品在中国创作、在中国发表，甚至在中国舞台演出。

第三，跨界叙事是20世纪东亚抗日叙事的一个重要特征。20世纪上半期，面对残暴的日本帝国主义侵略，中国作家与日韩流亡文人就反抗日本帝国主义这一时代主题进行了共同书写，并在叙事内容上表现出鲜明的“跨界”特征。跨界叙事包括跨界体验叙事、跨界题材叙事、跨界共同叙事。跨界叙事是文本价值实现超越与重构的重要途径之一。叙事时间和空间的变化可以直接带来思想观念、叙事结构的变化。抗日语境下，东亚抗日文学的跨界叙事极大地强化了东亚国家之间的东亚身份认同，密切了东亚国家人民之间的传统文化关系。

第四，跨界体验是20世纪东亚抗日叙事的一个主要特点。跨界体验也称跨国体验。首先，跨界体验的意义在于通过跨界的政治体验、文化体验、教育体验等获得反思、反观的机遇，从这个意义上讲，跨界体验可以有效地促进作家对本国的深度体验。其次，跨界体验包括人际交流、文本交流以及政治、外交等领域的交流。跨界体验是文学生产的主要创新机制。通过对话与交流呈现相互叙事，通过相互叙事不断地发现和建构自我与他者。抗战时期，朝鲜半岛的大批知识分子和日本的反战人士长期在中国学习、战斗和生活，他们在跨界体验的过程中重新认识中国，重新认识本国，重新认识东亚。这些新的认识在他们的抗日叙事中得到了真实的反映。

第五，抗战背景下，中国一度成为东亚抗日戏剧交流的中心舞台。国家危难之际，戏剧是唤醒民众、动员国民、鼓舞士气最有效的艺术形式之一。抗战时期，东亚各国的剧作家在中国进行了密切的交流与互动，创作了一大批东亚抗日戏剧并在中国舞台上成功公演。其中既有反映朝鲜半岛抗日斗争的戏剧，如《亡国泪》《爱国魂》《图们江边》《朝鲜的女儿》等，也有反映日本反战意识的戏剧，如《三兄弟》《正义血战》《胜利在前头》《侵略战争之罪恶》等。这些在中国舞台上公演的东亚抗日戏剧，在当时的中国社会引起了强烈反响，鼓舞了东亚各国抗日民众的士气，是东亚抗日文学的宝贵财富。

第六，20 世纪东亚抗日叙事是东亚各国现代文学史的重要补充。抗战期间，日本反战人士在华创办了很多报刊，创作并发表了大量反战叙事文学作品。但由于战乱，这些资料没有得到很好的搜集和整理。同样，朝鲜半岛来华从事独立运动的仁人志士在华创办了百余种中文或朝鲜文报刊，积极宣传抗日主张，并通过文学创作发出他们的抗日呼声。朝鲜半岛文人大多精通汉语，他们创作的中文作品带有十分鲜明的抗日文学性质，是东亚抗日文学的宝贵财富。刊载这些作品的报刊由于都在中国发行，至今尚未引起韩国学术界的关注。可以说，上述文献资料是日本反战文学史、韩国抗日文学史的重要补充。

本丛书依托的国家社科基金重大项目“二十世纪东亚抗日叙事文献整理与研究”2015 年立项，参与研究的国内外学者历时十年，在国内外发表了 70 余篇学术论文，最终整理出 1000 余万字的结项成果。本丛书的创新性主要表现在以下两个方面。

第一，在数据资料方面的创新性。从整体上来看，本丛书是国内外迄今为止收录范围最广、数量最多、体裁最全、内容最丰富的 20 世纪东亚抗日叙事文献资料。从局部来看，几乎每一卷都包含一些珍稀的文学史料。在收录范围方面，不仅包括中国、朝鲜、韩国、日本、苏联等国家的作品，还包括抗战时期来华的一些欧美作家创作的有关东亚国家抗日叙事的作品。在史料价值方面，丛书所录苏联作家关于 1938 年发生的苏日远东张鼓峰战斗的小说、散文、日记、报告文学等作品，可以说是世界反法西斯文学的重要组成部分，极大地鼓舞了抗战初期中国军民的抗日斗志。丛书所录日军日记以及中国作家创作的日军“慰安妇”题材诗歌和纪实作品，不仅从文学史料的角度印证了日本军国主义在华实施“慰安妇”制度的事实，而且将“慰安妇”现象的出现时间追溯到 1938 年初。此外，抗战时期在中国舞台上演的反战、抗日戏剧等文学史料都是第一次得到全面系统整理。

第二，在解决实际问题方面的创新性。编委会认为，为了深刻阐明“中国的抗日战争是世界反法西斯战争的重要组成部分”“中国抗日战场是世界反法西斯战争的东方主战场”等历史事实，我国的抗日文学创作应积极拓展国际题材。丛书文献整理部分收录的有关朝鲜半岛人民在华与中国人民并肩抗战的历史故事、日本反战同盟在华从事反战运动的史实、抗战时期在华欧美人士支持和同情中国人民抗日斗争的故事等都是很好的历史素材。特别是抗战时期中国政府支持朝鲜半岛人民在华开展抗日独立运动以及联合抗日的史实，在一定程度上可以增进彼此间的友好认知。

“二十世纪东亚抗日叙事文献整理与研究丛书”是编委会集体智慧的结晶，编委会成员由来自山东大学、中国海洋大学、延边大学、南开大学、山东师范大学、哈尔滨理工大学、江西师范大学等国内高校以及来自日本、韩国的共计 30 余位学者组成，在东亚地区形成了一支以中国学者为主体的跨国学术团队。

在丛书编写期间，延边大学金柄珉教授应邀担任学术顾问，给予了宝贵的学术指导。吉林大学张福贵教授、清华大学王中忱教授、北京大学王丹教授、南京大学尹海燕教授、北京外国语大学韩梅教授、中央民族大学金明淑教授、延边大学朴银姬教授等对丛书编写提出了很多中肯的建设性意见。山东大学出版社的领导和编辑认真负责、精益求精，为丛书的出版付出了辛勤的劳动。在此，我谨代表全体编委会成员，向所有为丛书出版做出贡献的专家、学者、编辑表示衷心的感谢。

在丛书编纂过程中，编委会高度重视著作权人的合法权益。通过中国作家协会等官方渠道及多方努力，我们已与大部分文献的版权所有人(或其继承人、代理人)取得联系，并依法获得了作品收录授权。出于各种原因，截至出版时，我们未能与本套丛书的全部著作权人取得联系，敬请作品的著作权人或与著作权有关的权利人与山东大学中日韩合作研究中心联系，以便奉上稿酬和样书。

20 世纪东亚抗日叙事文献的整理是一项十分艰难的工作，由于战争期间资料保存不易，很多文献遗失或不完整，再加上外文文献的搜集和翻译有一定的局限，本丛书中的文献资料在选篇、翻译、录入、编辑等方面难免存在遗漏或错误之处，恳请广大读者批评指正。

牛林杰

2025 年春写于济南

二十世纪东亚抗日叙事文献整理与研究丛书

目录

抗日日记

日本士兵日记

抗日日记

春生日记（节选）[①]

春生

（九月）三日　星期六　朝鲜朋友

今天仍旧是临时课。

第一点钟上课的时候，校长先生带了一个中年妇人和一个小朋友，走进我们的教室里来，看他们的服装，可以知道他们不是本地人，我们都静静地看着，要知道这位小朋友是谁。我们大家行了一个礼以后，校长先生说：

“这位是朝鲜小朋友安长浩，这位是他的母亲安夫人。他的父亲安先生原是朝鲜有名的革命家，屡次住在东三省、上海各处，今年一月的时候，因参加战争而被战死了，他们母子俩才搬到我们这里来。对于这位可怜而且可敬的小朋友，你们应该特别帮助他才好！”

校长先生说了，又回头对那位朝鲜小朋友说：

“快活着罢！这里有许多小朋友，他们都是爱你而且敬你的！”

校长先生看我位置上只有一个人，就叫那位小朋友坐在我的旁边，对我说：“好好帮助他，做个好朋友罢！他的父亲是为我们民族的战争而死的啊！”

于是，校长先生和安夫人一同出去了，我们都站起来送安夫人出教室的门。

安长浩君真是一位可爱的小朋友，我们谈了许多话，虽然不很懂，但是很有趣。下午陪他买东西送他回家，并且约好每天到他家里去，和他一同上学校。

（九月）十一日　星期天　父亲的遗书

今天安长浩君叫我到他家去玩，我自然高兴地答应了。这几天我常常和

---

① 节选自《模范学生》，题目为编者所加。

他在一起，他说的话，大部分都能够听得懂了，他还常常跟我学这里的土话呢。

这几天，我虽然每天到他家去，但是走进他的卧室，今天还〖是〗第一次。他的房子弄得很清爽。书室和卧室是连在一起的，放着两张床铺，一张是他睡的，还有一张是他的母亲和弟弟睡的。靠窗一张写字台，就是他读书的地方。墙上钉着几张花片和许多名人的画像，中央挂着一个很大的照片，这就是他的父亲安先生的遗像。在安先生遗像的下面，还挂着一个小照架，里面装着一张字迹很模糊的信笺，看来，好像是抖着手写的。那上面写着：

> 亲爱的孩子们！我不能再在这人间了，这是我和你们说的最后的话。你们不要为我的死悲伤，你们要为我的死更努力！不要忘记祖国，不要忘记我，为祖国，为弱小民族死了的你们的父亲！我的英魂永远和你们同在。
>
> 安慰你们的母亲，不要使她伤心。
>
> 你们的父亲将死之前写于沙场上

另外还有一张，是给长浩母亲的，大意是说他对她不起，累她苦了一生，但是为了民族的关系，希望她不要伤心，好好地教育孩子们，使他们长大起来，为民族争荣。

长浩说：这是他父亲将死时的遗书，当那次战争停止以后，有一个人匆匆的跑来，告诉他们的父亲已经在那里中弹死了，在将死以前写了这张短短的信，托他带给他们。据说，最后还喊着弱小民族联合起来，打倒那个帝国主义呢！

长浩说："那时，我听了这话，几乎哭得昏过去了，母亲自然也非常伤心的，但是母亲却忍着眼泪，安慰我说：'不要伤心，孩子！为民族，为弱小民族而牺牲是多么光荣的啊，悲伤有什么用呢？要好好地做一个人啊！从此以后，你是一个没有父亲只有一个母亲的孤儿了，你背上的责任是多么重大啊！祖国的耻辱，等你伸雪；父亲的遗志，待你完成。啊！孩子！下个决心，把你的小生命，献给民族罢，准备起来向光荣的路上去！无论如何，我要使你们好好地长大起来，使你们受相当的教育，就是做乞丐也好，决不使你们的发展有什么障碍。'母亲说了，自己又禁不住呜咽起来。母亲是从来不悲伤的，那次以后，母亲也不再悲伤了，只是静默地做着事情。我知道，母亲是完全为着我们才这样辛苦的，母亲常常对我说，母亲最大的快乐，就是我和弟弟将来的成功。母亲的话，我是永远不会忘记的，我要努力，准备起来，向着光荣的路上去！"

长浩说完了这一段话，凝视他父亲的遗像，眼眶里的泪珠，禁不住簌簌地滴下来。我看着安先生伟大的遗像，看着对父亲的遗像出神的长浩，便也禁不住流下泪来。

唉，我还能这样糊涂下去么？要努力啊！拼命地努力啊！

……

（原载于《模范学生》，新中国书局，1936 年）

武汉行

[日本]池田幸子
以群 译

三月十八日

呵，终究，终究逃脱了。

六点钟，火车开动了。止不住涌上来的欢喜底笑。

自由！一切底苦难过去了！我饱满地呼吸着南国的黄昏。残留着明朗的群山，鲜明的花。我不曾看见过这样美丽的情景。可是，已经临别了！再会，亲爱的人们，消失在高耸的大饭店底阴影下的小小的陈畸！

鹿地三支手指贴在鼻尖上——这是得意而且有点羞涩时的老脾气，大声地和夏衍说着话。他微微地笑着。我们像夜盗一般地隐匿着声音过日子，已经多久了呵！

“现在不怕了，自由地说日本话。”

来接我们的王氏确实是军人式的豪爽的人，他很高兴地听着他自己所不懂的我们底话。又得了一个好朋友。

朋友呵，临别
请接受我诚挚的感谢。
你底爱情，我将到死也
不能忘却。
我们的爱是
以我们底血来担保的。
再会底日子已难于约定，
然而我们却有一种慰安。
那就是——我们纵使不能相见，

也是为同一的信念在战斗着的信赖，
而在我们之间假如有再见之日，
呵，朋友，那将是
多么欢喜的日子！
多么伟大的日子！
在我们底周围侵略者底炮声不会再响，
兽群底怒吼全会消隐，
那将是——恰如今日底我们一样，两个民族结着由衷的友爱。

昨天，鹿地送了一首离别之诗给在这南国底半岛上初会的朋友。我们到处都得到了难得的朋友，而大家都作了悲痛的离别。

烟桥呵，不忘记：您在疲惫了的苍白的脸上浮着苦笑，用报纸包着五寸光景的盐鱼来访的黄昏，我们的食桌上盈溢着情爱。

特定的头等车厢——贵族的旅行。想起过去，像梦似的。每一站都有宪兵上来，便衣汉子底不得体的眼睛窥视到房子里来，王氏就以更严酷的眼光回望过去。战时色彩的广九路。

暗夜，在朦然地点着的油灯底下面，有大的炸弹底痕迹。惨然地崩裂了的民房底屋顶——然而南方底田野却黑漆漆地连绵着野菜底丰茂的密丛。

“虽然这样受惠于气候和土壤，可是在广东，粮食无论如何总不够。如果种米，那么一年可以收三次。听说每年还从外省买进许多呢。《救亡日报》底少年们觉得莫明其妙——”夏衍说。

“单是今年吧？人口增加……”我说。

“不，主要的是种果实，不种米。”夏衍说。

“是的呀，就是日本东京附近，近来种蔬菜或果实的人也多起来了，因为有香港、九龙、澳门呢……”鹿地说。

在遥远的田野底对面，看得见一点光亮。

“那是电灯吗？”

“唔……”

敌机来袭的时候，一根火柴的光亮会产生怎样的结果是很明白的，简直像有人霎着眼在做信号似的。

十一点钟到广州，下着雨。保安处底汽车、卫兵，通过成排的树木当中而进入保安处。

诸氏底郑重的款待，感觉到保安处长底亲切的照应。他们说，今晚迟了，没有预备洗澡，请等到明天早晨吧！很迟，夏衍回去了，留学生刘氏、陈氏等各式各样地款待了我们。

回到寝室里，我想到底是怎么的？我们该受这样的款待吗？

“哪，以后工作做得更好些，不要难为情。”

鹿地笑了。

“你这家伙，是很容易做奴隶的。”

“只是受了款待感到高兴呀。”

“我永远同样地做着认真的工作。”

“我也是这样的……不过，比在鞭子下面愉快些罢了。”

三月十九日　晴

早晨，听说响过了空袭警报，但是睡着了，一点也不知道。

据说广州几乎每天都有警报。市内不能随便进来，所以大家都像平常一样镇静地生活着。

会见保安处长。

“接到陈部长关于您们底事的电报，真叫人感动。”

是吞吞吐吐地静静地说着话的，漫溢着真情的老翁，好像是至亲的长辈一般。

“请转告贵国底民众，我们对贵国底民众没有任何仇恨，只愿望东亚底和平。我们所希望的只是我们中国底独立和统一而已，其他非所望。只是对于这最后的所有也被剥夺，不得已而抗战罢了。”

多么率直的话呵！我们感动地低下了头。

“孙总理在二十五年底中国革命中，由于贵国底同志们底巨大的援助而成功了。今天，在对于贵国军阀底侵略的抗战中，迎接着像您们这样的同志，非常高兴。请转告贵国底同志们，如果像您们一样来到中国，那我们极乐于欢迎。”

“谢谢！可是同志们因反对侵略战争而住在监狱里。”鹿地搔着头皮回答了。

可耻呵，侵略者们。你们是不知耻的吧！而所谓“辛亥革命底志士”，宫崎滔天、民藏、犬养之流，虽然还活着，可是与孙中山的友谊是完结了还是怎样？我非常怀疑，孙先生作为真正的现代民族革命家而站在我们面前的当儿，他们不是都转过头去了吗？

阁下呵，真正地企望中国底独立与统一的人，反而从工厂底无名的工人中、农民中、学生中、知识阶级中大批地产生了，他们才是可以誓同生死的同志。

《救亡日报》底诸兄来。由于处长底好意，乘汽车游览广州市。

在南国底明媚的风物中，涂了灰色的建筑物有一种非常镇静的感觉。在经过了上海底颓败、香港底冷酷之后，似乎洗了眼睛似的。没有配武装的兵士三三、五五地走着。女兵也开始看见了。在漫溢着战时色彩的当中，民众和军队溶合在一起，感到非常亲爱。

去中山大学，汽车驶过广阔的马路。卷心菜在浓蓝色底大叶中肥满长着。许多亚热带植物。看见波罗蜜底旱田，郁风君叫了起来：

“波罗蜜不是长在树上的?”

“中山大学!”多么规模宏大的学校呵。

“这是宫殿。生活在这里的学生一旦踏进社会，究竟怎么办? 真有点可虑，和目前底社会太不能调和。”

夏衍像忍不住似地说。有同感。

几个高楼翘起了屋顶角。在那里面曲曲折折地打转，走出后门以前，我们几人所乘的汽车看去多么渺小可怜呵。大学底院子里零零落落地有几个大炸弹的痕迹，似乎地面太大了，连这样大的建筑物也没命中。

“总理在天。”郁风君笑了。

岭南大学被包围在香郁高耸的树林中。南国底果实成熟的时候，裤缝烫得整整齐齐的青年，或许也破了基督教底戒律，用香油将头发抹得光光的，舞着网球拍的青年们。其间，手里挟着书籍的服装破旧的学生一群一群地走着，都以北方口音说着话，是北平附近底流亡学生吧。是透生了绿叶的强烈的太阳底反射吧? 笑脸苍白地闪着。

中山纪念堂，在被大理石包围着的总理遗像底下面，买了那在菩提树底叶脉上画着“羊城八景”的名胜特产，也买了图画明信片。

“这在平常几乎不用，是表示尊敬的东西。”

夏衍指着纪念堂说。壮丽的椅子几千几万地排成圆形，像在等人似的。屋内甚至洋溢着潮湿底气味。

屋顶缺掉一角，这儿也有一个炸弹底痕迹。还有，屋侧赫然地遗留着烧夷弹底硫磺底颜色。在这狂乱底行为中，有着怎样的政治军事的目的呢? 单是文化机关底破坏而已。除了暴露着法西斯蒂底本性之外，没有别的意义。

黄花岗，先烈底纪念塔，十九路军将士之墓。浓绿的树木荫蔽下的郊外，表明了激烈气性的大眼的人们。民族革命底母胎广州呵! 我向你致亲爱底敬礼，我爱好你。

夜，洗了四个月没有洗过的澡，像睡醒了似地神清气爽。写信给到东江底民众抗日自卫团去了的S们。

S、I、小鬼三位兄弟：

我们已经住在广州底壮丽的招待所中。被破坏了的铁路一经修复，立刻动身赴武汉。S呵，您已经没有仓惶地为着我们明天底饭食而作漫画底滥制的必要了，请画点杰作吧。相信着：圆满地克服乡村工作底困难，在武汉也有某种工作困难等着我们吧。愈困难则与您们底革命竞赛愈没有“优势的差距”（Handicap）。期待着动身。先告诉你一下，再谈。

谨对民族解放反帝战争底胜利致敬礼！

追记：我洗过澡了，几乎高兴得流下泪来。再会。

（原载于《战地》第1卷第5期，1938年）

冲上张鼓峰上去

——从军日记摘要

[苏联]M.西尔倩考
焦敏之 译

一九三八年七月二十九日

我们照常进行着野营训练。射击课刚才考试完毕，我们这一队又与往常一样，考试的成绩最优。明天决定休息一天，庆祝我们这次新的胜利。可是我还没将纪念大会的开会程序拟好，突然就接到了一道要我准时到参谋部的命令。

约摸中午的时光。

“西尔倩考同志，”指挥员对我说，“请你看一下，参谋部交给我一封机密的信。”

信封里装着一道命令，要我这队立刻武装整齐，准备战斗，静候命令！

当晚我队一律收拾完备。我亲自检点了每架唐克后，自信一切都已有条不紊，于是就作了一个报告。

又是一道公文。当我看了这道简单的命令后，我快乐得不禁手舞足跃了！

在报纸上我已经是看到日本帝国主义者有公然强占张鼓峰的野心。我们已毫不犹豫地觉得日本政府一定要用武力强占苏维埃国家底张鼓峰。

……万恶的日军真侵犯我国底领土了。他们已夺取我们边防的高峰了！

我又把命令读了几遍。命令上说，在二十四小时之内，我指挥的唐克队，一定要到达张鼓峰参加作战，去抵抗蛮横无礼的强盗。

这样，我也是以无上的光荣为保护苏维埃神圣不可侵犯的领土而作战的一个战士了！

这个命令一传达到本队，当时即召开了一个露天大会。会议总共不过有几分钟，可是这却是永远不能忘怀的几分钟。

战士和指挥员们底讲话都是很简单的，但是煞像机关枪扫射的这三言两语，却涌现着对于法西斯匪徒满腔的忿激和对于我们社会主义祖国的热爱和忠诚。唐克队员们慷慨激昂地演说，他们喘不过气来的几句简短的话，实在是从激荡着的心窝里发出来的，像煞一些隆重的宣誓。从他们每个人的吼声中，却听到了那个在克里姆宫警惕地发出了警钟的人底名字——个个人口里都呼叫着斯达林。我们向他——无产阶级革命伟大的大将——宣誓：一定要把那胆敢破坏社会主义和平建设的战争的黑暗势力打得粉碎。

…………

七月三十日

我们底唐克通夜沿西比利亚森林前进，没有路，遍地是沼泽和丘陵。

我快乐起来了，夜是幽黑的，静默的。幽黑可隐蔽我们底前进，不过却是增加了行军的困难。唐克上都不点灯火，只是唐克后面有一盏守夜的小灯，发出一道闪烁的火光，但灯是掩蔽得很好的，能使后面唐克车上底驾驶员们望不到前面的灯光时便须向旁边转动。所以驾驶员觉得在路上灯光不十分耀眼，他们从断断续续的隆隆声中听到旁面唐克车上的隆隆之声，而跟着发出声音的处所开驶着唐克前进。

道路假如平坦，我们是很容易前进的。但地形是很不平的，丛林——沼泽、沼泽——森林、沼泽之后，又有高山蜿蜒到西比利亚森林中底某些小河，而其后又是沼泽、山坡、丛林、沼泽……

…………

在夜行军的时候，许多唐克队员们都表现了很大的牺牲精神、刚强和无上的英勇。没有那一架唐克车掉队，甚至也没有那一架唐克车损坏了一点，没有那一架唐克车转动不灵。

不管唐克本性上怎样容易损坏，也不管夜里怎样昏天黑地的，可是我们也风驰电掣地通过了这几十公里最险阻的路程，我们也于命令上非常严格地指定的期间以前的几小时，达到了目的地。

…………

七月三十一日

清晨，我接到了出发侦察的命令。我底任务是侦察敌人底兵力、敌人底组织，并找一条唐克队直接冲锋的道路。上尉瓦西考夫斯基同我一道侦察。

我很快地跑到一个小山上，在我们面前展开了一个一望无涯的湖沼。无数的小丛林和绿荫的地点，点缀在湖沼当中，怪粗大的白树木同矮小的、高的赤杨并列着。在湖沼的后面，秀丽的山峰突在灰白色的天空。我们不便在这里多窥察，那边是张鼓峰了。大炮隆隆的地方和机关枪声刺耳的呱呱的地方，便已暗示我们的张鼓峰就在这里了。子弹飞得苏苏的响，在湖沼上面喷起了点黑色的浪花。

我们匍匐着前进。穿过了一个密密的树林，又是一个密密的树林，过了一堆赤杨，接着又是一堆赤杨，我们顺着水声潺潺的急流爬行，小心翼翼地在察看着地形，发现了敌人底火力巢。

忽然在我们湖沼上有日本的炮弹霹雳般地爆炸了起来，我们急得找壕沟，躺到一堆泥泞里，直等到炮火渐渐地沉默为止。

侦察的结果使我们不甚满意。不能的，在这个地方是别想唐克的冲锋的！唐克是会在湖沼里陷到水中的。

八月一日

我们底祖国今天照常纪念反战节日了。是的啊，我们今天就是反对陷劳动人民于窘困与奴役的强盗战争啊！所以我们今天比往常尤为勇敢，准备给盘据在张鼓峰的日本法西斯蒂一个重大的打击。

日本帝国主义能像德意法西斯蒂在西班牙一样，而在中国也燃烧起强盗战争的烈火。但是谁也别痴想把这种罪恶的火花，燃烧在我们社会主义的领土之上，谁也别这样痴想，而且永远也不能够作这种痴想！我们就在张鼓峰证实这句话吧。我们就拿我们一切的战斗实力给这蛮横的帝国主义凶手看一看吧！“我们维护和平，主张和平，但是我们也绝不怕威胁，准备予战争挑衅者的打击以打击。”（斯达林）

现在又是侦察，又是在湖沼，在深沟与丛林中，在日本炮弹和子弹底网雨之下。

我和我的忠诚同志瓦西考夫斯基又谨慎地到了一个新的地方。

是的，狡滑的日本强盗是“识相的”。但天然地却使张鼓峰成为一个不可触犯的堡垒湖沼，到处都是讨厌的湖沼。

八月二日

…………

这一次的侦察，我们可比头几天前进许多了。我们迂回到张鼓峰底山顶了，从右方出现了日本人底后方了。

…………

八月三日

最后我们澈底地调查清楚，无论是从侧翼或是从正面，唐克都是不能冲到张鼓峰山顶上去的。有一个地方，是简直不能通行的一个湖沼，但是其它许多能够通到山顶的地方，却又是处在猛烈的炮火之下。

现在只有调查从左方冲到山顶的路。

八月四日

在张鼓峰左翼的侦察，不仅是要决定从此可否进行唐克的袭击，并且要决定，要是在可能冲锋的时候，如何对一切的唐克队指出战斗的程序。所以为了不失机宜，我就带着排长波洛屋格和波伊考上尉，代理排长麦金斯克，驾驶技师马拉哈夫、伏尔契考夫、考洛波夫、奥连尼考夫、卡契与沙沙什尼。因为路是很远的，我们都乘着唐克。我们乘着唐克一直到了再不能前进的地方后，我们小心地把唐克隐蔽在一个小的土堆上，步行着前进。

在我们面前展开了一个一望无垠的平原。我们如要走这条路，恐怕是走不上十公里的。

日本人可能发觉我们。他们时刻不停地疯狂地射击。我端详了同伴们底神色，端详了青年的上尉、青年的驾驶技师后微笑起来了，他们都很有胆量。在他们身边爆炸了敌人底炮弹时，他们本能地都低着头，一秒钟也不停息地在研究地形，测量唐克的路径。他们好像不知道危险似的，只在我叫喊以后，才逼着他们躺到地上。

我们就这样一直到了与日本工事相近的湖沼当中。大炮猛击了。只要是炮弹落下的地方，便像树枝似地团团地漩起了水点，在我们身上染满了污泥和脏水。

我们一步一步地往前爬着。在我底身边，就是我这架唐克底驾驶技师马拉哈夫。他倾耳静听着我底每一句话，凝视着我所指点的每一个山堆，睨睇着我点示的每一个小的密林。这一条路，他转瞬是要驾驶指挥员的唐克走的，并且是要自动地驾驶的，因为到战斗时光，我是没有多的工夫来注意到唐克底路线的。

…………

我们再往前进，前进，一直走到了极端，观察着地形，侦察着日本底火力巢。有时我们故意引起日本人注意，所以他们又开始猛烈地发炮。这样我们就够了。我们利用这种方法，发现并在地图上注出了四十架机关枪的火力巢和几个炮兵阵地。

这次观察，满载胜利而归。我们观察了一切地形，同时精确地指出了每一小队唐克战斗的途径。

大家回到唐克车上，我拟定了详细的作战计划。

上级称赞我底自动精神，赞成我定的计划，于是指定我为首先冲锋的那一队底唐克队长。

我荣幸地难以形容了，我，红军共产党员，先前的工人朱海伊尔·西尔倩考，今天担负我们苏维埃可怕的唐克底第一次战斗了。

八月五日

镇静，镇静，上尉西尔倩考！

镇静与决心！只有镇静与决心，才能保护自己部队胜利地完成在作战以前所规定的任务。

唐克距我选择好的作战出发点很远。应当把唐克开到一个日本人猜测不到的地方。

但怎样完成这个任务呢？

唐克驶到出发点，只有一条路。它如沿着泞泥的池沼边前进，在高地上占领的日本人是会看得非常清楚的。

…………

因此只可在晚间来举行。

但唐克是太噪杂宏亮了，环带格格的，发动机隆隆的……

炮兵！一定要使日本人震聋，以便趁着炮声雷鸣的时候驾着唐克前进……

于是从八月四日夜晚到五日清晨，我方底大炮便向日本的阵地怒发。飞沙走石的炮弹震聋了敌人，蒙蔽住了他底眼睛，敌人没看到在他前线底咫尺之间就出现了一长串杀气冲天的唐克。

敌人虽是不多，但却是不可思议的一次可怕的行军。日本人每一秒钟都能发觉唐克，并且用他的炮兵来毁坏它。此外，唐克在昏黑中，还可能误到狭道上而陷入池沼中。

但日本人很明显地因我们大炮底射击而发呆起来，他们丝毫没有发觉，便被驾驶员很准确地向着我所示的路线开上去了，没有一架唐克陷在池沼之中。

我们到了出发点，在一个不大的凹地集合后，很高兴地看出此次战斗任务在未到上级指定的时间之前是完成了。

现在怎样办呢，教唐克隐蔽起来好好休息一刻吧！

战士们急忙地隐蔽他们底唐克。这时我又在凹地巡查了一次。凹地是很好的，我觉得不满意的只有一点：就是这里可以望得见敌人的一个炮兵阵地，我知道那面就是日本人占领的一个小山。

我们既能望到这个小山底山峰，那么这就是说敌人从那个地方也可望到我们这块凹地。是的，唐克是隐蔽着，但是日本人却也有充分的时间从从容容地去研究这个地形上底一树一石，甚至他还可能已经摄影下来。到黎明的时候，他们一定可在凹地中发见一个新的山丘，观察出这里有怎么一回事。

不，这里是不能多停留的！

是的，这个凹地上的出发点是上级所批准的。但是我又纯熟地记得野战条令底一条：指挥员自己的独断专行的表现，有非常重大的意义……合理的独断专行，是建基于指挥员意志的理解上，是建基于寻找最好的方法来完成它的意图上……

我时时遵着野战条令上精明的指示。

我发令向前迈进，再向日本阵地迈进，我指挥着唐克在漆黑中前进，我想来已开到距离日本先头阵线总共不到几百码速的一个很大的峡谷了。

这个深而且广的峡谷，在敌人那一方面，由一个生长着茂盛的丛林的山丘隐蔽着。在峡谷中遍地长着青草。我们用丛林中的树枝隐蔽着我们底唐克，用了很大的力量才把它安置好。

但在这个时候，在距离我们不远的地方，开始有炮弹咆哮地爆炸了起来。

我们这一次可要惊异日本大炮射击的命中了。所有的炮弹，几几乎统统落在我们几分钟之前所在的那块凹地当中。似乎日本人很清楚这个凹地，所以就瞄准它试射。但为什么他们发炮呢？难道觉得我方底炮兵响得不震耳么？

我们计算日本人向这块不幸的凹地总共发了有一百五十多发重炮炮弹。

只有我们对毫无功效的日本炮兵嘲弄了。这次玩笑所以使我们特别高兴，是因为我们在这个沟谷，感觉得非常安全。唔，谁想到唐克就集中在敌人底鼻下！

…………

八月六日

从清早起就开始了猛烈的炮击。我们底炮弹准确地击破了日本底工事，日本底大炮也在作恶地还击。

中午把我唤到司令部，对我下了一道冲锋的命令。这一定是炮兵、唐克与空军底联合冲锋。

我与炮兵约好了相互的动作，决定了每一分钟的冲锋与向边疆的射击后，便回到我坐的唐克上。

唐克队员焦急地等候着我。

"什么时候呢！什么时候？……"他们问我。

"快了，快了，同志们，"我说道，"已给我们发出粉碎日本武士道的命令了。"我们必须对我们光荣的步兵开一条道路，我们必须通过铁丝网给它突破一条道路，压倒敌人底火力巢。

所以我开始对每队唐克详细地拟定了一个任务。

在我底面前，是呈现着一副一副严肃的、英勇的、坚决的像貌。这些勇敢的人们，我是一定要领导着他们为祖国为共产主义而战的……

约摸在十六时的光晕，摩托平版的沉重的管声与炮弹底怒号交流着。在我们底头顶上，出现了红星飞机大队。

我们高傲的飞鹰出现于日本底阵地之上，就好像在天空卷起了整片乌云。霎时，在日本工事底第一线上，涌起了非常厉害的炮火的烟云，我们兴高采烈地欢迎着我们光荣飞行员准确的投弹。

轮到我们了。

"同志们，"我说道，"让日本匪徒看看我们是多么团结、有力、结实的不可侮的力量吧。把法西斯污物从我们祖国底领土上扫除出去吧！……"

唐克队员们兴奋地彼此紧握着手。在这种亲密的握手中，油然地回想起了兄弟们的宣誓："在为苏维埃社会主义联邦共和国奋斗中，在为社会主义事业与人民底团结的奋斗中，绝不顾惜自己的精力，也绝不姑惜自己的生命。"

我们陆上的巡洋舰——威武的摩托在怒号着。唐克从峡谷中风驰电挚[掣]地冲向了敌人方面。

日本人用狂暴的炮火还击我们。但张鼓峰的战斗证明，他们是训练少而鲁莽多的。他们射击得很坏，所以我们毫无阻挡地冲到了他们底阵地。

我底唐克在先头前进。我注视着我们射到战场上的炮弹，同时指示他们应向着什么目标射击。

我们底火力非常准确，在战斗的头几分钟，我们便以我们底火力消灭了四架七五公厘的反唐克大炮。

这就是日本警戒底先头防线。唐克底钢铁扫荡，践踏了长长的铁丝网并冲破了敌人底警戒地带。电流似的火花冲破了敌人底队列，日本人开始败退了。一分钟之后，由退却变为溃散。丢掉了大炮、机关枪、步枪，日本人拥挤地逃避我们了。

…………

日本人见了我们唐克后的逃溃，是不可以叫做退却的。甚至世界上最糟糕的军队，也在退却时保存着某种程度的纪律。在我们眼前不是退却的军队，而是一大群无理性的，急于从林火中仓惶逃命的野兽。日本人毫无秩序地在惊惶中逃命，彼此你窜我撞地、野兽般地在号叫。他们在杀气冲天的苏维埃唐克之前表现得如像野兽恐惧了一般，狼奔豕突地失掉一切理性了。

战斗只是在开始，应当节省些弹药，所以我就拍无线电告诉唐克轮车车。

“不可涨费子弹，用环带蹭倒敌人！用唐克切断日本人底队伍。”

日本人见了唐克惊慌地逃命时，涌到了山上一条图乌拉河底急流漩涡中而溺死了。

我们毫无阻止地直往前进，压倒了敌人底火巢，破坏了铁丝网及其它障碍物，替步兵扫清了一条进路。

日本防线底第二道也被突破了。我们唐克队所担负的第一个战斗任务已完成了。

拍无线电给各分队的指挥员，命令到集合点集合。

正在我们唐克要开到集合点的时光，在距离我们二百公尺的地方，出现了日本底反唐克大炮，它直向我坐的这架唐克瞄准攻击。

唐克底铁甲在受了日本炮弹的打击后，吱吱格格地响着，但却没有击破。国防工业底工人同志们，谢谢你们吧，你们用最精良的铁甲装在我们底唐克上啊！它比日本底反唐克炮弹还要结实！

但每一种唐克都有它底一个“弱点”，这就是环带，所以日本底一个炮弹就正命中在环带上面。损害是不大的，但在敌人疯狂的火力之下，它是不能转动了。唐克不得不停了下来。

日本底反唐克炮，在这次射击中代价很大。可是我们底一架唐克猛烈地冲上前去，粉碎了大炮，并歼灭了它底炮兵。

唐克不能转动了，我命令各队指挥员自动地作战。

我这架损坏了的唐克停在山上，我很清楚地看到红色唐克队员们底作战。他们是表现得那么刚强、勇敢而又出色的自动精神呀！

我同样地也把战场、日本底阵地看得非常清楚。显然，我底唐克日本人也是看得很清楚的，所以在唐克旁边开始被轰炸起来。但遗憾的是，这个反唐克炮弹对于我们底铁甲是不保险的。

…………

我约摸计算，有三十次的炮轰，向我这架损伤的唐克瞄准射击，这对日本人是虚掷金钱啊！……

忽然，唐克因炮弹霹雳一声的爆炸而震撼起来了。眩目的火光照射在我底脸上，嘴巴里好像填满了一种软胶般的污东西。我觉悟到在唐克旁边投下一个重炮炮弹，我头一个感觉是：

"汽油……把汽油封好防止爆炸！……"

我什么东西都看不清白了，我底两只手麻痹无力了，耳鼓里缠绕着难堪的噪杂声。一种不可思议的毅力，压迫得我要我找寻一个盖汽油的塞子。这时我周身无力了……

头脑清醒后，我不自然地望到我头上满天的红色，我靠近唐克躺到地面上，唐克上面□□着浓密的红黑色的烟。

但马拉哈夫、伊斯维考夫、库拉色夫在那里呢？

转身一看，我见伊斯维考夫与库拉色夫就在我底身边。他们刚才从我——他们指挥员底燃烧的唐克上跳了出来。

我底勇敢的驾驶员——青年团员马拉哈夫被打死了。他在战斗岗位上死时，两只手还紧握着开动机。

我底两手出血，右手上突出一个炮弹片底尖端，我感到右足上也有很大的一块炮弹片。但我底脸上怎样呢？为什么一幅朦胧的红色幕帐笼罩着我底眼界呢！……

我把两只手圈在面前，但统统受伤了。

我觉得周身无力起来了。在我永别唐克时的一刹间，睁睨到我底唐克，眺望到战场的时候。

这是什么？……我凝视着。不的，这不是幻觉！透过了红蒙蒙的翳障，我清白地看到了步兵底钢盔，步兵沿着丛林向唐克爬来。我用力提高嗓子喊叫！

“同志们！为列宁——斯达林底事业前进啊！……”

报应是好几枪。就在这一刹那，我才细看出他们是些日本人。

忘记了自己还有创伤，我急着去探取手提机关枪，开火了，日本底步兵气喘不息地逃避了。

伊斯维考夫与库拉色夫把我抬到一个不大的相距唐克七十公尺的沟里。

唐克上的火光熄灭了，只是前部烧毁了，汽油没有爆发。我命令伊斯维考夫回到唐克车上，从那里向敌人扫射机关枪。库拉色夫，我派他去侦察——调查一下，唐克是否给我们底步兵扫平了一条道路。

只剩下了我一个人，我首先毁灭了一切作战的文件。我们是在敌人后方，如把我执为俘虏，日本人是会利用这些文件的。

在口袋里我摸到一把大炮的钳子，什么，有时大炮的钳子也是可当做外科的工具用的。我拿起这把钳子来，去拔我无数伤口中最大的一个弹片。

忽然，有什么东西在我眼前晃了一下。我出神地凝视着掩护着沟沿的玉蜀黍的嫩苗，我清晰地看到狙击兵步枪上的准星。日本底狙击兵在向着我前进，看他那种样子，是想把我生俘去。

我受了伤的右手疼痛得忍不住了。但我总还有足够的气力举起手枪来，一发就把日本底狙击兵打死。我听到他底钢盔碰到步枪，然后滚到峡谷底了……

霎时，库拉巴夫侦察回来了。他高兴地报告道：

“我们底唐克和步兵正向这里攻来。完整的一道墙！他们一直把进路开到最高顶上……”

几分钟后，便从最近的一个小山上来了我们底步兵。

“拥护斯达林！保护祖国！”战士们激昂地高呼着。

“拥护斯达林！保护祖国！”我呐喊着，接着不省人事了……

我从一种听熟了的格格声中清醒了过来。我们分队底一架唐克向峡谷驶来，驾驶技师普克雅可驾着它。亲爱的，挂心的同志们……听到我受伤的消息与唐克中药室的起火，他们送给了我绷带。

激昂的红军战士底急流，在我们面前滚动着。他们循着唐克扫清了的进路，在薄暗的暮色中，向着隐约下来的张鼓峰奔去。

同时从那里，就从山峰上，向我传来了一阵胜利的吼声……

我派遣伊斯维考夫带着红旗，给了他一个严格的命令：

“伊斯维考夫，负责把我们底旗帜插在张鼓峰上。”

我盯住手里招展着红旗而往前跑去的伊斯维考夫，凝视了好久……

八月七日

我们分队中底两个战士把我抬到了张鼓峰。我在湖边睡在担架上，凝视着张鼓峰分明的侧影。在山上，在灰白色的暗淡的天空中，辉映出随风飘摇着的一面大的红旂。旁边波动着许多小的旂子。这是飘飏在山顶上的一部分旗帜。我得意的是在这些旂子当中，其中也有我们这一队通过了日本强盗夺取张鼓峰后所构筑的一切障碍物而悬在那里的旗帜。

在这一天，他们把我送到病院。这里，数了一数我的伤痕，我身上一共有二十四个伤。单在我底脸上，就有十六处炮弹片的伤痕。

医生们称赞我们底战斗艺术，非常光荣地要表现出他们底手术。他们特别关心特别温柔地围绕着我们受伤者。他们工作中最值得表扬的一个事实，就是在病院中从来没有听到过那一个受伤者死亡的恶[噩]耗。

八月十一日

…………

人们给我一个快活的消息。司令部指定的战斗任务，我们各分队完成得最“优”。这样愉快的一个消息，实不啻为一服最有效的药剂。

十月一日

我在先觉得我底面貌终身是残缺不全了，但我想错了，医生手术真是奇迹。他们神妙地不仅把一切伤口治疗得很好，而且还能使它没有一点伤痕，甚至连一条线纹也看不出来。

十月三日

…………

深夜，送来了几份莫斯科的报纸。在《新闻报》上公布了一个张鼓峰者被奖的名单。在给红旗奖章的人名当中，我底名字也列在里边。

我很久阖不上眼睛。我对于这个光荣的奖章用什么来回答祖国，我们底党和苏维埃政府呢？

我自己发誓以后决不惜我底力量，不惜我底生命，为我们光荣的祖国，为列宁斯达林党底事业而斗争……

（完）

俄文原板书评：

M.西尔倩考底《冲上张鼓峰去》（战斗日记摘要）。

本书著者为西尔倩考，为与擅敢侵犯苏维埃领土的蛮横的日本强盗作战时参加的一员。他底日记，对张鼓峰的战斗，给了一个活生生的描绘，在战斗时，工农红军对军事技术底掌握，表现为光辉灿烂的一个模范，同时对于自己的社会主义祖国，也表现为最大英勇与献身爱国底一个模范。

校阅者：S.库特梁夫柴瓦·斯卡菲尔。

［编者注：原文约一万五千字，本刊因篇幅所限，曾删去一部分（删的地方，用点注明），但对于全部战斗经过的描写，是没有多大损害的。］

（原载于《八路军军政杂志》第11期，1939年）

一个空军战士的手记

——哈桑湖的英雄们

[苏联]A.格罗金*
戈宝权 译

八月一日

在飞机场上举行了一个集会,我们方才知道了日本的新的挑衅。大家都有一个同样的愿望——就是去教训武士们一顿。我们的驱逐机排成光荣的队形,蕴含着非常的威力。我们的一队,是由共产主义青年团的团员所组成的。队长是托卡勒夫,技师是玛拉浩夫、梯浩米罗夫,驾驶员是叔洛他罗夫、舍尔杜科夫——我们大家都是列宁斯达林共产主义青年团的学生。祖国对于我们是亲爱的,我们不让任何人来蹂躏我们的土地。在起飞之前,我们大家决定:献给母亲的祖国最好的礼物,就是加紧战斗的准备了。

八月三日

部队的政治委员史洛伊宣读了塔斯社的消息,我们知道在全国各地,都举行着集会。当我们知道强有力的苏联人民在做我们的后盾时,我们感觉得很愉快。

今天,我们最初听见了哈桑湖那一方面的炮声。我在飞机旁值班,这时候,我和共产主义青年团的团员们谈话,讲起共产主义青年团的第三次大会,讲起参加国内战争的共产主义青年团员们的光荣的传统。

---

* 格罗金(A. Grozin)是位空军中尉,战后得红旗勋章。

八月六日

很好的天气!

飞行员站在飞机旁边,等待战斗的起飞。突然间火箭带着白色的焰球飞上去——这是战斗起飞的指令。队长发了命令:“上飞机!”并愉快地向我看了一眼。很明了地,我想——大家都抱着同样的快乐:就是为祖国,为斯大林同志而战!

……我们迅速地达到高度,排成队形,按着全队的战斗秩序向哈桑湖的方向飞行。在右边,延长着的是边境的山峰,在左边,是港湾。远远地可以看见边境的图们江。几个不十分大的湖,像圆形的锌板似地分散着。再过了几分钟,看见两个湖,其中有一个就是哈桑湖。在湖旁边的是黄褐色的张鼓峰和无名山的高地。我们转了一个弯,就直飞向边境。现在应该是我们的轰炸机飞来了,我们的任务——是掩护他们的行动。

我看见,小队的队长向左望。在那一方面出现了我们轰炸机的银色大群。他们排成有威力的大队飞近目的地。我不能抑止住骄傲的感情,感觉到有种新的力量的横流。前面的轰炸机已到达了目的地的上空。

这样,苏联的飞行师发言了。最初几个炸弹像黑色的水滴飞下去,我也把视线移转向大地。张鼓峰蔽满了火光,黑色的烟雾笼罩了高地。我不禁为因轰炸的准确而感叹了。

八月七日

早饭后读报纸,在小队中我们组织了朗读。再过了几分钟,就起飞去作战了。又重新到了作战的区城,敌人的大炮进行着激烈的射击。到了目的地,我们就向日本的炮队,射放铅弹和抛掷炸弹。离开了攻击的地点,队长托卡勒夫等待不及,就从他的窗口向我伸出大姆[拇]指来。

在无名山上,有一条破坏了的黄色战线。我立即知道——这是战士们的战壕。我跟随着我们机智的队长之后,向他们射放出铅弹。再作第二次的攻击——我注意到敌人在矮树林旁边的行动。战士们慌张了,他们想渡过图们江,但是我们的子弹准确地打在他们的背脊上。又再作了几次攻击,敌人的大炮开始向我们射击榴霰弹,但这并不能妨害我们来结束战士们的步兵队。

我们的坦克车爬向敌人的战壕,我们也就飞回返防了。我们看见红色的战士们,挥着手和手帕向我们致敬,我们也以飞机机翼的翊翊之声来回答他们。落地之后,我才知道汗水像小河似的流了满面。非常热。我们和队长相互交换意见。我们的技师和驾驶员,很快地就补充好了飞机上的战斗配备。

晚间，我帮助自己飞机的驾驶员亚力克舍也夫，填好了加入共产主义青年团的表格。玛拉浩夫向共产主义青年团的组织写了一封请求书，请求允许发给他一封入党的推荐书。

八月十一日

今天，大家都因为乌苏里区劳动者们的爱护和关心而感动了，他们遣派了代表和带了礼物来，举行了一个集合。在代表们的演讲里中，他们表示出一致拥护红军的光荣。在礼物里面，有许多劳动者们写的信。我得到一封铁路服务员的信，我将永久的把它保存好。我们以小队的名义写了封信给他，在信中我们保证，我们打击了战士们，在现在和将来还要打击他们。

空军中尉 A.格罗金

第一区红旗军

（原载于《新华日报》1939 年 3 月 16 日、17 日）

朝鲜义勇队阵地工作队日记

［朝鲜］朝鲜义勇队队员

三月十四日，晴天。

六时半起床，即爬山唱歌并练习中文演说。

十时往附近各村落张贴中文标语。

下午三时到××团干部训练班教授简单之日语口号，并应团长之请，由崔同志演讲“朝鲜民族的痛苦”。

三月十五日，晴天。

上午九时半，崔、黄、陈、朱四同志随同王副官到前线视察阵地。到达阵地后，即应×连之请向该连士兵演讲。毕，自动高喊“中韩民族联合起来，把日本鬼子赶出去”。

下午一时，继续前进并到达步哨线。在此可闻敌之步枪声和机关枪声。×连长对我们说：“我在步哨线上遇见政治工作人员，是我从军十三年来还是第一次。”

三月十七日，晴天。

上午九时到达阵地，此阵地距敌有一千五百米远。我们同被指派之中国士兵七名各带手枪由此阵地再向前行，由一农民领路。此地多起伏，前进较易，行进时时闻枪声，但子弹乱飞，故无恐怖。我们到达×村，即派几人任警戒，我们就集合村民，领路者告诉他们说，我们是朝鲜义勇队。他们又恐怖，又好奇。由崔同志讲演几分钟演说后，即散发《告被敌占领区域民众书》。此村是敌侦探时常出没之地，所以我们在村庄附近及道路旁散布很多对敌宣传品。我们又到另一村庄亦以同样方法做了工作，据说前天有几个日本兵到此村来游。

三月十八日，晴天。

一早陈同志带中国便衣士兵三名，到达昨日散布传单标语之各处视察，却不见一张，于是断定已有人拿走。

我们依据昨日经验，遂决定改良方法。于下午我们又带许多宣传品和浆糊再往该村，在村庄墙壁上及附近树上张贴各种标语和传单。张贴时我们选择遮雨地方，并且浆糊抹的特别多。今天归去时，两炮弹落于我们附近，离我们不过一里。

今晚七时，我们在战壕里和中国官兵开一同乐会，人数三十余，瓜子、花生、香烟是由我们预先准备好了的。先由我们的同志致简单的开会辞后，继由各人发表感想，后有唱歌，歌声震动全阵地。我们由士兵同志的感想谈话中，才知道他们每个人都受过伤的。今晚士兵们都非常高兴，他们都说："我们在战壕里开同乐会是头一次呀。"我们最后高呼"中韩民族联合起来，打倒日本帝国主义"而散。同乐会散后，在山岗上向敌方齐喊日语口号，喊毕即闻敌之机关枪声。

三月十九日，晴天。

今早又带宣传品同中国士兵出发了。在路上发现敌便衣侦探七名，离我们仅五百米。我们一齐向之射击，但并未命中。我们到达昨日贴标语的地方，有几个已经被敌人撕破了。那些标语是"杀掉军部暴力派长官""把侵略战争转变为革命""响应反侵略战争的先锋朝鲜义勇队吧"。他们都是以手指摘撕的，看样子一定费了很大的气力。其它的标语，他们并没有动。今天又贴了很多已由敌人撕破了的那些标语上，其标语在四百米外亦可见。

晚十时在阵地基岩上对敌演讲，敌亦对我讲演，双方舌战约一小时，可惜没有扩声机，效力尚微。

三月二十日，雨天。

×村农民一人向我报告，据说昨天有敌兵三名来我村，脱掉军服和皮鞋，换了中服而逃走。军服是烧掉了，皮鞋是藏在××地方。我们要求把皮鞋送来，他答应了，送来时即送交队部。

以上为阵地工作队工作概况。此外尚有第一分队即游击工作队之工作成绩。该分队一面游击，一面对敌宣传，于上月二十三日会同×支队×中队设伏于×地，炸毁焚烧敌坦克车二辆、汽车八辆，并击毙敌约三四十名。此详情已登载于四月五日各报。

[原载于《大公报》(重庆)1939 年 4 月 13 日]

中条山的反扫荡战

——朝鲜义勇队队员的战斗日记

[朝鲜]金铁远

四月八日

在×××军部送重镇同志后，就回到××师×××团部见张团长，他是很能干的，曾打退过敌人的几次的进攻，聪[听]到我们来开展对敌宣传工作，并去前线向敌喊话后，特别表示欢迎，并允许尽量帮助我们。以后我们一起去和敌人对峙的第二营营部。

四月九日

远山已在黑幕中笼罩起来，中国军队活动的时候又到了。我和第五连赵连长又带了十五个弟兄去最前线担任战斗的排部。排长又给我派了三个便衣弟兄，就要冲过敌军之步哨线，天已经是漆黑了，只有天空的星儿微微的发着光，森严的夜里，大家都紧张起来了。当出发之前，我和三位弟兄讨论了今晚之工作，对于这类工作是有着十足把握的。夜里九时半，我们从小路很快的过了步哨线，排长和便衣弟兄就指着了眼前的张店。我首先布置了俄国式轻机关枪阵地，第二位弟兄和便衣队继续前进，至距离敌阵地一百五十米突处。

风是向敌方吹的，我一手拿着手枪，一手执着手榴弹，把喉咙尽量放大，向敌方喊起来："日本兵士弟兄，你们为什么离开故乡来到中国的僻村，这样白白的牺性呢？……"话未讲完，敌人的照明灯向我方照过来，我们好好掩蔽着，继续的讲了五十分钟，夜十二时回到连部。

四月十日

在阵地向敌人宣传，在后方向民众及军队作宣传教育工作，这是我们的经常工作。早上起，对第二营机关枪连教日语口号，并报告了日本国内情形，又应当地自卫队队长之请，去民众小学及民众游击队讲国际形势与中国抗战胜利之前途及朝鲜民族解放运动问题。一般民众和前线将士急于明了这类政治问题，但文化食粮太缺乏了。

四月十三日

从早起，营部的电话不断的响着，便衣队的活动也更紧张起来了。敌人有从张店一带增援汽车部队之消息。英勇的战士们不停的做工事，脸上背上流着汗水，他们既无怨色，亦无半句怨言。他们既流血打枪，射[也]流汗做工事，真是无名的英雄，中华民族最尊贵的尊号，让你们戴上吧！

四月十四日

便衣队报告，张店新到四十余辆敌汽车。

四月十六日

和平的文雅的这个村落，又被野蛮的炮声扰乱起来了，三位战地新闻记者急速的赶来，我背着三八式步枪，陪记者们向最前线，炮声近了，炮弹落在我们的附近，连长指着前面的山上有重炮，敌骑兵在张店蠢动，炮弹声音愈来愈紧。

四月十七日

夜间，老百姓都撤退了，无主的村落，只有野犬狂叫着。敌人从今天起进攻张旁公路(张店至茅津)，我和连长在深夜去视察战地。

四月十八日

拂晓和连长来排部，敌之重机关枪向我方乱射，敌骑兵二十余名正向我方袭击，富于战斗经验而勇敢的李排长，很沉着的指挥士兵等待着敌兵来，在有效的射程内，我们的机关枪一齐猛射了，意外遭击之敌骑兵慌张起来，有些被打死了，有些从马上趺[跌]下去，骄傲的“皇军”被打得落花流水，敌重机关枪又向我方猛射，敌兵便收起尸体，载上马，正准备在敌重机枪掩护下溜回去，李排长又命令猛射，敌骑兵又被打倒了，于是敌人便向我方又出重炮。

一个士兵报告：“连长，我们攻击罢！”连长很沉着的“不忙，不忙”。二十个鬼子举起太阳旗又向我们前进，到了骑兵被打死的地方，要把尸体和重伤者抬回去，我方的机枪又向敌人猛射，可怜的“皇军”又给送死！

回到团部，排长办公室的壁上有“日本弟兄，缴枪，不杀你”的日文标语，几乎到处都是，这是在二个月前我义勇队金永新同志在这里写的。

炮声中回到营部。

四月二十一日

随攻击兵团前进，团长判断敌情后，命令迫击炮队向××地集中射击，命二营营长占领山背后之××村落，我随营长前进，敌人发现我们后，猛力射击，但我们终于安全达到目的地×××，待着天黑。

夜十二时，进行了伟大的全面的攻击，敌人的子弹筒声和我方的手榴弹声，展开空前的激战，英勇的阎连长负重伤了，在担架上还不忘战斗，“不要紧，不要紧”，一句一句那沉痛的话，使每一个士兵更激愤起来了，他是敌人第十一次“扫荡”进攻中被牺牲的民族英雄。

四月二十二日

满天被云雾朦胧起来，我方又开始了全面的攻击。在激战中，一个负伤的弟兄报告：“连长，我不到后方去，在前线多杀几个鬼子。”连长很亲切的安慰他们，负伤的弟兄们连自己的苦痛也忘却了，痛快的笑着。伟大的革命战士，他们是最澈底的革命斗士，我自然的涌出来了革命同志之敬意。中国汉奸汪精卫之流是投降了，但中国千百万革命战士，和成千累万的革命群众，决心献出头颅，拥护抗战，为着中国民族的独立幸福，奋斗到底。

士兵们看见自己负伤的战友，从那微薄的待遇中积起来的钱，都拿来慰劳他们，献给杀敌挂彩的战友！

回到营部的路途上，看见一个伤兵在担架上唱着：“风在吼，马在叫，黄河在咆哮，……万山丛中抗日英雄真不少……”

中国不会亡！中国不会亡！

四月二十四日

至××团部看了我义勇队的重镇仝志，他是等这次战斗结束之后就到敌后方工作去的。

又离开团部，行十五里，至营部，士兵经激战后，正休息着，有的从前面的山城上下来，在那流汗发光的脸上，带着满面的笑容。“我杀了两个鬼子”，“我也杀了一的鬼子”，高兴得一面骄傲地讲，一面形容鬼子被打死的样子，真是纯洁天真。他们这一刹那忘却了一切那激烈的战斗，也忘却了自己的父母家乡，只高兴杀鬼子。

四月二十五日

早上回团部的时候，第二营已向阵地出发作战去了。团长又下令第×连死守××山。敌之机枪、大炮集中向我方射击，我背着步枪，骑马至第二营部伤兵治疗所，叫他们注意空袭。敌机在空中肆虐投弹，敌军向我阵地猛攻前进。赵营长在前头指挥着机关枪："同志们，不要退！"士兵们看到他的英勇，一起勇气百倍的前进！可惜，那一刹那赵连[营]长壮烈的殉国了。

六连李排长因阎连长负伤之后升为代理连长，在距敌八十米突的地方，抓着手榴弹命令："前进！前进！"杀！杀！杀！展开了猛烈的冲锋。英勇的战士冲进了敌阵，占领了敌阵地，敌人虽然猛攻了五次，终于被我们英勇的李排长与机枪手击退了。

四月二十六日

动荡着的战场又平静了，敌人第十一次的进攻中条山，已遭到保卫中条山英勇壮烈的将士的粉碎了。

五月二十九日于中条山

（原载于《朝鲜义勇队》第 36 期，1940 年）

编辑室日记（节选）

冰莹

一月六日　晴

正在洗衣服的时候，一位穿着学生制服的青年走进来很神气地问："谢××是住在这里吗？""是的！"我回答他，同时站起来把手擦干引他走进那间客厅兼厨房、食堂的小房间里，还倒了一杯茶给他。

"她在家吗？"

"在的。"

"那么请你快点告诉她，说有位姓杨的要看她。"

"好的。"我不慌不忙地回答他，站在门边略为停了一下。

"他没有客吧？"忽然他这样问了一声。

"有，是刚才来的。"

"那么她一定没有功夫，我改天再来吧。反正没有什么事，我是《黄河》的读者，特地来看看她。"他连忙站起来，态度比刚来时和气多了。

"你太客气了，就请坐下来谈谈吧。"

"怎么？难道你就是谢先生吗？"他惊讶起来了。

"是的，我就是冰莹。""对不起，对不起，我太不客气了！"

"不，我才对不起你呢，没有早把我自己介绍。"

一幕很短的滑稽剧就这样闭幕了，客人好像很难为情似的弄得满脸通红，我也后悔不该这么恶作剧，但是如果再遇着这样的客人，也许会发生同样的事吧？

杨君是××中学的学生，他告诉我同学们一般所感到苦闷的是不能求得与抗战有关的实际知识，因为人数太多的原故，所以学校里现得杂乱，无秩序，而教员有许多是敷衍了事，有些竟不许学生写白话，他问我要怎样才能解除青年的苦闷。我觉得这题目太大，如果详细谈起来，半天也得不到一个结论，只好简单地告诉他，在抗战期间的青年，应该没有个人的苦闷，如果有，也应该把一切归咎于日本军阀，把所有的希望都寄托在抗战胜利之后，只有这样才能安慰自己，使自己不消极，努力干些牺牲个人为国家民族谋福利的工作。奶妈抱了胜子进来，为了他的吵闹，竟打断了我们的谈话。

征远从宝鸡来，送给胜子一只布做的鸭子，他一拿起来就往小嘴里一塞，这孩子一天比一天淘气，这么好吃，将来长大了怎么得了？

一月七日　晴

可纪念的一天！

下午两点去韩国青年战地工作队，罗队长要战[我]和他的同志们讲一次话，推辞再三不得，我因没有准备，只说了些我和韩国友人认识的经过，以及中韩两国的关系——主要的是中韩两国民众的血应该同为消灭日本军阀而流！说到在日本坐牢时韩国朋友给我的同情和鼓励，我几乎要流下泪了，为了他们中间有些听不懂中国话的，于是由李先生翻译。里面有一位女同志叫做李月峰的，去年一月曾和我在洛阳一战区政治部照过相，那时她还处在俘虏的地位，如今已着上武装，雄纠纠地在干四团受训了。

四点快到了，我们一同去妇慰会参加联欢会，已经到了许多来宾，桌上摆满了菜，这都是皮以书女士和其他几位妇慰会负责的同志亲手做的，既可口又丰富，可惜我今天的胃口不好，不能吃个痛快，未免有点杀风景！

吃完饭，月亮已经出来了，和罗队长去东厅门访问那十个刚从老河口解来的日本俘虏，里面有一位六十二岁的老头儿，他叫做服部，头发和胡须都白了，一看见他我就感到非常难受，万恶的日本军阀，居然把这么大年纪的人也送来中国做他的牺牲品，实在太残忍了！问起他的感想来，他说："我虽然年纪老了，但精神还年轻，只要生命存在一天，我就要和日本军阀奋斗一天！"他用一块大的手帕摆在地上要我坐，我把我们买来的点心和香烟打开来分给他们吃，一连谈了一个半钟头的话才踏月归来。听说他们明天又要被解到宝鸡去了。

[原载于《黄河(西安)》第2卷第2期，1941年]

在中国的一年（断片）

［苏联］R.卡尔曼

戈宝权 摘译

卡尔曼(Roman Carmen)是苏联国家新闻制片厂的摄影员，同时又是《消息报》的通讯员，他在一九三八年武汉沦陷的前夜到了中国来，第二年的秋季又再回到苏联去，在中国整整地住了一年。

卡尔曼是一个充满了正义感的人，是一个充满了生的力量的可敬爱的青年人。还远在西班牙内战的时候，他就带着“开末拉”到西班牙去，他跟着政府军的英勇将士走上最前线；当玛德里被围困的时候，他又是玛德里保卫战的目击者之一。他用他的“开末拉”记录下一个为正义与自由而斗争的民族的英勇和仇恨，他用他的镜头显示出这个民族的泪和辛酸。

他怀着同样的心到中国来，他看到一个多少世纪受难的民族在挣扎着，在反抗着，在新生着。他看见了大武汉的最后的面影，他参加了长沙的撤退，他看见了桂林的大轰炸，他到过南方和北方的前线，他在战时的首都重庆停留过，他也到过充满了新的力量和新的气息的延安，当他走出窑洞时，他看见了那孕藏着幸福和希望的蔚蓝色的星空。这一年的停留，是他收获的一年，他拍摄了好多公尺的影片，他为《消息报》写了不少美丽的通讯，他的一个最大的成果，那就是为《旗》(苏联文艺杂志名)所写的《在中国的一年》了。就正因为这一本作品，他被推举为苏联作家协会的会员。《在中国的一年》是部报告文艺的作品，是由通讯、回忆和日记等而集成的，我现在只译出前篇中几个最美丽的断片，作为一个例子，让我们看看一个来自社会主义国家的友人，是怎样来观察我们的。

一、飞过万里长城

朝阳最初的金光，把隐现在地平线尽头的盖着雪峰的山脉，染成了温柔的玫瑰紫的颜色。我站在飞机的巨翼下面，飞机师就告诉我，怎样才能解脱缚在我肩上、胸前和胯下的降落伞的皮带。因为清晨的寒气而在战栗着的技师们，移开了覆在引擎和推进机上面的帆布。我仔细地藏好我放着干片和“开末拉”的布囊之后，就又爬下了楼梯，好在祖国的苏维埃土地上再多停留几分钟，并且和边防军握手告别。我踏碎了我掉在草地上的烟头，就在推进机的狂风之下，弯着腰爬进了飞机的厢位。

我们的飞机，在飞机场的上空作了一次告别的环场飞行，定好了向着东方的航程，觅好高度，就直迎着上升的朝阳飞去。

一会儿，我们已和在我们右手边盖着雪和冰的山峰相平行了。有时候，就好像飞机的翼会和一个盖着冰的雪峰碰起来似的。远留在我们后方的，是棉花田的沃野，是果树园的绿色的林丛，并为像银线一样的灌溉的沟渠所交叉错综着。在我们的下面，向东方展开去的，则是一望无垠的空旷——没有人烟的平原、山谷和峭岩。

我们寒暑表上的蓝线在逐渐降低了，立刻就看出是十二度，但是在我们的前面有着更高的山峰，我们的飞机还得飞得更高和更高。这是将来沟通中苏两大国之间的定期载运邮件及乘客的航线的第一次试行飞航。

这第一次的试行飞航，就得勘定出这条困难的路程上的一切情形，而这条路是横过了新疆无尽的山峰和荒漠的。

在遥远的下方，有一条像蛇一样的小河在闪着光，这就是中苏两国的国境线。在山脚旁边，几乎看清楚的，是边防军的前哨——一所木头造成的小房。

飞机将它的巨翼缓慢地波动了好几次，向那间小木房和它西方的山表示出它最后的致敬，向我们刚离开的那个伟大的祖国告别。

荒凉的灰色的山岩，在我们的下方横亘着，这就是中国。

一个广大无垠的沙漠。……这幅毫无生气的景象，和中国的绘画以及关于视为“东方的珍珠”的那些中国港口的故事，是多么截然不同呀。……

即使现在，当看到这沙漠时，当看到这灰色不毛之地和毫无止境的沙漠时，每一个人就会开始感觉到：在这个辽远的和无垠的国家中的生活，是怎么地多样化呀。

中国，那东方的伟大的国度！

关于这个有五千多年文化的国度，关于居住在这片广大的土地上的——为两大洋所冲洗，为河山所隔断，从安南的热带林莽一直到沙漠的蒙古，从太平洋的蔚蓝色的广漠，一直到那不可超越的多山的西藏的旷野——四万万五千万人口的民族的生活和事业，我们所知道的真是多么少呀！

只有很少的几个作家，曾穿过这东方文物的帘幕，显示出这个伟大民族的面影，显示出他们沉默无语的受难，和显示出多少年来他们为了反对那不能忍受的外来的奴役者和封建地主的压迫的自发的斗争。

这是一片为大小统治者所教唆的，延长了几个世纪的自相杀戮的内战所分裂了的土地。

这是一片奴役劳动、贫困和千百万人民的尊严为外来的统治者所污辱了的土地。

这个民族，已第一次地在他们的历史上团结起他们的力量来了，并因此得到了力量能去抵抗敌人，去抵抗侵略者。

我们苏联的人民，坦白地表示出我们对于伟大的友爱的中国人民，对于这个正为了自己的独立而进行英勇斗争的人民，具有无限的同情与景慕，但是关于中国，关于它的文化、地理和世态人情，我们所知道的实在是太少了。我们每天在日报上所读到的关于中国前线的许多城市、山脉、省份和河流的名字，都成为一团混杂麇集在我们的心中。

当飞机的阴影，滑过无生命的多石的丛山时，我的思想漂浮到炎热的广州，那中国革命的卫城；漂浮到南京，这个有许多蓝色庙宇的古城，四周围绕着多荫的花园，大理石的台阶一直通到像盖满了玉莲花的地毯的池塘；漂浮到古老的西安，那中国的第一个都城，秦代的暴君曾在这儿统治过天下。

我们飞过了中国的万里长城。它延长了几千公里。为了把中国和世界其余的部分隔离开来而建造的这座墙，已一个世纪一个世纪静静地存在着好多年了。从天空看下去，它好像是一条细长的带子，消失在无色而多石的平原的一望无垠的旷野里。

我们降低一点，想仔细看一看这座墙。有些地方它还是好好保存着，但有些地方，风沙和年代已磨损了它的城楼和划平了雉堞而留下它的痕迹。这个城墙已变成了一条堤岸，我们能从上空看见它，是因为朝阳斜射的光线，为它射出了一个黑影。

二、武汉最后的面影

——十二月二十一日在汉口的日记

汉口的撤退，是以全速度在进行着。今天在城市里面，所有的黄包车都看不见了；好几千人也已从大街上消失了，就好像是被一个大风暴所横扫过一样：政府当局已动员所有的黄包车去运送伤兵。这个有用的步骤，完全改变了整个城市的面容。数月不断在增加着的人潮，现在都带着行李卷向码头走过去。或者就是走向近郊，走向那往西北方去的大路。从前线常有断片的消息传来，报告中国兵在城市附近一带正在猛烈抵抗的情形。

…………

我买了一辆车子，装满了汽油，准备撤退。这是一个太阳晴朗的日子，我在江边一带拍摄居民撤退的影片。

大家带着行李，背着小孩，手里搀着衰弱的老年人，挤进了大沙船和小舢板。大沙船扬起它的灰色的千缝百补的帆，离开了码头，等到了江心时，它就慢慢地一直往上江驶出去。当我正在拍影片的时候，空袭警报响起来了。十八架双马达的日本轰炸机，出现在头顶上。在天空的乳色的云雾之中，这些轰炸机几乎是完全看不见的。但是一阵银光的骤雨，从飞机上降落下来，这是些炸弹。日本的炸弹是用铝包裹的，因此它们在日光里面闪耀着银光。我就立刻出发到肇事的地点去，这时候一阵阵的黑色的烟柱正向上空腾起。

…………

当车子开过了城市的最后的几条街时，我们到了大路，立刻就到了出事的地点。日本人是想炸毁火车站的。有几个炸弹毁坏了一列车和一个水塔，但是多数的炸弹，都掉进了附近的工人住区。

小小的茅草屋，正像火柴盒一样地在焚烧着。任何一间房子，只要几分钟的功夫就会着火和倒塌了。沿着被火所笼罩着的街道上，成群的晕迷了的人在奔跑着，他们想抢救出一点东西，和从废墟之下找出死了的或是受了伤的人。在住区的中心，有一个小小的污脏的水塘，一个年老的中国人，拿了一个桶奔到水边：他装满了水，冲到他的茅屋边，把那一点水向炽燃着的火焰浇过去。他一直来回地奔跑着，直到他的房子变成了一堆还冒着烟的灰烬为止。房子是用竹杆子造成的，有一个茅草的屋顶和铺着几张草席。但是这位老人，还是向着冒烟的灰烬在不断地倾着水。

…………

在夜里面，一个紧张的充满了恐惧的寂静，布满了整个城市，只间或地为码头上传来的骚音所冲破。法租界的地区是用铁丝网和机关枪巢围绕起来的，汽车无声无息地从柏油的马路上滑过去。爵士音乐的喧嚣声，从一家饭店的敞开着的窗口传扬出来。

带着大钢盔的法国兵，静静地保卫着这些跳舞的绅士们的和平与安全。黑色的像天鹅绒似的天空，绣满着明亮的星星，仅有它的一边，是为近郊贫民住区正燃烧着的熊熊火光所反映着，但在这儿，在租界里面，是没有一个人去关心到他们的。

…………

三、长沙的撤退

——十一月十二日的日记

长沙还能守多少天呢？有些人说是一个月，另一些人则说是六天。

今天公布了一个命令，限令全城在三天之内完全撤退。所有的商店都关了门，日本飞机每天要在城市的上空翱翔几次。

…………

城市是完全荒凉了。在黄昏的时分，成群的兵士从街上开过去；运输车也开过去；在十字街口的地方，伤兵们就靠近火旁躺下来。有些伤兵则在空了的店铺里面，生起火来。我看见他们围着火团团坐着，重新绑扎他们的伤口和用一种单调的悲哀的声音在哼着。

邻近火车站的区域都完全被炸毁了。这儿什么都是荒凉的，一种劫难的气息笼罩在灰色的废墟之上，伤兵的彷徨的体形，就在这些废墟中间浮动着。

一列长的火车停在车站上。只有火车头的烟囱还可以看见，而车辆的其他部分都盖满了人；他们靠在进口的扶梯上、车顶上和车辆相联结的轴上，有些人甚至坐在火车头前面装灯的地方。

车站的月台，正像一块用灰色蜿蜒着的许多身体织成的地毯。伤兵们互相交叉地在躺着，使得空气里面充满了呻吟的声音。

拍摄这样的镜头，比去拍摄轰炸和火烧的情景还更难过。这儿，在这个车站上，每个人更锐利地感觉到这个伟大民族的受难！那些在车顶上或是在车辆联结处已经找到一个位置的人，一连守着几个钟头，等待慢慢移动着的火车开出去；他们死坐着，害怕他们的位置会被人家占了去，而被留在这个无人烟的城市的毫无生息的废墟之中。

一个拿着小“开末拉”的欧洲人，引起了大家的注意。当我拍照他们的时候，我就想起那些保存在文献中的关于我们革命第一年时所拍的新闻片，也正像这个同样地半毁了的车站，大家攀在车顶上……我握紧着“开末拉”的柄，就继续拍照着。

我们的人民，怀念他们的过去，怀念他们在一个饥饿和毁坏了的国家中的英勇斗争。因此，除去我们苏联人民，是没有一个国家的人民，能体验到一个为独立和生存而斗争的民族的苦难的。

也许有一天，这张影片会从胜利了的中国人民新生国家的文献中发掘出来的……

暮色降落在荒凉了的城市的上空，灰色的云片在头顶上悬挂着，降起凄凉的细雨来了。几个钟头之内，我们就要离开长沙。……就在我离开的这一天夜里，在长沙爆发了一次大火。……就在这一天夜里，这个城市变成了一堆冒着浓烟的灰烬。

四、南行道上

——十一月三十日的日记

午夜时分，我们的汽车在距离长沙有六十多公里的地方抛锚了：我们的汽油是用光了。我们把车子推到路的一边去，用树枝把它伪装起来，因为日本飞机会在清晨的时候来轰炸公路的。……无数的军队，从我们旁边开过去。

在黎明之前的这漫漫长夜里，我心里想起了近几天来的各种印象，想起了我在前线所见到的那一些杰出的人物。

有谁走近了我们的野火，并且静静地坐了下来。他询问我们，知道不知道N师是在什么地方。事有凑巧，我们是刚从那儿来的。这个师就正位置在前线上。这位新来的人，曾在武昌附近受过两次伤。有一个伤很快地就复原了，另一个伤不久也会痊愈的。“我们的医院从湖南撤退了，因此我就决定回到我的部队里去。当我到了那儿的时候，我大概能拿掉我的绷带。”

“N师离这儿有一百多公里的路程呢。”

“那算不了什么，我会走到的……”

他站起身来，向我们点了头，就消失在黑暗中了。当他一边走着的时候，他还吹着一个什么歌的口哨。

过了一会儿，一个倚着手杖和跛足的小孩子，又加入到我们这儿来。在中国的军队里，有很多十四五岁的小孩。他们并不是军队里面“以兆吉祥”的小宝贝；他们在那儿并不是专来娱乐成年人的；不管他们的年纪是多么小，他们是些真正的战士。

这个小孩子坐在草堆上，把他战栗着的身体，转向了温暖的火光。在他的膝头下面，有一个深深的伤痕，上面只单单地遮了一片满是灰尘的绷布。这个小孩子正在发烧。他的战栗的牙齿把茶杯叩得发响，他吞吃了一点热茶，烫了他的嘴唇。我从车里面拿出一条保暖的毛毯，把这个小孩包起来，他立刻就睡熟了。

星星正像闪光的宝石一样，撒布在青天上。只有很少几朵玫瑰色的火光，在地平线上显现着。农民们在躲避到山里去的时候，先放火把他们的房子烧光。野火的火焰向上升起，照着那个沉睡了的小孩子的脸庞。他有时候在呻吟，他有时候又在梦里面微笑起来。我是在守卫着这个睡眠了的疲倦的人，我是在守卫着这个中国人民军队的战士。

我的野火，和星星同时消逝了。

一个农夫从附近的茅舍里，端了一碗冒着热气的饭菜。这个小孩子吃了早饭，仔细地折好毛毯，把它放到车子里面去。我又把它拿出来，掷到他的肩头上去。起先他完全不懂，继而他拱起双手，向我深深地行了一个礼，就慢慢地走开去，倚着他为自己用竹子所做的那根拐杖。

五、战时第二个春天的山城

重庆正进入了第二个战时的春天了。

中国的冬天差不多已将过去，有几天是闷热的，在这样的天气里，大家都疲乏无力了，继而来了一阵倾盆大雨，城市又重新被蒙在一层厚的雾气里面，灰白色的太阳是很少能窥过这层雾气的。

重庆和中国各部是密切地相连接着。你可以碰到从各前线最辽远的地方来的人。他们的袍子上面还盖着大路上的肮脏与灰尘，这些人热情地诉述出他们对于战争的印象。他们到这儿来，不过是暂时小驻。他们的漆成深绿色的车子，积着泥土和盖着一个绿网，在重庆喧哗的大街上来往着，但在几天之内，它们就又在往北、往南和往西的分路上消失了。

重庆甚至还远在战争开始之前，就已经发展和扩张起来。它当时被称为是四川、贵州、云南和西康等省的门户。现在这个城市已变成为全国的首都，已成为它的政治和经济的中心，重庆是以在中国所不常见的步伐和规模在发展着的。

…………

在我回城的时候，我们的车子开过了都邮街。这是一条主要的街道，正像一个指环似的包围着全城。城里面被几千辆黄包车、汽车和步行的人都挤满了。此外还有很多的轿子，两个苦力抬着一张缚在竹杆上的椅子，坐在它的幕篷下的，那就是乘客。

在这一条狭长的挤满了黄包车、卡车、苦力们背着东西或是推着手车，和到处都挤满了人的街道上，一个人要想穿过去是得有相当的经验的。欧洲人是少得几乎看不见，间或可以看到一两个美国或是法国的小兵，或是一个传教士的法衣飘过去。在街上看到最多的，是着长袍的、短衣的和军服的、大氅的。

有时候也可以看见一个剪发的女娘，穿了一身军服。

战时的公告、抗战的宣言和传单，是每步都可以看到。大群的人，聚集在无线电广播喇叭筒旁，在听着从前线带来的消息或是政治报告。

六、在一个军用飞机场上

当太阳从地平线上的蓝色的山脉后面升起来，利用它最初的金光照耀着飞机的金属躯体时，所有的飞机师都聚集在飞机场上了。这些年青的魁梧的家伙，把帽子斜戴在一边，在作飞行的最后准备。

机件在昨天夜里就调整过，一切东西都检查过，引擎很快地就发动起来了。指挥官把飞机师们都召集在一起，讲了一讲最后所接到的天气报告和关于攻击的细节。飞机师爬上了他们的座位。十二架双引擎的高速轰炸机，就从飞机场的上空绕了一圈，排成队形，定好航程，立刻就在清晨的云雾中消失了。

他们的任务是要飞过前线，抵达 N 城，轰炸驻扎在当地的一个日本步兵师团的总部，和轰炸当地的铁道联络点及军需库。据当时的情报，所有的中国居民都早已从这个城市逃跑了。

有几架在黎明时分到达飞机场的驱逐机，正停在机场上，准备一接到命令立即起飞。他们的任务，是保证轰炸机的安全降落，以防日本的驱逐机在追赶它们。

紧张的期待的时间，非常慢地消逝过去。按照估计，轰炸机应该马上就飞回来。……

当大家正等待得万分焦急时，空袭警报的声音响起来了。观察台用电话报告，说有七架日本的驱逐机，正向着机场的方向飞过来。在警钟的凄凉的铿锵声之外，又再加上了马达的吼鸣，中国的战斗机很快地就都起飞，来迎接行将来临的敌人。轰炸机是应该到达了，日本的飞机可能在它们飞回机场的路上袭击它们，与它们作战，而这时候这些轰炸机油已快用完。电话传来了这样的消息："飞机在距离城市十公里的地方相接触，现正在空战中，一机着火坠入山谷；但是何方之机尚未能证实。"

…………

过了一会儿，电话通知空战结束，马达的响声已在头顶上响起来了。轰炸机降落，一架、两架、四架、六架……十二架飞机都飞回来了！保护它们的驱逐机也落地了。指挥官和抬舁床的人，都跑过去迎接他们。一架战斗机失踪。我们在空等着，蔚蓝的天空静息无声。这许多愉快的青年人中间的一个人，将永不回来了。

凄凉的钟声又响起来，这是宣布空袭结束。

有一个飞机师慢慢地走着，由他的同伴张开的膀臂支持着。他用一条颈巾的边子，这是他爱人送给他的礼物，在擦着他面孔上由于痛苦所迸出的大汗珠。他受伤了。他的飞机的两翼和油箱都被打成许多洞，共有二十四颗子弹。

“大家都回来了吗?”他用平静的声音问道，向着轰炸机的方向点点头。

“全回来了!”他的同伴们答道，把他小心地放在草地上。

有一位飞机师说道：“当日本飞机正向我们冲过来时，我们已没有机会占据高空。”他是一个瘦削的家伙，动作敏捷，在他的生动的棕色面孔上，一口雪白的牙齿在闪着光。“我们打了十五分钟，击落了两架日本飞机。我没有看见老陈是怎样毁灭的。他，大概是在追逐日本飞机吧。”

…………

轰炸飞行的指挥官，报告关于袭击的情形。……任务甚至是超过了原定的计划，因为飞机还炸毁了靠近该城的一列卡车。

…………

这些飞机师都是些很好客的人；他们想欲我住下去，即使不是一整周，至少也得多住两天，告诉他们更多的关于苏联航空、飞机师和英勇的女航空英雄的事情……

但是我还得赶路。当我的车子沿着公路开过去的时候，我转过身来，看看飞机棚，看看飞机和看看那些消失了的穿着羊皮衫的人们。这是些多么值得惊人的家伙！(完)

(原载于《时代文学》第1卷第3期，1941年)

日本士兵日记

一个日本兵的日记

——我军在新立屯附近之战利品

[日本]渡边章彦
佚名 译

日兵渡边章彦日记一册，乃服务东北义军之某君所寄赠，据云本月九日十日，新立屯附近我军与日军有激战，日军大溃，此册即从渡边章彦死体身上觅得者。封皮为黄色布质，正面印黑红两色锯齿线，下有"フ"字，脊印"昭和七年军队日记"及"樱井忠温监修"等字，底面有蓝墨水笔所书"村井旅团骑兵第二小队四分队渡边章彦"字样，字颇汗漫。

日记起自昭和七年十二月十七日，止于八年一月八日，共二十三日，合日记托页上所书的共二十四篇，记文杂用铅笔蓝墨水笔所书，铅笔字潦草模糊，颇难辨认，兹择其字迹较明晰，意义较重大者，如日记册托页上之文字及去年十二月二十三、二十六、本年一月五日之记事，译录如左。

综观渡边之日记全文，其厌恶兵役，畏战怕死及不愿与华人作战之情，充满于字里行间，甚且诘责其政府之黩武政策，深感人生之乏味，其境可悯，其情可叹，一渡边如此，多数日兵想亦相同，于此吾人可得二义。

一、比年以来，日本国内武人专横，政治紊乱，经济恐慌，思想激变，识者早知其危机四伏，前途堪虞，而日本军阀仍不知省察，反穷兵黩武，加紧侵略邻邦之我国，冀以转移其国民视线，保持私人之地位，岂知彼所恃以侵略邻国之军队，其思想亦已大变，非复曩昔之一味盲从，甘作工具可比，苟我国人能誓死自卫，澈底抵抗，则日本人民之觉悟，可立而待。

二、日本军阀狃于中日、日俄两役之胜利，动辄以"帝国武士""皇军威力"夸耀于世界，一若日本军队之勇敢善战，真可无敌于天下者，今读此日记，及证以淞沪一役，始知所谓"帝国武士"者，其"威力"亦正有限，而其恐惧懦怯之情，反视常人有加，虽有犀利之军械，亦无所用，我全体同胞，只须切念中华民族之垂危及抗日救国之重任，虽奋白刃而肉搏之，最后胜利亦必属于我矣。

译者附志，一月二十一日

日记译文（日记托页上书之文字）

现在我们的敌人不是中国，满洲之野并不是我们的战场，我们的敌人，与其说是中国，莫若说是日本。日本国民应该从自尊心里觉悟起来，从人道道德觉悟起来。现在敌国支那已经由我们支配之，渐渐的变化了，也许变成比我们更进步的国民，为什么我们要与这样的敌人去作战呢？

十二月十七日

入夜，知道出动的事，有确实性了。中队干部的忙碌，非言语所能形容，宿营院中已装设了电灯。

十二月十八日

准备出动。会面者甚多，中有渡边君。发表出征兵的姓名，我的姓名也在内。入夜发给被服等类。

十二月十九日

被编成为动员中队，与马别离。正午，母亲仁志与四郎等来会，连泪都没流的母亲的坚强心理，使身受者窃喜。夜里，为要安慰留守者之心，反苦于对坐无言。

十二月二十日

装载甚忙。一时起检查军装，师团长及旅团长来训话，略谓“不久将成我们支配下的属民，所以你们去杀了一个人，应该留些哀怜之泪，诸君对于身体要保重”等语，并摄影以为临别纪念，对军旗、御真影作拜别敬礼。上林叔父来会，勉以不要纪念着母亲。提灯会有好几组入营门来祝送。

十二月二十一日

午前一时半起床。三时半自宿营地出发，爱马精神很好，气亦高昂。五时半装载完毕，向车站前进。八时出发，在濑户有藤原的母亲及操君来送别，在冈山逢到家兄龟忠、楠木先生等。三时半在字[宇]品下车。住了一夜，是宿于国土上的最后一夜，睡也睡不着。过了一点钟以后，才稍稍睡着。

十二月二十二日

六时半，将马匹装于吴淞丸上，自己先行一步。这别离日本陆地的一刹那，虽然没有流出泪来，总觉不大自在。三时开船，欢送的小艇与我们的船并行着驶，对于他们喊万岁的声音，想答亦答不出。傍人喊着万岁的时候，惟独我自闭口无言，但是我很遗憾，我没有必定要死的决心。

十二月二十三日

停泊于下关。最讨厌的是，码头上的商人还以高价向将与故国死别的我们，叫卖他们的商品，甚至使我感觉到为保护这些人们的国家，真没有去死的必要。四时半，祖国的影了渐从我们眼帘里失去了。夜里，海浪甚大，身心都觉不自如。

十二月二十四日

过了十点钟的时候，看见朝鲜半岛了，发给防寒具着在身上，像煞野斯基毛人似的。有人还嘲笑，谁也想不到我们是这样装束。我穿上这种服装，不劳动也会出汗。一入黄海，海水变成黄色，使人吃惊。人生像是很长似的，其实很短。在这短时期内，还有等待着开人类之花的，将来还不知道成就如何的伟大人物哩。

十二月二十五日

冲破黄海的波浪船已渐趋安静，望大连行驶，左弦将满的月亮高悬碧空，像是在无言里为吾侪前途祝福。在甲板上不穿防寒背心站着觉得很寒冷，气候是如此差异，时间要比国里慢一点钟。由此等事实推之，不得不预知这就是已经远离故国，将要达到目的地点。

十二月二十六日（抵大连）

登甲板看白波逐天，巧妙从岛的中间潜进，将入大连商港。七时半，虽开始登岸，而我站在小野一等兵的步哨那边，心中感到人生乏味。嗣与中田事务长谈话，并被饮以酒肴，始略得些人生意义。我想，交友无非止有此吗？一点半起，上街游玩，为尽览大连名胜起见，乘坐汽车游览，好在敌影尚未见着。

十二月二十七日

九时集合，与坊君同到用度课。十二时离家，五时在大连市街及码头等地与同胞们在雪中趋游。梦里曾游祖国。

十二月二十八日（抵奉天）

到达奉天是七时半，气温是零下十三度五分，也没有什么受不了的事情，并将马集合于奉天医科大学的院里。想起来，爱马嘴上带着冰须，身上涂着白霜，在露天北风里过了一夜，心里生出一种异样的心理，牵马开拔。听到九月来作战的谈话，也是缠绵悱恻的事。

十二月二十九日

昨日西盛号被邻人天村君踢折了左腿，实是可怜，好容易养到二十岁，万事皆成了。现在丢了一匹马，一个人的骑兵队前进，更不知如何了。

十二月三十日

七点半集合，八点半方全体醒起来，其情状可知。乘马教练，爱马为寒风所侵，不断的长鸣，嘴头上的冰溜、尾上的霜，谁能想念及此呢？从母亲手里要来的钱，不翼而飞了，反正钱总归会没有的，这也没有什么大不了的意义，算了罢。

十二月三十一日

方在睡深的四点时候起床，六时完了出发，准备向奉天车站前进。因昨夜被便衣队所破坏的铁路正在修理，故延长至午后一时，向打虎山出发。说到大年底连晚饭都没得吃，将校们都为军食发愁。向西北前进，五点前起三列车都成不能前进之势，十一时始得到达打虎山车站，就这样在敌人之前停留着。我是马棚值班，于是在满洲之野，站着渡过新年。

一月一日

睡的时候，和像要冻死似的那样战栗抵抗，卧在马棚里，静待天明。六点钟的时候，才吃到似是征发来的半熟的早餐。在打虎山下，向东，整列中队纵队齐唱君代之歌，立于敌人之前，作这种静默的集合，不算什么可感谢的事。距车站有二百米达的地点，横卧着一具尸体，腹部中过三枪，胸部还有三处刺伤，已经结成冰冻了，仅此亦足以想像昨日的战斗了。

一月二日

午前十时，占领一所中国街里良民的大住宅，在逃空了的房屋里安息了我们的身体。看家的中国人很勤苦的替我们劳动，实在使我们欢喜。“熬猪肉”，但是搁在嘴里吃吃看，也没有什么滋味。

一月三日

正午，接到旅团长的命令，知道黑山县有马贼来袭，故即刻出发，驰驱于旷野之间，跟着矢野尾斥候作铁道侦察中，觉见一列车，悬着民□□旗帜和白旗，渐次接近而来。我即要回去报告，岂知来者是一美国视察团，将校们很紧张的持着枪，如猫如鼠的登上车去，而彼辈正在盛宴用餐，不觉浮气而返。

一月四日

到达县城，未见马贼，只见城外的电线杆上高悬着四个首级，这许是马贼的头，看去是并没有马贼来袭的模样。本拟即归，但以虚实不明，且家犬狂吠，遂找到一个大家院落过夜，以待天明，遂雄纠纠鞭策驹马，驰驱道上，毫无所获而返。在途中曾用机关枪作试验射击。

一月五日

没有敌人，硬作假想敌人的演习，此中悲哀有谁知道呢？如果有人知道的话，则将叹息此种演习为毫无意识的举动。午前乘马集合，在高打朴乡（译音）附近作战斗下马。

一月六日

五时起床，向八道矿方面移动，吾们小队押着大行李，安步前进，有七里之路。今日北风甚烈，手足寒冷，不由的生出眷怀故乡之念。四时到达，有英国人支配的大发电所，其房屋内部布置的整然，殊觉令人惊异。

一月七日

五时半，起床向新立屯前进，各种东西皆稀少，无足惊奇者。四时到达，进驻以前张学良的军队曾经住过的大房子里。这样我们不战而得占领新天地，大和男子的气象，向谁去值得夸张。

一月八日

今天是陆军创立纪念日，在站前的大广场上，骑马举行分列式，中午吃的是中国菜，喝的是日本酒。

（原载于《津浦铁路月刊》第 2 卷第 12 期，1932 年）

一个日本小兵的日记

大汉

新近各报，曾发表了日本骑兵渡边忠彦的日记，而且将其中一二页，制成铜版，刊发出来。据许多“日本通”的先生们说，这种日记的形式，以及草书的笔迹，确是日本人的真迹，决非伪造，因此，日记里面所透露出来的反战争意思，当然是非常值得注意的一件事。

在这本日记里，吾们可以看出那个日本小鬼，是如何的怯弱，是如何的不愿意出发，如何的怀恨他们的军阀，甚至怨恨他们的商人，因为在他出发的时候，商人卖给他东西，还要特别敲一注竹杠。

吾相信这一本小小日记，大可作为日本军队多数意想的代表。吾们试回想一·二八那一役，日本兵多在怀里揣着一座小佛像，而且大书“吾佛保佑”等一类的字样，以及俘虏的日兵，那种跪拜乞怜的神气，更可相信这本日记确是一忠实的纪载。现在热边形势，非常紧急，石河前方，一触即发，所愿吾国御侮将士，多一读渡边忠彦的日记，共同奋发起来，一鼓而把他们全部打退。

（原载于《天津商报画刊》第7卷第25期，1933年）

敌兵阵中日记

[日本]佚名
田汉 译

适与夏衍兄整理由前线得来的敌人的日记和信札，六逸兄为《国民周刊》征稿，因译《敌兵阵中日记》一种以应。作者属上海派遣军重藤部队佐藤支队新川队。俘获日期为十月十八日。作者文章简劲，且有短歌数首，似为智识份子，但在两军相接之时，仍不能不向神明作可怜的祈祷，可知敌军精神武装何等脆弱。我们当充分把握敌人这一弱点而充分发挥吾人之强点。在他二十一日参加冯宅攻击时，作者是这样写着：

"攻击冯宅，三中队几乎有全灭之忧！想来虽说是'支那'也有不可蔑视的战斗力！"

这该是对于我们英勇的士兵同胞一点没有虚假的赞词。某些失败主义者，因最近我军阵线的后退，不去理解其症结之所在迅速改善之，反而怀疑我军的作战能力，主张向敌人妥协投降，其肉真不足食！

此次我们所得敌兵的文件甚多，拟加以细密的整理，以供我抗战士兵民众参考。有的信扎写的那么缠绵悱恻，刚要寄出而其人已饮我弹火，成了异国之魂，有的日记上批明"我如战死希望战友们给我寄回故乡"，我们虽不是他的战友也乐意替他执传达之劳，等到我们获得决定的胜利足以使敌人"反省"的时候。

十月三十一日

第一日　十日

正午入营，经各种检查之后，入队。

速成的老总们，这儿那儿充满愉快的声音。

第二日　十一日

午前五时半起床。

第三日　十二日

午前开始军装检查及其他。

午后四时二十八分一路向征途出发，在驱逐舰“初雪”上有盛大的送别。

第四日　十三日

在舰上有点儿晕船。看见外国船。

十四日

到着在扬子江上。

于距上海三里(十八华里)之地点。

什么也没有，什么也看不见，

好像来演习似的。

帝国军舰之多大大地使人气壮。

十点钟了还没有登岸。肚子有点饿，友机三架飞向陆地。

远远看见火焰。

登岸，十一时四十五分。脚有点痛。

看见支那人的尸体，

斩得整整齐齐的。

明天我也可以砍几个了。

午后二时起开始行动，

先到贵腰湾十一师团支队本部。伤了点风，头痛甚剧，颇感饮水的不便。

幕营。

十五日

整天在豫备队(支队本部附)过着。夜间任步哨，伤风难过得很。

水很不够。想早点到前线去。

(十六至十九日缺，大约因为激战中无暇执笔吧——译者注)

二十日

昨晚又是一整晚。

在激战中天明，在激战中天黑。

“支那”大国的平野。

今夜月明如昼。

十六日

尚未采取行动

脾肉×××××××（原文不明）

最初的入浴，爽快之至！

十六日

昨晚起派充炮兵警卫兵，一夜未睡。

与熊雄兄面会。精神甚好，惟显露相当的疲劳。

白天的战斗友军也有不小的损失。

二十日

进攻姚宅。

从昨晚起继续战斗。

我军也有相当损害。

二十一日

进攻冯宅三中队几乎有全灭之虞，我想虽说是支那，也有着不可轻视的战斗力！

二十二日

本日起休养。

仅仅三天的战争，却已完全丧失战斗力了。

晚九时半支那军有夜袭，殆同儿戏。

二十三日

从昨天起的休养精神恢复了许多。下痢颇苦。

入夜大队改作本部援队，后退六〇〇米达，但子弹依旧飞来。

夜抵××，配备整晚，枪炮的声音砰砰不断。

二十四日

昨晚起的枪声，至今晨未断。

战场清晨的某一时从堑壕中也听到小鸟的歌声。

今天整天受着迫击炮的洗礼，打得非常可怕，友军的炮兵全然不振，真是失望之至！

好久没有吃到点心，今日才领到——孔倍特·巴斯克——整天练习掘战壕。

二十五日

晨起向前方侦察道路。颇为疲乏。

但毫无所得。

二十六日

休养。前方五六百米达之处正战斗着。

迫击炮似乎沉默了。

在堑壕里悠然地唱歌，安慰这不晓得明天的今天的生命，想写信回故乡也没有写。十四时起又开向前驻地丹石桥，和第七中队换班。

二十七日

丹石桥守备。昨晚没有什么激烈的枪声。放哨时，受着蚊军的攻击，真有不支之势。这儿吃不消的白天是苍蝇，晚上是蚊子。

前方千五百米突之处似筑有相当坚固的阵地。现在就得去侦察。

阿弥陀佛！

敬求神明让“皇军”的威稜永远光耀于世界吧！

侦察至前方约三百米达之处，看见了敌影。高粱酒香味浓郁，瓶如山积。

到前线来第一次用步枪射击，不知可曾被我打死一人？

四围敌尸累累，臭气难闻。

二十八日

午后六时起进出前方三百米达之地，专掘战壕。敌人也相当顽强地抵抗着。

二十九日

掘掩护壕。第三联队方面不断地战斗着。

中队又有弟兄一名胸部负伤。

以突角状态前进的我们中队可以说是我军的第一线了吧。

三十日

今日连迫击炮的射击也不曾受到，只有时飞来步枪子弹而已。

正掘壕时险些中弹而死，只差五英寸。

十月一日

西岸院光誉净心居士。

净忻院西誉妙善大师。

南无阿弥陀佛！

本日为进攻前方二百米突的五个村边之敌，编成白襷队（即决死队）

午后六时三十分出发。前方敌阵似相当坚固。从今晚起得继续攻击三天啊，赌着性命。

二日

昨夜七时起开始行动。不发一炮占领××宅。接着掘壕至十一时。相当奋勇，从早晨起受着敌猛烈的射击离头上不过一尺。

中晚吃干面包，此后不知何日才巴得着饭吃？

三日

堑壕之一夜安然过去。

二小队一名战死，一名负伤。三小队无一名负伤者。又在枪林弹雨中前进百米，身边一二米达之处受着迫击炮弹的洗礼。喊着菩萨，现在只好求菩萨了。

四日

昨夜来，以一二小队掘通敌阵的壕沟。三小队留守。

又受着迫击炮的袭击。

从二日起至今日死者四名，对于死尸施残忍之加害，殊使人憎恶。

明日五支队（全员）奉令总攻，当舍一命为全军尽其最善之努力。

今晨九时后由后方部队送来白饭，我们好像复活了似的。

敌迫击炮依然在友军××中队的头上吼着。

五日

从早晨起，在战壕中是比较静寂的一日。定今日薄暮实行冲锋，以决死队十五名先行从傍边冲入敌的自动火器，冲锋当于飞机与炮兵集中射击之后行之。

一、到处都是烂泥地啊！
　三天两晚没有吃饭，
　钢盔上沥沥不断的雨声。
二、已经是没有香烟了，
　唯一的火柴也湿透了。
　饥饿与夜寒交迫着的我们啊！
三、嘶鸣声也听不见了，
　永别了，战马，
　把鬃毛做个纪念吧。
四、在马蹄下乱开的秋草之花，
　含着秋雨的湿润，
　又是虫声低诉的黄昏！
五、通信筒哟，达到吧，
　充溢着凄然抬起的眼中的
　是一行行的热泪。
六、啊，在遥远的东方的天空，
　雨云前面发着轰轰的声音的
　是我友军（日军）的飞机。

日记写到这里止。

十月十八日之战，作者与多数日军共遭我军歼灭，化为江南战场之露。这日记便是从他的遗骸上搜出来的。因为封面破碎，日记也只剩了散叶，有些字迹非常模糊。特别是后面的诗，经友人数数之力能辨出。其人甚有诗才，惜不知其名字耳。

汉再跋

（原载于《国民周刊》第1卷第18、19期，1937年）

在淞沪前线搜获之敌军一队长日记

——记录敌军死伤惨重　充分流露厌战情绪

[日本]加藤清太郎
佚名 译

我军最近在前方搜获敌人日记一本，记录虽颇简单，而敌方下级军官之厌战情绪，及淞沪前线之死伤惨重，已于其字里行间，充分流露。兹特译录如下，以供众览。

敌步兵第十八联队加藤清太郎之日记

八月十四日

上午十时左右动员预备令下(令下时余适在为军旗祭日之准备)。

八月十七日

动员第一日。在丰桥仓库站岗，自动员第二日起至出发前止每日均忙。

八月二十五日　星期五

下午四时五十分左右由营门出发，下午五时五十分由火车站出发，第一步踏上自己所负任务之途，至名古屋站，幸与姊姊晤面，父亲与姊姊为我流泪各凡三次。

八月二十六日　星期六

上午九时八分至广岛站，下午三时到达住宿之处(住宿处为平家町之名本与一郎家，该家电话二七八号)。精神尚好。二十六日，二十七日连住二日。

八月二十七日

下午三时部队到达,本日异常忙碌,一夜未睡,仅在翌日上午五时三十分至六时三十分之间,稍睡片刻耳。

八月二十八日　星期一

上午十一时由住所出发,向宇品走。下午五时乘船——船名能代丸(另有吉野丸、贝加尔丸)。在夕阳反照之下,离开祖国。

八月二十九日　星期二　晴

上午六时半左右船在门司停泊,左望门司,右望下关,从此与祖国别矣,站在甲板上,不胜依依之感,欲高歌以与祖国言别,而不成歌,此时泪渗渗下矣(写信寄住居京都之他)。

八月三十日　星期三

今日天晴,唯在碧绿色之海中,远眺朝鲜半岛而已。

八月三十一日　星期四

竟日起而复卧,卧而复起,起坐不安,远眺四海,或看书以消遣。因云今日可写信,并作怀家之信寄家。晚间停泊于不知名之海中,出甲板一看,停泊于四围者凡二十余艘,继而鼓轮前进,至六时左右,始驶入长江口外之浊流中。

九月一日　星期五　晴

伟大哉,长江!浊浪排空,浩浩荡荡,如万马奔放。听说前面之阵地,已被飞机轰炸,及出而眺望时,则只见二三街市尚在冒烟之中。船内闷热,但为避敌弹,不许在甲板上乘凉,甚感痛苦。

九月二日　星期六

何时登陆尚不得而知,能代丸竟日停于长江江面上,东南方之吴淞方面火光烛天。入晚更烈,为准备登陆,晚间稍为前进,但旋又停止。

九月三日　星期日　晴

一、能代丸仍浮于江面之上,原来预定今日登陆。二、今日在船上所听到之日本广播消息如下:(一)此后将华北事变,改名为中国事变;(二)飞机八架向××出动，下午四时三十分开始登陆，下午七时登陆——在距河畔百米处休憩。

九月四日　星期一　晴

休憩中敌弹频由头上掠过，黎明遥见吴淞之战争遗迹，惨不忍睹，闻悉六八联队之战况。

九月五日　星期二　晴

至下午一时半止，仍蛰居河畔，自一时半起移往同济大学遗址，敌弹频来，饭时无菜蔬，甚感困苦。余偷窥各地，见我军待收集焚烧之死尸，触目皆是。六八联队死伤甚多，救护之担架连续不断前去，闻铃木中尉负伤，闻杉浦准尉战死。

九月六日　晴

下午三时三十分移至××。

九月七日　星期四　晴

今日本来预定移动，但未移动。

九月十日

下午三时向海洛(译音)移。

九月十一日

下午四时三十分向吴家宅移，铃木宗在海洛病。

九月十二日　星期二

上午八时由吴家宅出发，上午八时三十分杉山荣作病(放下背囊)，下午二时三十分三轮熊一死，下午六时至大王宅，下午七时左右村松上等兵负伤(放下背囊)，下午八时左右原田负伤(放下背囊)。

九月十三日　星期三　晴

预定上午八时出发，上午八时片山贞一负伤。

九月十四日　阴天稍有雨

仅闻野炮之声，战线上颇为沉寂。

九月十五日　阴雨

上午五时由大王宅出发，开向第一线，第二小队长森田准尉战死，新升为第二小队长之古沟曹长，于布置阵地时腹部负伤。呜呼，现在小队长三人均死矣，所剩者仅小川军曹与中队长而已，余今升为小队长，而站于前线矣。

九月十六日　星期六　晴

上午十时战斗开始，可称为战斗之战斗，正自今日始，主要干部均死于敌弹之下，余今背负第二小队长之重责，而开始战斗矣。我军被围于敌军弹雨之下，及至晚间，敌方炮火更为猛烈，此或为逆袭，亦未可知，全夜隐在水沟中。

九月十七日　星期日

早上天晴后渐转阴，下午三时顷有雨意。上午七时三十分左右，前进目标地为王宅，该处有大树二根。敌方炮火甚猛。

（原载于《战斗周报》第 5 期，1937 年）

敌军班长阵中日记

——死的恐怖压在心头　追悼伙伴词意悲怆

[日本]石黑荣一
佚名 译

偷渡周家桥残余之敌，潜藏申新纱厂地下室中者二十余人，经我军昨日澈底之肃清，即已完全击毙。于其尸体中搜获文件颇多。其中有一班长名石黑荣一，所写阵中日记，充分表现敌军厌战畏死心理。兹经本报觅得原件，亟为节译如左。

十月二十三日

今天又是昼夜战斗，出发第一线。运气还好，无论到何处，没有受伤，还能够接续活跃。好像战争快要结束的样子。有的说将被调到华北或热河去，虽然确讯不知道，但我相信上海战事不久会结束。假如得以平安归国，那就不能不感谢上帝了。

友军的炮声，今晨感觉其猛烈无比。似乎敌已退却。我们改变作骑兵，开始追击。第六联队在我们六十八联队之右，协力作战——昨晚的战役，六联队阵亡四十余名，负伤六十多名。一个中队的战斗力，现在但剩四十名，可谓十分"苦战"了。我们六十八联队，目下死伤已达半数有奇。看见烧毁尸体的时候，心痛不可抑遏。每次战斗完了后，一定是堆积薪炭，大约十五至二十具的身尸作一次烧。分队的战友，现在就是在烧着。

也不晓得那块是那位战友的灰骸，在戎马倥偬的当儿，委实也管不了这么许多。

中国军队的遗骸，被炮弹所炸裂，血迹朱殷，重重叠叠，不知其有若干！

这就是叫做"战争"呀！我恍惚从梦中惊醒。不禁想起满洲，何等艰难。

总之,这是我有生以来未有的辛苦、悲哀,也是最难得的体验。又是命令集合了,想写的事很多,只好搁笔。

十月二十五日

二十三日踊跃出发前线,一直活动到如今,我还是没有受伤,虽流弹纷如雨下,但已觉得无异于演习。我的幸运,因为我跑的速率快。当队长在最前面,事实往往是第三人第四人,最易被击。此外是从前在演习时,我很注意地形及地物。只要计算炮弹所及的距离,不管日本军队的有无。坦然走上平地,倒不出毛病。这些都是贵重的经验。

我们六十八联队的声誉,当已翼飞于全国,几十里的战线之中,六十八联队的战线,总必突出五百米至一千米,与炮兵共同作战,也是六十八联队多建奇功……我们各大队挂着钮扣以资识别。

十月二十六〖日〗夜

今天突然接到前进的命令,出动第一线,利用二十五夜的黑暗,到达敌前百米的地点,等到二十六晨二时开始战斗,敌人像已知道了,不断地发炮射击。我们只吃一次干面包,水壶已无滴水,真是苦得很。东方既白的时候,我们的飞机来了。初是一架两架,后来至十二架,同时炮兵也实行轰击。十一点,一纸命令分送与各分队长,叫我们应该于十一点三十分冲锋。届时有二十八辆的战车,前来协助。

敌人炮声隆隆,耳为之聩。我们上了刺刀,虽想伸头试探敌人何在,然而不敢,盖恐被流弹所中也。此时心中有说不出的一种精神(非身在战场不知其味),复杂万端。忽然在我后面一位叫做三岛的,叫声"不好!南无阿弥陀佛",一颗子弹从左胁穿过右胁,呜呼一命休矣!

移时,辚辚的车声大作,三架插着太阳旗的坦克来了。……敌人也一齐开火……于是冲锋。幸得无事归来,现在在此写信,谢谢天地!但是明天又要战斗,要再前进三百米,不晓得何时才能把信送出哩。

十月二十七日

今晨收容昨天的战死者,凄惨无比。……因为保管遗物是我的责任,我把手表、钱包与"千人针"拿着前进……

十月二十八日

今天烧化三岛君,带着分队员四名,后退约二里 —— 想起还不知道死耗的三岛的父母,不禁泪流如注。

十月二十九日

早晨将灰骸埋置,造一小冢,又插上野花数朵……以木炭书“三岛战死地”五字,洒泪而别。回到中队,已是午后三时。

现在我们所居的与上海仅一水之隔,是一所上等的家宅。

(原载于重庆《大公报》1937 年 11 月 5 日)

散兵线上

——一个日本军士的日记

可之*

我们调到沈阳十余天了，天天由前线传来不少的捷报，报纸上也大大的登载着上海、平汉、平绥、津浦各线进展的顺利神速，但是由前方载回来的伤兵，由他们的谈话，由他们的表情，却使我们深深感到支那军人并不如我们土肥原少将所谈的那样怯懦无能与吃鸦片。而最近一星期来，每天由火车运回像货品一样堆集如山的死尸、残废的活体，我们更憎厌军部的粉饰胜利与悲哀我们黯淡的前途了。

联队长今天特别宽恩，给我们半天的休假，但这对于破碎的我们，能有什么补益？大家一团一团的蹲着，漫谈零碎的别人道出的不甚可靠的前方消息，揣想着前线激烈的战况，揣想飞机、大炮的轰炸，我们空虚而又徬徨地，像站在地狱门前，等战神来摆布我们的生死伤残。

与我同街居住的五六个熟悉的商人，都编在一队，大家谈着，并不寂寞。我们平日虽有些微的嫌怨，但我们都不计较，大家紧裹在一起，我们相约着，要是我们之间有一个受伤或者被敌人擒捉的时候，就是牺牲性命，也要相互援助。现在，战神是把一切仇雠都变做友爱了。

活泼聪明的钟表商人原村，不知道怎样偷出营去买来了烧酒、牛脯，还有烧鸭，他悄悄的叫我们回到睡的地方去，“一个人能吃三个人的东西”，他的嘴歪向惯用皮鞋踢人的小队长。

“哼，他，给狗子吃不要给他吃！”绸缎庄的伙计重田一瞪着眼睛，斜张开嘴，装起小队长踢人时的姿态。

---

* 该文刊登时署名“可之”，难以判断其为日记作者还是译者。——编者注。

大家哈哈的笑了，小队长回过头来，像发觉我们是在议论他或者同他开玩笑，眼睛又瞪起了，从原村看到重田一，再从加藤洪看到我。我低下头，用手遮着嘴。

我勇壮的久米儿郎呀！
此时机，
用“铁椎”的大刀，
用“石椎”的大刀，
——去击杀了吧！

原村又学着小队长的声音唱神武天皇的征战歌，我们忍不住又是一阵狂笑，一起五人进了营房，重田一说：“注意，小队长的鼻子在动，像在闻香气呢！”我们关严了门，原村从杂□内抽出刺刀，割下烧鸭的腿：“朋友们快乐一两天吧！我从□□酒店的老婆子得来一个消息，再隔两天，我们就要出发到河北省的保定了。”

我们都怔着，不约而同的目光都集中在原村的脸上。“胜利，胜利，占领华北、上海，征服支那，军部用这些来麻醉民众，建筑他们的权威、功业、勋章，后方得着讹传的胜利鼓舞，兴奋、狂欢着，电信如雪片飞来，叫我们去流血、牺牲，然而资本家们却不愿出钱买公债。”原村擦着说，他的面部是充溢他从未有过的悲愤抑怨的神气，“我们为了什么，要像野兽一样的去刺杀亲爱的支那同胞，我们从未碰过头，我们有难解的怨仇吗？生存、利益、国家这都是资本家们的口号，我都不愿意以生命去换取他的利润，我要——”

他抑止了他激越的谈话，沉默就暂时占据这时间，但每个紧张的脸，显示着内心像波涛一样汹涌与不平静。我想着我的母亲、妹妹及可爱的妻——信子，要是她们知道我就要到前线，要是知道我被杀或者受伤又将有如何的感伤呢？我又想起杏子给我信上的：“胜利的捷报，是这许多血与性命所垒成，我知道，所以我不愿得着胜利的消息，我迫切愿望战争的即日结束。□哥，我希望你在万不得已时，做一个俘虏，支那人待俘虏很优容，而且我们还有聚会的一天——”我流泪了，但田重一、原村都笑出声来。

集合号响了，我们用手拭去眼泪，把这些酒肉装在藤包内，就红肿着眼睛，□□地胆怯地走入行列，联队长只看了我们一眼，也没有责备我们的迟到，他告诉已奉着关东军司令部的命令，我们这队明天就要开赴前线，虽则他今天没有已往的庄严、激昂，但我们已看见他的为难与挣扎的表情。

“弟兄们，我们是军人，我们除开命令外，什么都不必管，命令！”他竟这样软弱的结束了他的谈话，小队长叫我们唱歌。

"前进，前进——"

声音是低低的，沉重的，带着哑的哭声，在"不愿作俘虏"一句时，我们都唱着"宁愿作俘虏"了！

什么是光荣的代价，为什么老天早不帮忙使我们能够都回家？

不久我们唱着这名句，我们感到毁灭的悲哀！

【未完】

（原载于《川东文艺半月刊》第1卷第4期，1937年）

板垣师团长卫兵日记

[日本]T.Nagamo
吴默健 译

这是一个日本兵士的日记，也是第八路军在平型关战役胜利品之一。原文写在一本绿皮红脊的手册上，那蓝墨水的字迹，非常秀丽，而且可爱。不过那日记的主人，没有遗下自己日文的姓名，只有英文署名：T. Nagamo。

从全文看来，可以知道："芦沟桥事件"以后，他才入第五师团充当板垣师团长卫兵的青年。日记开始于离家（据译者从本文推测他的故乡，约在第五师团第四十二联队驻扎的山口县一带）去师团本部（广岛）的八月二日，绝笔于平型关战役前一天的九月二十四日。这虽是短短一个月的日记，却有值得我们非常注意的几点：

1.他的日记证实了他是一个有文学天才的人，如果他不被法西斯军阀驱使，他不战死在时代的进展中，即使他不成为伟大文学作品的作者，也许可以成为一个伟大文学作品的读者。

2.很真实地暴露了一般日本兵士的心理与行动：怎样地怀念着家人，怎样野兽一般地践踏着我们祖国的土地、人民……

3.我们更可以知道他以及一般的日本兵士怎样地被他们法西斯军阀所麻醉，所欺骗，使他们认为侵略中国正是"男儿出头的日子"。

这几点我们认为很有发表的意义，而且吴默健先生译完以后，又由《中国的危机》（*CRISISIN CHINA*，题名系指"西安事变"而言）的作者柏特姆（JAMES M. BERTRAM）译成英文寄往英国发表。

编者

八月二日　晴

上午五时半起床。等待又等待，男儿出头的日子终于到了！将国运担在双肩的我的去处啊……是风云紧急的华北！几千里的大地，转战又转战，虽然自己没有再生还的意思，但一想到留在后面的父母妻子身上时，禁不住一阵凄寂涌上胸头来，上午九时半，眼看着离开我的家了！唉！父母哟！妻子哟！虽然说“不用等待我回来”，但那能禁住我不肝肠寸断，常言道“娘心更比儿心重”，你们是以怎样的心情送走了我的啊！

十一时十分……汽笛一声，车开动了，载着我十来人的生命，受许多乡里人士的欢送。欢呼声里，我们现在真的走了！在父母妻子的面前，发誓着生还故乡的心情……也渐渐地消失，紧握着五色纸条的妻的手在颤抖……面孔完全像等待死神到来似的越发增加了，她的可爱！唉！妻哟！……这也许是最后的一面了！当我说“好好保重身体，孩子的事是托给你了”时，已经是眼和眼……脸和脸……妻的面孔渐渐看不清了，欢呼“万岁”的声浪隐的地在耳边，长旒的旗帜（日人欢送入营及出征者，皆用细长白布彩旗写庆祝某某出征等语——译者注）变得细小起来，火车进了山洞……紧张极了的心忽地松缓了，一口气坐了下去。

下午五时到广岛车站从人涡里挤了出去，六点十分钟才到宿所。

八月三日　晴

上午十时向第五师团司令部入队（任板垣本部队卫兵）。我们是以策动全师团三万将士的主脑部（师团司令部内各机关）的卫兵而渡华的，在主脑部内纵令一个人万一有事，师团的行动，就为之扫地，我们师团所指挥的机关，显然就要陷于一时不能战斗，想到这些事感觉我们渡华任务的重大。

八月四日　晴

领发兵器被服。

八月五日　阴

检查军装。

八月六日　阴

上午三时起床，对接连叨扰了四天（三、四、五、六日）的宿舍主人，致了厚谢之意，三时五十分由该宿舍出发，四时集合广岛西练兵场，四时三十分出发，经过电车道，六时二十分到宇品港，下午七时乘运输船水保丸。

八月七日　阴

上午五时，眼看着舰离开岸了，这也许是与故国最后的诀别吧？茫茫的大海在日光下闪闪的耀着，在水天仿佛的彼方，浮着点点的帆影，四方青碧的群山，长汀、曲浦的眺望是多么清爽，出宇品港时，人群里打动的太阳旗，万岁的呼喊，是多么勇壮，又是何等快乐的回忆！

但越过关门（指下关门司间海峡）夜的碧海又添了一片寂寞。看不见什么了，走进舱里，船底下的机器声音清楚的响动着，心是远远的飞向故乡去。睡不着，再走到甲板上来，船还是被黑沉沉向波浪打着，默默地往西驶去，冷风拂在红热的颊上，发呆地都视着星也要落下来似的夜空，不知不觉感到眼睛的润湿。

八月八日　晴

上午零时十分入釜山港，八时三十分起开始上陆，午后六时起，任风纪卫兵（在釜山第一小学校）。

八月九日　晴

宿于釜山富民町，原扶治郎氏宅，叨扰四天（九、十、十一、十二日）。

八月十三日　晴

上午八时三十分起在釜山车站装运物件，午后五时十五分汽笛一声，长长的军用品列车开动了。

八月十四日

上午六时自安东车站出发。

忧郁的密云爽朗地放晴，天空是碧蓝的一片，苍空到处漂着彩云，天上的美是发扬无遗了，我看到从原野尽处升起来的日轮。上午十一时三十分通过鸡冠山车站，高高地飞耀在青空的太阳，窗外移动过去的景色，宛一幅Panorama（回转画）。但从这晴空上，放射着强烈的热度，烧在货车的铁板上。空气很坏，货车里面被阵阵的苦热所侵袭。下午七时通过沈阳车站，晚饭。

天色黑下来，货车里的油灯光也显得寂寥。热气退了，却感到渐渐地寒冷，完全变成另外一个天地了。

八月十五日

火车是毫不理会似的载着货车里面和苦热斗争着的兵士们。正午十二时，在向敌地的关门——山海关停车了。在短短的停车时间里，给家乡打了一个电报(山海关平安通过)。十分钟后，火车又开动了，那时货车里起来一片军歌声：我踏进敌一步，战争的主势就在这里！我们一军的胜败，……

八月十六日

今天火车依然无心地奔驰着，不知道究竟走向那边去。华北的大平原是坦坦的波状地，一望无际真是茫茫的原野，铁路附近到处有蘘球花和杨柳等郁然的树林，树林里面，不知名的小鸟宛啭着嘤嘤的啼声，一点没有杜鹃那样的悲痛味，却像夸耀着自己是山林中唯一的次中音似的。

八月十七日

上午十一时三十分到天津车站，早餐，下午一时自天津出发。

被日本空军轰炸下的天津车站，说明着他悲惨的遭遇：有像面条似湾[弯]曲着的路轨，有炸为微尘的货车的残骸。下午六时到落岱堡车站。

车站是蜂巢似的把皇军奋战的样子活生生的耀在眼前，有铁道三联队工兵上等兵二名战死的墓标，下午九时半□该站出发。

八月十八日

上午三时到丰台车站，早餐。八时出发，九时到西直门车站。

万里长城(北平城壁之误会——译者注)蜿蜒在右面，天津以西北的各站，一个中国的车务人员也没有，列车由我们的铁道队运转着，下午六时到昌平车站，整整一星期间，长长的火车旅行，在货车里，是够受的了，一星期以来没有踏到土地上，这一下两脚踏上砂地，不知怎的感到一种说不出的快乐。

八月十九日

行军，到昌平师团本部，上午十时到达，本日休养。

来到他国才能够干的征发。午饭也不吃，出去征发了十二只鸡，一贯(每贯约当中国六斤四两——译者注)葱，两贯芋艿拿了回来。下午二时后，汲水的，杀鸡的，削芋艿的，大为热闹，真是军人的乐事。

三时半，眼看着鲜美的晚饭也吃罢了，跳进本部后面的小河里，把一星期没洗澡的体垢括洗下来，落下去的像碎纸那样多，连自己也吃惊了。洗完浴，大家都精神气爽，高高大大的男子，除便的衣着，在宽宽的河边开运动会似的吵闹，那样子真像小孩儿。从河边走上去，仔细一看，中国人和骡马的尸体，有五大具倒在那里。

八月二十日

卫兵值班，交代组。

八月二十一日

上午六时卫兵下班。

为输送现金五六万円到北平横滨正金银行，因归途火车不便，在北平守备队寄宿一晚。

八月二十二日

上午八时由北平守备队出发，九时至西直门车站，等候出南口方面的火车等了八个钟头还没有车，便回来，到宋哲元廿九军兵营（上月为我军占领，现驻有守备队一中队）寄宿一霄[宵]。

八月二十三日

上午八时，由二十九军兵营出发，下午一时到南口车站，下午四时卫兵值班。众议院议员肥田琢司、古田喜三太氏二名，以代表资格来慰问派遣来华北的军队。

八月二十四日

上午十一时五十分，师团长乘飞机赴战线视察，我随乘汽车护卫到南口临时飞机场，下午零时四十分归来，下午四时卫兵下班。

八月二十五日

下午四时卫兵上班。

被夕阳照着的华北诸峰，在半山间轻轻地罩着一层，柳絮似的晚霞，屹然地兀立在碧空中，那时习习的凉风从山边吹到野营地来，整天喘息于暑热中的几百千将士将为之苏苏过来吧！

八月二十六日

为了司令部将于明日前进，下午八时乘汽车出发侦察道路，经过路线是由南口经南口镇，八达岭至怀来。山幅八里有余的山间，峨峨的峰峦里，汽车不知是河是路的石道上前进又前进，约三十分钟，出了臭气冲鼻的地方，从汽车里灯光下看去，中国兵的尸体不知其数的在转动着。在这些尸体间，我们八个人，把铁胄紧扎在身上，仍然向山中深入。这边那边被我军炮弹炸毁了的敌人的城墙，悲凉地浴着月光。下午九时经南口镇，九时四十分到居庸关，到这里后因前面已有我们车辆部队在走，我们的侦察汽车，不能前进，便即刻归来，回到南口镇时，不知怎的从右边山地上大约三十名败兵似的人，也许是看到我们兵力少，像炒豆子似的一齐向我们射击过来，我们八人很应战了一下，三十分后使敌人沉默了。那时正十一时过十五分，月亮刚要从敌人阵地上空落下去，大家当时就在那儿休息，相庆无事，二十分后再沿着坏路回到南口那时，正是十二时三十分，回来一看战友们担心着我们安否似的，悄然坐在薄暗的洋灯下，一见我们八人靴声橐橐的回来，高兴得跳起来，赶快拿出啤酒和我们干杯，啊，我也算拾下了自己的性命！

八月二十七日

上午八时师团本部由南口出发前进，昨晚侦察道路回来受到败兵袭击的南口镇，今天什么事也没有。我们的汽车，因为我们车辆部队太多，在坏路上十分难走，时行时止，天险的八达岭，也居然平安通过，下午九时半进怀来城。

我军将长城线的要害居庸关陷落后，以破竹之势，继续进击，一部乃至越过长城线左方，而进出于怀来方面，自进攻南口以来两星期，我军终在确保长城线一带，因此司令部也于本日进出于怀来了。

九月二日

师团长因协议作战计划，乘飞机到张家口去，我们护卫长以下十名于上午八时三十分坐汽车由司令部出发赴飞机场，九时四十分到机场，五十分师团长成为机上的人，嘹亮的爆音中，画着红日的飞机向南面飞去不见了。

因为师团长预定于下午三时回当地，我和大家坐了运货汽车去征发葡萄。走到一看，极目一片有的是葡萄，一气跳进去，两个中国人打手势说："别采它！"左右把个打倒，采啊！采啊！看看尽成紫色，馋涎欲滴，一小时后，征发了两三个煤油箱约十二贯(七十五斤)回来。

今天是葡萄太有效了，晚饭都吃不下去！

九月三日

上午六时，卫兵上班步哨组。

九月四日

上午八时，卫兵下班。

广岛出发以来在那黑海滩上，那苦闷的货车里一周间的生活，以及危险无比的八月廿六日晚侦察道路，直到现在都是互相帮助勉励着的上冈忠夫上等兵，今天害黄胆病入院了。

唉！军人来到战地，因私病而入院，即连本人也会感到遗憾的吧！

我幸而从广岛出发以来还没吃过一次药，多么难得的幸福啊！……(妻子哟，高兴高兴吧！)

九月五日

在清新的朝晨的空气中，还咬着苹果，还出去散步。上午十一时起，师团司令部前开第五师团战死者的追悼会，在隆隆然国家之镇的喇叭声里到会的将士，没有一个不流泪的。

唉！为国家干城来参加茫茫的华北平野，又可以说是天下三险之一的八达岭上的激战，遗下赫赫的功名，奠定我们邦家的基础，虽说是名誉的战死，而死了呢，就成为小棺里可怜的白骨了！唉！忠勇的战友哟！永远地安眠吧！但拿自己来和这些人一比，想到失去爱子的双亲的心境时，又不禁流下泪来。

九月六日

上午十时，卫兵上班。

啊！接到怀恋的妻子寄来的信。

九月七日

上午十一时，从怀来出发为金柜卫兵，护送大洋三十五万圆坐火车向宣化前进，经过下花园车站，左右是茫茫的砂原，使人想像到蒙古的大沙漠。

每过各站，看到附近的中国人，手上打动着太阳旗出站来欢迎我们的样子，就可窥见他们在过去是怎样地受中国军阀的压迫了。

下午二时到宣化车站。

将金柜装进汽车入宣化城，下午六时，在宣化中学校内的司令部里歇下来，很久没洗澡，今天下了浴池，但□□□□□□□□□□□。

唉！任怎么说，总想早点回家去，回到妻子的身边，于是，连脑袋都浸到水里，用柔软的妻的手冲洗我的背部！……

九月九日

卫兵下班，在田村中尉指挥之下，受对空连络的教育。

下午六时三十分入浴，今天入浴的兴味真到百分之百，脑袋浸到水里，在蒙蒙的热气中，有唱歌的，有谈兵役满期的话，妻子的话等等……可以说是一页畅快的阵中插话。七时，发下日本酒来，入浴后各人互饮一杯，军营里为之生色不少。

九月十日

师团卫兵内，我以下十人任参谋护卫，上午八时乘汽车自宣化出发去化稍营。

出了宣化，渡〇〇河（洋河？——译者注），河幅约三百米，水深约二尺，师团大行李在滔滔的浊流中前进，从车上看去有疲极了的马喝着土红的泥水，手里紧拿太阳旗的中国向导的忠厚相，伤兵伤马……没有眼泪是不能看下去，和我们有车的大朝、大每、福日（指日本大阪、朝日、每日及九州、福冈、日日等新闻社）的新闻记者，从车上尽用十六米厘的摄影机拍拍拍拍地照着。

唉，究竟为了谁非惨苦到这样不可啊！

渡过河，我们一行的汽车，便向中国一流的坏路——不知是河是路的道上前进，在峨峨的山间，震荡着引擎的声音，尽向中国兵的尸体上走着，下午三时到化稍营，与战友三人出去征发，一回儿拿了八只鸡、一贯葱、二贯芋艿回来，做了十一个人的晚饭菜，那种吃法，简直就像战场里。

唉！思想起来，九月十日还是自己的生日哩！用这吃得精光的鸡肉席，祝福心头上的生辰吧。

九月十一日

今天又是好天气，在阳光照射下，又和战友们出去征发，小豆一斗，白糖一袋，叫五个中国人背了回来，在大锅里煮小豆的，挑水的。宿舍今天又成了战场，昨天鸡肉吃光，今天又把豆沙羹吃光。不论怎么说，当兵的最快乐的事，就是战争停止了，在阵营里灿烂的星光下，挑起黄黄的泥水，在热腾腾的饭锅旁和战友们聚谈着故乡的事情了。

九月十二日

下午二时由化稍营出发，乘汽车到蔚县去，下午七时半入蔚县城。敌人为我们的炮声所震吓，昨天向大同方面退却。

迟早是死灭的中国兵啊！

为甚么这样顾命的乱逃？

自己不明白中国兵的心理，据说当地也驻有宋哲元麾下的二十九军似的？

九月十三日

上午八时出去征发。

十一时拿了十只鸡回来。

任怎么说当兵的当兵的，却也真有得吃哩！除了勤务兵外，七个人都吃得净了的，脸上像还想吃点什么似的。

九月十七日

为慰问二十一旅团，我护卫着师团长坐汽车去广灵，路是只有一条，在已经干了的两边，杨柳和松树亭亭并立着，越过这些树木，可以望见高粱田，已结着黑的穗，天空是一味的清朗，一片两片的白云缓缓地飘荡着。“日本也已经是秋天了吧？”不知谁漏出这样一句话来，旁边的兵士都一同仰起头来望望天空，走向敌地的勇士的心情里，也像越过明白的生死似的过一瞬望乡之念吧。突然呼呼的枪声，冲破了清澄的空气。“啊呀！”M新闻记者缩紧了脑袋叫。“什么兵士们在打雀子吧。”自己随便胡说着。

“是的吧？”稍稍安心了似的，又把将脑袋伸了出来，眺着四方。

这时正是上午十一时。“广灵快到了”，不知谁说着。刚进广灵城内，就看到四十二联队、二十一联队的兵士很多在那儿，自己总还觉得四十二联队的弟兄是亲切似的。

九月二十二日

飞机场卫兵，上班。

下午六时后，由蔚县本部飞向北方一里（约七华里——译者注）的飞机场去，任飞机卫兵。是十五夜的前后吧？皓月当空，普照在地面，飞机在月下奔腾着，闪闪的发光，宛如照明弹似的，真是一幅美丽的回转画（Panrama）啊！

九月二十三日

上午零时，司令部由蔚县出发，乘汽车赴灵丘，下午五时到灵丘，同时，师团长为视察二十一旅团前线和我们卫兵赴大营镇，下午九时半到。我们到大营镇时，正是敌我战斗最激烈的当儿，枪炮之声震耳，那时从云里出来的月亮皓皓的照着远远的山顶上，敌人各以少数人间隔着移动的样子，像在眼前似的分明。二十一旅团司令部就在那山下的死角里，流弹在头上飘飘的飞射，感到不舒服；二十四日午前零时廿分归来。

今日（按：系二十四日。——译者注）正午由蔚县出发，去第一线的大营镇，又归灵丘，整整十二小时的汽车行军，气急慌忙地回来，一点休息也没有，又是卫兵上班。

（二十五日即在平型关与第八路军战斗，敌卫兵或已在战争中阵亡。以下绝笔。）

（原载于《战地》第1卷第1—4期，1938年）

从军私记

[日本]T.Nagamo
James Pertram 英译,夏烈编译

我因为是一个战地通讯员,所以有机会看到若干从华北日军那里夺获的文件。而特别使我刺激的是下面这一个短短的日记,我觉得有许多理由值得把这日记发表出来。我想,它是可以代表在华作战的一般日本士兵的心理的。

这日记主要点是一个忠诚和锐敏的日军的至诚的表示,他是第一次碰到由他本国的统治者所造成的在外国的战争。这日记里面没有什么叛逆,而只是对他的本国同胞们一种真情的流露罢了。他非常坦白地问这个问题:“喔,我们究竟是‘为了谁’该受这样厉害的痛苦呢?”

为了证明这日记的真实性起见,我可声明,我曾看见过它的原文,而得一位中国翻译者之助,把它一个一个字地直译成英文的。因为我们无从获得日记原作者的妻子的同意,所以我决隐其名。

James Pertram 序

(这日记是从在日本时开始写起。)

八月二日　天晴

五时三十分起身。

我已等候了很长久,希望能使一个人有出人头的机会的日子到来。这么一天终于来到了。我的二个肩头上掮着我祖国的命运。我要去的地方是华北,一块有数千里广的,在风和云掩蔽下的黑暗的地方。战斗,再战斗。虽然并不希望我再生还,但是当我一想到在我死后,将遗弃我的双亲和我的妻的时候,就不免悲从中来。

这是九点三十分,应该离家的时候了。喔,我的双亲!我的妻啊!虽然我

说:“你们不必希望我回来!”但我总不能隐住我的痛苦。俗语说:“娘心重过儿心。”你送我上路的时候,你的心理是怎样的啊?

十一点十分——一声汽笛响了,火车开始移动,带走了我们几个灵魂。许多我们的同胞来送我们行。在他们的欢呼声中,我们终于离开了。

当我的妻子握着五色翩旗的时候,手在发着抖。她的脸好像和一个等待着死神降临的人的脸一样,这使得她更美丽了。喔,我的妻啊!这或许是我生中最后一次见你了!

我说:“当心你自己罢,我把我们的孩子托给你了!”我们的视线碰着了——我们的颊偎触着——但是,她的脸随即在人丛中失去了。在“万岁”的呼声仍隐约地刺入我的耳鼓。当火车进入山谷中时,长大的旗帜渐渐地变小了。紧张的心弦松弛了,我坐下来,深深地吸了一口气。

下午五时——我们抵达了 Hiroshime,我离开了人丛。六点三十分,我到了我的寓。

八月三日　晴

上午十时,我向第五师团总部报道,开始我的任务。

我被派在板桥将军的卫队中。我们是一支赴华的五万人的军队的总部的卫兵。假使总部中有一个长官碰到了危险,那么整个师团的行动都要受到损害。因为没有组织,兵士们就不能作战。

当我想到这一些事的时候,我就觉得我赴华责任的重大。

八月四日 晴

武器和制服发下来了。

八月五日 雨

长官们检视制服和配备。

八月六日 仍雨

我在上午三点钟起身,我向屋主人道谢,因为我已搅扰了他四天了。

三点五十分——离开住所。四点,集中在西 Hircrhim 军事训练广场上。七点三十分,离军训场,沿电车轨道穿过马路。

六点三十分——抵达 Ujina 港,上运输舰 Mizjho 丸。

八月七日 今日阵雨

晨五时，船将启锭[碇]。或者，这是我最后一次的离开我的祖国了。广阔的海水在阳光下闪耀着。在海的那边，水天相接，色彩不分。远远地，浮着帆桅的影子。在我们的四周，都是些蔚蓝的高山。水，是这样的美丽！当我们离开 Ujina 时，人众们挥动着我们的旗帜——太阳旗。“万岁”的呼声是值得记忆的勇敢的声音。

但是，在驶过海峡以后，夜色中的蔚蓝的海军看起来非常的孤寂。一切都看不清。

我们走进舱房，听得引擎在我们下面发着举重的喧声。我的心远远地飞向我的家里去了。我不能睡，就走上了甲板。船身被黑暗的波浪打击着：她静静地向西方驶去。寒冷的风刺着我的热的红的面颊。麻木地我呆望着这夜空，星斗们好像在坠下来。不知不觉地，我的眼圈湿润了。

八月八日 晴

在上午十二时十分，进了朝鲜的 Fusan 港：八时三十分，开始上陆。下午六时，开始我的卫兵——军事警察——的工作。

八月九日

在 Fusan。

八月十三日

搬运货物到 Fusan 车站，一直至八点三十分。

下午五点十五分，——汽笛声响了，这军用火车的长的行列驶离了。

八月十四日

上午六时。——离开了满洲的安东车站。

悲惨的密云渐渐地开朗了，天空是一片的蔚蓝，到处都浮漾着美丽的云彩。今天的天色很是可爱，我看见太阳从原野上升起来。

十一点三十分——我们经过 Chikwen 山，太阳高悬在蔚蓝的高空，窗外的景色真像一幅活动的风景画。但是，从一个清朗的高空中，这太阳射下了强烈的憎恨，它燃烧着我们车上的铁壁。空气变得很坏，在车子里面，热的使人窒息。

下午七点——我们经过沈阳车站。晚餐。天色渐黑，我们车中油灯的光辉看来非常孤寂。热的空气已消散，我们渐渐地感到有些冷意了。这变成了另外一个世界。

八月十五日

我们所趁的火车不顾一切地带着炎热的空气和这些士兵在热的拥塞的货色车里。中午时，它停在中国的门户——华北的山海关。

在这火车暂停的片刻中，我发了一个电报给家里："山海关平安地过去了。"十分钟后，火车又驶离了。立刻，沿着车辆的行列，激荡着军歌的声音。再过一站，我们就要进中国的领土——战争的中心点了。

八月十六日

今天，火车继续地向前奔驶着。我不晓得我将到那里去。华北的大平原是这样的平坦，好像一片大海——看不见他的边际，一直向前开展。在铁路线附近，到处都是些花草和柳树。在树林丛中，小鸟们正在歌唱。他们的歌声并不像杜鹃悲怨，但他们好像要冲破他们的喉管似的——这是树林中唯一的插曲。

八月十七日

上午十一时三十分——抵达天津车站，用早餐。下午一时，又驶离了天津车站。车站上多次受日本飞机的轰炸，显出了他悲惨的运命。站上还留着面条一般交扭着的钢条和焚毁过的火车的骨架。

下午六时——抵达廊坊车站，他看来有些像蜜蜂窝。这里有着二个在战争中被杀的日本一等兵的坟墓。下午九时三十分，驶离车站。

八月十八日

上午三时——抵达丰台，用早膳。上午八时，又出发。

下午九时——赴北平西直门车站。在右边，展开着高大的城墙。在天津西北的各站，站上都没有中国战争，火车中我们自己的铁路公司指挥着。

下午六时——我们赴南口附近的昌平车站。在这一星期的货色车中旅行的生活中，情形变得非常的糟糕。有整整一星期，我没有接触过地面。现在，两脚得踏在坚实的泥土上了，我感到非常的愉快，但我不敢把我的愉快告诉我的伙伴们。

八月十九日

我们向着我们在昌平的师部进发，在上午十时抵达，今天天气非常炎热。因为我们在敌人的国家中，所以我们凭武力来搜括一切东西。所以我们就不吃饭，而出去实行“强力的搜括”。我们弄到了十二只小鸡、一大捆胡葱和二捆番薯。

下午二时——有个人弄到了水，另几个就动手杀鸡。这真是一种愉快的士兵生活！

三时三十分——我们结束了我们的晚餐，就跳进了司令部后面的一条小溪中。洗了一个澡——一星期中还是第一次。从我身上堕下来的龌龊好像一片片的纸屑。浴后，我觉得非常的惊奇——每个人看来都这样的愉快。大人们，都变成了少孩，我们沿着铁路边跑去，发现了五六个中国人以及几匹马的尸体。

八月二十日

轮到我担任守卫。

八月廿一日

上午六时，我守卫的任务完毕。

我帮同搬运五六万的日元北平横滨正金银行。因为没有火车回驶，所以这一晚我就留在北平。

八月廿二日

上午八时——想离开北平，所以就赴西直门车站等候去南口的火车。等了足足有八个钟头，没有火车来，只得又回去，住在前廿九路军的营房内。

八月廿三日

上午八时——离开营房。

下午一时，抵达南口车站。

下午四时——我担任两位来访问陆军的国会代表的护卫。

八月廿四日

上午十一点五十分——师团长乘飞机去前线视察。我送他到南口的机场。十二点四十分，职务完毕而返。

八月廿五日

下午四时——轮着我值卫兵的班。

在华北的这部分有许多山峰显露在阳光中，一缕缕艳红的云彩，荡漾在半山里，山间矗立直插入青天。一阵冷风从山中吹向我们的营帐里来，这数千个在白天的热炎下熏炽的兵士们现在得复苏了。

八月廿六日

司令部将于天明向前移了，我便乘货车前去察看道路。我们的路线是从南口，经过乡村，并越过八达岭到怀来。在山中(约有八十里路远)货车沿着石路移动。半小时后，我们经过一个地方，在那里闻到一阵非常恶腥的气味。我便伸出头去，借着车前的灯光，发现了许多中国兵士的尸体。其中有八个是我们的人，他们的钢盔是依旧戴得好好地。

我们在山中前进，看到处处都是被我们的大炮轰毁的敌方的城墙，凄惨的沐浴在月光下。晚上九点后，我们到达居庸关，但路途被我们的汽车队所堵塞，我们便折回。

当我们回到南口村时，在路的右面突然出现中国兵士约有三十人，对着我们的货车放枪，我们便也向他们放枪，约三十分钟后，他们便又消失了。那是夜半十一点一刻，月亮已在敌方下沉了。我们休息了二十分钟，再继续在路上颠沛，到南口已是十二点三十分了。

我们的伙伴们正坐在幽暗的灯光下。当他们看到我们平安的回来时，他们非常快乐，酌满了几杯啤酒祝贺我们的健康。那时候，我们的生命彼此交溶了。

八月廿七日

上午八时，整个师团离开了南口。在昨夜中国兵使我们受惊的那个村子中，一切都很静寂。但路上有许多车子，因此使我们的货车行走非常困难——行行停停。但我们终于平安地越过了危险的八达岭，在下午九点半钟到达了怀来。

九月二日

师团长要乘飞机到张家口去参加军事会议。上午八点钟，卫队长和我(一共有十人)乘货车伴送他到机场。九点四十分钟我们到了机场，九点五十分师团长趁飞机出发。随着马达的吼声，在两翼上印有红日的飞机上升了，向南高飞，即刻便消失在视线之内。

因为师团长非到下午三时不能回来，我和我的伙伴，便跨上货车想去采些葡萄。我们到了一个葡萄产得很多的地方，一伙儿都跳到了田里。二个中国农夫做手势向我们说："别摘这些葡萄！"但有几个将他们打走了——"采吧！"葡萄的颜色已紫了，唾液从我们的嘴里流了出来。

一小时内，我们采满了二三汽油箱的葡萄，回去时已是中午。

今天因为吃了许多葡萄，所以我们夜饭吃不下去了。

九月三日

上午六时——轮着我侦察。

九月四日

上午八时——返。我的朋友 k 是和我同时离开广岛的，曾和我同在碧海之滨，同在闷热而窒息的车子内，曾一同经过八月二十六日的危险地带。他现在病在医院里了。

哦！他到战线来时是一个兵士，但现在却病在床上。他一定会厌恶他自己为什么要生病。我非常幸运，自从我们离开日本后，我从不曾吃过一点药，我真何等的幸运呵！（我的妻子，你也应当很快乐！）

九月五日

在令人感到爽快的早晨的空气中，我嚼着一个苹果，做一次短短的散步。

十一点钟，在司令部前的空场上，将战死的英魂举行追念会，当号角声呜咽而鸣时，在场的兵士都淌泪了。

哦！为保护他们的国家，他们加入军队而来到华北，而且，在南口作战，他们留给了我们他们的荣誉，我们的帝国建立的奠基石。

虽然这是光荣的死亡，但这些尸体即刻只是在小棺材中的〔的〕可怜的白骨。我勇敢的朋友，你们永远地睡吧！但当我将自己与他们比较时，我想到假使我的父母失去了他们的儿子，他们将是一种怎样的情况，我的泪禁不住流下来了。

九月六日

上午十时——我轮到守卫。哦，我今天收到妻子的一封信，她说她非常地思念我哩！

九月七日

上午十一时——从怀来开始出发，乘火车运送三十五万日金到宣化，经过颐和园站。左右二面是沙漠平地，我联想到蒙古的大沙漠平原。到每一个车站，我看见几个中国人手执日本旗来欢迎我们的车子。第一次我看到这情形，我想到他们是被中国的军阀何等样地压迫着。（在这里，我的翻译者主张我加上一个注释“日本人的宣传和汉奸”。我想他的意思也许是对的。——英译者注）

下午二点钟——到宣化，我们坐汽车将钱带到城内，放进了保险箱。

下午六时——在宣化中学校的司令部休息，洗了一个澡，但水很少，仅能淹没我的脚背。哦！但现在我希望不久就能回到家里去，和我的妻子重聚，那时候我可以低下头，要我的妻子用她的柔软的手替我擦背。

九月九日

职务完毕，T 讲述“与飞机传递消息”的问题给我听。

下午六点二十分钟又洗了一个澡。我们中间有些人唱起歌来，有些人讨论在我们军事服役完毕后，我们将做什么——回到我们的妻子那里去！这在我们战争的生活是一出快乐的插戏。七点钟，我们有日本酒喝，洗过澡后，每个人饮一杯。

九月十日

在卫兵中，我和其他九个人是参谋部的卫兵。今晨八点钟，我们乘货车从宣化到华漕营（译音）。

我们渡过了一条约有三百码阔，二尺深的河。师团的行李车在泥水中前进，从货车内望下去，我们能够看见疲惫的马匹在喝红色的泥水，以及手里拿着日本旗的中国响[向]导。望我们对面来的是伤马和伤兵。在我们的货车内，有几个新闻记者在摄影。

看到这种□境，我们的眼睛为泪水所湿润了。为了谁，我们要遭受像这样的痛苦啊？

渡过了这条河后，我们的车子沿着荒凉道路前进。这道路的本身也像是一条河，弯弯曲曲地围绕着山，回向着机器飞动的嘈声。我们踏过中国兵士的尸体继续前进。

下午三时，我们到达华漕营（译音），我们和三个朋友出外去作“强逼的搜括”。转瞬间，我们得到了八只小雏及一些蔬菜。十一点钟时我们煮饭，然后当这些食物好像是我们的敌人般，狼吞虎咽地吃了一顿！

哦，我记得九月十日是我的生日！现在我把在我胃内的好东西，于心中祝福我的生日。

九月十一日

今天又是一个好日子。

在阳光的普照下，我和一个朋友出去搜括了一斛豆和一袋白糖。我们命令五个中国人替我们搬回这些东西。我们在一个大锅子内烧豆，有几个人则跑出去取水。又一次，我们的兵舍成了战场！昨天我们吃了鸡肉，今天则〖是〗豆汤。这毕竟是从军生活中最快乐的事情——当他打过仗后，坐在营帐内，傍着温暖的火炉，和他的朋友们纵谈关于在家乡时的往事。

九月十二日

下午二时，我们乘货车离开华漕营（译音）到蔚县。到达蔚县时是晚间七点三十分。由于我们步枪的恐吓，敌人在昨天已退至大同了。

哦，我的中国的兵士，早晚你们是总要死的，你们为什么要退却呢？我真不能了解这些军队的心理。我听说在这地方的是二十九军的兵士。

九月十三日

上午八时，出外搜括东西。十一点钟得到了十只小雏而返。在任何情形之下，一个士兵总能得到些东西吃的！除开伙夫外，其他的人即刻将这些都吃完了。从他们的脸上，表示出好像再要些的样子。

九月十七日

我护送师团长乘货车到广灵去视察第二十一师团。

这里只有一条路，路的两旁满是杨柳和松树。除了这些树以外，我们还能够看见高粱田的谷种是黑的。天空非常晴朗，偶尔有一二缕浮云飘过。

有些人说："在日本，这也将是秋天。"其他的兵士便举头望天。在那一刻儿，这些向敌方挺进的勇敢的兵士的心中，同时也撩起了怀乡病，他们是怎样地渴望着能重返到那里去啊。

突然，"砰！砰！"——来福枪的声音搅碎了清寂的空气。"哦！"与我们一起的一个新闻记者说，（他是从大阪《朝日新闻》和《每日新闻》派来的）"这是什么？一定是这些兵士在打麻雀，会不会的？"他好像很安心似地，伸出头去向四周探望。那是下午十一点钟，有些人说：“我们快到广灵了。”当我们进了广灵城，我看见许多四十二和二十一师团的兵士，并在四十二师团中发现了几个很熟悉的朋友。

九月廿二日

我在机场当卫兵。下午六时，我乘坐飞机飞到另外一个北面的空军根据地。月半的月亮（“满月”，旧历）明亮地泻着她的白光。飞机飞回在月光中——反照的碎光像手枪闪耀的光线。这真是一幅美的图景。

九月廿三日

中午，司令部从蔚县迁移。我们趁汽车到灵丘，下午五时抵达灵丘。师团长想从这里直接去视察在前线的二十一师团，他与他的护卫同去太阴镇（译音）我们到那里是下午九时。当我们到太阴镇时，那里正在酣战。步枪和来福枪的声音刺入耳鼓。在那时候，月亮从云翳里露出脸来，照耀在山尖上——敌军在那里移动，我们能够非常清楚地看到他们。二十一师团的司令部即驻扎在这座山下面。子弹在我们头上飞过，我们觉得很不舒适。于二十四日午夜我们回原防。

今天中午我们离开蔚县，开发到太阴镇的前线。然后再回到灵丘。我在货车上整整地停留了廿二小时，我们不停留地急急忙忙赶回。我简直得不到一刻休息的时间。

又轮到值卫兵的班了。

英译者注：下一日日本的司令部被八路军的一百十五师攻破并占领。这篇日记的作者在平型关一役中阵亡，这次是日本人的退却，而不是中国人的退却了。

（原载于《敌军战记》，新群出版社，1938 年）

一个日本兵的战时日记

[日本]T.Nagamo

James Bertram 英译,孙良录转译

这里一束日记是一个日本兵在他们少数为自己着想的军阀的压迫之下,从日本开发到华北来参战时所写的。当日军在华北被我军克服后,这一束日记到了一位战地通信员 James Bertram 手里。现在我不过把他的英译文再翻成中文罢了。

从这日记中,我们可以看在华作战的一般日军的思想。因为这日记的作者事先不明白这次战争究竟是为了谁的却被驱到中国的战场上来,所以他们一般士兵的作战可以说是盲从。在这日记中有"呃,我们是为了谁而遭受如此的痛苦呢?"这样一句,这真正表示他真实地感觉到这次参战的怀疑。因此厌战的情绪就情不自禁地在他日记中流露出来了。还有,他们每到一处,便无理地向当地农民劫掠,可说毫无军纪。总之,他们作战的精神条件异常缺乏,这一点就可使日本帝国主义者加速地毁灭,且更能保证我国抗战的必胜!

——译者注

(日记是在日本开始的。)

九[八]月二日[1]——天气清朗。五点半起身。

我等待了很长的时间,望着那能使一个人在这世界上表演他的时候来到。最后,这一日竟来了。我的两个肩上,肩起了国家的命运。我的目的地是风云满蔽着的华北——一个几千里阔的地方。我们是派去战争的,并且要继续地打下去;虽然我并不存有活着回来的希望,但是我一想起我的父母,还有当我

[1] 校按:根据另两篇译本及本篇文后"译者注",知本篇译文日记时间有误,"九月"当作"八月","十月"当作"九月"。

死后被我抛弃了的妻子时，心中有不能抑止的悲痛。

已是九点钟了，这时我就要离开我的家。哦！我的父母，妻子！我虽说："不必等着我回来。"我却不能抑止我的苦楚。俗话说："母亲的心要比子女的心重些。"我却不知道你们送我出来时有些什么感想呢！

十一点十分——船上的汽笛鸣了，船就开始动荡。有许多同胞来送别我们，最后我在热烈的欢呼中，离开了他们。

我的妻高举着五色的纸条战栗着，他脸上如期待着死神的来临的表情倒显得他更觉美丽些。哦，我的妻，恐怕这是我和你见面的最后的一次了吧！

当我说出"你自己保重，让我把小孩付托给你吧！"的时候，我们的眼睛里都湿了——我们面部接吻着。后来她的脸孔在人群中不见了。"胜利！"的欢呼仍微弱地窜进我的耳朵里。当船进了海峡，那长长的旗帜也一点点的变小了。

坐下来深深地叹了一口气，一舒我紧张着的心胸。

五点钟——我们到了 Hiroshima，我就离开了他们到我休息的舱里去。

九[八]月二日——是个清爽的天气。上午十时，到那第五师团司令部去开始负起我的职务。

我是在大将 Itagaki 的卫队中的一个，也就是派到中国去三万个兵的司令部中的一个卫兵。假如司令部中只要有一个官长要是遇到危险，则整个师团亦将蒙受损伤，因为兵士没有了组织就不能作战的。

当我想到这许多事情，我觉得我到中国去的责任是非常重大的。

九[八]月四日——天晴，枪械及服装等都已发下。

九[八]月五日——天雨，官长检查服装及设备。

九[八]月六日——天又是下雨，上午三点钟就起身，并且致谢房主，因为我扰骚了他四天。

三点半——离开我们的舱里。四点钟在 Hiroshima 西面的军队操练场聚集。七时半离开那里，我们沿了电车轨道走回来。

下午六时半到达 Ujina 码头，七点钟搭上运输船 Maru Mizicho 号。

九[八]月七日——今天下一阵雨。上午五时船才起碇。大概这次出发可说是我离开祖国土地之最后一次了。辽阔的大海在阳光下闪着，船的影子横照在那水天一色处。我们四周围绕着的都是蓝色的山和海，景色如此之美丽！当我们离开 Ujina 时，一大堆人挥着我们的旗子——日出的旗，并且那“胜利！”的呼声能使你牢牢地记着。

但是一出海，便没有什么东西可以看见，蓝色的海洋在暮色苍苍中增加了它的寂寞。

一走进船舱就听见下面引擎的振动声。我的心已是飞向家去了，我实在不能睡着，只好走到甲板顶上去。此时船被黑暗的浪涛打击着，它仍然一无声息地直向西面驶去。冷风拂着我热而红的面颊，我呆呆地望着晚上的天空；星好像要掉下来似的，我情不自禁地觉得眼眶里已是湿了。

九[八]月八日——是个晴天。在上午十二点十分进釜山港（高丽）。八点半开始上岸。下午六时就开始我做卫兵——宪兵的职务。

九[八]月九日——九月十二日在釜山。

九[八]月十三日——天晴。把材物运到釜山站，直搬到八点钟而停。

五点一刻——一长条的军用车在汽笛一鸣之下开动了。

九[八]月十四日——上午六时离开安东站（满洲）。

愁云渐渐地光亮了，一片的蓝天，满天浮着美丽的云彩，今天的天气是特别的可爱，我注视着那太阳从大地升起来。

十一点半——经过鸡冠山。太阳在蓝色的天空中荡着，窗外只见移动的杨柳。太阳从清朗的天空中憎恶地射来，它烧着这车厢的铁身子。车厢里尽是污浊而且顽固不散的热气。

九[八]月十五日——车子满载了热气和塞满了的士兵向前驶进。正午时候，它在敌人的城门——山海关（华北）停下了！

犹豫了一回，我毕竟发出“山海关已安全地过了”的一个电报到家里。火车停了十分钟又开出。忽然军歌从长条的车厢里发出来。再过一段我们就要踏上敌人的土地——战事的重心，且是我军胜利的地方。

九[八]月十六日——今天火车继续的前进，但是我也不知道要到什么地方去。这华北平原平坦得像波浪似的——使我望不到边际。火车在开阔的田野里继续地前进，铁路附近到处是花或柳树。小鸟在树林里叫着，它的声音并不如杜鹃的可怕，但是它叫得好像要叫破嗓子似的——这是林中唯一的音乐。

九[八]月十七日——十一点半——到达天津站，跟着吃早饭。下午一点再由此开出。这命运可怜的车站被日机炸倒了，那里堆着像面条一样歪曲的铁轨和烧剩了的车厢。

下午六时——到廊房站，那里炸得简直像个蜂房，使我看了连想起日军的尊严。这里看到在作战中死亡了的二个一等日兵之墓。车又在下午九时开出。

九[八]月十八日——上午三时到丰台站，刚吃过早饭，车又于八时开出。

上午九时——到西直门站(北平)，马上可看到从右面伸出庄伟的城墙。自天津以北的车站中找不到一个中国书记或官吏，连火车也归我们的铁路公司来管理了。

下午六时——我们到了长平站(南口附近)。在这长长的一星期旅途中，我们一直在这运货车里过着，连地也没有接触过，觉得非常难受。现在我们的腿总算能站在地上了。虽然是很舒服，但我不敢把我的愉快去告诉同伴们。

九[八]月十九日——向着我们驻在长平的师团进行，上午十时到那里。今天天气很热。因为我们已在敌人的土地上，我们可以用武力夺取东西，所以我们中饭也不吃，便到外面去“强迫征发”。结果，我拿得十二只小鸡，一篮葱，还有一篮甘薯。

下午二时——有几人去取水，另几个人去宰鸡。这样就是个美妙的军人生活！

二点半——吃完了好东西，就向司令部后面的小溪里跳去洗澡——这是本星期的第一次，身上落下来的污秽真像纸条子一样。洗完了澡，我觉得很惊奇——每个人似乎高兴些，成人看来好像个小孩子。我们又沿着河边走去，发见几个死马和五六个中国人的死尸。

九[八]月廿日——轮到我做卫兵。

九[八]月廿一日——上午六时便去做我的职务。

我帮同了把五六万圆钱运到北平的横滨正金银行去，因为没有回来的车子，只好在北平住夜。

九[八]月廿二日——上午八时，想乘到南口去的火车，但在西直门站直等了八个钟头，还没有车来，只好回到以前廿九军的营房中歇夜。

九[八]月廿三日——上午八时——离开这营房。

下午一时——到达南口站。

下午四时——我为国会到这里访问的二位代表充作卫兵。

九[八]月二十四日——上午十一时五十分，师团指挥官要乘飞机往前线视察，我保护了他一起到南口的机场去。十二点四十分完职而回。

九[八]月二十五日——上午四时担起我的卫兵职务。这里可以看见许多山峰暴露在阳光之下，还有些红色的云在山腰里，还可见在蔚蓝的天空中矗立着的山峰。从山边吹来一阵凉风把营里几千个在热气中动着的士兵解去了炎热。

九[八]月二十六日——因为明天司令部要向前移，我先乘了车去探察道路，由南口经过山谷，再越过八达岭而到怀来。

货车在这许多山中(大约有八十里的阔)开上去，行了半小时，我们经过有恶臭的地方。我向外一看，发见了许多中国兵的死尸，其中还有八个紧戴着钢盔的日兵。

继续向山中进行，到处是被我们的炮轰过了的敌人的城墙，恐怖地在月光之下洗着。下午九时到达居庸关，但是前面有我们放的障碍物，我们只好后退。

当我们达南口山谷中时，路的右面突然发现大约有三十个中国兵，并且向我们的货车开火，我们就和他们开战；大约有三十分钟后，他们不见了。那时已是十一点一刻的光景，月亮也将要向敌人一面沉下去了。我们休息了二十分钟的样子，再沿着这已断的路向南口而去。十二点三十分才回来。

我们的同伴坐在朦胧的灯光之下。当他们发觉我们已安全地回来，他们都很高兴，并且拿了几瓶啤酒来给我们。

九[八]月二十七日——整个的师团于上午八时向南口开拔。那晚遇到中国兵恐吓我们的地方也平静了。因为车辆很多,所以进行觉得困难,一忽停一忽开,开了又停,停了又开,我们终得很安全地过了那危险的八达岭,且在下午九点半到达了怀来。

居庸关——一个军事上很重要的地方——克服之后,我军势如破竹地前进。一路已达长城的左边,且已达到怀来,(从我们攻击南口起,我们沿着长城支持了有二星期)这就是为什么我们司令部要今天移到怀来的理由了。

十[九]月二日——参加军事会议。师团指挥官拟了一个到张家口的计划。

卫兵长和我们一共十个在八点钟乘了货车到飞机场去。我们在九点四十分到,九点五十分指挥官搭上飞机。翼上涂着红色太阳的飞机在引擎吼声中起飞了,我们一直看他[它]向南方飞去到再也看不见为止。

指挥官在下午三点钟以前不会回来,我和朋友们便乘了货车去找葡萄。果然我们找到了一处葡萄丰富的地方,我们立即跃进田园里去。两个中国农夫做着手势说:"不要采这葡萄!"但是有几个去打他走——"采!"我们一见这紫色的葡萄,嘴里的涎唾便流出来了。

在一小时内,我们弄到了两三箱满满地装着的葡萄。我们回来已是正午了。

我们今天因为吃了如此多的葡萄以致晚饭都吃不下。

十[九]月三日——上午六时轮到我被派到侦察队。

十[九]月四日——我的朋友 K 在上午八时回来了,他是在 Hiroshima 离开我的,在蓝色的海面上及闷热的车厢里,他和我在一起;他在九[八]月廿六日那次我们遇险的地方病了就送往医院里去的。哦,他来时还是个兵士,但是现在呢,已成为榻上的病人了。他也一定埋怨着他自己。我的命运总算还好,自从离开日本后一直没有进过一滴药呢,我是多么的运气啊!(我的妻,你一定也很愉快吧!)

十[九]月五日——在新鲜的空气中吃了一只苹果,并且还有一次短距离的散步。

十一点钟,追悼战争中死难者的追悼会在司令部前的广场上举行,在吹号声中，会场上的每一个士兵流着泪。

哦，他们为了保护他们的国家而加入军队开到华北来！并且在通过南口之一战中，他们把他们的光荣以及我们帝国的基础交付给我们了。

但是，虽是光荣的死，这些死尸却只剩些在棺材内可怜的白骨了！哦，勇敢的朋友们，你们永睡着吧！但当我和他们一比，或是想起了我父母亲当失掉了他们的儿子时的心里，我实在禁不住挥一把泪。

十[九]月六日——上午十时又轮到我做卫兵。哦，我今天接到我妻子的来信，她正是纪念着我呢！

十[九]月七日——上午十一时保护着三十五万元的钱由怀来乘车送往宣化去。经过下花园时，左右只见沙地，我因此联想到蒙古的大沙漠来。在每一个车站上，我总看到几个中国人拿着日本旗前来欢迎我们的列车：当我第一次看到这种情形，我想他们在中国军阀之下是多么的受压迫。（我的翻译坚欲我在此处加上“日本的宣传和亲日的汉奸！”的附注，我想大概是对的。——J.B.）

下午二时——达宣化。我们随即把这钱由汽车安全地搬进城去。

下午六时——在宣化中学内的司令部内休息。洗了一个澡，但是水少得仅能齐上脚。哦，现在我想能马上回到家里去，因为可以和我的妻在一起！如此则我可以把头浸入水，而我的妻用着她柔软的手来洗我的背上了。

十[九]月九日——担负起我的职务。受T——教授“用飞机交通”。

我们在下午六时又洗澡。有几个唱着歌，有几个谈及当我们兵役期满后我们将要如何？——回到妻子那里去！这是我们战时生活内一种愉快的插乐。洗完了澡我们拿着日本酒每人饮一杯。

十[九]月十日——我和另外九个人保护参谋。我们在早上八点钟由宣化乘车到化稍营。刚离开宣化时，我们经过一条大约有三百码阔及二呎深的河，师团的行李车在泥泞中前进。从车中望出，可以看那疲乏的马饮着红色而泥泞的水；那中国人引导者拿了一面日本旗在手里，对着面来的人都是受伤的马及人。有几个新闻记者正向我们的车子拍取照片。我们目睹了这些景像，禁不住眼中流泪。呃，我们是为了谁而遭受如此的苦痛呢？

渡过了河，我们又在荒芜的路上进行。这条围绕着山而载着机械的响声的道路本身就好像一条河。我们从中国人死尸中前进着。

下午三时——我们到了化稍营。我一到便和我三个朋友出去“强迫征发”。一忽儿我们就得到八只小鸡及若干素菜。我们就预备十一点钟的食物，我们狂暴地着手弄食物就看作这是我们的敌人一样！

哦，我还记得十[九]月十日是我的生日呢！现在我把这些胃里的丰美的食物就算是在我心中庆祝着我的生日吧！

十[九]月十一日——今天又是好天。

我和一个朋友在太阳光下出去征集到一蒲式耳(容量名)的豆和一袋白糖，我们命令五个中国人把这些东西跟在后面。我们煮了一大锅的豆汤；昨天我们吃鸡肉，今天是尝豆羹。总之，这就是军人生活中一种最愉快的生活——当他打完仗之后，在营帐里靠着火炉，同他们的朋友谈些关于家里的事情。

十一[九]月十二日——下午二时，我们由化稍营乘货车到原阳。晚上七时半才到。我们的军力威胁着敌人于昨日退至大同。

哦，中国兵啊！你迟早总要死的！为什么你还要退却呢？我真不懂得他们军队的心理。听说此地有二十九军的军队在这里呢。

十[九]月十三日——上午八时便出去征集东西，十一时便得到十只小鸡回来。无论在何种情形之下，一个兵士总能得到一点东西吃的！除了掮东西的人外，其余都能立刻尝到这种东西。从他们的面色看来，他们似乎还不够一些呢。

十[九]月十七日——指挥官要乘车往广灵去巡视二十一旅，我保护着他一同去。

去的路只有一条，两边都是柳树及松树。我们从这些树的外面望去，可以看到穗实已经黑了的高粱田。在明洁的天空中，还有一二块云轻轻地浮着。

有人说：“在日本现在也是秋天了。”还有许多士兵望着天空中。那时，在向着敌人勇敢进行的士兵的心里慢慢地又起了想家的念头，但是他们何时可以回去呢？

突然地听见“碰！碰！”——明洁的天空中发出的枪声。同我们在一起的一个旅行家“嘿！”的一声喊出来“那是什么？兵士在打麻雀吧！是不是？”他说完了，四面张望着，似乎算是安心了。上午十一点钟时，一个人说：“我们立刻要到广灵了。”当我们一进广灵城，我就遇到第四十二团及第二十一团的士兵。

我在第四十二团中找到几位很亲热的朋友。

十[九]月二十二日——在飞机场守卫。下午六时我趁了飞机到南面一个空军根据地。这是十五日的月亮(旧历上是月满),飞机就在这月光照耀得很光亮的天空中飞着——反照出来的光线在天空中砾砾闪闪,这是多么美丽的景像!

十[九]月廿三日——司令部于正午又要搬到灵丘,我们趁汽车走,下午五时才到达。师团指挥官就是驻在此地指挥作战,他带同了我们几个卫兵到大营镇第二十一团去巡视,在下午九时才到那里。当我们一到大营镇这里,战争马上就发生。枪声震耳。那时月亮刚从云中荡漾出,而照耀在山顶上,我们还以很清楚地看见敌人们在那里活跃。第二十一团就驻扎在这山脚下。枪弹从我们头上飞过。今天我们实在觉得不大高兴似的,回来已是半夜的十二点过二十分钟了。

今天我们正午就出发,到了前线的大营镇再回到灵丘,整整的十二小时在货车中,脚也没有停一停便赶回来,竟无一刻儿的休息时间。

轮到我做卫兵。

译者注:第二天日本司令部就被中国军的第一一五师攻击而克服了。这日记的作者也已在平型关一役中阵亡了,此地就是日本军——而非中国军——退却的地方。(完)

(原载于《黄埔》第2卷第6期、7期,1939年)

敌军日记

——连防山的胜利品

［日本］佚名
卜少夫 译

这册怀中日记，得之于“连防山胜利队五十二军参谋处”，日期是五月二日，可惜前后封面皆残缺，令我们无从知道这日记的主人是属于哪一个部队，不过从它的内容看起来，他的工作包括火夫、勤务兵、卫兵，后来大概参加作战，日记记到四月廿九日止，他的最后一段是“这是荣耀的日子，要奋起殉皇的精神啊！”（四月廿九日为日本的天长节）就在这天他真的“殉皇”了。从这译出的短短几十天的日记看来，我们可得到如下的认识——

一、士兵的思乡心切。

二、对此次战争无自信，无认识，所以怕死（常作东方遥拜）。

三、水土不服或卫生设施不完全，士兵常染疾病。

四、兵额不足。

五、缺乏团结。

以前我也曾译过好几册敌兵从军手帖之类的东西，不过比较起来，以这册主人的程度为最低，这里面文法有毛病，且颇多别字，然而他被军阀们所麻醉欺骗的忠君殉皇信念，却好像非常坚固似的，所以他一再有“殉皇”字眼在日记中出现。照一般统计，这类可怜虫大概要占去敌军人数中十八分之五，他们如瞎马一般被驱使得来白白牺牲，可是日子一久，日本军阀们的罪恶，恐怕总有一天会使他们醒觉悔悟的罢。

译者注

训

殉皇

反省：现在我为了什么而出征呀？

故乡的父母、兄弟、亲戚，他们现在作何想呀？

中队常有团结之必要。

一月一日

向济南行军　上午四时起身，六时出发，大队长命令大队全体向东方遥拜，喊万岁。黄河的河原正迎着新正。寒风猛烈，几乎灰沙尽入口中。不能过桥，等待着。酒店里用掉三块两毛钱，十一中队山县军曹（注：日本军制分：1.将校——将校尉；2.准士官——准尉；3.下士官——曹长、军曹、伍长；4.现役兵——一等兵、二等兵等四个阶级。军曹等于我国之中士。）喝了两合酒。（注：日本一合即等于我国十分之一升。）在河原上这样的一件放浪形骸的事，恐怕我一生都难忘去罢？

昭和十三年第一夜，在黄河河畔的梦中。

一月二日

上午八时出发，等待渡河。十一时半，大概渡过去了。铁桥炸裂的地方，有许多尸身。通过济南，铁路、市内道路都不完整。下午九时宿营。

一月三日

去龙山镇　山东省的鸡很多。行军间把卵蛋皮磨破了，每天很苦痛。脚也很疼。附近道路因为辟为军用道路关系，路很好，似乎可以走车子。下午四时到连山，宿营。

一月四日

龙山镇——东石靖　午饭在明水部落吃的。清洁的水里洗了一个澡。这个村子的招待很好，请我们吃了粟粥等等。有田，很明显的种有稻子。在车子里震荡得颇苦。征发了马及草料、粮秣。

一月五日

东石靖——周村　第一大队三号到。寒风强烈。飞机丢下通信箱来。五时在新的周村街上闲荡。步行中天已黑，出征以来第一次在电灯下面吃饭。

一月六日

周村滞在二十一天。第一大队派出一个小队斥候。在长店与敌交战，不知取何种形势。运去三天的粮秣。乱着头发到四面都是大理石的漂亮的浴室去。出发准备完毕，把身子送上床的时候已经十一点了。安眠剂。

一月七日

周村——金领镇　途中自长店车站望博山支线，是个冷的天气。道路良好，宿营下午五时半。酒。

一月八日

金领镇——青县　上午很愉快地出发。下午肚子痛起来了，八时到大队本部医务室打了一针。

一月九日

青县——昌乐　因为身体不好，坐了车子。松本爱护我，几乎令我感激得流泪。小队长因将校斥候故，去举行施营，不想遇到五六十名敌人，致受重伤，人生真太多变故了。

一月十日

昌乐——潍县　腹泻，硬着头皮走路。"途中大家要当心呀"(注：这大概是队长的吩咐。)的这样被注意的时候，确实很高兴。飞机乱舞，听到Radio广播国内新闻。身体一切良好。

一月十一日

滞在一日休养　县城雄伟，有美丽的街。中国银行会计课长室的床。领取粮秣耽搁了一个半钟点。第七中队似乎在这里警备着。

一月十二日

潍县——黄旗堡　附近铁轨、桥完全破坏了。小队为军旗护营小队。出征以来我第一次参加施营。

一月十三日

黄旗堡——昌邑——朱阳镇　今天也为了施营先动身。肚子已经疼痛。

下午四时到达。听到大队副官老爷关于保护枪械的说教。做芋头炸面鱼。面孔漆黑。

一月十四日

昌邑县朱阳镇——高密县　行程六里，脚走痛了，穿中国鞋子行军。在车站附近安营，看起来很糟糕。宿于城外，为了去领取粮秣。洗马真是件苦事。

一月十五日

进了高密城的第六中队警备，并且等待原口部队护营。东西南三面及车站都派卫兵，通了电灯。

一月十六日

高密县滞在　扫除家屋，杂务之多的确麻烦。每天下午起还要做工事，天黑才能吃饭。

一月十七日

非常集合　第二小队整列一番便去入浴，手上的龌龊洗去很漂亮。派出十分之二去巡察。

一月十八日

似乎通过师团本部，因为脚很冷，伤口疼痛。

一月十九日

新谷　早晨肚子就痛，因此起迟了，很忙。近来常常梦见国内，实在痛苦，头脑子像走马灯一样的恍惚。

一月二十日

天气晴朗，雪融解了，写了一封信给国内。每天常常反省，每晨作东方遥拜。

一月二十一日

风很厉害，去入浴。手套五角，鸡蛋一元。有个聚餐会，每天要做小菜，得留意大家爱吃什么，又无从知道。

一月廿二日

休养　要去做操场上的卫兵，先准备军装。每天轮周做着同样的事。现在三个人两餐。

一月廿三日

到兵站部去领粮秣。举行各分队长宴会及亲和会，从早晨起就忙着准备菜肴。

新中队长来就任。第一中队，玉田中尉；一小队，天野少尉；二小队，篠原少尉；三小队，霞本准尉。

一月廿四日

在高密，西门派有卫兵。上午六时半，非常召集，第二小队全体。体操，实施逆袭变化之诸动作，旭日旗随风翻舞。

一月廿五日

叫卫兵下班，在睡眠中没有法子的上等兵去当卫兵，起初很苦。扫除卫兵住所，乘兵站汽车到联队本部去拿信件。

一月廿六日

今晨非常好睡。看到家乡景致的照片。检点现款，还有五十六元二角五分。

一月廿七日

起身已七时，立刻点名。向着先祖故乡作东方遥拜。体操。在东门河原上实施演习。大家说了许多开玩笑的话。

一月廿八日

上午举行体操游戏。下午在河原实施教练，各个教练，不动姿势等。“代告英国国民书”写得很好。

一月廿九日

中队移动到城外，中队本部及第三小队的手溜［榴］弹都移动了。上午去沐浴。下午一时到兵站去领四天的粮秣，领到二月二日的。小队六时起举行演艺会。第七中队野炮队今日下午二时半进城。喝了很多酒，愉快。

一月三十日

为了准备出发很忙。第三分队的奥田从军多年，还是个老兵，很痛苦，他喝了酒和日竹一同外出，使人很担心。下士官以上举行宴会，忙着烧小菜。辎重队今日进高密城。

一月三十一日

高密——胶州　上午八时出发，以汽车行军。痔疮更不好。下午三时进城。上午行军时的道路很好，可是下午在泥田里就糟糕透了。

二月一日

滞留胶州　因为痔疮坏了，每晚要到便所去五六次。在可以讲日本话的家里宿营，就是住在博山矿山营业部会计主任的家里。

二月二日

胶州——××村　渐渐走近海了，满天吹着潮风的香气，怎样也不能躲避掉。弄了通夜的煤油，把脸弄得漆黑。

二月三日

××村——仙家寨村　拖着军用犬走路。在第八中队警备区域的城阳午餐，途中经过海军军用地区的流亭，在仙家寨村与辎军队分手，大队长训话。

二月四日

仙家寨村——青岛　出发到植田部队本部的所在地（青岛），到沧口，再向青岛前进。这附近一带的海的远处，较陆地为高。下午二时半到青岛。途中许多纺织厂乱七八糟的都毁坏了，文化之地如此，令人惊愕。在育英学校宿营。到底看到了市区里的海军陆战队的警备状态了。青岛神社去参拜。

（中缺）[①]

四月一日

部队到昌邑去攻击，因此增加了一个下士哨。派往东北城门去当下士哨，下午一点就得上班，特到旅团去再实习。

四月二日

青岛市宿营。外出，为了升下士候补，喝酒，看电影。

四月三日

六时青岛出发，一时到潍县。去大队本部。到东北城门，去做一个增加的下士哨。

十二　井上

十三　大竹　东门

一　奥田

二　井上　东门

三　大竹　北门

四　奥田　东门

五　三好

四月四日

从增贺下士哨那里回来，早饭还没有进口，又去服务南门下士哨。

四月五日

南门下士哨。仓本准尉来巡察。山东省新政府成立，有祝贺的余兴。关起南门来，今天似乎可以下班了。

四月六日

卫兵下班，快活之极，睡了一刻，稍稍恢复疲劳，二十里堡□人来袭击，上午一时就又去“讨伐”了。

（以上又有四天用墨水笔写的。——译者注）

---

① 本书编者注。

四月七日

第四下士哨处去上班放步哨。烧好饭送来的人非常可爱。这里的小孩子也非常可爱，看见了就想到家乡，可又不能回去。

四月八日

部队长说，我们出去巡察时要非常小心，我们是第一线的部队，要“歼灭”□人的。不错，最近我们就要增援到火线上去了。

四月九日

下午二时卫兵下班。被认为北支治安之瘤的，北支方面敌人最后的阵地所依恃的陇海线，为了使它陷入我们的战略的包围中，似乎很快的要在十一日出发了。接到国内的信。

四月十日

下午四时起，举行军装检查。

（以下至四月二十九日止，全部为铅笔记写者，大概是因为实际参加火线作战的原故，字迹特别潦草，不易辨认。——译者注）

四月十一日

恐怕是去参加徐州会战。本来明天就要出发的，后来又延期了，因为昌乐附近的铁路被破坏了的原故，而不得不延期出发罢。

四月十二日

二时起身，大队三时在潍县车站集合。五时五十八分出发，途中乐昌附近的铁路与电信都不通，因此耽搁了一些辰光。

四月十三日

上午六时抵达泰安。我们担任对空监视哨。从济南出发，部队已分为两路，下午十时半到临城。

四月十四日

到达后即炊事进餐。上午四时向枣庄前进，行军行程十里左右，到达距离枣庄三里的某地。

四月十五日

集合，下午八点半行军，落伍者很多。上午一时半再出发，上午六时到达第一线阵地的附近，休息。××村宿营。夜间派人担任了望楼警备。

四月十六日

毫无变化，举行望楼守备，日夜不停地响着枪声。第一小队有旅团方面的野炮掩护，出动到第一线阵地去。

四月十七日

上班下班，勤务，宿营，连酒保都停止了，没有酒喝，花了八毫钱吃××（此处原文不明）。奥田卫生兵当第七中队附，下午八时出发，战车掩护。

四月十八日

十七日下午八时出发，做旅团的预备队，向崮家前进，三里半行程行军，轻装甲车掩护，十时到达，十二时宿营。上午四时起身，五时交代勤务。从今天十时起，开始总攻击。

四月十九日

十八日下午五时出发。旅团坂本支队的位置掩护弘岛野炮阵地，植田部队也这样的做了一些。

四月二十日

敌弹满天飞来，饭也不能入口，夜间行军，到三时抵达□村，休息。上午九时台儿庄方面敌南下，下午一时与分队联络，下午一时半到达□□村。

四月廿一日

预定上午一点半出发，后延期。上午五时向台儿庄出发，上午十时发现敌人一部分，改行攻击。

四月廿二日

下士哨服务，到大队本部去领粮秣。上午二时向台儿庄方面出发的各部队在进击中。第一大队长副官战死，伤者很多。

四月廿三日

下午一时半到达敌阵地附近，遭受猛烈炮火的轰击。负伤者相当的多。

四月廿四日

我们这一小队做大队的预备队。下午四时半起，预定开始行动，小队警戒，第二大队作预备队。

四月廿五日

廿四日下午六时攻击大营庄，多数负伤。第三小队全体带着手榴弹，向二千米前方的部落冲去，突入敌人的炮弹与枪弹组成的十字火网，又退回来，没有几个完全的人了。小远庄方面，国崎部队正面的敌人败退了。

四月廿六日

炮弹如雨。反攻的征候很浓厚。四一四二各部队大概明天到达。今夜心绪很坏，晚间狙击起来很讨厌。

四月廿七日

啤酒里再放进砂糖，酒的味道是一种特别的味道。小队长来激励每一个人。

四月廿八日

第一小队的死伤者约三十名。第二第三各小队，攻击大□庄，大概明天拂晓攻击，今晚向五千米的前方行动。今天早晨下班时非常难过，受不了。逐渐地要到最后关头了，最后总得实现殉皇精神的。

四月廿九日

荣耀的日子呀！发挥殉皇精神啊！

（以下有两行中文字）

这是荣耀的日子，要奋起殉皇的精神啊！

（在同一页的预备栏中，还有如下的一段。）

每晚梦见家乡，在战壕里常常想到父母、兄弟、先祖之事。廿四日下午五时，为援助攻击小远庄的第五中队，小队前进时，即向四百三百米方面冲锋时，猛烈的十字火式的弹飞来，惊人之至。

［原载于《国际周报（香港）》第1卷第8、9、12期，1938年］

《敌军日记》序

孔生

在这次保卫大武汉的战役里面，南浔线方面打得最有成绩，而其中最出色的一战，恐怕要算一六零师在庐山金轮峰把敌人一零一师团布施联队一个大队完全消灭的那一战了。敌人想由占领金轮峰进而截断隘口的联络，以协助他正面的作战，所以从九月二十日起，便开始向该方面攻击前进。一六零师因为叠次在东孤岭烂泥塘一带作战，大部分已调往后方整理，所以在金轮峰一带防守的还不到两团人。可是师长华振中将军是很有经验的，根据部下的情报，他已窥破了敌人阴谋夺取金轮峰的诡计，便令部下严密注意。九月二十六日，敌人开始以少数兵力向我试攻，经我击退，可是大家都感觉到敌人次日便要来大举进攻了，所以当晚便决定了利用地形，采用一种袋形的战术，将敌人诱入袋中，利用火力而消灭之。果然次日（九月二十七日），敌人便来大举进攻金轮峰。关于当日激战的情形，中央社隘口街二十七日下午九时的急电大概报告如左：

> 敌一〇一师团昨竟日向我前线炮击，并数度猛攻后，今晨拂晓起，又以其布施联队之主力约千人左右，在其炮兵飞机掩护之下，由金轮峰东麓之山洼，集中力量总犯我金轮峰北上端之三角尖。该地拔海约千尺，坡度甚峭。我待敌大部登上后，乃以枪炮猛烈轰击，并对准敌之退路构成严密之火网。敌工事毫无，立脚不稳，我弹火到处，如风扫落叶，敌无一生还者，我并以一部出击逆袭，以手榴弹猛烈投炸，战至下午二时许，敌布施联队主力全部消灭，仅遗留三角尖上之敌尸已达四百余，其翻跌下山者亦有数百。……
>
> 是役计毙敌第三大队长川上少佐，第十中队长小川厚一大尉，机关枪中队长小林大尉，十二中队代中队长北上中尉，代中队长吉武太夫少尉，

小队长九头龙少尉、永田秀夫少尉、若尾欣秀少尉及其他官兵六百余名。虏敌伤兵十二名。缴获重机关枪四挺、轻机关枪九挺、步枪二百余枝、各种钱钞约二万元……日记数十余册……我伤三十九名，阵亡士兵三十五名。

这真是一个很大的胜仗！我也托赖这一个胜仗的余荫，得读到那些敌兵的阵中日记，以及他们同家族朋友来往的信件。（可惜我们的士兵不知宝贵那些日记和信件，有些是散失了。）现在特将那些有点意义的翻译出来，编成这本《敌兵日记》的小册子。

大家都知道军队中的政治工作，不止是以本国的民众和自己的官兵为对像，就是敌人的士兵和下级干部也是我们工作的对像之一。我们是一个在军事上占弱势的国家，我们不能像苏联的对付张鼓峰事件那样，把一个在军事上占优势的敌人立刻赶出国境去。我们要从失利的阶段转到相持的阶段，最后方转到反攻的阶段。我们不是不知自量的狂妄论者，以为我们可以单纯地在军事上战胜敌人。可是我们也不是悲观的亡国论者，以为军事上既不如人便再没有办法。我们不仅要从军事上，而且要从政治上去打败敌人，换句话说，便是我们要努力去做瓦解敌军的工作。

抗战胜利的前途，一方面要看国际情势的变化，另一方面也要看日本国内的革命运动究竟能够推进至何种程度而定。日本革命并不是同我们抗战没有关系的。恰恰相反，我们抗战还是日本革命的催生剂。如果在抗战中我们瓦解敌军的工作能够做得好，日本革命便可早日发生，最后胜利便可早日到来，否则战争更要延长，中日两大民族的精力消耗也更要大了。

基本上我们相信日本士兵即日本的劳苦大众是厌战的，因为战争不仅对他们没有丝毫的好处，而且还有很大的害处，他们除了牺牲生命，残废身体，家小受饿和妻女卖淫而外，顶多只能得到一个为天皇服务的空名。侵略的果实是不会分到他们头上去的。但是正如俘虏铃木角雄口供所说："实在是不合道理，但是国家的命令不能不服从。"他们不愿意打仗，但是日本军阀的指挥刀闪耀在他们的眼前，而且他们又受日本军阀的恫吓，以为中国军很野蛮要杀他们的头。他们便想，横直都是一死，还不如决心为天皇效忠罢，这样还不至于连累自己的家属。所以我们要怎样才能使他们明白"前面是生路，后面是死路"，便是目前我国军队长官和政工人员一个急须努力做到的迫切任务。

军委会政治部制印了许多日文传单标语一类的东西，预备散发到敌兵里面去，启发他们澈底觉悟，由厌战走到反战。然而据我这次南浔线战场所见，这些日文宣传品前方散发得并不多，有些后方机关还把这些东西认为无用之物，不肯运送上去。因此便不能照夏衍先生所说，利用退却的机会，把宣传品送到敌兵面前。而且一方面发出通行证，宣传优待来投的敌兵，另一方面却又鼓励杀尽敌兵，宣传敌兵都是我们的仇敌，这也是自相矛盾的。

我耐心编译这本敌兵日记，便是想证明敌兵确是普遍的厌战，可是他们虽然厌战，却还没有勇气反战。我们要怎样才能使他们认识中国军并不野蛮，并不会杀敌兵的头，而且还优待他们，使他们能够同我们在战场上举行联欢的运动，以至进一步爆发反战的运动，这实在是一个急应进行的重要工作。同时我们自己的确也要实行优待俘虏，使敌兵相信跑到中国军这边来确是一条生路，绝对不会被杀的，要这样中日两大民族才能逐渐携手起来，打倒穷凶极恶的日本军阀。

自然我们并不放弃我们的整军工作。我们要改良战术，提高士气，改善军队同民众的关系，而且还要努力使军队机械化，令敌人无法再行前进以造成相持不下的局势。只有敌人逼得不能不由速战速决变为长期战争，不能不提倡节约运动增加敌国人民的生活痛苦以后，敌兵才能更加普遍的厌战，加速由厌战走到反战的过程。像敌兵在庐山作战一样，饥不得食，寒不得睡，死伤累累，生命堪危，他们就不能不心怀怨恨，预写遗嘱了。否则他们来中国作战，打中国军只像打野兽一样，那么，你就无论怎样宣传，也都不能发生什么效力的。不过，反过来说，如果单纯对敌作战而不对敌宣传，那么敌人必定抵死抗拒，也是会增加我们抗战的困难的。所以作战和宣传是互相为用，而不能够偏重。

《敌兵日记》共分《阵中日记》三篇，《烧杀日记》一篇，后附敌军家信，俘虏口供，以及敌兵遗嘱三项。《阵中日记》第一篇，记载战地生活状况颇为详细。他们运轮方便，供给迅速，而士兵生活尚且如此痛苦，那么我们前线忠勇士兵的忍饥受寒就更不用说了。一六零师官兵守庐山的时候，山上的天气是很冷的。而且下雨的时候没有房子躲避，因此病倒的非常之多。但是我们士兵记日记的恐怕没有，他们坚苦抗战的精神不能够写出给大家知道。所以我们读松本勇一郎《阵中日记》的时候，一方面明白山地战给敌人的痛苦是怎样大，只要我们努力，相持的局面一定可以造成，另一方面也可以从此知道我们在前线的将士是如何的痛苦，我们在后方的人们，如果不有钱出钱，有力出力，便是太没有天良了。《阵中日记》第二篇的主人好像是一个随军记者。他在无法同死神避免中又找不到成仁取义的理由，便以一种空漠的超越精神处理自己，这是厌战心理的另一种表现。《阵中日记》第三篇，则厌战情绪充满于字里行间。日记主人家境似颇佳，是被逼到中国来作战的，所以他是一肚子的不愿意。

《烧杀日记》是敌兵横仓勘一驻防盐城、东台、如皋一带时候的日记，他钟爱他的新妻和歌子，而和歌子对他也非常恋慕。他们原是一对理想的幸福夫妻，可是日本军阀却把这对幸福夫妻生生拆散了，一个出征异国，一个寂寞空闺，过着人世间最难打发的日子——可是比起我们中国人民因被日本帝国主义强盗侵略而致到处流离失所来比，那他们还是强多了。读者如果把这篇《烧杀日记》和和歌子的两封家信合起来看，便明白日本军阀不仅是中华民族的杀害者，同时也是大和民族的杀害者了。

这四篇日记都是照原文忠实译出，绝少删节和改动，我想读者是不会怀疑我这句话的，至于有人嫌这些日记没有多少反战的语句，那就要明白现在还没有到这个时候，而且敌人军队里面也不是可以放言无忌的地方，如果一被查出是会有生命的危险的。

敌军家信，原文异常缠绵悱恻。本来日本女子就是世界上第一会写情书的好手。大家如有读了郭沫若先生的《落叶》的，便会相信我这句话。可惜译者笔拙，不能将这些家信好好译出，这是很抱歉的一件事。

一九三八年十二月十九日于吉安永阳

封面画为一敌兵在其日记中所画庐山金轮塔的远景，可惜那本日记没有注出日记作者的姓名。

(原载于《敌军日记》，1938 年)

阵中日记

[日本]松本勇一

孔生 译

八月二十七日

上午四时起床。中饭装入饭盒,早饭六时吃完。八时半下船,九时登陆。

下午三时出发,四时五十分到达××镇。热极。又是山路。因为背着背囊,掉在自己中队的后面,只好坐汽车赶上去。落伍者很多。有生以来第一次这样吃苦,呼吸困难,昏头昏脑地走着,处处都有清水,虽然军队里是禁止喝生水的,但是苦不过只好喝了。来到中国以后,第一次喝到了像东京水道一样的清水。(东京的自来水清冷可口,而且经过消毒。——译者注)大家都出了一身大汗。今晚天幕露营,在野外用饭盒煮饭。

时时下雨。出发前竟大雨起来。全身透湿,可是天一晴又晒干了,而不久行起军来,一身又是汗淋淋的。

炮声越近越厉。在我们天幕附近,有个中国人死体,已经腐臭。十一时到十二时二十分担任枪前哨的勤务。背上背着背囊,骨已经起了泡了。夜里因为下雨,躲入住民家屋,在有死体的"邻室",心情实在不佳。

八月二十八日　阴　时时雨

晨五时五十分向星子县出发。下雨,全身像落水鸡一般。途中我又掉在部队后面。这一带为山黎的第百四十九联队苦战之处,炮兵队也受袭击。马的死体多而发臭。离前线只三四里,正剧烈交战中,第五十七联队的两个中队在刚要上船的时候,船内落下炮弹,汽油着火,受到全灭的打击。

因为是山上,要一山一山地占领,真是困难。上午十一时追上部队。午饭中又下雨,连饭也淋得湿透。

我们中队预定在星子靠近处进入警备位置。

下午二时出发，三时半到达，在民家宿营。（先行消毒，然后进入。）我背上已经起泡，脱了皮露出肉来，睡时背上靠着木板，非常之痛。

八月二十九日　晴

上午十时起，同步兵第百五十七联队交互担任西门警卫。从城门上可以观察敌情。我方射出的炮弹，打在山上冒起很大的烟，打在岩上崩开很大的洞，都可以用望远镜看得清楚。……

晚上没有蜡烛，实在不方便。城内水很缺乏，井只有三个，离我们有好多路，挑水颇为不便。星子县城是八月二十日下午七时占领的，井水经防疫部派人检查之后才准使用。

我军现正使用毒气。

敌人有学生军，也有女学生参加，（注）主要是赤化抗日份子和正规军，是相当有力的部队。敌人的阵地是天然要塞，我方炮击则避入岩中，我方停止，又出而射击。一五七联队二个中队行敌前登陆（星子县附近），进至半山腰时，遇到数倍于我的敌人的袭击，大队长中队长统统战死，受到全灭的打击。腿快的兵士泅水逃命，泅了五个钟头才泅到湖的对岸。一四九联队的一部由左侧进击，方把阵地夺取过来。现在攻击中的敌人力量很强，一星期内连一个山头都不退出。而且有懂日本话的人，到处书写愚弄日军的文句。无论到那里，都找不到一个中国人民。

前线部队伙食困难，要在后方山下弄好运到前线山顶上去，但无论怎样设法都只能吃两餐而已。雨天就更苦了。

（注）：当是指一六零师随军学生服务团，该团曾在前线冒险写了许多日文标语。

八月三十日　晴

炮声枪声依然不止。半山腰敌人射出的炮火好像花火一般。一到早晨，我方便猛烈地把炮弹送过去。上午九时三十分我方飞机飞来，在紧靠鄱阳湖前面的敌人阵地降下炸弹之雨。那音响真是凄厉。飞机一来，敌人便避入岩内，一下都不射击，飞机一去，又复射击起来。友军战伤者从前线陆续用汽车、马车、担架以及徒步向野战病院而来。那破衣服，血渗出，扎绷带的姿态，真是叫人看了难过。

饭冢部队已经从昨日起在机关枪队有了约四十名、在第一中队有了十三名的战死伤者。我们中队和第十一中队本应从今日下午起向城外移动，但因为没有房屋，改于明日向别方面移动，现在的民房家都已充作伤兵病室之用了。（这次战斗，准备能够收容约四千名的样子。）

本定明日向城外移动，但因用水不便，暂时还是在原地警备。

八月三十一日　晴

今日无事休养，在鄱阳湖洗衣服，边洗边看我方的炮击。据前线下来的人说，我们攻击毫无进展已经是第八天了。在天然山岩之下做起枪巢，是不会受到我方炮击的。我军现在处于敌人的濠沟里面，这濠沟要成为血海云云。

因为吃两餐，肚子很饿，到西门外挖芋头，来剥皮吃。敌我炮击仍然猛烈。

九月一日　晴热

上午六时半起，准备向第一线附近移动。背囊留在星子，着其他军装出发。太热了，汗竟流入眼睛里，风也没有，真苦。午饭用饭盒去煮，可是没有水，又太热，吃不下去。下午十二时半，又向前进。在战斗司令部附近天幕露营。脚上肿起的泡已被切去，但皮还没有长好，走起路来不方便。粮食带了三日的，颇苦太重。敌有几分退去模样，但尚在交战中。

九月二月　晴（晚时雨）

不知何时出动前线，所以把一切都准备好了。中队的三个小队分做三部分配备，警戒。我们小队位置于附近的小山警戒。下午大雨，没有避难所，只靠一张天幕躲雨。附近死体甚臭，没有办法。我方飞机连日轰炸敌阵地。下午六时起，我们分队担任下士哨。一到山上又下起大雨来，风也起来了。撑起天幕也是一件不容易的事。

九月三日　晴

上午四时，警备交换，山上敌人继续巧妙地在峻险的山岩之间挖掘阵地，我方炮弹恰好命中那个阵地，敌人把粮食丢掉避开了。

正午离开警戒阵地准备移动。

下午三时三十分，听说我们的饭家部队长战死了，是由右脊部贯通横腹的。真可悼惜。

战线有点进展，我们部队也向前进。但敌人的枪声和炮弹还在近边落下。

夜间蚊军可怕。

九月四日　晴

战线并不怎样进展，我们总预备队在待机中。轰炸机的轰炸非常厉害，山的形像都像要变更了。敌人仍不退去。还需要优秀的武器。东孤岭的半腰还有残敌，看见我军由山脚通过便射击起来。

九月五日　晴

上午下视东孤岭的阵地，（轻机关枪分队长外若干人）则半山已无敌影。

饭冢部队长是被尖山之上的敌人所刺射，由右肩上贯通左腹部以致即死的。

第百四十九联队占领了东孤岭。但百四十九的部队是苦战了，一个小队只剩下六名，能不能还成队伍都是问题。负伤者的收容也非常劳苦。山顶上敌人死体也很多。而且每晚敌人都来夜袭。

入夜，东孤西孤枪声甚烈。我们的川上大队长因病入院。

九月七日　晴

本日上午无事。

下午一时五十分，命令下来，第十中队（我队）同第百五十七联队交换，向左第一线前进。夜饭后立即出动，在三角山脚下露营，等待后命。上午零时左右，奉师团司令部命令，明日向前线增加。支队决定明日总攻击。

蚊虫太多。

九月八日　晴

上午七时半，我方炮兵一齐开始炮击。八时起，陆海空军向东孤岭（?）实行轰炸，同时步兵部队也开始总攻击。第百十三联队则自隘口街方面协助我们。下午一时从三角山出发，为第百四十九联队之预备队，到联队本部宿营。四时左右我方发出炮声甚烈。

本日新联队长，原近卫师团司令部属员之布施大佐就任（坐飞机来的），随即向前线出发了。

写家信。眼见迫击炮队兵士多名负伤。

九月九日　时晴时阴

每天每天吃芋头，真是无法可想。

下午十一时，我们小队离开中队出发，到达旅团司令部为其预备队。下午十二时起，在山顶担任警戒的勤务。

九月十日　晴

警备中，敌人的子弹从我们头上嗖嗖地飞过。上午八时左右，迫击炮弹一个落在田里。下午四时，因旅团准备移动，发下粮食。我因身体不好，发冷，昨晚竟未能将写好的信寄出去。

由以前的位置约二千米前进。途中遇松本辰二君那小队（十一中队）的战死者，迫击炮打死二名，并有负伤者，只剩下六名了。我们虽在田里露营，但子弹嗖嗖地飞来，在附近落下。

九月十一日　晴

炮兵三名牵马来前线露营，可是子弹飞来太多，又向后方退去。

我们小队上午十时同第二中队交换，复归第十中队，又为第百四十九联队的预备队了。

我们虽住在民家，可是附近常常落下子弹和炮弹，挑水挖芋都很危险。

下午三时半左右，重轰炸机飞来，轰炸乡下。

下午十一时，同联队的炮队同行，搬运炮弹（曲射炮的）到西孤山的山背后去。

九月十二日　晴　大风

上午三时到达目的地，一度走错又走转来。山上多岩，而且有很大的岩。向无路处前进。一路越过敌人的死体。途中约有千米左右是向敌人完全可以看到的处所前进的，虽然受了二三次射击，可是都平安通过了。上午四时二十分下山。二时半左右，敌人曾来逆袭。我们没有带枪，在岩内躲了一会。

天明时，友军的负伤者和战死者陆绩[续]退来后方。

下午二时四十分，奉战斗司令部命令，我们中队除第二小队留下外，主力增加到第百四十九联队的第二大队去。下午四时出发。携带晚饭早饭，向要仰望的山前进。战友一名害病，我做了射手。五时开始登山（西孤山）。五时二十分到达第百四十九联队的战斗司令部。奉命向第二大队的左翼前进。途中遇出征之际曾经同行的关田，若月（十一中队）两君为手榴弹所伤，向后方退去。下午四时到达山顶，下午六时占领山顶，但敌人逆袭异常猛烈，第百四十九联队第二大队长负伤，由我们小川队长代理。附近在友军的战死者和重伤者（天黑了，不能运往后方）呻吟着等待担架来抬，真是叫人听着难过。

本日风特别大，从下面吹上来，沙落在轻机关枪上，令射击发生困难。这山顶约有千二百尺，山顶的气候同十一月的差不多，半夜，敌人的手榴弹和轻机关枪像放爆竹一般。

九月十三日　晴　大风

天亮一看，附近到处都是友军的战死者。昨夜的负伤者也呻吟直到天亮，八时才用担架抬去。遇松本辰二君，仍有精神，他说分队队员只剩下两名了。

下午三时向山上高地前进。炮兵攻击前面山腰和乡村，飞机也猛烈轰炸。敌人退出山头，由乡村的民家向山上射击。

风仍未息。

九月十四日　阴

早饭仍是酱汤和梅干。

敌人越过田垄，由山脚向我方射击。

昨夜睡在山窝里，风虽较少，可是很冷，下腹作痛。而且有一种奇怪的虫，弄得你不能好好睡觉。水筒的水也是两天以前的，细细地饮着。山上的不方便真是异常，住在祖国的人是想像不到的。口里吃的只有纸烟，洋火也很缺乏，因此谁点一根洋火，便大家围拢来接着。眼前一望尽是山头接着山头，山岳战的痛苦是从心里面感觉到。夜间是像冬天一样的冷，"冬衣"的必要是很迫切了。自来山上以后，无法同家中通信，吃饭的菜只是梅干一个酱汤一口而已。

下午四时二十五分，奉联队本部命令，我们所属的第二大队（包含百四十九联队的小川队十一中队）为联队的预备队，下山去民家宿营。夜无勤务。

九月十五日　晴

上午九时三十分，每小队十名（每分队二名）往领粮食，行到军用路，受了敌人炮弹的集中射击。我们小队的第三分队员石井延雄君即死，其他兵士二名也战死了。本来今早是应该我去的，但因有事便由别的战友前去，幸得免掉了这场灾难。

石井君的死体立即火葬了。

下午五时敌人炮弹又集中射击，在离我们三百米左右的地方落下很多。

小队今日因病退回后方者八名，我们分队幸无异状。

下午六时三十分我们分队全员参拜石井君的灵位，在战场上没有线香可买，只好用香烟来代替。遗骨装入手套袋里，放在空罐头内。

九月十六日　晴

上午十一时半，我们中队奉命复归本队（一〇一），由露营地出发，正行进中，为敌炮兵发见，受到集中的射击。幸而指挥班和我们第一小队平安横断了军用路，到达了对面的山脚。第三小队则以民家为遮蔽，各个前进，但炮弹落下，致战死一名，濒死一名，重伤二名，轻伤四名。轻机关枪为破片所伤，非修理不能使用。我们中队定本夜在这山脚露营（在山里面）。

突奉命令，我们第一小队立即前往警卫旅团司令部。下午四时半吃过早饭后，便向旅团司令部所在的位置出发。可是刚刚到达正同战友谈话时，我们分队忽又奉命前往直接保护炮兵。因接得情报，本日有残敌约百余名，想沿山岭窜入后方，正移动中云云。我们分队便是去保护没有步兵的炮兵的。在田里露营。

九月十七日　晴

正午我们小队到达联队本部，领下三日分[份]的粮食。午饭中，炮弹十数发在五十米左右处所的民家落下，破片向我们的身边飞来，我们拿着饭盒避入山背。下午二时二十分，奉联队本部命令，出动援助第一中队。下午六时四十五分到达第一中队的一个小队所在的处所（二十一名）。夜饭后进入阵地。说是登山，可是有路的地方便受狙击而不能通过，只好走没有路的处所，攀树根竹枝而上。汗是像流水一般。从山顶上看，敌人的炮弹又在乡村落下，像是有些牺牲者似的。

本日听联队本部担任通信的战友说，大渊九郎次君前几天为敌人的炮弹同战友三名一起战死了，心里真是难过。我将来回国时，同他的太太谈起来，不是很悲痛吗？

下午十一时半左右，第百五十七联队前面的敌人，猛烈夜袭。手榴弹的声音异常可怖，约经五十分之久。

九月十八日　阴

天一亮就阴了。大雾，视野不明。上午九时后，雾才消散。敌人驻在金轮峰一带山上，出没于我们分队前面右边三四〇米左右的处所。如我方狙击，他们也就应射。上午十时左右，敌人炮弹走[从]我们山上成流线状落下，牺牲者似有二三名。

昨夜汗湿而卧，身体作冷，颇感不舒。

下午〇时三十分，我们小队进入第一大队指挥之下。第一、第四中队和我们小队，奉命由第一大队长指挥向金轮峰攻击。大队长由第一中队的伍长引路，至一小山峰，为敌人炮弹所击战死。

上午九时，我们小队为用饭盒煮饭下山，下午二时回来。夕刻开始登山，为敌人发见，受重机关枪的猛烈射击，不能前进。本队和第四小队的重机关枪分队今夜在这山上宿营，预定明日举行攻击。

九月十九日　阴　夜雨

一夜在这山上露营和警戒。我们第一分队因为欠小队轻机关枪一挺（第二分队的已拿去修理），所以出到前面警戒。早起阴。队伍因待机前进。不知何时，第四中队，向别山移动去了，只我们小队留下。在我们住处前面的山上，敌人很多，时时射击过来。一日中都是待机。入夜，云遂变成小雨。一张天幕并不能够怎样躲雨，一点点稻草更无若何温暖可言。

九月二十日　晴　后雨

天亮时，听说小队长老爷昨夜下山到中队那里去了，大家一同惊异起来。

今日虽然仍是阴天，可是并未下雨，天幕也干了。下午一个小队进入了底下的山屋，放出了警戒兵。第十二中队在我们小队的位置露营。

夜又大雨，我们分队居在小屋内，可是其他三个分队却住在山上，真是对不起。

九月二十一日　晴

天亮时雨便停了。大队本部在我们小队所住的对面山上占领阵地。遇高桥影山和村山太郎（在东京新桥八百虎开团子店的）两君。

小队派每分队一名到星子县去拿衣服，我没有冷天衣服，只好托拿两件夏天衬衫来。

下午一时左右，早上登山的八百虎村山君脚上为枪弹贯通退下来了。

下午三时半，到星子县的回来了。听说途中遇敌炮弹，死伤新闻记者三名和兵士多名。加农炮和火烟放射器已运来了，胆壮不少。第九、第十二中队向山奥前进，迫近金轮峰脚下，准备明晨用毒气攻击。本日轰炸甚烈。

九月二十二日　阴　小雨

昨晚奉大队命令，中队在现在地点待命前进。上午三时左右起，敌迫击炮弹盛在附近落下，破片呜呜飞来，战友田中正夫君的图囊被破片穿了一个孔。

上午十一时中队到达我们的位置。为向攻击第一线前进，中饭也没有吃，在登山的途中做饭时，天又落雨，全身为雨和汗所湿，很冷。山下天晴，山上却是大雾。

到达目的地金轮峰塔下的山岩露营，塔为第九中队占领，残敌到处出没，我们的位置是在几千尺的高山之上，平地的田地乡村看起来小得很。

第十二中队虽在我们右面攻击，可是没有联络。第十一中队为旅团的预备队，在平地警戒中。

半夜后手榴弹迫击炮弹发射甚烈，也放了照明弹(敌人的)。

九月二十三日　晴　时时阴

昨夜在山岩上面睡，身体很痛。

正午，本部又向小高山上移动，中队也一起去。敌人在我们的上面和下面，下面的敌人看得很清楚，可以狙击，但由于塔上有敌人，我们又不能动。第九、第十二中队走塔的旁边迂迴[回]，开始了攻击。敌人从高处向我们射击，所以容易命中，而且我们找不到遮蔽的地方。我们分派到大队本部去的毒气兵战友横仓延雄子大脚指负了伤，指挥班的山本军曹腹部贯通战死了，同样纸田君的手腕和胸部也受了重伤。第三小队也有负伤的。

黄昏，我们小队向我们中队所指命的地点前进。各分队利用山岩取好阵势，以待攻击命令。九时左右起，雾大起来，落下小雨，我们又淋得一身透湿。

半夜，投下手榴弹数发，并无异状。第六中队住在我们大队下面，由我们引导前进。下午一时左右，占领赤秃山后有敌人两名勇敢地下来，走近友军投掷手榴弹，为我方发觉，中途射杀了。

第二大队前面，半夜发生猛烈的夜袭战。

九月二十四日　晴

今晨发下粮食二日分，菜也是两天的。腌鱼半尾八名分食，怎样吃法呢，一次就吃完了。又是酱汤。

本日九时奉命，明日攻击，重炮战车也参加，举行总攻击，警戒部队以外，统统休息。我们小队同昨日一样，继续利用山岩等待时机。正午过后，飞机轰炸。敌人炮弹走我们眼前向友军后面落下。昨日退却的敌人控[挖]掘阵地向我们开始射击。从我们的地点，可以把敌人看得很清楚，约四〇〇米到七、八〇〇米的处所，一点一点地。

我们找寻岩穴，弄得它可容两人爬入，下午三时左右，从金轮塔方面受到射击。我们小队的第五分队贞波多野上等兵（第二补充队）战死、坪田一等兵肩部重伤，第四补充队的平山一等兵足部负伤。三时半，迂迴[回]金轮塔僻路（昨晚出发）的第九中队的一队，揉升金轮塔，揭扬日章旗。其时藏在塔内的敌人立即开始投掷手榴弹，情势非常危急。我们野炮猛烈作掩护射击，展开了塔上塔下都手里捏着一把汗的场面，到了日没，究竟确实占领了没有，始终不明。

住在我们一处的第三机关枪队的一个小队，因为敌人的迫击炮弹开始落下，退回我们中队本部所在的地点。

夕刻去中队本部所在的后方（约三〇〇米），日没昏暗后因第二小队交换因为黑夜不辨交换和中队本部的位置，化费了一个钟头，还有跌伤的。而且在山岩上睡，不能安心落意，所以身体作痛。

九月二十五日　晴

从前煮饭的地方已经成为敌迫击炮的集中之处，负伤者七名，因此便移到再过一个山头的山涧里面去。

波多野君的死体本日送去平地火葬，听说是"从背后"到胸部的贯通。

夕刻起，我方重炮为要打倒金轮塔，开始炮击，因为炮弹打在岩上有破片飞来的危险，所以爬入岩穴中去看，实在是不容易打中，日没后便停止了。

九月二十六日　晴

早饭后去煮饭。正午左右归来，受迫击炮和步枪的猛击。第二小队的轻机关枪员大冢君足部负伤。

我们中队今晚下午六时半由现住地出发，向金轮峰和金花岭之线前进。预定明晨总攻击，我们中队在左第一线，第十二中队在右第一线。

昨晚我看见第十二中队的士兵三名在金轮塔前面山上同中国兵格斗。

本日下午一时四十分午饭中，目睹金轮塔为我方重炮弹所摧毁。

我们中队患病者前后相接。五十余名的小队已经减至二十余名了。

写家信，详细报告大渊君的战死。

九月二十七日

…………

日记作者本日在金轮峰战死，作者所属的大队遭遇全灭的悲运。日记成为我国陆军第一六零师的战利品之一。

日记册内未署作者姓名，幸而由作者那封报告大渊君战死的未发的信，知道作者是松本勇一郎君。——译者

（原载于《敌军日记》，1938年）

阵中日记(二)

[日本]佚名
孔生 译

九月十七日

瑞光丸最后之夜已经天明了,乘轮以来十日间长久的上航并未感到厌倦。眺望变化的对岸,以很大的兴味深视着未见的土地。

大的瀑布在塔的右边发着光亮,五层的塔在晨曦之中辉耀着。一幅天然的图画!愿意永久住下去,竟起着这样的错觉。

一想到前面二里便有着正在战争的部队,不觉浮起种种的念头,自己也跳入战争里面来了。

昨晚在甲板上写下了遗书。自己在这次会战中是最后了也未可知,这觉悟便是遗书。把这说完了时,自己感觉着非常的轻快。牵挂从心里像雾一般地消散了。为什么这样泰然呢,真是有点不可思议。

七时左右起,起重机开始活动。八时左右,接人的船也开始来了。一时情形噪杂起来。机器的响声,蒸气的声音,齿车的杂音等等。

自己因为是人员组,便坐最先来的驳船登陆。弹药小队因马鞍和车辆还没有来,只好等着,早去也是没有办法,便一齐去到宿舍去。是有斜坡的路,街上也有斜坡。

在江北地区不知宿营过多少不堪的破房子,可是像这样的地方却还是没有进去过。从城墙的破坏处,可以用楼梯爬下到鄱阳湖去。士兵是十天都没有洗澡了,一到宿舍,便脱掉衣服很高兴地去玩水。自己也是如此。

阔大的湖,真是壮观。线条之粗大实在可惊。东孤岭西孤岭相并地立着。晚饭后,同泽崎、白石、阿部在夕阳西沉时候的湖边杂谈着故乡的一切。步哨来催促说是要把楼梯拿去的时候,已经周围都黑暗了。夜上像猪仔一样地睡在苦[枯]木之上,炮声从很远的山背嘭地响过来。

九月十八日

从猪仔一样的临时寝所醒来，天是很暗。弄饭柴火的声音在睡眠不足的脑子里隐隐地可以听到。

饭前出去作了道路的侦察。出发前把背囊寄放了。到西门整队，稍稍休息了一下。

汗和尘土的进军连续着，使我想起《麦和军队》一书中所描写的那种情景。脸、鼻毛以至蓬乱的胡须，都好像涂了白粉一般，用手巾去揩便变或[成]了红色模样。口里弄进了土，嚼嚼有声。汽车是不客气地哺哺飞驰，尘灰大得差不多看不见前面。

大道两边都是粮秣，辎重汽车不知其数。部队张着天幕或是用大的平坦的篾席，制造着临时的自己的住处。真是涨溢着像是战争一般的氛围气。从前线汽车把负伤者装运下来，病马也同人一样用汽车装运下来。汽车是不停地下来，真是忙碌的道路。

在叫做陈家的那地方明了地知道了饭家部队长战死的处所，默祷了一下。

去烂泥塘都是坡道，工兵正在努力修筑道路。到烂泥塘时，敌人的炮弹在附近落下。有一只马在前面二百米负伤，炮弹的破片在马头上穿了两个孔，给它用纱布塞住了。弹药小队驮马在卸下物品的隐蔽下面向山路前进。敌人的炮弹时时落在道路上爆炸着，心里想，莫要落到我们这方面来么。

第一线的部队所在可以看见了，在归宗寺乡村用饭盒煮饭。自己在小河里洗了身体，是用可以生饮的水洗的，所以现在想起来觉得有点对不起。

到达第一线已经快七点钟了。在山松林的倾斜处的一个平坦的地方弄了一个铺位，顶上用松枝纠结着，只要能避夜露就行了。有些懒鬼好像什么也没有弄便浑身卧下了。终于像是战争的样子了。

大队本部在山涧中住扎着，十二、九中队放出了警戒步哨。夕暗中听得到他们在区处着。

东孤岭西孤岭现着紫色的时候，就睡下了。子弹在头上嗖瓣[叭]地掠过，有时迫击炮有如回忆起来一般地地向大路方面飞去。我们所住的地方好像是在弹道道内，不知何时深深地熟眠着了。

九月十九日

四时左右，敌人的炮弹有四五发在附近落下，便醒过来了。很冷，有点发抖，真是没有办法。半睡不睡地等到天亮。做了一个看见敦子、法子的好梦，好像是隔了很久回到故乡一般。

为了攻击金轮峰，从宿营的地方下山，爬上后面的山去，士兵都喘着气。自己因为曾经练习过登山，所以引起一种登山的情绪。爬山对于自己是一个不小的愉快，与其在平地汗和尘土之中走路，爬山真不知要好多少倍，向没有战争的地方爬上去是很安全的。就在看得见的顶上正打着轻机关枪。

在昨天被炮击的路上，炮弹正在时常炸裂。炮兵排列正在应战着。前后左右一有白烟冒起，便嘭地震响过来。我们在半山好像看着实演的电影一样。写这日记的时候，一听见嗖嗖之音，前面乡村便冒起烟来。炸裂的声音打在山上发出可怕的回响。

祈祷着明日攻击的安全。

九月二十日

昨日被炮击的地方，今早还是炮击着。我军也猛裂[烈]还击。深感到自己幸好没有去做炮兵。所谓决死的觉悟大概是真的吧。

今日天气也不好，可是鄱阳湖方面天气却像是良好似的……

十二时左右前进，相当的坡道。在到山脊去的途中，好像是走在铎兰小屋之上一样的地方，起着居在日本的感觉，大家都喘着气地爬上去。

正在山涧中作露营准备，忽又奉命爬上第一小队所居的高地去。仍在小竹丛之中露营。因为顶上是第一大队和机关枪队驻扎着，所以只把枪放好，没有再放枪前哨。

迫击炮时时落下。天又下雨。非常感到寂寞。头上水滴滴答滴答地落下来，可是仍不在乎地睡着了。

九月二十一日

八时左右把天幕拉好，出到第九中队所住的一栋独屋的前面高地去。可是第九中队今早遭到猛烈的攻击向后退却了，我们因为是掩护居在那栋独屋的第九〖中队〗。以为没有出去的必要，正在待机中，却奉到命令叫回到高地去。在高地占领了阵地。

炮兵每次猛烈炮击金轮峰半山的时候，炮声响震庐山的全山，使人不禁想到万雷齐落时的状况。侦察机二机在第四十九联队的方向投弹轰炸着，那种猛烈就非炮兵所能够相比了。当它们飞到金轮峰的时候，拍了两张照片。最近天气不很顺意，所以人不大高兴。

下午，子弹时常从捷克式枪的方向飞来。吉田伍长的铁兜中了一弹，真是命大。

二时左右出去做饭的那些人，六时左右上来了，感谢。

夜上边嗅着死尸的臭气边睡着了。

九月二十二日

没有吃早饭便向钵卷山前进了，是分开竹林走过去的。以前山脊的射击停止了，向昨天第九中队去过的高地前进。Ⅲ本部和第一大队都来到了，第六中队何以不向前进呢，可耻。

由于炮击，小松林的山都变成红秃头了。

中饭后，部队向金轮峰前进。那时大雾把全山包住，前面十米便看不见。在岩下作露营的准备。雾又晴了，鄱阳湖方面完全可以看见。相当之高，就在塔的正底下呢。所有的音响都反向到我们背靠着的山岩来，听起来异常凄厉可怖。

对于战争已经无所谓了，不过今早迫击炮的弹道在自己住处的上面或近或远地落下，起了寿命短缩的念头。下一次落在什么地方呢？那种心情真是说不出来。

前面五十米落下的土吧啦吧啦地打在天幕上面。

夜八时左右正要睡去，忽奉大队命令，叫第二小队同十中队协力。好容易弄好的地方只好怏怏舍去，兵队都埋怨着无理的命令。大家把天幕扎在头上浑身睡下，岩石的寒冷渗澈全身，可是不知何时竟睡着了。

九月二十三日

苦难安睡的夜天亮了。好久都没有看见的晨曦光辉地由东升起。东孤岭云海叆叇，实在美丽之至。所谓南画并不是偶然出现，而是中国的风景使其如此的。今日才知道飘浮在峻险的岩山之上的云光霞影，那一切都是南画。

回到中队奉到出发命令，向该高地前进。昨天山脊的敌人可以鸟瞰得到。用机关枪猛射，那左往右往的样子好像电影里面一般。中国兵纷纷爬上前面的高地去，拼命挖掘着战壕。隘口街大概快了吧，士兵都紧张着。

今日也受着痛苦射击。大家都紧靠着山岩壁面。前面五十米的道路就受到了狙击，有六名负伤。因为一动便被射击，所以第一小队的弹药补充兵在一个窄狭的地方竟躲了六个钟头。全部都在那里。明天的生命有谁能够知道。朋友样的小岛军曹右手负伤，我很难过。我们所在的地方也有二三发落下来，当着便当着了，一切惟有听之命运而已。

夜在断崖之上挖一横洞，同吉田伍长抵足而眠，一动就会滚到山涧底下去，完全是山大王的生活。因为那里是不怕迫击炮和小子弹的处所。……

今晚敌人不大射击。黑暗中用手摸索，把天幕张好睡下。

九月二十四日

从鳗鱼一样狭长的床铺转不得身的露营里醒来，这样的生活已经继续了一个礼拜了，山岳战的艰苦是深深地感觉到。

昨夜下雨，脚和头淋得透湿。天亮前为队长所唤起，黑暗中把射击的准备弄好。大队本部因为敌弹来得太厉害，便逃到了昨日进去过的山岩小屋里面。迫击炮同平常一样地在附近落下。因为这个高地被占领了，所以第五、第六中队便进入了下面的山。明日炮兵要把前面的高地猛攻，我们今天便在这里休养。

下午三时左右，起了夺取塔的万岁的呼声。可是正把日章旗插上去的时候，由于敌人的手榴弹又向后退了。那勇敢的三位勇士不知究竟怎样了。我们这里由于从塔上捷克式枪来的猛射，一名战死，二名负伤。真是厉害的家伙。手榴弹从塔的山岩丢过来，子弹从高的馒头山射过来，那里是休养要地方！

飞机轰炸着前面高地的后方。旁[傍]晚时底下五中队的附近差不多落下了五十发迫击炮弹。

九月二十五日

一直睡到天亮，早晨的太阳很强烈。

飞机轰炸着前面的高地。准备着出动，可是总攻击好像还没有。仍是一天到晚居在洞里面。炮兵却活跃着。今日一日因为侵入炮兵阵地，所以仍不攻击。

昨夜下去做饭的今井、小池、山田，都给迫击炮打伤，难过。对于每次下去做饭的炊事兵，我表示着满腔的谢意，他们实在是很努力呵。

（原载于《敌军日记》，1938 年）

阵中日记(三)

[日本]江川雄次
孔生 译

九月八日　晴　后阴雨

(汉口攻略战)

下午三时半,由唐家闸(南通)出发。

由天生港上船。

船中之热真是无法忍受。

九月九日　雨

在船中度过。

九月十日　晴

今日天气良好。

今日发饷(八元八角)。

九月十一日

在南京停船。

用望远镜远望,南京城墙隐隐约约地可以看到。

旁[傍]晚联队长同大家见面,听说是布施大佐。……

九月十二日　晴

天亮醒来,到甲板上去,则船已在开行。南京是渐渐地看不见了。

九月十三日　晴　芜湖

船仍照常进行着。

机团枪队在船上唱着《爱国进行曲》。

从明日起，不准到甲板上去。

从明日起，要热得难受了吧。

从此以后，好像会遭受到敌人袭击的样子。

今日为了慰问，把留声机唱起来了。听着流行歌《浪花节》(日本曲)，无端感到寂寞起来。好久以来都不曾这样畅适过了。

九月十四日　晴

终于快要到达目的地了。战斗也不在远了吧，又要有许多的牺牲者了。

在这次战斗中非有相当的觉悟不可。

前几天大队长的训示说：此后的战斗都是山岳战，非充分注意不可。养成体力和练习行军——这就成问题了!!

单是山，就已经够受了。

敌人都是中央军，听说很厉害。

我们到那里去呢，大家自己都不晓得。

九月十五日　晴

时时听到炮声。真的快到湖边了，今天船要到达了吧。

九月十六日　晴

到达鄱阳湖入口处。

预定明日星子登陆。

听说联队长又负伤了。好像敌人还是在附近一带呢。(饭冢大佐阵亡后，由布施大佐继任联队长，系由南京坐飞机前往阵地就职——译者注)。

九月十七日　晴　星子

上午八时开始登陆。十二中队最后登陆。我因为清扫室内，登陆最迟。

是在湖岸登陆，前面许多大山耸立着。一想到要越过那些山，心里就讨厌起来了。

预定明日出发。

会到十一中队的青山君，听说十一中队也有一些死伤者。总之，山岳战是很艰苦的事。

九月十八日　阴雨

上午五时起床。煮了两餐的饭，八时出发。

在山脚下吃了午饭，前面山上的瀑布可以望见。

接到清子的来信。

包裹太重，起了泡了。

小路大路上面都浴着敌人的炮火。因为避免危险，便缘山进军。自己的炮声，敌人的炮声，交互轰响，震澈青空。在我们中队头上，炮弹作着可厌的声音飞掠过去。

旁晚到达××山的脚下夜饭。

今日原定到达第一线的，可是途中走向松树山的时候，子弹纷纷射来，没有办法，只好在此一宿。

炮声如沸，一夜都是如此。雨又在下，非常寒冷。

九月十九日　阴雨

昨晚一夜都睡不着。天亮时，子弹射来得特别厉害。立刻吃完早饭，爬上山去。可是山路太陡，脚简直不能动，真是讨嫌的很。

途中伏倒地上看炮兵炮战，炮弹落在自己炮兵的阵地上，不觉为之毛骨疎[悚]然。

在山涧中休息。雨是不停地落。如果不早点想办法的话!! ……只好睡在那里。挖一个洞做铺位。

登陆已经三日了，幸而仍告无事。

敌人的炮声不绝地可以听到。

九月二十日　阴雨

××山攻击。

峻陡的山岭，到顶上去脚真是走不动，呼吸也艰难起来。……十二中队的岩崎手上受了伤，四中队的士兵也有受了伤的。

旁晚时，又向××山前进。雨在下着。真有语言所难形容者。一晚在淋雨中过去。

九月二十一日　雨

敌人的炮兵阵地发见了，为向它攻击而前进。同前面的山对峙着。

雨不歇地落着。炮声时常听到。身体寒冷，肚中饥饿。

午饭时，发见了敌人所在的山，一齐向它射击。在枪声嘭嘭之中爬上了金帽山。在××之中走的时候，敌人的子弹纷纷射来，一时甚为危险。

爬到顶上。今日一日在此休养。一天疲倦，不觉睡去。可是还做着明日战斗的梦。那时是下午四时半。

旁晚，敌人的炮弹落下数发，心里不免有点发毛。

九月二十二日　阴

所谓叹长气，大概是指此而言吧。走走走，腿都走硬走痛了，甚至心脏也走痛了。

为了攻击金轮峰，爬上邻近的高峰。爬到十分之八的时候，因为有敌人在上，便只好暂时停止着。

因为下了雨，热便减退了。四点钟打过还没有命令下来。

从前方，从底下，从旁面，三方面都射击过来，可是我们却不能射击过去。今天是真正觉悟了。

十二中队也有十五六名死伤了的。下山的时候已经漆黑，脚下看不清楚，边跌交[跤]边走回原先中队的位置去。到达的时候已经上午四点钟了。

因为有雾，便一直爬上去，所以弄得糟糕。

从来没有像今天这样觉悟过。

六日都平安无事，惟有感谢神明而已。

九月二十三日　晴

到大队的位置集合。因为金轮峰的塔占领了。听说九中队已经爬上了十分之八。仍然是嘭嘭。

小腹痛，步行困难。头也痛起来。真是讨嫌!!

食粮缺乏，水也没有准备，真是不便。饭盒煮饭苦于生树枝不能点火。又起了泡。

今天是立秋了吧。

旁晚为了援助九中队爬到了塔的底下。敌人好像还有好多在那里。嘭嘭……枪声、手榴弹声。

夜寒冷异常，没有办法。雨又在下着。

九月二十四日　晴

可厌的夜也天明了。

早饭！只有下山做饭去，因为没有干柴可烧。

死伤者一个一个由山上抬下。无端心情恶劣起来!! 什么时候会怎样，大家都自己不能预料。

今天实在想睡，可是奉到命令又要爬山。在半山的岩洞里面藏躲着。今天像是要在这里休养了。

今天天气很好，甚热。

旁晚起，敌人的迫击炮集中射击。听说底下的炊事场落下了数弹，有多名死伤。

九月二十五日　晴

上午十时起，有命令叫重炮集中射击。可是虽有飞机和重炮，敌人仍旧不退，真是顽强之至。

旁晚时，到了金轮峰的十分之八所在，是去掩护九中队。有重炮的射击，真是厉害。

担任步哨，半夜里只有两个人站在那里。（担任射击那从塔上下来的敌人）。

九月二十六日　晴

别无命令，待机中。

空中轰炸，炮弹的嘭嘭之声，真是厉害的很。下望则战车队在前进着。真是如读活的报纸。

四时左右，敌人反攻，手榴弹有如雨下。心里想这回完了，可是结果只死了二名，伤了数名。

（原载于《敌军日记》，1938 年）

烧杀日记

[日本]横仓勘一

孔生 译

六月一日

小队担任了作为盐城警备队的任务，地址是××小学校，这是施行抗日教育的学校。此外是实施军事教练和中国童子军教育的青年学校亦复不少。保安队、巡警派出所、党部、宣传抗日的公团，以及如抗日都市所有的在各道路周围和大路两侧大书着的抗日标语："东京大政变""日本的敌人不是中国而是日本军阀""诸君丢掉本国到中国来做什么""在本国有可爱的妻子等着""快快停止战争回国罢"等等。

在盐城县政府的原址设立了治安维持委员会。市面是一日一日向着复兴的路上走，可是比起东台市和××街来，还是望尘而不可及。住民是严禁由各城门出入。各城门口都有下士哨，警戒至为严重。东北门口还摆着炮车，待机出动。

今日为敌人的××纪念日，听说敌人想夺回各县，我军所占领的区域，在××方面集合，以今夜为期来盐城夜袭。在这状况之下，各小队都不敢脱衣安睡。

夏天衣服寄来了。穿着夏天衣服来中国，穿着冬天衣服打仗，大概能够穿着夏天衣服回去吧，一般人都这样地预料着。一到六月，便会奉到在阜宁集合，向××归还的命令呢。据师团参谋××中佐说：出征以来已经十个月了，大概快要轮到百〇一凯旋了吧。真是项颈都望长了呢。

六月七日　小雨　阴

同祖国入梅一般，时时刻刻下雨。家里大概是蚕都上蔟的时期了吧。每年都是端节左右吐丝，大概已经上蔟了吧。可是这样的天气，谁也要皱起眉头来呢。今年因为人手不足，更要做得少些了吧。入梅也快要到了吧。

昨天在东门城外东南方面约二千米的地点有了二三十发枪声，因此便对吉武队下了出动的命令。桥本伍长率兵数名前往视察敌状，于上午十一时出动，但并无何种变化，所以又退回来了。好像五游城方面有些什么事故发生的样子。

可以外出，因为设立了慰安所。

大队那里已经有信寄来吧，和歌子大概生了小宝宝了吧。——但愿母子都告平安，从战地向神祈祷着。

入梅。同祖国完全一样，每天每天下着雨，真是闷人的天气，祖国一到六月十日前后也是入梅，令人厌烦，而且麦的收割也是困难。此外还是蚕要上蔟的时候了。

昨晚奉命在雨中巡查，于下午十时出发，在北门、西门、东门和城内巡查了一番。雨只是落。把背囊解下，穿着冬外套走，被雨淋得透湿了。十一时半返。

一向都是认真的榎本上等兵，今晚也用中国人的天抨[秤]来代替步枪，拿天幕包着，巡查城内。

上午九时卫兵交换，在东门同青百伍长换班。雨中勤务。今天云薄了一点，雨也好像要住的样子。上午十一时左右，雨几乎完全停止，晴也看得见一点点了。

上午十一时说是大队长要驾临，啊，真是不得了！听说本部打了电话去问，可是不通，不知何时会到。卫兵所因为下雨不能洒扫，清洁整顿全等于零。

雨停止了。

正在说现在裹脚也要打过，服装也要整齐，卫兵所内外也要开始大洒扫一下了吧的时候，队长少爷就来了。真是大触霉头。而且那时我连佩剑都解下了。上等兵来说整队。那时队长已经来到面前。我正在打着裹腿，那样站着也是不行，真是窘极。

队长说："司令干什么的?!"

大野上等兵行了一个敬礼。

"卫兵所像个什么样子！完全是个垃圾堆！成何体统！内外清洁都等于零！整队的时候这样慌张！兵队只有两名，兵队干什么去了?"

"报告队长，出去巡查去了。"

虽然这样对付过去了，可是那时的心情要怎样说才好呢。

“司令官什么姓名？”

时才那双腿伸直，“报告队长，是陆队步兵伍长横仓勘一郎。”

队长说“不行”，便出去了。

出征以来，卫兵司令已经勤务也许多次了，可是这样监介的场面却还是第一次碰到。以后大家谈起来都大笑了。所说“出去巡查去了”的兵士有两名是吃饭去了，可是这也是犯规的。还有两名不知道是到那里去了。此外在前面大路的联络兵，好像也是因为落雨到老远的民家去了似的，所以队长来了竟不知道。

不久，汽车四部便从阜宁方面开了来。听到这声音才出去迎接。好像仍然受了严厉批评的样子。这样下场不好的勤务是第一次碰到。真是不成话说。

队长因为联队长和军旗从阜宁退到东台，所以出到大路上来迎接。由于突然的命令，预定联队本部开到东台，二大队开到如皋，三大队开到盐城、阜宁间，担任警备。佐藤枝队本部也预定日内退到上海去，四九（一四九联队）开到阜宁，五七（一五七联队）则奉命在上海集合。

六月九日　晴

昨晚起忽晴起来了。好久都没有看见的青天！但愿四海无波，早日完成东亚和平，全国民都从心里欢迎我们川上部队凯旋的日子快点到来。

心里想，如果敌人早日屈服，向日本军投降，那是多么好呢。可是照现在陆军和政府的计划，如果中国全土不入我手，战争预料是决不会中止的。战争究竟要继续到那一天才会停止呵。

昨晚蚊之大军又来袭击，在卫兵所嗡嗡地叫。

因为罗姑娘来，卫兵所闹热得很。

闲了好久了，晚上接到许多来信。

六月十日　晴

小包两个，是父亲和相马先生寄来的。里面有父亲和母亲的相片。相马先生用小包寄来的很健康的脸孔也得拜见了。光仔和黄白的健康脸孔照得很清楚，幸仔是个哭相。清仔也照得很好，大了很多了，同姊姊一个样子；文子和歌子，因为光线不好，照得不清楚。大概是三月间的照相吧。

母亲很担心。上陆以来，二十八天不能写信去，家里记挂当然是不免的。

和歌子来信说，据产婆诊断，五月中旬或下旬但决不到六月就要生产，人是很健康。我很安心。现在大概已经生了一个很可爱的小宝宝吧。男的还是女的呢？好好的给我抚养，我请求你！

六月十一日　雨

守卫。又是入梅天气。

东南风，很热，只穿一件衬衣，也尽是流污不止。

三大队也在盐城附近集中，衷心等待着不久的××。（原文如此）

昨日领米十日分。……每天只是吃中国米，士兵实在是受不了。

旁晚登城，向东方拜告，祈祷我家的繁荣和一家的健康，最后祈祷我妻的安全，不要太为我不安心了。

东风。从东方有什么好的消息带来吧。

六月十二日　阴　后晴

城外时时听到枪声。那时便派预备队到城外侦探，视察敌情。可是在落雨的日子，枪声向[响]的时候，便报告说并无异状。

六月十三日　晴

这次总像不久便要凯旋了吧。据说汉口已经打下了。

我们佐藤枝队的任务已经终了，只是等待一路开往上海的命令而已。盐城、东台、如皋附近也用不着警备的兵队，这个兵队原只是为了防止中国军队的牵制攻略徐州而把这些地方占领的。总而言之，七月早早便可实现。真是谢天谢地。

六月十四日

卫兵上班上班，勤务是多起来了。大概是由于凯旋的缘故吧，大队长非常之怕敌人，要大家严重警戒，兵士也非常紧张。

二、一小队和本部巡查，三小队勤务。二、一小队是预备小队，万一有事的场合，那一天都可出动般地，取着准备待机的姿态。其实在这样坚固的城墙之内，是用不着那样麻烦的吧。

今日守卫西门。中午在西门前约二百米的地点，对冈门镇方面，严重警戒。听说敌在冈门镇的西方集中，而土匪便衣队则在冈门镇活动。军差以及川上部队的使用人等去买军用品时，便说是日军侦探，捉去杀掉。而且治安维持会的使用人等，也相当为土匪所苦。

夜全部在城内警备。有枪炮声。

六月二十三日　雨

据报昨日冈门镇的敌人，已经前进，在四千米地点的乡村集合。大队长同荻野少佐大人密议的结果，主张先发制人，加以集中射击。从西门城上连续射击出十发野炮，雨中炮声隆隆落在三千米的地点，可是敌人并不返射。这样看起来，密探的报告也等于零。大家都安心了。

六月二十四日　阴

今日奉命，二小队去冈门镇作示威行军。三小队也于上午九时整队，作为预备队，随后前进，途中看状况如何再定行止。

细雨蒙蒙中，行出西门，约二里即沿小河前进。路烂如泥田，步行异常困难。

住民什么都不知道，仍然照常工作。

二小队在市民放爆竹欢迎里平安进入。二小时休息和受招待之后，又受多数市民欢送而归来。

三小队也于下午二时平安归来。

六月二十五日　晴

好久没有的快晴。梅雨期已经过去了。

新井上等兵回来了。最大的消息是十二年兵已有回国的命令。终于是真的了。渐渐地部分交换，老兵都会回国了。

由于凯旋的消息，弄得非常热闹起来。

中队长因疟发热，今日入院，中队长由吉武少尉代理。

十二年兵满期的二十八日出发的命令已经来了，我们也准备二十九日出发。旅团司令部也要从阜宁撤退，向南京方面出发，四九在天生港集合，百一〇任东台、通州间的警备任务。三十日行军出发，预定三日到达东台。

六月二十七日　晴

船的准备也已就绪，那一天都可出发。可是第十一中队因为途中的桥梁都被敌人破坏了，正在开去修六道桥梁，现在是第十一中队去沟湾港，第十中队去上冈镇，担任警备中。可是第十一中队的一个分队，为了连络，正北进中，在上冈镇受到五十名敌人的袭击，一名战死，二名重伤，二名轻伤，真是难过。

大队预定来月一日撤退盐城，向东台方面出发。

十二年满期兵准备回国，真是大可庆贺。

六月二十八日　晴

因为第十一中队不在，东门也归我们守卫。

昨晚残敌因知我军撤退，各地兵力薄弱，像有乘机来袭我们警备地的样子，东、西、北三门外枪炮声很盛。今日奉本部命令，严重警戒。撤退卫兵所，大家都在城门上坚守。

六月三十日　晴

以为小雨，可是晴了。天气燥热起来。

旅团已从阜宁撤退回来了。听说撤退的时候奉命放火，是边炮击边回来的。可是敌人逆袭过来，我们一退，阜宁街上便充满了敌人了。四九也来了，酷热炎天之下行军来的。队长大人原在阜宁养病，也在嘭嘭弹雨之中坐汽车回城来了。

旁晚把背囊行李和军用品运到船上去，这次真的像是明天要出发了。敌人已来到城外等待着。

七月一日　晴

早晨便热起来了。

下午城外像是有敌人来了似的，就在紧靠近猛烈射击。子弹一阵阵地在头顶上跳跃。一定我们走了以后，敌人便进城来，大大地宣传日本军的退去吧。

这盐城也要成为敌人的根据地了。

七月二日　晴

昨日下午三时，装完东西上船以后便出发了。那时敌人向西门白天攻击过来，嘭嘭之声不绝。西门上是第十中队射击着。敌人又向船上射击过来。后见敌人并不很多，大队长乃命令各中队坐船向东台前进。重机关枪向敌人猛射，炮兵亦向敌人集中的乡村为远距离的射击，才使我们的行军容易起来。

途中无风，拉纤前进。

七月三日　晴

快晴，坐船行军甚乐。

中队边警戒两方乡村边前进着。

早上五点钟便起床令土民拉纤，他们是正在田地里拼命工作着的时候被我们捉来拉纤，拉到这样远的地方来的。完全同在路上拾到的猫狗一般的煮饭做事尽量使唤他们，不用的时候便叫他们滚回去。早上不吃饭拉纤，实在不是一件容易的事。

经龙仓，宿白驹镇。

七月五日　晴　后阴

从东台出发，一路向海安镇前进。东台以北是因徐州作战而占领的，同皇军无何等关系，所以便放弃了。东台以南至天生港之间，是领冢警备队警备着。东台第一大队，如皋第二大队，海安镇第三大队。

这次的补充队，分队有六名加入，全员共有十四名了。

七月六日　雨

船小了一点，实在没有办法，所以今天找了一只大一点的船。

上午一时入海安，二时入宿舍休息，是一间学校。

家信来了。父亲说五月十一日上午五时和歌子平安地分娩了一个男孩。恭喜恭喜。其后母子都非常康健。真可庆祝。

七月七日　雨

今日早晨起便落雨了，旁晚更落得非常厉害。天气很热。

四九（一四九联队）和旅团司令部雨中行军，淋湿了便爬上船来。真是辛苦。是到天生港去集合。

川原君给我把信带来了。利仔和和歌子都很康健，我安心了。和歌子也有信来，确是十一日上午五时安产。天下还有比这更可恭喜的事吗？

七月八日　阴雨

阴，可是乌云渐渐起来，又落雨了，好像要把空中的低压都落掉了那样地落。

海安市住民充塞，有许多家大店铺。

昨晚曲塘镇方面有了枪声。便衣队来到了约一二里的地点，近日将派小队去扫荡。

土匪好像很多。

小河里的水增加了，流掉船的分队颇多。

七月八日了，真是想快点回去。初秋蚕也快吐丝了，家里大概很忙吧。

七月九日　晴

晨起很热。

每小队派一分队出动扫荡，小队自己也率八名出发。我也去了。向西约行一里，住民正在工作，看见我们便纷纷逃走，真是可憎。

曲塘镇是有相当的便衣队住着。

下午平安归队。

新来的兵很年轻，都是昭和七八年入伍的兵。

七月十日　晴

据报敌在××集合，要来向我攻击。前面乡村便来了相当的土匪和便衣队。时时有枪声。

警备也奉命为至严重的警戒，下士哨是日夜不睡不息地警戒着，中队出到桥上放出第一第二第三的下士哨。

海安镇住民一日一日地感觉不安，避难民一日一日地增多起来。店门关闭，街上也没有什么人走路了。

七月十一日　晴

这地方没有一家被烧毁的店铺，真是太平安稳的市镇。可是川上部队来了以后，却每天都有枪声。因为我们炮少，人也不多，敌人像是已经移到攻击来了。

夜，真是好月亮的月夜。利仔呵，你已经出世两个月了，快点给我乖乖地长大罢。爸爸很健康，正有劲地干着呢。利仔和妈妈两个人不要让暑气中到呵。大些好等爸爸归来呵。

七月十二日　晴

上午五时整队，中队长率一小队向海安西方出发讨伐便衣队。中队是六时半起床，点阅之后，向宫城（东京）遥拜，并祷祝父母的健全，我家的繁荣和利仔的健康。

七时，西方枪声甚烈。中队长正和敌人交战中吧。

中队小队奉命向阵地出动。早晨的海安市立刻紧张，敌弹在头上啪哧啪哧地炸裂着。在阵地等待着敌来，可是敌人很远，仍是盲目射击。

上午十一时，中队长以下三十名，无一名负伤平安归来。

乡村侦察中，住民报告说有很多便衣队。那时正在休息中，因立即散开，可是敌人已从小河前方猛射前进过来了。中队长拿轻机关枪向数百名敌人猛射并后退。幸无一名负伤，真是可贺，向蒲水的田里光身跳进去，好容易逃出一条命，归来时一身都是泥浆。真辛苦了。敌人说日本军退去，拼命向海安进攻，枪声越来越近。下午一时方平静，四时才退去。

七月十三日　晴

敌人前进。海安镇的头上，嘭——嘭，啪呀啪呀地，盛行炸裂。心里想又来了，立即武装奔赴阵地。衬衣一件完全汗湿透了。

不是玩笑的事，首先应该自重，是要紧的身体。非自己保重不可，家里和利仔母子在等待着呢。

向住民射击。

并没有什么了不起，只是便衣队和土匪而已。不过住民是不能饶恕的。禁止下士哨的出入，为极严重的警戒。住民房屋被烧，心里虽是抱歉，不过没有办法。家没有了，在田里大声哭泣着，真可怜。

七月十四日　晴

上午一时又是敌人枪声，四时枪声更紧密了。中队电令三小队出动。上午四时，全体便出动了。可是那时枪声又没有了。是多么可憎的敌人哪。这是有意使我们不能安睡，实在可恨。好吧，把中队顶厉害的轻机关枪拿出来把它消灭罢。

重机关枪已经来到西门，如果再有步兵炮或联队炮，敌人就会恐惧而败退吧。

在东台的时候，敌人每晚都来攻击，国五郎大佐也有点警慌了，炮还没有离手便轰轰震向，吓得气都没有了。想起来真是难过。

我们是第二线。今日迁移，入西门宿舍。

七月十五日　晴

因为每天每晚，敌人都向西门袭击，所以中队便把三小队移动到西门来。

天气一天一天熟[热]，只穿衬衣一件去勤务，如此受袭击，立即可以到达阵地。朝夕吹喇叭举行点阅。敌人也像是知道有相当的部队在西门集中，所以今天竟不来射击了。

总之，一日一日热下去，身体非充分注意不可。

最近似有出动的样子。

七月十六日　晴

利仔初生时，曾去信庆祝，可是好像并未收到似的。原因何在，不得而知。

四九（一四九联队）和旅团在天生港集合，向××出发，船都上了，可是命令变更，又复登陆。大人今日秘密坐汽车来海安，明日一早就去东台。

而且四九也担任如皋天生港之间的警备，步一则奉命担任如皋东台之间的广范围的警备。

七月十八日　晴

下午二时突来命令，叫三大队准备下午六时出发。是向东台方面搜索敌人攻击前进。在第一线的东台有联队本部和一大队，时时为敌攻击，差不多是给敌人包围着了。联队长奉到急令，叫三大队前进。好像三大队的十二和九这两中队不去，敌人无论如何都不会退似的。总而言之，敌人是怕川上部队呢。

七时半出发，由黄昏的中山道北进，在船上大家也纷纷地谈论着。

七月十九日　晴

以萤火之光前进。月光不到十一点钟是不会上来的，田坂里万蛙争鸣，殊为闹热。

途中敌人如见是小部队必定来袭，所以禁打电筒，连吃烟都不准许。完全是偷袭的样子。衬衣一件，佩剑，枪，蜿蜒如长蛇似地前进。大小行李，附炮四门。

睡眼朦胧地前进。途中经安保是上午四时。大仗一时间。二中队的下士哨。躺了一下，五时半出发。经不安至雨打。

白天很热，有中暑的，走着走着，人都要倒下去似的。

七月二十日　晴

昨日下午三时到达雨打镇。二中队一小队在这里，二三日前受敌人攻击，苦战之后撤退了，但苦战之后又占领了，因此同东台的联络被截断。我们的任务是很重大呵。

途中平安无事，东台的三层塔已经看得见了。这是我们来过四次的占领地，可回忆之事甚多。下午六时平安到达。

东台也时时被敌人进入城内苦战。一大队的军队是边同暑气作战边担任着警备。

今日休息一日。

城里虎疫盛行，吃东西要注意。

七月二十一日　晴　暑

下午五时起床。

大队奉军部命令出发讨伐东台东北方的残敌。六时三十分整队，酷暑炎天之下，穿着军服全副武装向××出发。赤羽步兵、炮队也参加了。我们川上部队所向之处并无敌人。敌人也怕部队前进而向北方退去了。

东台北方守备坚固，警戒兵也颇雄厚，国五郎大佐为什么要怕呢。

敌人似有相当的兵力来攻。途中边同暑热作战边看不见敌人地前进，走坏的没有路的路上前进。十二时到达目的地宿营。敌人嘭——嘭，啪——啪地射击，但以后便退去了。

七月二十二日　晴　暑

上午五时起床。在田野之中完结了露营之梦。蚊颇少。早晨的寒气使腹咕咕作向[响]。

今日把尖兵中队的先头作为路上斥候而前进。第二分队并无异状。

昨天也是在瓜地上征发西瓜、甜瓜吃。只是流汗。

今日是第一线。任务重大，可是好像没有敌人的样子，在乡村路上徘徊着。据密探报告，在东台北方十五里地点丁溪镇约有五百名敌人，是便衣队。

经东台飞机场向东台出发。突击西瓜地，首先到达。上午十一时回宿营地。

无论怎样说，东台总是一个大城。

听说敌人就在相当近的地方驻扎着，到底是第一线，颇为紧张。东台街的周围守备很坚固。一大队在这暑中是辛苦了。

今日从十时起，做中队的部队卫兵。待机出动。

点阅后奉到命令，明日接替第一大队警备。一大队出发去扫荡北方的残敌，我们同炮兵共同担任东台的守卫。

七月二十四日　晴

上午一时，做梦也没有想到，命令变更，大队又奉命准备坐船向海安出发。军队的命令真是容易变更的东西呵。

今日大队由昏暗的运河续续南下。东台哟，再见罢。这熟悉的东台，大概是没有机会再来了。

大船，可容十四名。今日并不大热，船主是辛苦了。经安保、雨打、不安，下午五时安抵海安。

以为有信来，可是并没有。唉！真是想早日回家啦。和歌子和利仔都很康健很快乐吧，爸爸是不久就〖可〗以回家了呢。

七月二十六日　雨行军

命令变更，昨日十一时出发的命令取消。今日上午八时，大队出发为如皋警备队。全员行军的东台的联队本部和一大队，也预定于明日八时以前到达海安。预定一大队担任天生港、二大队担任丁溪镇的警备：迄今为止，大家都说东台多亲日家，又说川上部队为东台所信任，可是军部却终于决定把如皋以北我们曾经流血流汗占领，牺牲许多战友的地方送给敌人去了。想起来很悔恨，可是在军部的强迫命令之下又有何法。

八时出发延迟。暑热之中，十二时出发。流汗如雨，离开海安，由大路行军，只着衬衣一件。同到炮兵，于下午八时到如皋。

途中遇到时雨。大路简直同泥田一样，不过今天无论如何非到如皋不可。下面是汗，上面是雨，一身完全湿透了。

八时已经昏暗了，如皋的塔已经可以望见，可是没有什么人来欢迎川上部队。

七月二十八日　时晴时雨

如皋城已经成为第一线了。

十二中队在东门，九中队在北门，机关枪队在南门、西门死守。炮兵一个小队有炮二门，炮是摆在北门睨视着敌人。

我们三小队出到东门外，在电灯公司东方约一千米的地点担任一日换一次班的下士哨勤务。

田地里，西瓜，玉蜀黍，什么都有，可是敌人像是已经来到了跟前似的。

傍晚四时，北门方面有枪声。九中队方面是已经来了敌人了。

夜二分队正勤务中，忽然小队长以下全员出动，在大雨之中进入阵地。

七月二十九日　雨　时雨

正卫兵勤务中，三小队忽然奉到命令说，现在炮兵正从北门炮击着敌人，可开往约二千米的村去放火烧屋，并施行射击。晨八时出发，走高粱地里没有道路的地方向目的地搜索前进。

在一千米的地点，火烟已经冒起来了。唔，已经快到了。在住民的家里放起火来，女人、小孩子哭泣着。真是抱歉之至，可是有何办法。好吧，干罢。火烟烘烘地猛烈燃烧起来。

嘭——嘭，啪啦——啪啦的枪声向[响]起来了，像敌人见到火烟而射击过来的样子。小队长下令后退，跑过约二千米的高粱地，回到电灯公司的宿舍。时间正是正午。

八月一日　晴

登陆以来，再过几天便是一年了。自来中国，总相信并不须这样长久地战争下去，只以为五个月左右便同别的部队交换，在去年我们就可以凯旋的，那里想到到现在这样天热来了还是不能回去。不过这次到了下月九月，总可以有希望了吧。

今日八月一日，好久没有这样快晴过。从早晨起便热得很，汗流不止。小队的枪前哨勤务。

家里已经秋蚕吐丝，母亲和和歌子在这炎暑之中，正在挥汗同××子等拼命工作着吧，真是辛苦的很了。

八月二日　晴

卫兵勤务中，上午三时，敌人从北门外附近以及东方二大队方面、西门方面，猛烈射击。在这电灯公司的紧后面也射击着。今夜是真正要来了吧。

雾很浓。天亮五时后，枪声嘭嘭，渐渐地远去了。敌人退却时是吹着像是豆腐店所用那样的喇叭似地，吡——嗜——吡——嗜。

我那日夕在念的她和歌子今天总会有信来了吧。暑中惟有祈祷着大家平安无事。

八月三日　晴

昨天清早的敌人的袭击，好像是对在如皋的我们包围起来，有着相当大的部队的样子。吹着那早晨的喇叭号令退去，可是又是枪声，差不多就在如皋的周围呢。

今日离开小哨，任下士哨勤务。十一中队在下士哨勤务时，睡梦中为敌所袭，几乎全灭，重轻伤者十一名。非互相十二分严重警戒不可。一晚不睡算什么呢？无论怎样都非留着一个健全的身体回去不可。

自重自爱，静待凯旋。

八月四日　晴

昨晚周围真是平静，一下枪声也不曾听到。真是托福。小河的水也静静地流着，是一片平和样的如皋郊外。中国民众不是我们的敌人。我们决不想烧毁房子，征发东西，弄坏农作物。对于房子被烧毁的民众，我们是要流泪一样的难受。可是没有办法。我们是依照军部的命令这样做的。

译者附记：这一本日记是从六月一日起至九月十六日止的。可是出乎日记主人的意外，八月六日他们又奉到了参加进攻武汉的命令。这对于日记主人当然是一个很大的痛苦，可是他又有什么方法反抗呢。八月七日的日记有一段这样说：

“一到九月便冈[刚]刚一年了。正以为可以凯旋，那知又奉到参加进攻武汉的命令，真是无话可说。”

这样，日记主人便于八月十四日离开了如皋，十九日到达了南通。在南通演习了戴防毒面具（因为“我们今后同以前不同，非对毒气方面注意不可”），参观了德国人开的大规模的纺织工厂（女工有数千人），也尽情娱乐了一下（中国澡堂，日华亲善料理店，慰安所有五个之多），才于九月八日离开南通向湖口出发。然而九月二十七日他却终于做了庐山金轮峰下的怨鬼，不能再同他日夕思念的娇妻和歌子和爱子利仔见面，这是如何可伤的一件事呵。古人所谓“可怜无定河边骨，还是深闺梦里人”，真可为此公借咏。不过他如果死而有知，他不应恨我们英勇的抗战官兵，而应向那些穷兵黩武的日本军阀索命。后面还有几封他的爱妻和歌子的家信，情词悱恻，哀婉动人。现在也一并译出，以见日本军阀是如何的毒害他们自己的同胞，并不止是我们中国民族受难而已也。

（原载于《敌军日记》，1938 年）

敌兵遗嘱

[日本]仓持××
孔生 译

这篇遗嘱写在一本敌兵日记的后面，可是遍翻日记的全文却找不到这本日记主人的名字。只在别一本日记上找到仓持初子这个名字，他的太太叫初子，或许他就是仓持什么吧。日记的文字非常拙劣，好像是一个农民出身的样子，本来日本人只把汉字作为记音的符号，连大学教授也常写所谓别字。不过像这本日记这样，把"炊艸"写作"水产"，"慰问"写作"慰门"，那就有点太费解了。

这本日记的主人写日记好像非常吃力，所以采取春秋的记事体，只把经过的事实苦心记下，不发什么议论和描写内心状态。不过有一天，九月十三日，他却也简单地发了一点感慨。

"今早很冷，晚上睡不成眠。紧靠我旁边倒着两个昨日因攻击而战死的十一中队的三名士兵。战场实在是很凄惨的。"

这大概是古人所说"铁石人儿也断肠"吧。现在把他的遗嘱译出，在这遗嘱后面，我们可以看出，日本士兵心里是隐藏着如何深厚的痛苦。遗嘱作于九月二十日，而他却于二十七日战死，大概他也觉悟到他自己之快要做日本军阀的炮灰了。

遗书

一、战死之后，妻回到故乡去。（初子应该改嫁）

二、生命保险全部归初子承受。

三、政府的战死抚恤金由家中领取。

四、请求两兄对父母要尽孝道。

书此以为他日身后之备

昭和十三年九月二十日上午十时

（原载于《敌军日记》，1938年）

俘虏日记

[日本]佚名

胡雪 译

这是东战场上的一个日本俘虏的日记，这个俘虏，似乎是一个受了相当教育的人，他对于日本的侵略政策，颇抱不满；但军阀的压迫，却使他不能不放弃他的反战思想，而随着侵华的日军来到中国了。

他的日记，虽然写得很简短，但其中却洋溢着对被蹂躏者的同情，充满着诗的意境，所以我们可以把这日记当作阵中生活记录看。

——译者

九月十五日

黄昏的时候，山田君来访，我把昨天入营的经过和出发的消息告诉他，他听了之后，给了我许多宝贵的指点，并多方替我耽心，真是感激得很。

今天杉山大将对我们演说，在演说中他诉着苦，说是士兵不容易征募，大家都不肯“替祖国效力”，他认为这是一件怪事，其实是毫不足奇的，试想：倘非万不得已（像我这样的情形），有谁愿拿自己的生命，作野心家的无谓的牺牲呢？

九月十六日

今天是入营的第三天，我领取了枪弹和刺刀之类的武器，佩戴起来，俨然也是一个武人了。

午后在兵器库服务，松本班长的琐细啰嗦，真是有点骇人！

九月十九日

团部全体举行服装检查，我的成绩很不坏，没有什么要不得的地方。午饭后，行授旗礼。本团（第百十六团）的人数，一共是三千二百七十九名。

午后千代子（或系作者之妻——译者注）和叔父婶母等来会我，未见面之前，我似乎有满腹的话要说，但一见面，却连半句话也没有。

九月二十日

千代子和叔父婶母等乘七时四十分钟的车回家去，在开车前的一瞬，倚在车窗口的千代子，用潸潸［潸潸］的泪眼，茫然地望着立在月台上的我，这回分手，以后不知何时再能重聚，生离死别，原来就是这样的惨苦的情味。

下午三时，我们去参拜公野陆军墓地，这是拜谒日俄战役以来历次死难将士长眠的第一次。

九月二十五日

十时五十分钟，我们乘着军用车向大阪进发，在市民的欢送里，腾涌着“万岁”和勇壮的军歌的合唱声，这在所谓“爱国之士”的人们听来，也许会鼓舞奋发的罢，然而对于我这被迫当兵的人，却是一种集团的嘲弄！

九月二十六日

火车中的清晨，颇有一种风味。同伴们把昨夜我在醉后的失态，一五一十的对我讲了，我心想：“又丢丑了啦！”但已追悔不及了。

沿着北陆线一路南下，在福井驿用午膳，我们每到一站，总受到狂热的欢送——不，应该说是疯狂的嘲弄。

车经京都的时候，我们在飞驶的火车中，眼望那幽秘的京都的夜景。晚十时到达神户，部队宿营在平野小学，我和长谷部竹君宿在神田町的川端康弘的家里，川端君陪我们洗过澡之后，就拿大鱼大肉和名贵的好酒来款待我们，这真是一个盛大的欢宴。

九月二十八日

晨五时起床，领取了钢盔、胶皮鞋及防毒面具等物件，早餐时喝了点酒。

十时半参拜港川神社，神社里的神像，平平静静地，永远那么的坐在那里，他也许不知道人们正在他的身旁厮杀罢。

午后一时上船，船名松芝丸，载重三千吨，起碇的时候，大家一齐合唱《君四［之］代》（日本国歌——译者注），歌声攒进这当炮灰的人的耳里，撩起一种难言的感觉！

由神户出发的船，共有六只，船行未久，神户的港岸渐渐离我们远了，终于在苍茫的夜色中消失了它的姿影。

九月二十九日

濑户海的早晨，分外的澄静可爱。蔚蓝的天空，掩盖着茫无边际的绿水：那是一种具有神秘性的美。诗人生田春月，其所以不死在烦嚣的闹市，也不死在清寂的山林，而要选这伟大的濑户海来作他的死地，原是很得当的啊！

快到中午的时候，空中漫着阴云，似乎要下雨的样子，那婉媚多姿的濑户海，也显得忧郁了。

九月三十日

举目四望，都是一片汪洋的大海，连小小的岛屿也不见一个，天气特别的好，没有一点风浪。我脱光了衣服，洗了一个澡，感到说不出的畅快。

晚饭的时候，大家说是以后不再喝酒了，便开了一个盛大的酒宴。

十月一日

从昨夜起，天气一直坏下来，船抛了锚，在海里荡着，有些士兵竟昏眩得像死去了的一般。我自己从前虽也有过几次航海的经验，但也觉得苦不堪言。

到了十二点钟的时候，海水变得略带黄色，据说是因为扬子江的水流到这里来了的原故。扬子江隔这里有三百多里路远，海水竟因它的排泄而变成黄色，也算得一件惊人的事。听说今晚七八点钟的时候，船就可以到达吴淞，那末，我们快要踏进可怜的无端受人蹂躏的中国的领土了。

晚八时，船停在吴淞，九时接到准备下船的命令。明晨四时领取午餐的饭食，五点钟吃完了饭就下船。

十月二日

四时起床，船上的生活，今天便要结束了。

一进吴淞口，就看到西岸被日机轰炸后的凄惨的景象，民房十九都被炸毁，除了不时可以看到若干日本军人外，简直看不到一个人影。

我有点不懂：人们究竟为什么要这样张着血口吃人！

三时半在上海码头登陆，码头附近的一个街角，正在浓烟蔽天地焚烧着，真是惨极了。七时在锦州路的宏康毛织厂内宿营，晚餐吃的是干面包。

中国的飞机，晚上来袭击浦江里的日本军舰，舰上的高射炮和机关枪的弹火，像焰火一般地在夜空里闪烁，那情景是很悲壮的！

十月三日

我们做打扫宿舍内外的工作，真是脏极了，简直叫人怕看得！

上海也被炸得七零八落，看不到昔日的繁华的光景。中国的商人，大都关上了店门，不知到什么地方避难去了。

从今天起，烧饭得大家一齐动手了。

十月四日

听说明天要出发，目的地是月浦，隔这儿约有三十里路。我们携带的东西太多，真是恼人得很。

我被派去征集小车，便跑去和大桥君商量，请他和我一同去，他答应了。

任务完毕后，又在大桥君那边喝了一顿中国酒。

今晚的空袭，也和昨晚一样的激烈。

十月五日

夜半中国飞机来轰炸我们的飞机场，起火了。照火势看来，我方似有相当的损害。好吧，勇敢的中国战士们，“以牙还牙”，你们努力复仇罢！

今天要出发，离开上海了。午后六时第一中队和尖兵队整队出发，向月浦前进，路上的困难，是无法形容的。

十月六日

在到月浦的路上，真算吃尽了苦头：肚子饿得发响，脚也走痛了，然而还在辽远的路上向前挣扎。我相信这时每个人的心中都在诅咒那些叫我们来受苦的人们。

黎明前的寒风特别刺骨，我似乎伤风了。

午前十时到达目的地，全村的房屋都已烧毁，我们只好张开天幕，露天宿营。

下午落起雨来，帐篷不够用，三四两分队合在一起，略嫌窄狭，但无办法。

十月七日

今天还在下雨。雨为什么偏要和我们纠缠呢？

白天里战线上很沉寂，但到晚上，两方的炮声又响起来了。我一壁听着炮声，一壁谛听永木桂太君唱的《浪花节》，这也是阵中的一乐。

十月八日

雨下得愁人，外面的路，泥泞不堪，不便行走。

患伤风，真有点吃不消！不知道什么时候才开拔……

十月九日

今天被派做清除道路的工作，但因伤风，不能操劳，只好在帐幕里歇一天。

中国方面发来的炮，轰轰地响着。

十月十日

从接到入伍的命令起，到现在已经是一个月了。在一个月后的今日，竟来到这地方，这是怎也不曾想到的。今天似乎没有什么事要作，伤风已好了许多，很觉得快活。

十月十一日

我们有在一两天内出发的消息，听说是到隔最前线不远的地方，明天拂晓也许就要打仗的。

天未下雨，心里很畅快，行军的时候要不下雨才好啦！

十月十二日

演习完毕后，同士兵们去掘红薯。沿路我们去参观战壕，壕里东倒西歪地，躺着死兵的尸体，发出恶臭。其中有些是中国的兵士，他们为了民族的生存而牺牲生命，把他们的鲜血洒遍了秋日的荒野，然而他们的血决不会白白地流了的，他们血将会替他们的民族冲出一条大路来。

午后演习渡河，并掘壕沟。

十月十三日

上午九时作中队散开演习，在阵地作演习，有如在真正地打仗一般。

今天打算洗衣服，但听说今天或者要出发，又不敢洗了，午后接到展期开拔的命令。

这地方呈现着纯然的秋景，澄澈的碧空里，翱翔着展翅飞腾的飞机。

午后休息，今天听不到炮声了。

赴大队的队本部，惊悉中村君患了病，当我听说要把他在出发时留下的时候，心里涌起一阵辛酸，几乎流出眼泪来。

二时半我们当先头部队，向何家店出发，目的地离此约十里。

四时到达目的地，携带的东西太多，路上颇感不便，七时半把宿舍分配停妥之后就睡觉了。

十月十四日

因为冷的缘故，昨晚在夜半时冻醒了，那正是四点半钟的时候，我跑到外面去，烧起一堆大火，烤着等待天明。

待在房里，等待部队到来。这回的打扫，真算肮脏透顶，以后绝对不再做什么先头部队了。中午过后，部队还不见来。

附近的死尸多得骇人，腐臭的味道，刺鼻作呕。民房里不大透气，臭味似乎比外面的更烈，所以与其在房子里住，不如露天宿营还好些。

十月十五日

今天会见了青山、加藤、齐藤及长谷川武（新闻记者）等四人，在一个意外的地方相会，所以大家都很兴奋。

团长训话，他说：他看见东端的步哨，在岗位上打瞌睡，以后得小心，不可再有这种现象。在岗位上打瞌睡，是我常做的事，同伴们曾经因了这事给我一个“不合作主义”的头衔；起先我还以为只有我一个人是这样，今天听了团长的话，才知“吾道不孤”了。

今晚没有空袭，是一个静谧的夜。

十月十六日

三点钟的时候，前面的炮声响得震耳，这大概就是所谓拂晓战。夜里很冷，要想睡又无法入睡，真苦。

午后停止演习。战事似乎无大变化，营中有着种种近乎吹牛的传闻：什么要在十八日总攻略，什么五百门大炮、三百架飞机一齐动作略之类。

拿我们的血汗来侵略中国的日本军阀们，我看你们还能胡闹几久！

十月十七日

天晴，是一个令人心怡气爽的天气。

八时举行演习，这是由团长主持的团教练。下午又是营教练和连教练，营长是个颇有精神的中年人。

第百零四团和第△旅，似乎在作着相当的苦战。晚上中国的飞机又来袭击，掷了不少的炸弹，我们的猛烈的高射炮和机关枪把它们赶走，但一忽儿又来了，中国的航空员真勇敢。

十月十八日

快到天明的时候，中国的飞机又来袭击。午前七时接到出发的命令，似乎要到最前线去了。至今为止，我们已吃了不少苦头，倘若还要到第一线去送死，未免有点“那个”了。

终于是来到第一线了，中国方面发来的枪弹，在周围飞着。我的任务是保持营长和连长的联络。

入夜以后，中国炮火猛烈至极，迫击炮的炮弹就在前后左右炸裂，我们简直无法动弹。

月亮辉煌地照着，这是一个澄明之夜。

天气慢慢冷起来，我借着月光来写今天的日记。

十月十九日

第一线的第一夜过去了。

中国的炮弹，没有片刻的停止，连贯地射过来，不知接到什么命令，我们向后退却了。午饭后我们绕过左边很远的地方，向工兵第十三连及步兵百零四连的驻所走去，炮弹像雨一般的落在这驻所的附近。

三时半到弯弯曲曲的交通壕里工作，这样的壕内的生活，生平是第一次。

今夜也是月明之夜，在故乡的人，看着这个月亮，不知作何感想呢？

十月二十日

东方渐渐现出了鱼白的颜色，天亮了。

出了战壕，在棉花地里散开的时候，是后午二时。刚一走出战壕，第二分队的平岩君腹部中了一弹，打穿了，被送到后方去，他只剩奄奄一息了，跟着他受伤而死的，也许会一个一个地增加罢，就是我自己，也不知道究竟能比他多活几分钟！在战场上生命是不值半文钱的，我们究竟为了什么到枪林弹雨中来替人送死呢？呵，我眼酸了……

（原载于《俘虏日记》，全民出版社，1938 年）

士无斗志的日本

胡雪

近卫文麿要我们丧失战意，可是我们的战意如铁，而你们自己的兵士，早已没有战意了，在这种铁一般的事实前面，一切矫饰、宣传，都是没用的。

十月二十五日深夜，我和寿昌从炮火连天的前线归来，那天大场告急，所以××路上荡漾着一种异样紧张的空气。在疏星和敌机照明弹交辉的夜阴里面，我们的车子缓缓地从我们英勇的战士队伍中间擦过，道左，我们短小精悍的南国健儿背着庞大沉重得和他们身体不很相称的武器和行囊，跑步地望着火线挺进，他们衔枚疾走，淬厉无前，那种大无畏的精神，庄严的情景，使我情不自禁地流了好多感激的眼泪。道右，大约是经过了长期的壕堑生活而退下来休息的队伍，他们虽则军服上沾满了泥泞，行列中间或夹杂着一两个裹了伤的勇士，但是他们依旧是英气焕发，步调整齐，眉宇间绝没有丝毫的张皇和倦怠。当晚的情景，在我生活中留了一个不能磨灭的印象，我觉得这种沉默的真实，比百十篇宣言、千万遍演讲更有实际的使人振奋的力量。我们的军队从最高的将帅到万万千千的士兵，都一样地燃烧着火一般的敌忾，他们炽烈而坚定的"战意"，从每个人的沉默的行动里面表示出来。抗战以来，省籍不同、体系不同的千万兵士在前线用血肉和强敌作战，我们虽则有了全连全营全团乃至全师殉国的悲壮的史实，可是值得骄傲的是到今日为止，我们还没有一个（单单一个！）脱逃和降敌的兵士！敌人的兵员被俘的时候没有一个不是叩首请降，而我们空军阎海文烈士用他战斗到最后的一颗子弹自尽的那种烈烈的气魄，就是敌人的将卒也不能不发出了钦佩和惊奇的感叹！近卫文麿说要使我们屈膝，使我们丧失"战意"，现在我们可以傲然地说："四万万五千万人的战意，在日本的侵略行为停止之前，是永也不会丧失的！"

回到上海之后，在百忙中整理了四五十种从战线搜集来的敌兵的信札和日记。这些材料大都是从敌人的尸体上搜来，有的染着血迹，有的被我的子弹穿过，这些惨淡的遗物使我黯然，使我悲悯，有几次我终于不忍读完那些悲楚的文件而不能不暂时地停止了我的工作。他们在信札日记上虽则也有“誓当一死报国”“尽力奋斗”的套语，但是“厌战”“惧战”的心情，却是百分之百的普遍。他们亲友给他们的信中也常提到要“膺惩暴戾的支那”，但是在战线士兵所写的东西里面，却完全找不出一毫的对中国的敌忾，有的，只是目击和身受着中国士兵的勇敢的攻击，而感到的恐怖。下列的例子，随处都可以读到：

> 九月二十一日，三中队几乎全灭，想起来，虽说是“支那”，却也有不可蔑视的战斗的力量！（部队不明）
>
> 十月二日，战死者中队长千田大尉等八人，负伤者准尉西原次雄等十七人，本日失败主要原因，在将敌人的力量估计得太小。（山室部队小队长山口少尉日记）
>
> 午前十一时登陆，听见“八百个中之一个”的球磨郡青年讲，善通寺师的团登陆时二大队八百人中，只剩七人，为之惊倒。（重藤部队猪坂稔日记）
>
> 九月二十二日，午前一时，将多数战友的尸体埋在土窟里面，继续前进。中队集合在土民家中，过了一夜，此夜敌机来袭三次。吹着喇叭冲锋，想不到“支那”兵竟有这样的勇敢！（重藤部队高桥部队后藤熊次郎日记）

又如重藤部队高桥部队监物队坂本稔的两封写成而不及寄出信里：

> 支那兵的狙击，非常准确，不能随便走路。此次支那兵所用武器，大概为英美德等国出品，非常优秀。二三日前袭击我阵地，汹涌而来，我等拼死防御，始将其击退。——致友人境武一
>
> 我皇军之苦战，有非言语所可形容，今日之支那，已非昔日之“清国奴”可比！——致女友信子

因为对中国没有敌忾，不懂得为什么要“出征”的原因，所以对于残杀中国妇孺的行为，他们都表示了对残忍的反对！

松尾部队兵士谷本一致他母亲的信上写着：

> 将逃剩的土民众从屋中拖出来枪毙，使我想到了自己，觉得委实可怜，假使敌人到日本来，那时候我们如何？

署名中岛的一本日记上：

“在十月三日安达部队占领的陶家宅村落内(离罗店南约三公里)有妇女尸体二百五十具,据队长说,这是支那军为着充分地安慰强拉来的兵士而掠夺来的妇女,但是看情形……”他不写下去,不,他不能写下去了,可是,单单这样,他们对于官长的欺骗不再相信,已经很显然了。

因为我们抗战的勇敢,和他们死亡的惨重,给养的困难,在敌军士兵中普遍地存在着一种畏怯的感情,上面引用过的坂本稔致他女友信子的信中:“在急雨一般的炮弹中前进,真感到已经不是人世的事了,掩藏在恐怖心后面,我常常耽溺于寂寞的悲哀!”

后藤熊次郎日记中:

> 说起来好像畏怯,可是(对于眼看着多数战友变了尸骨回去)感慨无量,我以泪洗颊,不能自已。没有饭吃,没有水饮,在战地的劳苦,在内地的人果真能知道吗?

再在山室部队松尾部队仓冈友市的札记本中,有下面的一节:

> 坐在家里的哥哥写信来,说“要勇敢,要不负皇国男儿的本怀,即使打坏一只手一条腿,也不希罕”,不希罕,将来他能养我吗?

这种对于将来和现在于“生活”的忧虑,更减少了他们作战的勇气。在一个署名吉永忠一的写信给山室部队的兵士吉桥广贵,内中讲到:“静枝(当系吉桥的妻子)努力地照顾着买卖和养育着孩子,你托我问的事情,关于孩子念书的事,也曾讲过,据说学校不致和使他退学,你可以安心。……”

看这信就可以知道,从一个和平的家里夺取生产者、赡养者,现在他们的家业无人管理,妻子无人扶养,连儿子的学业也有被中止的危险,这样有了后顾之忧的兵士,能使他们有战意吗?

对于这一类的悲剧,我还可以举出最惨痛的一个。松尾部队村山队的战死了的兵士鹤冈力夫,身上怀着几封故乡妻子给他的信。从各方面考察,他们这一家非常贫困,他的妻子没有受过什么教育,所以连他丈夫名字的鹤字,也写了一个奇怪的“鹳”字。可是他有五个孩子和一个年老的母亲,妻子给他的信上,虽则勉作安慰,但是那五个孩子给他的信,却使我代这个无辜地战死的“敌人”淌了眼泪。这封信由他大女儿“富江”写了两页,次子“励”写了页半,三男“喜八郎”写了一页,最小的“艳子”和“美和子”联名写了页半,前面的还有几个汉字,到后面大概还是初上学的孩子,所以只写一些不很易认的假名。这五个共同一致的希望,就是请他们爸爸早日将“支那人”“杀光”“打平”,早一点回来，那么过新年的时候可以快活地同在一起！鹤冈写了一封回信，这信笺上的铅笔字迹已经模糊，但还隐约地可以看出叫他妻子好好地照管孩子，“生活总得想法子维持下去”，最后的一句是“我很健壮，你可以安心，家里门户火烛当心”，却不料这封信不及寄出，他已经做了异域的鬼了！信纸的斑点，我不知道是汗，是血，是泪？谁使他们如此？使他们如此的是什么？

近卫文麿要我们丧失“战意”，可是我们的“战意”强固如铁，而你们自己的兵士，早已没有“战意”了，在这种铁一般的事实前面，一切的矫饰、宣传、谎骗，都是没有用的！

（广州《救亡日报》） 胡雪 译

（原载于《日寇燃犀录》，独立出版社，1938年）

一个日本兵士的日记

——关于张鼓峰事件

[日本]佚名
俞荻 译

这是一个在佐藤部队川村所指挥的支队中的一个日本下士的日记。这简短的日记,从卡山湖战争之后,在苏联领土所发现的。这日记里充满着沮丧、失望、恐怖的情绪。

七月二十一

佐藤支队在野外放步哨。开火的命令已下来了。下午八点钟,我们到了我们的阵地,从这儿前进,沿途充满着车辆。步行非常困难,我们感到非常疲痨。

七月二十五

我们已修理好了我们的车辆,准备早晨一到便开火,一队的主力配布在前线。

七月二十九日

上午一时回营。一切准备均已完好了。上午九时,接到火急命令。下午三时鏖战颇烈。

七月三十一

上午三时,队伍出发开火。敌人开始攻击我们的阵地。上午四时,鏖战痛杀,非常剧烈,我们队伍的受伤死亡者二十四,重伤者百余人。这很恐怖。我们的队长受重伤。

八月一日

敌人的重炮弹，继续不断地在我们的阵地炸裂。下午二时敌人的飞机在我们的头上出现，投下炸弹。下午二时四十分重轰炸机飞越我们的阵地上，开始一个很恐怖的爆炸。下午三时半，敌人的飞机重又出现。下午五时重轰炸机又投下一种可怕的样式的炸弹。

八月二日

我在张鼓峰山顶开掘壕沟，八月一日的晚上我们整夜没有睡觉。敌人的坦克车开始攻击张鼓峰的旁边的高点。这是一个惶恐的日子……炸弹和炮弹继续不断地爆炸。我们不得不向后退。吃饭也成问题。从八月一日中午吃过一顿午餐之后，我们已有一天半没有吃东西……战争仍继续着……不得不吃一些用污水洗的胡瓜。一个晴朗的日子，但是我们是在山腰，阳光是照不到的，精神沮丧，我感到烦闷；这种战争是不能忍受的。

八月四日

开掘壕沟，力竭，我的头很痛，不能安眠，敌人的大炮好像火的飓风，不住地对我们袭击。巨大的炮弹在我们的阵地上爆炸……

（原载于《华美》第1卷第35期，1938年）

日本死兵日记

[日本]野岛勋
盛智 译

《日本死兵日记》本名《堑壕日记》，是日本邮船会社社员野岛勋在南京战死前的手记，野岛勋当时为上等兵，隶属于负有“健脚部队”之称的永津部队。但自上陆以来，无日不在我军迎头痛击之下，文中描写炮火的激烈，日兵的伤亡，确是不可多得的客观的的写作。原文载东京《改造》十月号。

——译者

九月一日

第一次踏上中国地。露营。无水（于〇〇湾）。

四日

本日午后出发。渐次接近了近一线。队伍改编，自炮弹第三分队长转入指挥班。经过某队部，三时左右到达第一线机关枪阵地。在最前线突角阵地，敌之炮击非常猛烈，打听先发部队在八月廿五、廿八日大激战的苦战情况知道：高木大尉战死，第一队长负伤，代理队长志摩大尉负伤，又代理队长宇都宫大尉、竹冈准尉、后药师寺少尉、第一MG及士兵八名死伤。

六日

本日夜间戒严中，敌弹向指挥班飞来，龟田定雄君受伤，当运往后方队部时，佐伯庄助君又受伤，武内君亦受伤。彼握我手，涕泪交流，对我说：“野岛君，我中伤了。”我不觉心酸。同日武智勇君亦负伤，此外，易永部队副官又战死。从敌的炮击中，简直设[没]有计算死伤者的余暇。

十四日

本日晚旁，自六点钟左右起，敌之迫击炮非常猛烈，向我机关枪阵地射来。掩盖MG枪备配中的桑原、伊田、武市、山内四名中，前二者即死，后二者腕、肩等处受重伤，当搬返中队部时，竹冈准尉头部又负伤，藤家亦重伤，一举六名，为状至惨。此外某队士兵一名重伤，随即死亡。日间，福田分队长足部受伤，第二队一日之中，五名战死，自己的左腕衣袖也受子弹贯通二处，差一分位置，不伤即死，天耶命耶！山内、伊田、桑原都是同年兵，而且是武市的同乡，看到这亲近的战友，一个一个的消失未免太惨酷了。

十五日——十八日

从十三日到十八日六日间梅雨般的细雨不停地落着。土地湿滑，万物发出臭味。士兵有的发热，有的吐泻，不能行军。此时敌的袭击仍然不停，一个倒了又一个。敌的迫击炮和我军二三日运军到的重炮及山炮，连续不断互相炮击，非常猛烈。十八日我后续队部，藤重队部及其他已陆续开来增援。近日中我某队有与队部移至友军第一线的最左翼模样。

廿日

今日一日休息。明日午前五时将出发第一线，实行总攻击。薄暮，某某仍在部队的右翼。

今夜月色十分美丽，是旧历十六夜。

昨日中秋，但在东毛巷露营地所看那月亮的悲伤的美，该作何感想呢？恐怕是一生所难忘的罢。

廿一日

与北朱店某部队换班，昨夜来此，今晨虽准备攻击，但某队正面攻击无进展，今日一日仍止于此。全日下雨，又是湿湿寂寞而讨厌的雨。最近疟疾非常猖獗，某队士兵几半数以上病倒，先是发热，夜半时则全身打寒战栗，自己昨夜也时冷时热，但硬佯无病的样子。

廿二日

今日亦因某队的正面战斗不得有利的展开，必然再停留在北朱店。但昨日起某部既在攻击中，我第二机关枪手玉井勘六君战死牺牲，正冈曹长、牧野伍长、丹下长次郎君入救伤院，各队均缺额一二名，炮弹小队缺十数人。自己亦与牧野交替，负接受命令之职，指挥班则仅有村上和近藤二人。牧野君一周以来，未进一食，顽强支持，结局对攻击失去自信心，不得已后退，不能不同情。

卅日

在金家宅，掘战壕并住于战壕中经过三日。今日以战车十一架又小型战车三架掩护步兵协力进攻，卒为敌之顽强抵抗，终不得逞，支那军的强实在是魔鬼一样的。（下略）

十月一日

深秋十月，上陆以来刚是一个月。种种的事情都经验过了，却没有如战争一样的惨酷。（下略）

五日

唐家宅前面敌的阵地非常坚固，兵力也颇占优势。二三日来的猛烈攻击，仍是泰然不动。与敌相距不过三百米地，主力的机关枪不断射击，对方的迫击炮、重炮、小枪弹也雨般的飞了进来，毫无谈话的可能。其中有二次被敌的决死队冲入队部，被抢去枪械不少。指挥班亦无可奈何。想起自己任务的重大性，越加紧张起来。富山平君昨日负伤，今日森井武繁亦负伤，其他中弹的不知其数。最近士兵的死伤，特别多的可怕。

六日

到某部队去领取粮食是一件最大危险的差事，偏又落在我的身上。当时精神的紧张，几绝于笔墨，简直要晕倒下去，后来一想，也算是壮举哩。

九日至十三日（略）

十九日

守备周家宅，建筑机关枪座，构成火网，其次准备居室和食堂。与敌最近的距离是一百五十米，其次二百米，二百五十米，共有三段阵地，最后方的主要阵地约隔四百米。敌虽持有 MG 炮二门，迫击炮二门，但因距离过近或其他特别原因，对于周家宅并未加炮击，非常幸运。

夜，十五夜。见美丽的月色，不知不觉想起出征以来的一切，刚好是两个月了。

廿一日

防寒外套发下来了。虽说可以防寒，但因此使人想起冬之将至，心情反而沉重。因为左翼友军实行猛烈的攻击，正面的敌便乘我弱势，在晚间十时左右冲到阵地前来。这种突然的袭击，上陆以来还是第二次，分队长倒是头一回经验到。最叫人佩服的是敌的勇敢。他们不顾死活，高声喊着一直冲到我阵地前二十米来。好在夜明了，来势看得清楚，否则我分队和小枪二个队恐怕都要陷入全灭的厄运。（下略）

廿六日

昨天占领大场镇的一角，听说敌已下令向南翔方面撤退，但是今天还是炮声不绝。假使我军能够向南北线直进，那末南翔陷落，不久当可开始嘉定的总攻。制敌于死命的日子必不在远罢。

廿七日

在户外掘交通壕的某队藤原正雄忽然胃部中弹倒地，子弹穿进内脏，大概是没有希望了，医生也说凶多吉少。一个非常活泼善良的人，就这样完结，真是可惜。夜，我某队矢野队的泽田贵正君被迫击炮的碎片打入背部，倒地，幸而伤在皮带处，不致有性命危险。我应该补记，在我入队当初，同级兵十名中已有五名都死了。

廿八日

今早搬送泽田君到后方某队本部。时常在一起的战友一个个的别去，叫我大孤单了，富冈、人木、高桥，还有矢野、神山等又都患疟疾病倒，我也整天躺在周家宅内，好不耐烦。疾病不过是心气的关系，提一提神也许可以好点。总之，应当以顽强的征服的意志把病魔赶走。

十一月十日

上陆以来两个月了。江南原野的天气，到了十一月便寒入肌肤，前日发给的毛毡也不够热气。最近在机关枪战死者的功绩名薄［簿］上填上了伊田桑原、药师寺少尉等的名子，不觉热泪滚了下来。南翔方面的进攻，想该有进步，但是还没有接得正式的报告，传说什么解除武装三万，斩敌一万，都是自欺策略，攻击大场镇以来已经两星期了，嘉定何时可得手呢？是没有人敢确定的。

三日

明治节。

清晨集合队伍,向东方遥拜,三唱天皇陛下万岁!某队有酒三升,且有其他小点等物,大家畅饮一场。不久与某某部队交替,晚六时左右后退,扎营于北陆宅东面。

四日

是告别第一线的日子。晨五时半从北陆宅东面乡村出发,集中南崇宅,以后某队向月浦镇进[前]进。我队在此夜营,月浦镇!为天下之要冲,此处敌筑有巩固的防御工事,攻击必非易事。村落一片瓦砾,似乎经过飞机所炸毁其状之惨较罗店镇为甚。

今天第一机关枪队第三法补充,补充员是田中伍长。

五日

朝十时出发月浦镇,午后一时半到着某村落,今后三数日或将宿营于此。

七日

今天又下雨,讨厌。(下略)

九日

午后一时半发出命令。依照预定计划,立刻开始移动,自月浦镇经过空军根据地抵宝山城,夜已七时。宝山县府所在地一带新式市街,概焚毁一光,不知被飞机轰炸还是军舰炮击。四边风景甚佳,我想如果是和平时候,定然是很好的居住地。晚上在此营宿,准备此后的进击。

十日

在宝山和吴淞约里半之间,有与杨[扬]千[子]江平行的平坦道路。我们搭来往的军用车到吴淞某酒店购贵[买]食物,啤酒每瓶十五钱,汽水十三钱,较国内真是太便宜了。

十四日

朝七时半开始前进,沿河岸线而上,敌的防御工事非常精巧,从这里可以想像到当时我陆战队苦战苦斗的情况。路上撞到一个尚未收拾的某队士兵的

尸体。（下略）

十五日

晨五时出发，今日不停地行军，机关枪整天担在肩上。经过周行桥，突入常熟线的第一段。夜间略向后退，再向左移动。本午初次与敌遭遇，机关枪扫射，非常猛烈。对击达数小时，牺牲多人。

十六日

早晨继续前进，一面开火，一面配备，敌对我射击相当准确而且猛烈。（下略）

十七日

今朝已渐渐到达敌主阵地的攻击。与第三队协力，自八时至十一时集中全火力向敌防御线猛射，距敌仅有二百至三百米之遥，从肉眼看去，敌的巩固的枪眼正密布于竹丛内，因敌阵地处于非常有利地段，且重炮的射击又非常准确，以致炮弹时时从我们身边落下。是日死伤者达十六名之多，其中八名即死，为上陆以来最激烈而最悲惨的战斗。我们的队长竹冈准尉，被子弹贯通头部即死。我最亲爱的友人，矢野宪一伍长亦同样被子弹穿入腹部死亡。又因敌重炮的狂炸，指挥班真锅、飞鹰和我第六队的宫冈都战死了，田中伍长、大木、近藤等和我分队的楠、小西两君受伤，此外岛津、武内、片上三君战死，渡边班长负伤，一时呈现了全队皆亡的悲惨情况。矢野君和我自东京以来就熟识了，在同队里又是莫逆之交，这回连最后的一句话也没有留下，可怜的是他的老母在堂，妻子成群。不知要如何伤心哩。宫冈君也是难得的好人，对于分队的工作非常努力，实在可怜，但也没有办法。楠和小西二人年纪最青，是我的部下，对于做队长的我，很是信任，都同时失去，不能不说是我的不幸。我的分队长有三名牺牲，实无话可说，只愿天皇陛下怜恤。受伤的渡边班长来请补缺员，命田村、伊藤、南三人补上。

在严重警戒中，渡了过去，夜的不安，雨仍是缓续不断地落着，在雨中把战友的死骸安置好。抱着庭边唯一的机关枪守候着。祇望天明到来。

十八日

在公树村西北地方无名乡村的我某部队继续协助第三队以全火力向正面吴福阵地射击二箱子弹配七个枪眼，都发射完了，敌人消声灭迹，似已全部歼灭了，不料一瞬之间又轰轰地雨般的炮弹向友军头上射来。正午，第三某队的一部实行主力地的进攻，突击喇叭响了，大家从雨中冲了过去，该说是凄惨的事呀。为了这个冲锋，三某队及队长共八十名都牺牲了。吴福阵地攻击的困难与我军损失的重大是可以想见了。这时手枪队兵赶紧从泥涂中匍匐前进，协力援助，其行动的悲壮，禁不得感激与同情，当时我们充满着紧张的气分［氛］。

十九日

三日来为攻击此阵地的第三某队及协助攻击的某都撤退了。早餐后由某队及某队出发，某队则在最后，最前领队的是某队长，其次指挥班，因我阵地后面田地显露，以致受敌猛射，某队横井英太郎中弹，我随赶来，已经不及，只听他最后一声万岁。如此中弹牺牲的实〖不〗在少数。但死就死了，有什么办法！东队向某队部左迂回至某队后面，敌阵地右方头然在目，飞弹似雨，我队向虞山前进，夜宿于岳麓。选定枪位以后，入睡。但至深夜不能安眠，于是起来向营后走去。看到吴福阵地的坚固且优秀的工事，至今所未有的沿小河岸的军用道路，竹丛中的埋覆［伏］阵地，实是惊叹。

（原载于《战时日本》第1卷第4、5期，1938年）

大和魂之忏悔

——一个侵略者之日记

[日本]佚名
翟兆泰 译

翟君为岭南一九三九同学，中学事业后，即留学东瀛，入东京高等农业学校，专攻农科，芦沟桥事件发生后，弃学回国，在故乡惠州从事种植。去年敌人从大鹏湾登陆，不旋踵而惠州失陷，翟君与家族避处他乡，但目睹国破乡亡，乡党受戮，不禁悲愤填胸，于是揭竿而起，与其弟谦率领乡中子弟参加罗浮山游击队，血战数县，歼灭敌人无算。兹篇日记乃为翟君拾自前线者，乃译之以赠本刊，是亦红灰健儿之战利品也。

——编者

八月十七日

船中的夜里，只觉得闷热与疲乏，身心是如绵似的软弱，无时不在汗水淋漓中！虽在这烦闷的场合里，四面的景色还给予我们不少的兴奋：通过下关的时候，两岸送来的欢呼之声，壮如雷响，喊着万岁！万岁的我们，除了感激之外还有什么呢？午后八时到釜山，连吃一口烟的时间也没有，就说要下船了。

十八日

昨夜整晚未曾睡，直到早晨五点钟才逐渐的登岸完毕。立刻爬上货车继续前进，十二时在釜山公会堂休息，有爱国妇人会和釜山男女等送来优待的午餐，下午五时由釜山出发，九时在大邱停车，这市面略等于沼珠市，挤拥的欢送者比内地还多。

十九日

晨八时半到达京城市外的永登浦，在小学校内休息，爱国妇人会和国防妇人会等团体来欢送的很多，我除了深深地感激之外，再难有何表示了，同胞们爱的结成，在这时才开始见到，心里深切地感觉得，虽然死期是愈迫愈近，但亦无可恨悔的。

在这里的钟纺，东洋纺的新工场中，接受到不少的慰劳品，下午七时半出发，约廿分钟就到京城，这里欢送者之多，实非内地所能见到。

二十日

晨五时到达平壤，洗面，补充饮水，这里中国人很多。从釜山出发以来，沿途耕地的潦阔，实在国内见不到。农作物也相当的良好，京城以北的稻作物，已经好像内地十月初的状态了，一望无尽的淡黄色的田园，直铺到地平线的那边去。

廿一日

晨九时十分到奉天站，在此与马队同叙早餐，沿路地方，因为两日来雨水的顿积，已成泛滥状态，火车在水上飞驶过来，一种莫名的感觉冲击着我的心，一望千里的沃野，平铺着无限相连接续的旱田，据说这里是过去先烈们奋战的旧迹，可是，今日什么悲壮的影迹都给那山岗的绿草所掩埋了，现在我们所能见到的，只有那粗劣的农家而已。

廿二日

晨六时在塔山起床，列车是慢慢的匍匐前进，在兴城站停留了约三小时，听说是前面的列车倾覆了的缘故。

自从在昨夜十一时食了晚饭，直到现在十二点钟了，还未进早膳，肚子已相当的难受！战时的气味已愈迫愈近了呀！下午三时抵达东辛庄，得到多少的粮食，大家都分配食了一些，下午七时还未得出发，足足等了这几个钟头，真没趣，听说前面铁路又发生障碍！

廿三日

在昨晚的地方候到天明。现在是下午九时四十分了，还未得出发！绥中似乎有很多我们的航空队，在那映着橙色的夕阳的车站前，飞行场的空上，腾舞着我们的铁鸟，在作种种空中战斗的预习！

廿四日

昨晚下了一场大雨，今日又等了一天，到下午八时半才继续向前出发。

廿五日

在唐山用早膳，午餐没有发给！下午一点半到了塘沽站。

廿六，廿七日

在天津学校驻宿。

廿八日

晚上十二点钟由天津西站出发。

廿九日

晨两点钟到静海县，下午八时到陈官村。

三十日

在陈官郚。

卅一日

昨夜下了一场大雨，今天又是如此的过去了。

这里的臭虫蚊子之多和沟渠水的污臭，真是说都说不出的利害！不过，打猪捉鸡和大嚼特嚼，却是很有趣的玩意儿，至于那鲜甜的美味，亦非笔墨所能形容。

九月一日

今日是二百十日节呀（此节日意义不明——译者注），回想起过去了的今日，无由的使我想念起家来，养蚕的事，及其他种种的事哟！我留恋着家乡的一切哟！

二日

今天仍是无变化的在陈官郚停留，车路的工作还未弄妥。

三日

今天为了进攻汜洲[①]（译音）继续向黄官屯出发，道路是难言的坏，我们均像走到代田（日本地名）中去行军了。真讨厌！战争这回事，确是悲惨的呀！炮声和枪声已渐行渐近来了！

四日

终归不能到达黄官屯，在路上露营一晚！

今早不住的又下起雨来，重轰炸机冒着雨飞来。想起了义弟的事，一种不能言的情感打击着我的心。他们的身体没有一刻的休息，这是我最担心的事！

今晚听说没有米了，将"莫落柯尸"（粮食代替物——译者注）代替！心中很感不快。

五日

打算写信回家，但是不能通信，与后方失却了连络，真是怅闷的事！

臭虫和蚊子特别多，整夜不能入睡，黯然的又想起了家的安适！呀，安适的家！

今晚枪炮声很密。

在泥浆没胫的道路上，非把炮兵的弹药车拉动不可，这简直非人类所做的工作呀。

几天来不但没有洗面，就连嗽口也没有了！我说这是非人的生活，谁能加以否认呢?！我们已过着麻木的生活呀！

六日

四点半钟起床，因为道路难行，马匹走不动，只得将子弹用船载运，马匹只拉着空车子走，但仍有不少跌倒下去了！绝顶的坏路！

黄昏的时候，渐渐走到黄官屯来了，有第二野战医院设在这里，军人也相当的多，但什么店也没有开门，就是最劣的烟草也无法补充，可恨！烦闷死人！

每天下着毛毛的雨，作业只得减少了，要病伤风的样子，但无论如何，像我这样壮健年青的人，必会一路平安无事的……唔……！

---

① 沧州之误。——本书编者注

七日

今日天晴，由黄官屯出发，道路上因为下雨的原故，积水三尺的深洼也有，在这种地方通过，确不是一件容易的事！

听说今昨日内，非补充子弹不可了，大概明早等着应用罢。为了道路难走，逐渐的对于目的地生出了憎厌的心，在途中露营的时候，那猛烈的枪炮声真利害。

八日

今日到达黄官屯。

八十门的列炮都拉到这里来了，一连三天猛烈的向马厂的敌军施行击炮，已将顽强的敌人逼退，在这里停留三天。

十一日

下午六时出发，九时到靳官屯，就地露营。

夜凉，露多，露营的梦，几时都向故乡跑去！

十二日

会合先头部队出发，通过西海屯，这里有和大见川相等的川流，水深流急。

这里是我军中队长以下三十七名战死之地，在这血迹斑斑的场所中，给予了我们无限的感概[慨]！在那小小的墓上，回缭着吊香的烟丝，植下我们眼泪的种！下午六时到仁和屯。

十三，十四，十五

在仁和屯。

廿日

十五晚的感想。

下午二时到达西兴镇，驻民房。

收到惠子寄来的信。

眺着满月的景色，继续着行车的夜间。赤红的夕阳没落的当儿，东方的天空正斜斜地射来了满目的光辉！今夜是十五晚的良宵哟！故乡！故乡！虽然我极力避开想起它，但我终归想起家来了。回忆起去年今日，当满月升空的时候，在妻亲手预备的晚餐中的愉快情况！哎！这可恋的当时哟！现在大概她正为着我的安全，奉着稻荷神（日本神——译者注）祷拜罢！那渺渺底香的烟丝呀！它卷着柔风拂过来了！虽然我是远在异乡，但我是如此地感受到哟！

自天津出发以来，未曾饮过一滴的酒。于是又想起饮酒的事了！记起昔日阿部的中磨之歌，回味着故乡一切的妩媚，再想一下现在在皓月寒光中渡着孤独漂零的生活，只有长叹一句，“感概[慨]无量”而已！

廿二日

清晨五时到第一线的炮列中输送炮弹，十一时才回来，负伤的步兵陆续的用货车送回来，猛烈的炮声整日掩盖了一切。

廿三，廿四，廿五

驻宿兴西镇。

廿六

由兴西镇出发，途中露营。

廿七

到达沧洲[州]，廿八日同。

廿九日

还是在沧洲[州]渡过今天，和弟弟会面，大家分食着伊东送来的慰问品，谈着家乡的事。

卅日

晨七时由沧洲[州]出发，听说这次要开到济南去，晚上在途中露营。

十月一日

清早五时出发，途中发现敌人的哨兵，前方时时送来紧密的枪声，下午十时抵冯河口，身心疲乏如绵了！

二日

晨七时半，出发准备完结，八时出发，至下午七时仍不能抵达目的地，就途中露营。

三日

下午二时到东泊头。

四日

在东泊头休息，洗濯入浴。

五日

下午八时由东泊头出发，到泊头站，十时起，施行车马载运作业，整夜在车中工作。

七日

午前四时到安陵镇站。

午前十时到达桑园，下车时，知道××部中途失散。午餐后施行宿营之准备，晚餐得享猪肉的味道。

八日，九，十，……十八日，十九日，廿日

都在桑园。

廿日

今日到外面征发去。

廿九日

由桑园出发，途中露营，与弟弟同宿。

卅日

由当地出发，约十二时通过德州，下午三时抵达目的地的茶棚庄。

十月卅一日，十一月一日至七日

在茶棚庄驻屯。

八日

由茶棚庄发，到七里庄。

九一十四日

留驻七里庄。

十五日

再回到德州。

十七日

德州出发到陵县。

十八日

陵县出发到临邑。

十九日

临邑出发到夏口镇。

廿日

夏口出发到大庄。

廿一日至十二月七日

至大庄待命。

十二月八日

午前九时出发,为了探查敌状,化装到济源。

九日

下午一时出发,伪装敌军,沿黄河而行。

十九日

由大庄出发,晚上行军。

廿日

到小太平。

廿一日

到周家镇。

廿二日

到石家园，想由此渡河，但无法架桥。

廿九日

由石家园出发。

卅一日

到张家庄。

昭和十三年元月一日

由当地出发经黄河、波河。

二日

抵济南。

三日

济南出发抵辛庄，在郑外工宿营。

十五日

辛庄出发，月夜中在砂米店宿营，水不足。

十七日

抵泰安。

三月十日

由养安出发抵曲阜。

十一日

曲阜出发。

十二日

战斗开始(卧龙山)。

十五日

藤[滕]县附近战斗。

十八日

到竖城。

廿三日

由竖城出发,参加大山附近的战斗。

三月廿五日

到枣庄参加战斗,因欲迫退敌军,冒险前进。

廿六日

和本队分别,施行夜间行军,向台儿庄进发,在暗淡的午夜中遭受敌军猛烈的围袭,一点钟左右停止前进。

三月廿七日

台儿庄附近之战斗。

等待着天明!但未明前即出发,我们轮换的守着这两方里的阵地。

我们已深入敌阵了!是四面受敌的地方呀!自己的生命,已一秒一秒的迫近到漂渺的路线上去了!

后方连络断绝,今天是悲壮决意之日呀!是永生忘不了的日子呀!现在,只有等候着援军的到临!

补记

越来越觉悟到自己最后的日子到了,我们已离开了本队前进,想冲出敌人铁桶似的包围是绝望的,但是,为了命运,为了光明的国家前途而捐躯,这本是男儿的素愿哟!但望双亲健康无事的享其余年!家庭的续嗣请授与登志郎罢!丰子的自由意志去决定罢!总之,我深望不要因战争的牺牲而演成二重性呀。

以前的种种与劳苦，现在可相继地离开我的肩膀了，但我对于生命与有意义的劳苦的赐与，是几时都深表感谢的！

受着敌军列车炮与野炮的猛袭，人马的负伤已陆续增加了！

附信稿：

父母亲，慈爱的双亲：

劳苦半生而欢乐着今日儿子长成的双亲：今天是我最后与你们道别的日子了！虽然因隔别而成了永别是一桩遗憾的事，但倘为着我们的帝国，为着帝国的将来，为了东洋和平而着想，我们的死别是决非一件悲哀的事呀！为了国家，将自己最爱的儿子牺牲了——纵然是最爱的——这可说得他已达到了劳苦半生养育儿子成人的目的了！双亲！我们是要如此解释才可的！

这里我谨禀几点意见：我家的续嗣，请授给登志郎，丰子的事，请听丰子的自由意志去决定罢！那么如你（指其妻——译者注）所已想像到的战争之牺牲的二重化的事，请切勿演出，这是我所深望的！

三月廿八日

虽然敌人已稍向后方退去，但四围不安的情态仍是继续的。

廿九，卅日

仝上情形。

卅一日

听说入城的步兵，已全部惨遭覆灭！死伤者陆续在增加！

四月一日

毫无转机的激战，死伤者愈增无已：晚间因为敌人炮兵的猛袭，一部分失落在后方去了！

二日

每晚都受敌军袭击，现在只有希望着敌军的炮弹用尽底日子的来临！

十三日

“药弹！药弹！”十几天来，不断的向后方发出求救呼号去了！

十四日

梅的果实，已经好像大豆那般大了！今天特别来得清静呀！炮声和枪声都减少许多了。

十七日

开始向枣庄开去，在这里集结部队，自己向台儿庄的东方前进，弟弟和军队残留在以前的战线。

此后每日不分昼夜的站在无边界的战线上。

已经五十天没有接到家信了，家中到底如何了呢？我担心着呀。

廿三日

今天已到运河的沿岸了。

（中间失落——译者注）

七月一日

六月已经完结了，无变化的今天已经是七月一日了呀，等候着到苍岗去。

今天与弟弟会晤，谈起了叔父的事与登志郎的事，最后摄了一张相，听说换防军于日间就要到，但到底是事实与否还是一个问题，将兵们都露着疲劳之色。

九日

由苍岗出发。

十一日

到丁庄斋。

廿日

由丁庄斋出发。

八月二日

午前二时半到归德东面十二里地方，三日来继续的行军，疲乏不堪。

十二日

由归德出发。

十三日

通过竖城。

十四日

通过兖州，下午十时到济南。

（中间失落——译者注）

十月十七

到达湃亚士湾，通过过台湾海峡的时候，风浪很大，相当的辛苦。

廿二日

到达澳头港，船中已逐渐秽污起来。

确是常夏之地呀！虽然是十月下旬的时节了，中午时甲板上是炙热的了不得。

卅日

下船登陆。

卅一日

出发，到达淡水帐幕露营。

十一月一日

由淡水出发，到樟乡，帐幕露营。

二日

由樟乡出发，到泷峰乡（惠州附城乡村——译者）小小的湖边，风景媚人。

（原载于《南风》第15卷第1期，1939年）

萍殉宗郎

——一个日本妇人临死的日记

[日本]河合萍
曹照 译

七月七日

膺征支那整整的二年过去了,军部在开战时不是说过"三个月就可把支那征服"吗?现在呢?八倍的时间都过去了,而且看趋势,支那决不致屈服,由于这事实的表现,证明军部的话——什么"三个月可征服支那""最近将结束战事",等等无非是欺骗民众的了。

宗郎啊!你出征快年半了,身体很好吧?!你为甚三月不写信来了,你可知道你的"萍"是日夜在想念你吗?唉!你未免太狠心了,你难道在支那"另有着落"吗?

——不,决不,我谅他决不会这样,我实在不该这样的怀疑他!三年来,他的待我,不是始终一样的吗?在以前,他不是每月至少来一封信的吗?在前次信中,他不是还流泪似的对我这样说吗:"亲爱的啊!我们是多么的不幸啊!结婚才三年,我就被可恶的军部征来,来膺征支那了,其实支那那里可以征服呢!他们的军人都是很勇敢的!我们以坦克车冲锋时,他们的兵士竟常常以肉身系了炸弹躺在路上来拦阻,你看这是多么的壮烈啊!他们的民众,也不是国内时常听人说的,是冷血的,自私自利的,毫无团结的了。至于我国的军人呢?恰恰和他们相反:风纪很坏,无论奸淫掳掠……一切所不应该有的都已有了。弟兄的死伤简直算不清了,水野大郎(就是那常到我家来和我很要好的一个肌肉很发达身体很强壮的朋友啊!他的家里不是还有着妻子和三个女儿吗?!)前天在××也战死了,他的身上被枪弹穿得似蜂巢了,当时我不禁流了许多眼泪。唉!我们到底为什么要到这异国来受苦呢?……"

唉！我们为什么要有这次战争呢？我们为什么要去膺征[惩]邻邦呢？虽然内阁总理大臣说“我们为要获得支那的友谊”，陆军大臣说“我们为求支那和我们经济合作，和我们共同防共”，然而我终怀疑着：“友谊”这东西为什么要用武力去获得呢？本国现有的富源还没有完全开发，为什么要到人家的国里去掠夺呢？武力难道可以使一个拥有四百二十余万方哩的土地与四亿七千万人民的大国屈服吗？人民的生活更趋贫乏化了，军费的负担，已使一般工农阶级趋向破产之路，为什么还要这样穷兵黩武呢？

唉！为什么要有这次战争，为什么要有这次战争呢？

和过去三个月一样的，又是没有宗郎的来信。

七月八日

午睡时我做了一个梦，梦到宗郎回来了：他穿了军装，凯旋地归来，我见了他，高兴得什么似的，连忙跑上去拥抱他，那时血液的循环加速，愉快的眼泪也流下来了，他梦幻似的对我说：“从此我们可以长在一起了……”可是滴令令令一串脚踏车铃声，突然把我惊醒，我知道这是邮差，于是急忙跳起，兴奋地问他：“有没有支那国来的信？”可是他的回答，却使我大大失望：“没有。”

噫！我的心痛苦极了……！宗郎难道真的战死在支那了吗？

七月九日

我真怀疑报上的消息，什么“皇军大胜”“支那兵懦怯萎靡不堪一击”“战事就将结束”。

你想：既然皇军大胜，战时就将结束，那么为什么现在还要到国内来普遍地征兵呢？本区的榎本重夫、松村次郎等前天不是又被征去了吗？至于说支那兵懦弱，这真是诳语，宗郎的来信就可证明这句又是骗人的话，宗郎的话是真挚的，决不会假造的——我相信，我深深的相信着。

“××一役，歼敌甚众，我军亦稍有牺牲”……于晚报的角落里看到这则消息，使得我的心卜卜[扑扑]的急跳着，人好似发热了。

“但愿这次牺牲的皇军中，没有有田宗郎！”我祈祷着，默默的祈祷着！

七月十日

啊！完了，一切都完了！

我希望我现在是在做梦，不是真的有这会事！

不，决不，这决不是梦，你看《朝日新闻》上不是明明地印着这么一段消息吗："××一役，歼敌甚众；有皇军一队往××调防，路经××镇时，突遭支那游击队之袭击，皇军奋勇抵抗，结果死有田宗郎等十三人。"

唉！完了，真正完了！有田宗郎啊！你既做了异乡的鬼，你的萍也不能再生存在这世上了……喂！等着吧！等着你的爱妻同赴阴间吧！……

万恶的军阀、财阀啊！你们为什么要这样穷兵黩武呢？

唉！没有力气了，我再也没有写下去的精力了，我的心已粉碎疼痛极了，我已不能再勉强支持，我要倒下去了……

二天后的东京报上，登载着这样的一段新闻："本市××区××町河合萍女士，富于爱国思想，自其爱人有田宗郎远征支那后，女士常去信鼓励，未尝有依依惜别之意。此次有田宗郎在支那殉职，女士闻后神色如若，认为死得其所。兹闻女士亦于次日服毒自杀，以身殉有田。如女士之悲壮激烈，可为时下一般无国家观念之女人作一模式矣。"

（原载于《胜利》第38期，1939年）

敌军官阵中杂记

[日本]佚名
洛兰 译

下面的杂记是在大别山的血战中由一个日本军官的尸身上搜得的。从那本杂记薄[簿]上不能得到死者的姓名和详细的身世。可以知道的只有这几点:他是新发田人。最初是沼田旅团百十六联队的中队长,后来又调到旅团部服牒[谍]报勤务,在安徽、合肥、蚌埠、长准卫、怀远等地方作特务工作。他参加过上海战争,一直转战到商城、大别山。最后于今年九月二十七日在大别山中的打船店一带被我军击毙。这儿译下的只是杂记的一部份,从其余的部份,可以看出他是一个受军国主义思想熏染极深的人,特务工作也作得相当出力。但是,在侵略战争里,他却感触到了与他本来的思想不兼容的东西。不管是牢骚或是正经,意义都是一样,这代表了日本下层士兵对于侵略战争的怀疑、不满与厌烦。还有什么能比这更使日本军阀头痛的呢?

——译者附记

△战争云者,事实上是一个大的钢铁粉碎机。自然也好,社会也好,人类也好,不过是木叶微尘而已!在这儿,我们成为一个杀戮者了。……!

△为什么不战争就不行呢?是国家民族的问题吗?还是基于人类的本能呢?我希望澈底的知道它。……

△有一个人说永远也忘不掉他女人的面貌。

有个兵说给养太坏。

有个兵投海自杀了。(船上)

△雨中担任斥候。……没有桥,没有道路,没有雨具。村庄,死,臭。——蛆,尸尸尸。……在雨同蚊子的夹攻中,冷起来了。睡了。啊!仗着个好身体!

△杀戮的事，都是便衣队干的。地方人并不是战斗员啊！

△八日雨。九日雨。给养坏。天幕漏雨漏得厉害。气温低下了。

△白天的残暴的杀戮者，一到晚上，就变成了双料的感伤家了。

△山琦得虎烈拉，入第二野战病院，送了他去。夜，寒寒寒寒寒。下痢患者频频。

△……自夕刻起，忽然腹痛，下痢，吐泻。想来是传染上了山琦的虎烈拉吧？感到临死的情绪。

△终夜痛苦。是痛苦的夜。是长的，长的夜。不能死！绞起全身的筋肉与病斗，与痛斗！十八日经□□□□□官的诊断，入第二野战病院。

乘了担架。听说是大肠炎，可乐了。下痢腹痛依然。

△医院云者，名而已。……是只有看护兵而无医官者也。入院，却没有诊察手续。药品则据说只有胃散和“チメキ”。对于我，什么也没给。患者们满身都是战线上的泥土，仍然穿着血衣躺在那儿。这儿只是休息所。却又是火葬场。从大场前线送往后方途中的死者是都被烧掉的。担送的或者住在这儿的伤病兵都避开目光，不忍去看。

△夜八点钟，晚饭终于来了，有一个兵不要菜而讨饭，我因肚子痛不能吃，都给了他。今夜枪声特密，一定有很多死者吧？

△十八日被收容于杨行镇（约一里半）野战医院。也是那么回事！对将校亦无特设备，实在气死人！这真叫人诧异！这要成为议会中的一个问题才好！在前线上彷徨于死线，渐到后方也脱不掉把命送了！输送下来的兵就被收容在这样的医院（名而已）里。三十亿的战费都干什么用了的？这样子，败了是没有办法的！我军是可以打胜的，不过这样不和全然战败一样吗？夜间看着圆圆的月亮躺着。甲病室的山琦不知到何处去了。

打伤了的往后送。

△是地狱街道的行列。

战争是勇壮的呢，

还是悲惨的呢？

照在故乡的也是这同一的月亮。

△切削了似的面颊。

△弹孔似的眼。放光。

柱[拄]着拐杖走。

衣服褴褛，一身是泥。

穿着中国服的。

只有上衣的。

半只胳膊半只脚的。

缠了半脸绷带的。

…………

——《活着的残废的夏装的兵队》

△“迟了三小时!”在出血而死的士兵的遗骸的前面的军医说。十日[月]十七日午后七时,月明的晚上,在杨行镇野战医院的幕舍中,死者是在前天右肩及右胸上受了伤,用担架送了来的。但是,连整理一下也没有就被胡乱放置在苇草中了。而且不把患者按[安]排在一定地方,跟着医院移动。因了无理的移动,右肩就出血。

“军医啊!”“军医啊!”这样血的叫喊继续良久。任其呼喊,没有人管。本不致于死,竟被置之于死!还“迟了三小时”!这成什么话?……

△×(原文不明)松联队有全被消灭的传说。

△战事大局将告结束。观诸中国之抵抗力及国际关系,本月底(指二十六年十月)其决算期乎?明日复归原队。是战线!

△看来凯旋当是明年三月的事。

△十五、十六找部队。战战兢兢地探着脚步走过一个住有敌兵游勇的村落。

豚的征发。人的征发。途中见到“威士忌”四瓶,空了。

△靠征发而食。逃难民众的恐怖程度出乎想象!一见了“咙叽”颜色就往草薮中或田里藏,逃,跑。

△六合出发,遇“土匪”袭击。我和高桥、山琦、源川四人交战。我所下的命令是“退却!”①

△男装的女子跳井,憎恨罪恶的兵队故也。

△我们中队一块儿由新发田出征的只剩了五十名了,来的是二百人哪!

△啊!掠夺,放火,强奸。什么没干?这也算皇军吗?

△又要攻略汉口?② 兵会动吗?

(原载于《抗战文艺》第3卷第7期,1939年)

① 译注:原本“退却”二字特大,几乎占到杂记簿的半页。

② 原本上这个问号也大得可观。

一个敌兵日记的检讨

——读加山大郎日记后

朱葛

一、日记内容概略

加山谦大郎系敌陆军工兵上等兵，自昭和十二年十月十八日应召“出征”，十一月三日由神户出发，经过廿四天水程，于二十六在吴淞登陆。从十二月起开始在黄浦江担任勤务。昭和十三年一月十二日晋级上等兵。十七日至三月十六日的一段时间，往返修筑淞江、淞隐、金山、枫泾一带之道路及各种木工建造勤务，时常为我军袭击，惊慌异常（见下日记）。三月十八日至嘉兴，二十三日随锄炳部抵石湾。当二十四、二十五、二十六日的徒步由石湾抵五杭途中，到处实行烧杀（见日记）。二十七日经临平，二十八日抵海宁，途中被我军击沉载工兵及机枪之船，敌唯报之于民众——烧杀。三十日去袁化，进行其“扫荡”任务，继因崇德之小林部被袭，匆匆去崇德增援。四月份整部日子，都费在修筑被我游击队破坏的桥梁及公铁路的苦难勤务里，转辗于新丰、乍浦、金山卫一带。五月一二两日又去修筑平湖、乍浦之间被我烧毁的桥梁。五日调崇德桐乡筑桥，一直到十一日才回到嘉兴。接着十三、十四日再去建筑平湖至乍浦间的桥梁，但这次的情况不同了，是在重炮掩护下，才算完功。二十四日到十八里桥应援，二十五日去爆炸十八里桥（在嘉兴与新丰镇之间）附近桥梁，为了被我军袭击，偷偷地在夜半方完功。这次掩护爆炸的敢死队，死伤四名。六月二日去十八里桥修筑战车壕……（六月十五日止）

此日记系去年六月间我军××师于乍丰间击溃来“扫荡”之敌后所获得文件的一部。谅想加山谦大郎不幸于这次“扫荡”战役中殒命了。千里外岛国上怀念和祈祷着他的人们，那里得知他是“永不再回来”呢！

二、内容检讨

(一)屡次"扫荡"毫无成绩。

敌人何尚[尝]不想到:游击队势力的澎[膨]涨和游击区的扩张,后方变成前方,将要使据点和交通线也站不住;和人体里的盲肠溃烂一样地使这次侵略战争致于死地。于是不得不实行会议录中理想的"扫荡",结果呢?(下面有一个事实)由于兵力的单薄,兵心的涣散,处处受打击,陷于被动的奔命状态。

举一个三月三十日"扫荡"袁花[化]镇的事实。

先来看二十九日命令吧!

命令

三月二十九日下午九时于金歇庙大队部(按:金歇庙在海宁城东)

一、敌情照前无变化。[按:二十八日于海宁大队部命令第一项:"兵力不多但相当有力之敌占据乍浦镇附近袁花镇(乍浦西)有敌联队本部,马家镇有敌大队本部,金歇庙、新仓镇、久茂镇亦有敌一部,并敌之另一部本月二十八日由大先山南侧海岸及阿王山(?)东侧海岸登陆侵入东方山地。"]

二、大队明(三十日)向袁花[化]镇前进。

三、第三中队明上午十时半向徐家场出发,上午十一时须到达该地,并搜索扫荡该地之敌。

四、第一中队为尖兵,明(三十日)上午九时半出发金×扫荡郎左家等地,到达后再向袁花[化]镇前进搜索,并扫荡敌人。

五、其余各部队,明上午九时集合,行军序列如下:

工兵一分队大队本部×中队(各小队),第二中队第一中队(各一分队),山炮兵中队第一中队一分队(距尖兵中队三百米)。

六、山炮兵中队,须派一分队配属于一中队。

七、×中队须派一分队配属于尖兵中队。

八、大队扫荡袁花[化]镇后,山炮小队须与长岛部队共同行动。明三十日正午与长岛部队取得联络。

九、大队船只指派筑地主计大尉指挥之第三中队,须与该大尉共同行动向袁花镇前进。

十、本大队长于明三十日上午九时,在大队部集合后出发。

大队长中马步兵少校

右命令由口授接受命令者笔记之

接着看三十日的日记：

午前九时集合向袁花镇行军，途中并修理被小炮破坏之桥梁，同日又由袁花镇出发由水路向海宁前进，午后十时许到，着舍营于海宁县厅。

再来读三十一日的日记：

……午后六时集合回嘉兴，夜一时因崇德之小林部队被袭击，故而下船归，获原部队指挥从事修筑桥梁。……

由上面三天变化——起初是下了如何如何“扫荡”的决心和计划，表面上仅二天（二十九、三十）工夫就“肃清”敌人。实际上除烧毁无量数民众的房屋，杀戮无量数无辜人民（见下三月二十九日日记），收获了普遍深刻的民众仇恨心理外，一无所得，这一次的扫荡只能看作一次暴力的宣传或者法西斯军阀的旅程。在我军正是游击战威力的表现。

（二）孤军深入，后方亦前方。

“……敌我冲突者二回，并有炮弹飞过……”昭和十二年十二月十一日。

“……起床时即闻枪声四起……”十三年二月二十四在枫泾。

“向五杭出发，途中闻炮声……载工兵与机枪之船被击沉……”三月二十七日由五杭至临平途中。

“午前六时集合回嘉兴，夜一时因崇德之小林部队被袭，故下船归获原部队指挥，从事修筑桥梁……”三月三十一日。

“……乘汽车向乍浦镇海岸方向出发……奉令此三日间须小心……”四月六日去乍浦修桥途中。

“……八时乘船出发，午后三时半左右与敌相遇，至七时半于彭家宅北端游击战斗中，失去手斧一把。”四月十七日在“扫荡”途中。

“……集合建筑平湖、乍浦间被烧毁之桥梁……”五月一日。

“……在野战重炮掩护之下，出发平湖，途中修筑桥梁……”五月十三日。

“……送×君入病院。×时出发爆炸十八里附近之桥梁，被敌袭击，激战之后，夜半方将桥梁炸毁，至翌晨二时方归队。是役，敢死队死一伤二……”五月二十八日。

观上列日记，可知敌人的后方仍然是一个战态，据点上兵士的奔走往来，难于应付，狼狈之状，可说是日本兵士的可怜相。谁可断定他们将这样悠久地吃得下支撑下去！何况游击队的声势更浩大，组织愈严明，计划越绵密呢！敌兵军心摇动的时候，也就是暴狂的法西军阀崩溃的日子。就来抄录这位“为君国出征”的加山谦大郎的烦闷吧！

“……午前七时三十分集合在草桥上向帝都遥拜，仰望天空，回思故乡，不禁感慨丛生……”一月一日。

(三)铁蹄下的同胞：牛马！哀鸣！冤鬼！

“……修补道路，将中国人分为三队，使用二十人……”一月十六日。

“……为侦察桥梁赴松隐镇，集合很多中国人……”一月廿五日。

“……六、七、八、九、十日，道路修理作业，使用中国人，八日三十七人，九日四十五人……”二月六日。

“……苦力五十二人，午后增加十三人，修补道路……”二月十日。

“……向中国征发青菜……”二月十二日。

“……午前七时集合向五杭前进，到处实行烧杀，午后五时抵达五杭……”三月二十六日。

“……午前九时集合向金歇庙前进，途中实行烧杀，午后十一时到着露营……”三月二十九日。

“……十时抵乍浦，粮尽，归时沿途征发，午后五时抵嘉兴……”五月十四日。

“……午前六时三十分集合向复星桥出发，中途迷路，午后六时抵厚高，日暮实行烧杀，夜仅稍作微睡……”三月二十五日。

(四)祈□神社，求生命保护

“……参拜溱川神社，祈祷武运长永……”十月三十日。

“……参拜溱川神社，为君国出征，祈求保护……”二月二日。

“靖国神社大祭，午前十时集合行遥拜礼……”四月二十六日。

“……游览上海……午后归队，七时参拜神社……”五月十八日。

敌军阀利用神社，迷蒙兵士的心理，掌握着士兵的行动，好像给每个兵士载上一副黑眼镜，载上一副收音机的听筒，整个地拿迷信来支配兵士思想上行动上的一切。万里重洋外异地的兵士为要求生命的保护，除了神社之外，还有谁呢？但眼看到一个个同伴的战死，将会动摇神社保护心理，掀起醒觉的求和平反战争怒潮来，军阀会被冲淹到死亡的深海里，让日本的国民，从水深火热中拯救出来。

（五）雨……

“……因大风雨，勤务困难……”十二月二十四日。

“……准备建筑有贺部队之宿舍，因下雨，工作困难……”一月二十日。

“……卫生勤务，下雨困难……”二月十三日。

“……集合徒步行军……道路泥泞，行军困难……”三月二十四日。

“……向上海出发，因雨，行军困难……”五月十七日。

“……午后二时出发，途中遇雨……梅雨至今已五日不止，何日能得天晴？……”六月十五日。

“天时”“地利”是军略上重要条件之一件。敌兵士的不能适应中国复杂的天时变化，生活痛苦，服务困难，疾疫猖獗，死亡累累，由是发生厌战思潮，士气萎靡，毫无斗志。至于“地利”，现敌深入我内部山地，机械部队运动困难，其后方又常为游击队袭击，运输给养困难，真是成一个“挂形”的境地了！

三、几点结论

已往的判断：

1.此日记可代表二十七年六月以前一段时间内浙西嘉属地区敌情纷乱的一般和扫荡的被牵制状态。

2.敌军兵力单薄，处处受牵制，疲于奔命。

3.敌军最怕行军，尤遇天风雨，其战斗力只限于依赖机械。

4.敌军对于交通线及桥梁之修筑，大有修不胜修之概[慨]。

5.敌军纪荡然，到处肆意烧杀，无辜民众，惨遭荼毒。

6.敌区之壮丁为敌做牛马。

7.敌军之心理为“思家畏战”“迷信神社”“忠君爱国”的多方矛盾，精神上苦闷异常。

8.敌人所占据者，仅为大城市及交通线，占最多数之农村，并未掌握。

以后的变化根据：

1.第二期抗战开始，游击战重于正规战，变敌人后方为前方。

2.敌兵畏战，人怨沸腾，是敌军阀崩溃要素之一。

3.敌军离开机械作战，不能操胜。

4.敌愈深入腹地，愈泥泞。

5.广大的游击区的民众，不堪残敌暴虐，掀起更大的抗战怒潮。

正当敌人又举行“扫荡”我浙西游击队的此刻，检讨其已往的“扫荡”工作，意义更显得深长。即由此，我们不难预测敌正在浙西进行中“扫荡”的成绩。

二八，三，三〇于新登前线

（原载于《浙江潮》第60期，1939年）

竹枡英雄的从军日记*

（新×军四支队在滁县战斗中缴获）

[日本]竹枡英雄
谢镇军 译

（一九三七年十二月十三日）……彼此把带来的日本酒和啤酒等拿出来，发出很高的气沫，但稍为饮过了度，吵架的事便陆续发生，终至于酿成流血的惨事……

（十二月二十三日）……商品等的价格也要听从日本士兵的意思，如果不听的话，威吓他一下，他便没有办法而让步了。归途去玩妓女，但有病可不行啊。又食了中国面，不好吃。试一试高粱酒，味道颇好，征发了虾、鱼、酒等，又举起杯来了。昨夜梦见故乡。

（十二月二十四日）……又听说前天苏州警备队员二名失踪，在寻找中。

（十二月二十五日）……没有什么事情可做，闲着徒令人引起乡愁，总盼望接到家里的信，……下微雨，令人更忧郁……

（十二月三十日）昨晚起腹痛，昨晚的晚饭没有吃，大概是因为衰弱的身体，多吃了一点肉，把胃肠弄坏了罢！又加上下痢，七时想起床，而动也不能动，请了假到医务室拿了药回来静养，战争中生病的痛苦，深深的尝到……

---

* 此篇日记与本书后文《从敌兵日记中看出敌军之痛苦——厌战与横暴》《一个日本兵士日记的零拾》为同篇日本士兵日记。——本书编者注

（十二月三十一日）……午后因为年来的关系，到市内征发牛肉、豆腐等回来，举起过年的祝杯。

（一月三日）（昭和十三年即一九三八）……归途中买了一箱豆腐，使其送到兵营去，五毛的价钱，给了他二毛……

（一月五日）……午后用大箱出去征发东西，在一家的中国的农家里征发了禾草，也觉得很可怜……

（一月七日）……昨夜又梦见故乡的父亲死了，这梦不是正梦那就很好了，心里祈祷着就寝……

（一月八日）……把街上通过的中国人捉了回来，叫他们做劳役，归去的时候每人给了二三根香烟，形状相当可怜，那香烟也是在街上通行的中国人那里征发来的……

（一月十日）……说明日行军，祝故乡的人们平安，过活。

（一月十三日）……叫中国人取禾草等来取暖，征发了一些烧酒来饮，不觉有点醉了，午后三时征发民屋宿营，去买二箱豆腐，六毛钱的价钱给他三毛钱，归途中由豆腐店的人带路，抢来一坛烧酒拿回来了。

（一月十五日）……在中国人家里征发了烧酒。

（一月十六日）……捉中国老百姓烧饭……

（一月十七日）……据在城镇的人说，非常怕日本人，征发了民间猪十余头，午后八时念着故乡就寝。

（一月十八日）……下午五时抵丹阳城外，在中国银行宿营，因为轮到自己炊事的值日，拉中国老百姓替代工作……午晚后分配信件，第一次接到故乡寄来的信，故乡的信，是多么快乐的事情啊！

(一月十九日)……征发猪、水牛等回到 TK 去。午后八时以后,心里相当担忧。

(一月二十一日　昙)……问广岛宪兵队的上等兵关于句容的情形,据说周围五里以内,仍有败残兵(游击队)。

(一月二十五日　昙)扬子江之大令人吃惊……

(二月六日)……据警备队的谈话,在滁县、沙河县、张八山岭等处,仍时时受到敌人的袭击……

(二月八日　晴)……枪杀了一名中国人……

(二月九日　晴)……午前七时起床,立即开始工作,午后把工厂附近之中国民房放火焚烧取暖,一面吃午饭……

(二月十一日)……奉令工作地点,前方的中国土民等一概枪杀。晚饭后赌博之风很盛。

(二月十二日)……据前线归来的士兵的谈话,目下在怀远、丰豫方面,正在激战中,敌人相当顽强,使日军很感苦恼……

(二月十三日)……暮色将近的时候,向着归营的中国原野一直回营中,心中起了一种莫名其妙的哀愁。

(二月十四日)……午后想出去征发东西,因为步哨的关系中止……

(二月十五日　阴　后晴)……许久没有发梦,昨夜梦见妻子安产,自己回到家里……晚饭分酒,班内虽相当热闹,但自己没有这种心绪,午前和 S 君互相感叹了一回。

(二月十六日)……残留组的一部份发生吵架,实在令人寒心,自己只觉得非常忧郁去午睡,六时吃晚饭,不知什么缘故,心里觉得空虚得很,异常的忧郁……

（二月十八日　晴）……征发组捕鸭子回来。可是一部份到晚夜很迟还没有回来，至八点左右才狼狈回营，据说是因为败残兵攻击阵地与他对抗的缘故。

说明

这里仅仅两个月零五天的时间，所记的问题和事情，共有四十五件，如强买东西，强拿走民物等十五次，嫖妓、饮酒、赌博、吵架等九次，残杀中国人，虐待中国人等五次，生病怀乡愁闷等十次，怕游击队五次，放火一次。最荒唐的是因为怕冷，把民房放火焚烧取暖（二月九日），至于残杀中国人，不但兵干（二月八日），官长还命令兵干（二月十一日），可知所谓"皇军"实是"强盗"别名啊！

（原载于《敌军士兵日记》，新知书店，1940 年）

从敌兵日记中看出敌军之痛苦——厌战与横暴

[日本]竹增
[美国]史沫特莱 译

新四军每一次和日军作战，都获得许多的胜利品。这里面包括符咒、文件、军用地图、军械、军衣、食粮和日记等等，截至目前止，新四军已从日军尸身中寻获日记二十余册。十一月初，新四军某队与日军在皖西作战，所获的日记已多寄交总部参考。其中有一份很精小的册子，该册子是一个日兵自一九三七年十二月十三日至一九三八年二月十八日的每日记录。但是该日记的第二部续集，迄未寻获。

写日记的小兵竹增，他的本乡是广岛某街二百四十一号，所戴防毒面具号码是二一三五一号（德国制）。这本日记由新四军译成中文，全文甚长，现在把最精彩的一段写在下面，又该段日记系竹增在苏州——丹阳区作战时所写。

十二月十三日

我们刚把日本啤酒拿出来，游击队就来袭击，造成悲惨的结局。

十二月二十二日

民间物价完全由我们（日军）支配，假使有违反的，我们就用威吓手段，使他们就范。

十二月二十四日

守兵两名在苏州附近突告失踪。

十二月二十五日

终日无所事事。我现在已患思乡病，天天都在盼望家里来信。

十二月三十日

昨晚腹痛，今天未进餐。七时起床，去就医，回来食药安睡。唉！在战争中病倒异国，觉得可怜、悲哀。

十二月三十一日

因为是新年，所以出去逛逛，预备“没收”民众的牛肉、饼等食物。

一月五日

在回来的途中，我向乡民买了豆饼一盒，原价五角，只付二角，抢了就跑。

一月六日

又出去实行“没收”工作，从某户抢得许多琐物。唉！这是可怜、悲惨的情况。

一月七日

昨天晚上，又梦见父亲战死。假使这不是事实，那就好了，我在未睡前，实行祷告，替父亲祝福。

一月八日

把过路的华人拉进来，给他们两三枝香烟。其实这些纸烟也是从“过路人”的手中抢来的，被抢者的情形，真是非常的可怜。

一月十三日

强令华人供给燃料，同时“没收”乡民的酒，饮得酩酊大醉，下午又强占民房，并买了豆饼两盒，原价六角，只付半价，拿得就走。

一月十六日

扣留华人一名，叫他做我们的厨子。

一月十七日

从乡民处“没收”许多物品，包括肥猪十头。

一月十八日

本日下午抵达丹阳，强占中国银行宿舍。饭后，接得家书，唉！这是第一次接奉家书，多么快乐啊！

一月十九日

又“没收”民人猪牛，自晚间八时后，我的内心，觉得非常的痛苦。

二月七日

守备兵告诉我说，我们依然被敌军时常袭击。

二月八日

枪决某华人。

二月九日

七时起床立即工作。下午故意把工厂附近民房焚烧，因此，在冰天雪地中，我们获得温暖。

二月十一日

奉令劫掠并屠杀中国民众，饭后聚赌。

二月十二日

据前方报告：淮阴有剧烈的战事，敌人非常顽强，我们遇着极大的困难。

二十三日

夕阳西下，当我从中国大荒地回来后，不知怎样的，我的心头突然觉得非常的难过。

二月十五日

好久没有做梦了，昨天晚上忽然梦见内子产生一子，我好像已经回到家乡，晚餐时，大家喝酒取闹，但是我却觉得一些也没有乐趣，我和同伴某君谈话，两人长叹短吁。

二月十六日

前次被击败的敌人又来了，真令人心惊胆怕。我觉得悲哀。六时进晚餐。我真不知道我的肚子为什么这样的空虚，同时我更不知道我为什么这样的沮丧。

二月十八日

“没收”大队回来了，带来大鹅几只，但是另一部队〔回〕并未见回来，八时，他们很疲乏的回来了，据说他们又被敌人袭击。

（原载于《政治情报》第40期，1939年）

一本日本兵士日记的零拾

[日本]佚名

CY 转译自上海《密勒氏评论报》

中国游击队与日本军队交战，几乎每次必获得许多战利品如符咒、文件、军用地图、军械、军火、衣服、毡毯、粮食及日记等。此次日记之获得甚多，有的是从日本兵尸首上检得，有的是从俘虏的衣袋中搜出。

十一月初旬，中国游击军队在扬子江北岸的安徽西部与日本军队交锋，获得了许多文件及日记送到司令部，中有一册袖珍日记，记事自一九三七年十二月十三日起，至一九三八年二月十八日止。这本是已用完的，当然尚有继续的第二本，可惜我们没看到。

这日记的主人是高松英勇，他是日本广岛县的人，他的防毒面具号数是二一三五一，据他屡次所提及他的役目名字是桑田一雄。中国游击队的敌人工作部就把这日记摘要地翻成中国文，我和我的传译又把他翻成英文。这日记的大部份都是不关重要的事，并且都翻出来也太冗长，所以仅把这个士兵奉派守沪宁铁路在苏州丹阳时所写的一段选译如下。希读者注意其厌倦战争心理，及敌军之残杀掠夺行为。

——译者注

十二月十三日

带了日本酒及啤酒兴高采烈的出去，可是战事开始后，我方演了流血的悲剧。

十二月二十二日

市价非由我们规定不可，商人倘敢异议，我们把武力来威胁，他们也不得不复从的。

十二月二十四日

两个在苏州的守备兵失踪了。

十二月二十五日

今天没有什么事。乡思大起，盼望家中的消息甚切。

十二月三十日

昨晚腹痛得好厉害，也不能吃晚饭，身体疲惫不支，到今早肚子里尚如小猪撞冲一般。七时勉强起床请假疗养，拿了药品到房里来休息。在行军时候得了病，实在万分苦痛啊！

十二月三十一日

今晚除夕，跑到市上搜索些牛肉、花生糕来过岁。

一月五日

归营时买了价值五角的花生糕，付以二角的代价。

一月六日

今天真好悔[晦]气，出去搜索半天，到了一间中国官绅的屋子，只得了一根稻藁。

一月七日

昨晚我又梦见父亲死了，深望这梦是不灵的，为他祈福，而后就寝。

一月八日

拉了几个过路的中国人，令他服苦役，工作完毕后，每人给他三枝雪茄烟，这雪茄烟也是从过路的中国人身上取得的。他们都露出十分不悦的神气。

一月九日

祷祝家中平安，生活顺适。

一月十三日

令中国人取些薪炭来，同时搜索些美酒，吃了微有醉意。下午取得一座民屋供我军队驻扎。走到城里把三角钱买了六角价值的花生糕，并令店伙带到一个地方，搜索一瓶美酒。

一月十五日

从一家中国人的屋子里得到了少许美酒。

一月十六日

抓了一个中国市民，给我们当厨子。

一月十七日

到城市里搜索东西，自民屋里获得了十只大猪。

一月十八日

下午到丹阳，把中国银行的职员宿舍来充我们的兵房，今日炊事是轮值到我的，出去拉几个中国人来代替我工作。晚餐后，得了一封家信，这是离家后第一次得到家乡消息，觉得十分欢喜。

一月十九日

今日搜索了许多猪牛之类。晚上八时以后，心中觉得十分愁闷。

一月二十一日

调查宪兵伍长关于句容形势，据说在我们的五里内，即有敌人（中国军队，以下仿此）的踪迹。

一月二十五日

伟大的扬子江，真使我不胜惊叹。

二月七日

据守卫兵士报告，我们常常被滁县、沙河、张八岭敌人所攻击。

二月八日

枪毙一个中国人。

二月九日

七时起床，随即开始工作。下午我们结队呼噪而跑，借以取热，到商埠附近的中国人屋子里，搜索一遍，然后大家聚餐。

二月十一日

奉令出去抢掠并屠杀商埠附近所有的中国居民；晚餐后，大家群聚而博。

二月十二日

据前方兵士报告，在怀远、凤阳一带，常有剧战，敌人十分强悍，我军（敌军自称）往往受挫。

十二月十三日

夕阳西下，自中国大草场散步归，不知何故心中忽觉无限悲伤。

二月十四日

下午颇思出去搜索些东西，可是为着值班，行不得。

二月十五日

好久无梦，昨晚忽梦吾妻生一小孩，我自己似乎在家里……晚餐时大家饮酒喧哗，可是我讨厌S，不能和他谈话，只得独坐长叹罢了。

二月十六日

败亡残敌又向我们击战，我心中觉得惴惴而栗，痛苦万分。六时晚饭，不知何故，心中感觉无限空虚，无限颓丧。

二月十八日

搜查队带了许多鸭子回来，可是中有一部份到天黑还不见回来，到了八时他们才狼狼[狈]跑回，原来他们途中被敌人袭击了。

（原载于《生力旬刊》第1卷第33期，1939年）

桐村定男的日记（节选）

[日本]桐村定男
[韩国]韩志成 译

桐村定男是一九三七年参加侵略中国的战斗，一九三八年在江南战死，他留下的日记中看到充分的表现他是一个“皇军的忠勇战士”，第一批进据南京城的先锋，但是从他的日记我们也可以看得出他的思想像大多数日本士兵一样的在转变的过程中。

——译者

一九三七年八月三十一日，星期二——被征入伍，四时起床，朝拜“神样”和祖先父母妻子兄弟，并祝祷自己的武运长久，就出发。

日章旗祝我征途，妻子的诚心，在我心底，我在征途中。当出发时蒙受村民热烈的欢送，感概[慨]无量。誓死报答这批民众的期待而入伍。到队伍，遇到许多初年兵“新兵”，有的说起已有妻子，又互谈欢乐往日队伍的生活，深深地感到他们才是唯一的战友。

九月一日（晴）。昨日入伍的，编成八个中队，入宿舍，只拨下兵器。干部中没有一个熟识的，不知为什么缘故，终不能信赖这些干部。

九月二日（晴）

今天是入伍的第三日，做什么都没有兴趣，今天又是白白的过一天。下午父母妻姐来会面，不知和他们说什么才好，要说起来就禁不住要哭，但又想多谈谈，所以谈到很长的时间。感觉到有说不出来的感伤。望着回家的父母妻子的后影更感到有难以形容的寂寞。

九月三日(阴)。什么都写不出来,只希望父母妻子再来会面嘴里说很强硬的话,但在心里老是仅有这类希望,此外没有其他的快乐了。父母妻子送别,征人落泪,我也有人间的情感和思想在不讲话的当中,更表露着深切的情意。

九月四日(阴)。整理军装出去营门,受军装检查。有队长训话后向军旗宣誓,誓死报国。

九月五日(晴)。动员已完结,现在只等待出发命令。“义重如泰山,死轻如鸿毛。”母、妻来做最后的会见,妻、母一面哭一面勉励我,她们的话好像还留在耳朵里。

九月六日(晴)。启程首途时聆大队长有力的训话,拜靖国神,敬致最后的枪礼,半夜离营门,一路有民众热烈的欢呼。

九月七日(晴)。征途的列车,载着勇敢的将士,直向××港口前进,上午十时抵临港线,换乘电车赴天王寺,在天晓院宿营。

九月八日。在国土最后的一夜,很有意义的过去了。奉命向梨港出发,第二的故乡——大阪呀?! 再会吧。如能再来这里,还会和你共同生活的。五时上船,九时开船,船在胧朦的雨雾中,静静的离开了陆地。母国呀! 再会吧。

九月九日。在船上过夜,地方太狭少,不能忍受舱内坏的空气便到甲板上,美丽的内海的风景,像一幅油画般的展在眼前,下午天气骤变恶劣,波起涛涌,下午十时许入海峡。

九月十日(雨)。早起风激船动,摇摆殊甚,离开海峡所看见的只有高大的浪涛和倾盒[盆]的雨珠,因为身体不好,终日趟[躺]在床上,在雨浪交杂声中传来了模糊的汽笛声。

九月十一日(云)。波浪未见平息,船更激动,痛苦更大增强,什么也不能吃,硬要吃下去就要吐出来。

九月十二日(晴)。天气晴朗波浪平静,大家都很高兴到甲板上去玩,但二天二晚没有安食熟眠,不能够站得安定。今天是开船后第一次的洗澡。

九月十三日(晴)。昨天平静的海面又起风,浪大,终日不能安食,又加没有一个熟习的战友,更感触到家族的亲爱,下午五时抵天津的海边,给妻子写信,并遥拜他的健康。

九月十四日(晴)。今天是被召集的第二星期,下午九时抵塘沽宿营,上陆的第一日,是永远不能忘却的一天。

九月十五日(晴)。天气很冷,在异国的第一夜,终夜未能安眠,望着美丽的月亮回忆往事。

九月十六日(晴)。大队向天津行军,在酷热的阳光之下,晒得像黑人一样,不到四千米突的行军,落伍的占多数。看见吃污水和落伍者,心里很难过。下午八时抵天津租界,背囊的重量伤害了肩膀,一夜没有睡得好,在梦中见到年青而美丽的妻,这是不能忘却的梦。

九月十七日(晴)。意料在天津最底限度有一天的休息,身体已极疲倦,但上午九时又要离开天津向第一线出发,在路上听到护送兵们说在第一线的苦状,略知其恶战。七时许突然下雨,在路途上进退两难,又冷气迫人,使人难受。夜行军中看见“我军”苦战的痕迹。

九月十八日(晴)。昨夜的大雨已清,是一个很好的“行军日”,下午往古镇征发萝葡、白菜。好久没有吃过萝葡,别有风味。足掌已起豆子,难以步行,又没有香烟。

九月十九日(晴)。上午六时出发,在路上看到往后运输的军马的死骸和负伤兵,有没有腿的,没有眼睛的,没有手的,带上绷带的厥状真是悲惨,入伍以来第一次感到战时气分[氛]。当出发时,向“神样”和祖先拜祷不要把我的命白白送去,给我报国的机会。太阳发笑。向第一线出发,敌人的侦探斥候时常出没。

九月二十日(晴)。战时气分逐渐在浓厚,步枪、迫击炮、手枪的声音急激。看见“敌兵”的遗骸,想到这是活的人间的尸体,禁不住可怜生长在弱国的人们。到了第一线便开始战斗。

九月廿一日(晴)。从昨夜起充当下士官步哨长,在第一线勤务。澈夜听见隆隆的炮声。今早玩弄不发弹,二名即死,多数轻伤。听见“敌军”六万攻击大城镇,下午五时轻装出发。三个五个的死伤兵送后方。看见战死者的火葬情景,已打乱了腿、手、头火葬起来。感到说不出来的悲伤。这样被火葬的人们,他的骨头将会在何处,一面这样想一面进击。

九月廿二日(晴)。出征第三星期,曾有时渡过如腰深的水,有时浑身的汗湿透军装,还曾受蚊群的袭击,又没有洗过一次澡,又没有东西吃,身体已呈极度疲倦,什么欲望都没有。现在唯一的希望是能洗一次澡,身体痒得没有办法。至拂晓才停息了一夜来的炮声而表现极安静。在这里发现了在中国难得的清水,便痛饮数杯。

九月廿三日(晴)。迫击大城镇,炮声隆隆,弹丸乱飞,不久就平静下去了。我当斥候潜入大城镇时已经是九时三十五分,射杀逃亡兵二名。

九月廿四日(晴)。下午二时接敌阵报告,轻装而出发。途中,不意受“敌”之猛袭。虽有“敌”之猛射,但终未见到“敌”影,越走越受猛袭,在附近的战友中有许多牺牲者,到处都是呻吟的悲鸣。冒着危险站起来想找一个人射击,但终未见到一个,悲愤之至,哭起来了。在我们的中队里也有七个负伤兵,在其他各中队里也有不少的牺牲者,当日深夜虽然占领“敌”阵,但想起死亡约战友,大家握着枪干哭起来了。

九月廿五日(雨)。在阵地泻肚,患腹痛,又下着大雨。奉命向大队部出发。时已上午十一时,饥寒交迫,极需一刻的安眠。雨是从背面流到腹部来。在旷野彷徨五小时,佛[拂]晓到目的地,才知道一夜只走了二十里路。在这里发现梨树,大家向他突击,出征第一次吃到梨子。

九月廿六日。从昨夜起又充当部队卫兵。不眠病更剧烈起来,一切都觉得麻烦,连生命也不要留恋。今日已追击敌人几千米突,心身早已尽疲,大家都想着仅仅一日的休养和一支香烟。

九月廿七日(晴)。到处都是梨子,大家都不愿多带一粒子弹,反而设法多带一个梨子。肚子还没有好,连梨子也讨厌了。终日在水中步行,下午二时至一个地方,战友们唯望能够休息和洗澡,更希望能拨下一支香烟。

九月廿八日(晴)。昨天下午至某村后就宿营,在这时大家把队长当做“神样”一样恭敬。像小孩子一样欢呼起来,虽已精疲力竭,还出去征发鸡来吃。但是离开分队的四名总不回队,在这旷野的地方,离开部队的他们不知在何处?联队集合地拨下来香烟一包,真好吃!一下吃了三支,香烟的神呀!感谢你。

九月廿九日(晴)。交换冬服。完结师团集结。后通过敌人的战壕急行,过沙河桥就宿营。拿出纪念照片,会见久未见到的妻子。他们都没有变,变的是只有我自己。

九月三十日(晴)。今天是出征后整整一个月,在河北省战斗中体验各种情景。起初给若干金钱雇用中国人的,现在也可以强制征用,如果不听话还可以随便打骂他们。因此最近经过的地方还挂着太阳旗,贴着“打倒国民党”的标语。这样,要使用中国人,就可以使用的。不应该对他们有害怕的心理。但不知欢迎我们他们的心理究竟有什么意思?下午又有中国特有的酒,满天黑暗,在雨泥中行军。

十月一日(晴)。在旷野看见东天旭日,在日本是看不到的光景。在行军中朝拜扶桑,祈祷父母妻子的健康。一日上午九时入献县县城。这可说是真正的胜利吗?!没有流血,未发一炮而占领敌城,不能算是真正的胜利。

十月二日(晴)。是入城的第二日。从早起就听到什么整理队伍什么出发等等的谣言,但还没有上官的命令。从昨日起的休息是出征以来第一次的休息,大家吃中国酒,唱歌来玩。在行军中一句话都不讲的我们,有了休息的机会就什么话都讲出来了,关于自己的老婆,以及过去浪漫的生活等等做为话题;极其疲倦时又在没腰的水中行军的苦状,而唱起好久未唱的流行歌来了。因此大家又都想起父母、妻子,遥望故国天空很想写信给他们但是无从写起。父母双亲呀!妻子啊,姊妹们!我平安地还在献县城哩!

十月三日(晴)。昨日下午八时离开县城，由水路向高城进发。下午五时发现敌人，陷入更深度的困难危境。六时遭受敌人的猛射，随即上陆对敌布置阵线。

十月四日(晴)。傍晚我一中队由陆路进攻，另一队由水路进攻，我担任沿岸警备斥候长，向敌搜索进攻。若是在这一条路遭受敌人的猛射，自己恐怕就成为第一个牺牲者。这样想起来，觉得做斥候长也不是那末容易的事情。离开献县城什么都没有得吃，肚子已经饿极了。

十月五日(晴)。昨夜起担任卫兵勤务。从西门进城以来，触目皆是征收、掠夺等等。关着门的人家，不遗漏的，去冲门而进，把屋内的东西都拿走，这是皇军呢?！还是强盗呢?！下午队长下令禁止征发。

十月六日(晴)。到东门去，在金真门一带勤务，受地方老百姓的款待，巡察学校时发现了油，因为颜色很好看，就拿来烧菜时用了，可是到了半夜大家都泻起肚子，受了大苦。第一天调查，才知道那油不是食用油，是机械油，怒也不能怒，笑也不能笑，真是啼笑皆非，这才是说不出来的悲喜剧呢!！大家都忘记腹痛而笑起来。爬上城墙一望皆是日本旗，但是居民们还在到处藏[脏]骂着。

十月七日(晴)。上午为了扫荡残败兵，巡回附近村落，征发大量的食料品和鸡羊等，满载而归。勿论是在队伍里或在战场，都很希望长官与下级士兵，应该要有美满的更强有力的融和。对于睹[赌]着生命作战的上官很想接近，对于现役二年的中队长也好，教官也好，班长也好，都很想接近。入伍召集以来到今日，始终缺乏这种亲热。这不是因为干部坏，还是我们不好。

十月八日(晴)。两亲和妻子因久未有去信，很怀念急！不知何时才能发出信，幸而今天有这护送伤兵的机会，上部许可每人可以写一封信。因此已经写好的五封信和昨日写给尾条子的一封信，合起来用一个信封寄去了。

十月九日(晴)。又要出发扫荡败残兵，借此征发鸡猪。天气明朗波涛平静，但汶川昨日吞下了步兵九名、工兵二名，计十一个生灵。今天倒意外的安静。出征异国，不给子弹打死而在水中淹死，心中给这十一个战友默祷。下午去北门，天气更见清爽，想起流着一身汗追击敌人的情形，现在虽说麻烦一些，但是还很有趣啊。

十月十日（晴）。今日又到北门去勤务。向北门附近的居民要香烟、白糖、中国烧酒、鸡等来吃。这些居民真是可怜。用所知道的一点点的中国话和小孩子谈谈，很好玩。下午师团司令部移到上流。有命令留一小队，其余一律归队。

十月十一日（晴）。追击中，拾到的钞票拿回去想做纪念品，但是意外的那些钞票也有跟日本钞票同样的价值，可以交换物品。说感谢好呢，还是说可恶好，日本钞票简直不通用了。在每天的勤务，无事可做，买豆子回来做豆子粥吃的时候，向两亲、妻子、兄弟祝祷他们的健康。

十月十二日（晴）。天气突然变冷，已是深秋了。洗衣服的时候，亦觉得有点冷。这样明朗的秋天，若是在故乡正好到郊外散步去呀。

十月十三日（晴）。有一个人上天津去，拜托他寄森崎民外七封信。在一个月战斗的生活中，给太阳晒得像土人一样黑，到了冲[衡]水城以后便有机会去洗澡理发了。照镜子，看见自己黑的脸而就禁不住独自发笑。

十月十四日（晴）。行军中生病的谷内已病死，抱着满腔的希望来前线的他不幸生病逝去。真是可怜！想起苦口婆心地勉励谷内的分队长的话："喂！谷内！你很辛苦吧！我也很辛苦，我几乎快要倒下来，但你一离开，谷内部队就成'后备队'呢，再走一些吧，希望你呀！"只有悲感他辜负了流涕盼勉的分队长的厚意，而在旷野中的医院里逝去了！

十月十五日（晴）。天冷得没有办法了。帐幕里的生活，实在对于已经饿肚子的人是相当的苦，晚上又被臭虫咬得不能睡。人进营以后没有一天睡得很好，常做恶梦，夜半常感到自己的胸部如重石压制似的痛苦。希望父母安好。妻呀！祝你第二世的安产。爱子呀！祝你健康！

十月十六日（初晴）。细雨绵，使人怀念故乡！昨夜起下的雨已停息，天空更见清朗。去埋葬淹死的战友寺岛辰二郎和深见良一。淹死以后已经是一个星期，全身都腐臭得要命。如果他的父母看见了这个光景会有怎样的感想呢？然而这都是两君的命运。

十月十七日(晴)。昨夜方时下了出发命令。明天是神尝祭，上午五时留一小队，其余都出发乘中国的运输船离开衡水。衡水城呀，我要离开你了，现在不能约束何时再会见你呀！多思的衡水呀！愿你安好。当离开衡水时向父母妻子祝祷健康。

十月十八日(晴)。水路航行的第二日，船在慢慢的进行，照这样下出，到师团部集结地不知要多少时候？今天又是泻肚子，屡次下船，太不方便了。使人快乐的是一点也没有，拿出极大的精神来做事，可是在这样冷的地方还吃南京米真受不下去啦。

十月十九日(晴)。今天也在船上勤务。与同年兵岸本相谈，他讲的、我说的都是关于一般痛苦的身世话。在歌祠[词]中的话一样，到战场多半是身世话，岸本也这样说。我的唯一的“安慰物”是想想我的妻子。

十月廿日(晴)。今天也是因为泻肚子在船上勤务。部队上陆宿营。整理船内冷水，摩擦后躺在寝室，点着香烟向外望，看见的是中国特有的房屋的外端。静静地闭目，一想是父母妻子的事，独自微笑，种种感想油然而生。

十月二十一日(阴)。四日间船中的安静的生活，告别上陆。下午跟着行军，通话到师团集合地——宁晋去。

十月二十二日(睛)。到了宁晋以南一万米达处与联队合队。在这里接到出征以来第一次的妻子的头一封信和村长的慰问信，高兴的连话都说不出来。两亲和妻子都很好，才放心了(九月三日的信)。

十月二十三日(晴)。给村长、妻子和学校校长写信。每个分队发下来不到一斗的粮食，这是四天分的粮食，拿早晚二顿要我们糊口，又不许再征发，但是就是有钱也没有东西可买呢。

十月二十四日(晴)。树叶沙沙的寂寞的在响着，在异乡更感到中秋风味。河北省的气候和日本并没有差别，在这时候，家里想必很忙。妻来信说家里正忙着准备秋收，还加上弟弟将于十二月中旬就要入伍，现在忘记一切大家都热心的做秋收。

十月二十五日(晴)。到了师团集结地,粮食早已不够吃,给中国人说好话,买了些白薯来,但仍是担心着饭的问题,大家望着一点剩下的米又把他量一量看,在每个人的脸面上,都表示着很不安的情绪。勿论怎样说,已经是没有办法,只好决定翌日还吃山芋而就寝。在追击战斗当中,约一星期光吃小米和山芋过日子,当斥候勤务的时候,肚子饿得没有办法了。军饷已欠了二十元。

十月二十六日(晴)。长长的秋夜,澈夜向故乡写信。今天又写了七封信,应要写的信都已写完了吧!奉大队长命令巡察附近村落,征发到鸡三百五十只,山芋八百斤。分队也买来米盐、白糖等。这样菜也可以吃得到了。只要有了盐,什么都不成问题了。高兴呀!战友们!我们已经减少了不少的不自由。

十月二十七日(晴)。又充当部队卫兵,在秋天暖和的太阳光下,终日勤务也是一件蛮苦的事情。恐怕将有战斗,全部队的空气突变而呈现着慌张。有命令寄信的只限于明日,因此又写给由美和爱子,这是在河北省最后的一封信。不知究竟往何处去?综合各方的命令,猜到大概到上海方面去。

十月二十八日(阴)。增加一个爱子的母亲,不知产后的母子是否健康?又起了什么名字?在我只希望母子的健康。上帝呀,我祝祷你。爱子!你放心吧!我在这远处祝祷你呀!今天是在我的一生永不能忘却的一日,是我一生转变最大的一天,贤良的妻子呀!你在内地保护抢后的国家,我在中国为“皇国”出力。

十月二十九日(晴)。上午演习感到像受初年兵教育一样的气味。四时许从国内来了补充兵六十名,他们在欢呼声中被送而越过千里海山,来到这血腥的旷野,在其心中将会作如何感想?已经蛮老的灵吉茂也在里头。晚上接到妻的来信。公司又汇钱来了。

十月三十日(晴)。非常冷,已经是像冬天一样,异境的寒气又透进身来了。今天又是从早起先煮些山芋吃,谈谈天玩。毛毯也发下来,可算已经是完结了冬天的准备。今天又接到妻和弟的来信。

十月三十一日(晴)。今天又玩一天。空中没有一点云彩。从早起烧山芋吃,一面谈一面唱,十足的尝到战中休息的味道。今天才看到报纸,是十月十二日的。抱着很大的期待搜索新的消息。

——待续——

(原载于《朝鲜义勇队通讯》第 24 期,1939 年)

桐村定男的阵中日记

（新×军四支队在巢湖蒋家河口战斗中缴获）

[日本]桐村定男
林植夫 译

中岛部队（师）大野部队（团）四方队（连）分队长

（八月三十一日）（一九三七年）为召集入队之日，四时起床，向诸神及祖先之灵拜别，暂时向东天拜，祝父母、妻子、兄弟的健康及我身武运长久，准备出发。

祝我身的首途，日章旗啊！

踏上我的征途。妻的诚心，深存于心。

受了村民各位热烈的欢送，感慨无量……

（九月一日）……在干部中，士兵中，都无熟人，有一点寂寞无依靠……

（九月二日）什么都无趣，今日也漫然送过……很多人来会，说些什么好呢？说了徒然使其哭泣，再就是想说也有说不出的想头。走回去的父母、妻子的姿态是说不出的寂聊。……

（九月三日）没有什么好写的。只暂时于别离之际，以面会父母、妻子为乐。嘴里是说的一些硬话，不记得对谁说了而这是不高兴的，怎么办呢！送去来送的父母、妻子，感慨无量，武人不是没有眼泪啊！我也是有着作为一个人的情和想的，尽管在无言之中，仍还潜藏着比别人更多的情爱呢？

（九月五日）……与母妻作最后的会面。哭着勉励的母亲，还差不离的妻，“好好去罢！”这一句话，留在耳中。……

（九月十三日）昨夜起有点伤风，到今朝发出高热，与船的摇动同时苦甚。终日不食而安眠。大家都苦罢！没有人替我冷冻，又没有熟识的战友，不能去勉强人家，拖着上甲板，拿水来冻。像这样才痛切地知道家族的亲切……

（九月十六日）大队行军，一路向天津走。遇着炎天，汗与尘土，完全成为黑人。只是四公里的行军，便有了多数的落伍者。既不眠又为炎天所灼，也是当然的。有饮那有孑孑的水的，有招呼落伍者的，我也很苦。午后八时，进入天津日本租界。行军虽然辛苦，而因为背囊重，把肩弄痛了，睡不着。朦胧中做了梦，发见要跳水死的母子去救他，而陷入恋爱之中的梦。奇怪得很，是年青貌美的人。忘去啊！梦梦梦。家族没有什么么？不是妻有变故么？

（九月十七日）……和第一线下来的护送兵谈第一线的辛苦，似是相当苦战的样子。……现在还有便衣队出没。

（九月十八日）……征发到猪、萝卜蔬菜，吃了召集以来好久才有的热的萝卜羹。……脚上的皮鞋伤愈大愈多，步行苦甚。香烟也没有了。

（九月十九日）……中途看见军马的尸骸及伤兵的向后送。脚弄坏的，眼睛、手上了绷带的，使人掩目有余。负了伤的勇士，尝着了悲壮这个东西的滋味。……

（九月二十一日）……今朝有人弄不发之弹，因而有二名即死，有多数轻伤者，二十个轻伤兵。……看见了三三的死伤者多数送回及战死者的火葬。头、手、足都各一分离，把死人重起来火葬着。是说不出的悲哀，像这样火葬之后，到底自己的骨头将是在那里被人祭着呢？钻入弹下，初次尝着敌弹的滋味，而静静地进攻。进入一个部落，对峙，是真战的阵中。

（九月二十二日）出征以来三星期，或行在没腰的水中，或跳入壕中，夜间则把被汗尘新湿而冰冷的身体伏于草上与蚊子的大军战争，勉勉强强得到一点东西吃，也没有洗过一次身，非常之疲劳的身，也没有什么欲望，只想能够入浴一次和得到一觉好睡，身上处处痒得不得了。……

（九月二十三日）……射杀了二名逃亡兵……

（九月二十四日）午后二时，得到敌阵在××之报，展开前进，以为没有敌阵，却不意受着敌的猛射，仍前进，我们意气冲天。但是虽有敌的猛射击，却看不见敌人，就是想射击，也无人踪。愈近敌的猛射击愈甚。走近一看牺牲者，则接连着，这里那里，听见很多的呻吟声，有了相当的伤兵。一听听着伤兵的呻吟，仍还冒险立起，跃然去寻敌人，想一弹一的地拼命去看，但仍看不见敌人，悲奋到以脚踏地而哭。中队也有七名的伤兵，各中队都有相当的伤兵。夜间深入阵地而占领之，敌人则早已走了。想到战友之仇，大家都握枪而哭。

在弹下啮生薯，今日之战啊！

（九月二十五）在阵地内闹肚子，腹痛，又下雨，又冷，阵地内是冷的。还不只此。夜袭者奉命去大队本部，正是午前二时。冷是冷得很，肚子是饿的，又想睡又下雨，黑暗则黑暗已极，道路又没有，完全不辨方向。雨从背中流到肚子。在旷野徘徊了五小时，到天晚到了任地，仅仅只有二日里。发见梨园突击，初次吃到了大梨。

（九月二十六日）昨夜起，担任部队卫兵。继续着不眠，也不要命了。间或想着在行军中离开队伍，尽量睡他一睡。追着敌人而行军已经走了多少公里了啊！身心都疲劳了，想能够有一天的休养，这是谁都愿意的罢！……

（九月二十八日）昨日午后到着便宿营。好极了，这个时候才真把队长看作菩萨一样。大家都欢喜得完全同小孩子一样。这不是没有道理。拖着疲劳的身子，去征发了鸡、米大吃一顿。休养啦！……从分队掉队的有四名，到底在那里，怎样地徘徊着啊！在这种旷野掉队，替他们担心。到了联队的集合地，才发了香烟，差不多要跳起来。好的好的香烟之神啊！不禁一口气吸了三支。

（九月二十九日）……好久整理了军装，取出纪念照片隔了好久和妻对面。大家都没有变化，变化的只有我罢！完全成为黑奴了，独自微笑，爱子是有美人的公评。

近听着炮击而睡去了。

（九月三十日）今天是月末，召集以来一个月，离开内地，转战于河北省，尝着种种的体验（经验）。是因为战争的缘故，初时才给一点钱而使用的中国人，近来也强制的使用他了。如果不听话，也会打他了。……要使用也可以使用的中国人，也不可以相信而用他。在欢迎着我们的里面，到底是怎样感着，是不知道的。午后又有中国特有的骤雨，满天黑暗，把全中国都遮住那样的黑云，变成了雷雨，又在雨中、泥中七颠八倒地，拖着疲劳的身体，作雨中行军，向着献县之线。

（十月一日）……赫赫而升的朝日，与影雾同时难于名状。在行军路上，有人不想向着升起的朝日而拜，以祈我们的武运和父母妻子兄弟之健康的么？实在是神圣已极。一日午前九时，进入献县之城。这可说是真的胜利么？出了许多牺牲者的胜利，不可以说是真的胜利。光井以下三名，疲劳透了，回到分队。

（十月二日）……。行军中什么都不说的我们，有了休养，有得玩时，也随便乱谈起来了。互相说自己的老婆，乃至于在内地的浪曼史，行军中的疲劳，和可以没腰的水中行军的苦楚都忘记，而唱起好久不唱的流行歌了。想双亲，想妻子，想远隔的故乡，实在明朗。又想写信，但是就是想寄也无从寄。不通音信了。但是两亲啊！妻子啊！我很强健地在献县城啊！

（十月三日）二日午后八时，由献县城出发。用士兵输送，由水路向商城行。途中通过师团的行军路，过后进入敌阵内，而且为着更要进去，去夹攻敌人，师团所率领的我们的两个小队，在敌阵内，没有比这更危险的。午后五时，接到发见敌兵之报，更见紧张。六时顷受着敌的猛射，上陆而对阵彻夜。

（十月四日）天明，我小队由陆路上附近追敌，其他由水路。我作了沿岸警备的斥候长，暗门（?）向一条路追击，这一条路，中途若受猛射，则自己是第一个。想至此，斥候长也并不是松活的。自出献县城以来什么都没有吃，肚子饿极了。……

（十月五日）昨夜起当卫兵勤务。自从西门进入商水城以来，兵的征收掠夺，目不忍睹，关着门的人家，把门打破而乱入，把种种东西抄翻而去，是皇军吧？还是强盗呢？不晓得。午后队长禁止征发了。天气晴朗，空气静稳，敌兵亦无。下班作了召集以来初次的冷水摩擦，把尘埃洗落，其爽无比，写三封不晓得何时能寄的信，给妻、由美和小田原氏。

（十月六日）……。巡察学校发见了油，拿来炸物，大家都说是好油，是有很好的色泽。夜半都痾肚而苦，天明研究油，初以为是食用油，那里知道是车油，要怒又不能怒，想笑也不能笑，有说不出的悲痛，大家都忘却腹痛而笑起来。……

（十月七日）午前中为扫荡败退的残兵，而巡回于附近之村落，征发了大量的食粮品、鸡和薯而回。尽管是军队，也尽管是战争，上官与下级者中间，希冀有更美的更妙的融和，赌着一命而工作的我们，对于上官，希望有真的亲切。现役二年间，不管是中队长，是教官，或是班长，有一点觉到想能随便一点的亲情味。召集以来不是有些缺着这样的亲情味么？不是干部坏，是我们不好。

（十月八日）两亲、妻子会因音信不通，消息不知而担心罢！不知何时能寄的信，却写了。今天因为要护送负伤兵到天津去，每人许可带去一封的信件……。

（十月九日）又借着扫荡败退的残兵去征发鸡、薯……

（十月十日）去北门当下士官哨勤务。北门附近的住民，拿来了香烟、白糖、砂糖、中国酒、鸡。良民的心里实在可怜，拿那学会一点点的中国话，好玩好笑地去同中国小孩子谈话……

（十月十一日）追击行军中，所拾到的钞票，想把他作为纪念品带回去，意外地能以日本钞票同一价值交换物品。还是可谢，还是可嗤，日本钞票□蠢到不能用。……买了东西来，在班内制"善哉"（烧糯米糕和煮甜赤豆汤同吃），请大家吃。一面吃"善哉"，一面说故乡的事情，祝父母、妻子、兄弟的健康。

（十月十二日）……完全的秋天，天高马肥的秋天，若在故乡，则是去郊外散步了。……

木叶枯落，知故乡之秋。

（十月十五日）看看冷起来了，是完全秋天，冷得没有办法，在土地上盖上天幕而睡的城内生活，又冷，又痾肚子，相当的苦，夜间想睡，却为臭虫所攻。入城以来不知何故睡不好，没有办法，做了恶梦，一点都不能熟睡。夜半心如刀刺之苦，父母妻子，没有变故才好呢！妻啊！祝你身体精神都好好地安产第二世啊！这一次受着苦也说不定。爱子啊！祝你安产和母子的健康。

（十月十六日）

静静而下啊！秋雨，使人怀念故乡！

昨夜之雨，完全晴了，天气晴朗。昨日雨中，赴步九的溺死兵之葬。寺岛辰二郎、深见良一溺死还未过一星期，全身腐烂，臭气冲鼻。这个情况，肉亲的人如果看见将作何感想呢！但是两君啊！一切是运命啊！后来我们叮咛地把他埋葬了。

（十月十八日）……。今天也终日精神不快，又痾肚子，屡屡下船，用便的不自由。想起来精神爽快的日子是少的。已经注意又注意了，只因为受了冻和吃了硬的南京米的麦饭，遂受不了啦！……

（十月十九）今天也留作船内警戒。和回军兵的岸本谈，是谁都有过苦生涯的。……

（十月二十日）今天也因为痾肚子，留作船内勤务。……静静闭目一思，是父母、妻子的事，兄弟的事乃至于公司、北村的事，又或想起过去的战事，独自微笑，种种思头，油然而生。

（十月二十二日）

战至一半作野浴，

因得妻函气亦舒。

拖着两脚，把想[相]当疲劳的身体拖到宁晋南方十公里的地方，和联队会合，一面向火，一面受取召集以来第一封的妻信与村长的慰问文，怎样都说不出的高兴。……

（十月二十三日）接到故乡的信，又写信。……一个分队，分配着还不足一斗的粮秣，而且是四天的粮秣，决定早晚二食，把他作成糊而渡之。征发是不行的，就是有钱又什么都买不到，却是痛苦的。

（十月二十四日）簌簌地，木叶落下，寂寞的异境，也可想到中秋呵。河北省的空气，和内地没有什么不同么？在秋的当中，故乡也大忙特忙罢！妻的信说，大家都忙着秋的准备，关于弟的事则没有写。入营也是十二月罢！一切都忘却，家族一致热望于秋的收获罢！妻啊！子啊！

（十月二十五日）到了师团集结地，粮秣乃[仍]不足，快要绝粮了。一切没有，和中国人说好话才买到了薯，可是仍还是饭的担心，望着囤得很少的米，又把他量一量看，各自都是担忧的脸孔。再怎样说，都是没有法子，翌日又决定了薯糊而就寝。……饷欠了二十圆。

（十月二十六日）长夜之秋，向故乡写信。

又写了七封信。应写的都已写了罢！今天大队的征发，转于三个村，征到鸡三五〇只、薯八〇〇斤，分队也买了一些米、盐、砂糖、××，这样也可以淹[腌]咸菜了。只要有了盐便有法子弄东西吃罢！高兴啊！战友啊！不自由也少了罢！

想那爱好俳句的妻，

我也作了。

九二的信到了。

（十月二十七日）……，大概最近要转到行动的样子，大队本部的空气有一些慌忙。……去那里是完全无法知道的。……

（十月二十八日）已经成为可爱的儿子的母亲经过十天了罢！母子都健康地安产了罢！是男子，还是女儿，再又起了什么名字呢？在我除掉祝母子的健康以外，没有别的，在祈着神啊！爱子，安心罢！我在远地祈祷着啊！午后下班。忘记着的今天这一天，是我一生有了一大转换的一天。啊！一年也过了么？可喜可乐的期间也短，也有了相当的苦罢！很快地也成了父亲、母亲了。……

想起了一年前，

又喜又乐的今天，
远在河北省，
庆祝今天这一天。

（十月二十九日）……四时顷，由内地补充队到来补充员，中队有六十名。为欢呼之声所送，远越千里的山海，来到这个血腥臭的旷野的他们是何心境呢？……

（十月三十日）非常冷起来了，已经是冬天么？从季候说，冷也没有办法，尽管是时候，而异境的寒气，却更透进身来呢！……

（十一月一日）……经过天津去大连或上海，似乎是确实的，但有种种疑问，是去上海呢？不是内地去么？有种种的忆[臆]测……

（十一月二日）……午后，召集以来，初次看见山岳，很像故乡所有的山，极可怀恋。……

（十一月四日）……综合本部干部的话，想起来，仍是凯旋罢！也没有报纸，无法知道战况的推移，上海方面的战争，也已大部分完了罢！……

（十一月五日）……午后因为太觉无聊，拉着中西，穿着一件衬衫，空手乱走，走到离部队五公里余的村落去，想去找些什么。找那藏在田野中的女子开玩笑，却不像一个军队。

（十一月六日）心绪不好，做什么都不好，以为身体有病，想想又没有那里不好。……

（十一月八日）……又看见了本日的报纸，各地还在战争着。在吵着满期的人们也都不紧张起来了，想到以后的战地，意见茫茫。……

（十一月十日）夜还暗的午前五时，到达奉天。满洲之夜是冷的，妇人会员以那怕冷的姿态，来作茶的接待也可喜。由儿童二名、分会长、妻来了慰问状，妻的二封（九·九、十·二八）报着一〇·一九日，母子健康安产。爱子养得不错。我也在阵中表示着感谢之意，恭喜恭喜，希望你壮健地养育儿子，我们的结晶，贞子啊！父亲是远在战地而还是在祝着你们母子的幸福和健康啊！希望你壮健，听母亲的话，不要使母亲悲伤啊！请你和新的母亲共同祝我的武运啊！……

（十一月十一日）在宿舍过了一天，完全把那粗暴的战场心情丢掉，变成为快乐的、明朗的世人，向故乡写信。收到了钦赐的香烟和酒。大连之夜是美的，也许会成为静静的的，不甚香的纪念或回忆罢，和六名战友走了大连的街道（西川、中西光井、原田，四十一团）。因为时局关系，寂静的大连，仍还有着国际都市那意义深长的地方。识得佐川香代子。得到翌日出发的命令。知道敌机飞到朝鲜的南端。

（十一月十三日）无声，无风，又无浪。同镜子那样的航海，针（罗盘针）路一直的向南指，去的地方是上海么？宿舍以来，做着不可思议的梦，也许是因为对中川说了的缘故罢！总有一点那个。梦是反的罢，中川的话，是相信着的。又只是这样想都是蠢的，但是守着枪后的〇（应是妻字），戴着纯真的假面的〇。作这样解是可怜的罢！忘记掉罢，作为忏悔。蠢啊！万一是真的，给他一个处置就好了。相信着的〇。像这样的事没有罢！

（十一月十四日）航海第三日，是因为昨天的缘故罢，今天仍还无趣。再怎么想，不愉快总是不愉快的。把一切忘记，转想大连方面，过了一日。……

（十一月十五日）……进入扬子江，真同海一样，也看不见陆，沉在水平线的夕阳，说不出的美。……两岸由于爆炸而起的火灾，到处可见。是蠢的。

（十一月十六日）……像这样的船中生活，已经讨厌了。……

（十一月十九日）战火之迹，比华北更残酷，住家店铺大部分被烧，连禾都烧掉，看不见良民的影子。是因为抗日侮日的教育澈底的缘故么，司令官的注意！和华北不同，是抗日侮日的教育澈底的地方连一匹的蝇（?）都不可放过。……

（十一月二十日）……寒冻，又痾肚子。……

（十一月二十一日）……路的两旁，田的中间，男女的尸体，呈着种种惨态。几十几百是出征以来多的尸体罢！……

（十一月二十二日）……想通信不可能，祈着贞子壮健成长。

（十一月二十三日）……终于粮秣不足，以待岁的姿势去征发。抗日澈底的华南民众，尽管想着对他们不客气，而对于良民的射杀铳杀则很是干不来的。今天也不听我的制止，盐见铳杀了二名，想到是良民，有一点可怜……

（十一月二十四日）……我们最近也要交代了罢！在做预备队的时候，极其高兴。今天又走出去，到处搜寻，发现颇美的年轻的姑娘所藏匿的屋子，同中西、西川野心勃起，但看见她们哀求的样子，又有一点可怜，制住中西算了。……

（十一月二十五日）……伊达伍长战死，即付火葬。午前十时早餐，与三大队交代。午后又开始战斗，追击又追击，激战卒至晚向，而待阵大队副官代理三大（队）长，其他有多数的战死者。……

（十一月二十六日）行军些许便与敌遭遇，又激战，果然是正规军，很强，弹如雨飞，很不能前进，自己的身边，濒于危险。……六分队斋藤以下四名负伤，打了五十发，打死了几名呢？听见酒井中尉战死。又打，又打死了七名罢！

（十一月二十七日）……在战斗中杀了中国人，良心上别无所咎，但打完仗，则有一点可怜。听见牧上等兵的死。

（十一月二十八日）……真是粮尽了，想去征发，又只是正规兵骚扰后的店和烧光的原野，今夜无米，说不出的恐慌，行军也辛苦。……

（十一月三十日）自昨日十一时，进入常州城以来，颇把城中骚扰了。有趣。也许会被人笑为不像皇军罢，但战争也是因为有此才有趣，才愉快。……夹着大的溪河，又受敌的急射而展开。以薄暮为机，而成为对阵之势。寺田伍长以下五名负伤，松原曹长战死。

（十二月一日）昨夜起的对阵，冒着危险，渡过溪河，在道路上直进，由两方受着敌的夹攻，暗黑，敌的所在地也不明，由着田的中队而睨敌。和八中队尖兵交代么？炊了热饭而吃，尖兵却要前进，登上旷野，拜着朝日悼松原曹长以下的战死伤者，至南京止一百二十公里么？给我武运啊！四方队，健康啊！我的身啊！祈父母妻子的健康。现在地奔牛镇。侍从武官到第一线视察。

（十二月四）……啊！想睡，想医华南出征以来那完全不眠不休的辛苦，征发种种的东西，把家中整理完毕。午后五时又传来出发的命令。啊！是什么一回事啊！不是为着一星期的休养，而征发了种种的东西么？不是为的是可以好好地休养的么？……

（十二月五日）……感冒不论何时都不愉快，头发伸得很长，完全比松树皮还难看。给养是没有的，杂着糙米的米和盐。昨日起发见了中国人的咸菜，吃着，极其好吃。……

（十二月八日）一早利用黑暗又取攻击态势，捷克炮、迫击炮，厉害攻击不可能么？一早起有负伤兵。……吉田伍长、大岛上等兵的战死，应怎样比拟啊！……

（十二月九日）……今天的分队，也出了中西一个伤兵，寂寞了。

（十二月十日）……敌的野炮也了不得，向着我的炮兵阵总射击。一发恰恰命中着炮兵阵地，有了五六名的死伤者。……

（十二月十二日）又在野炮阵地附近，不是相当危险么？迫击炮、捷克炮不断地打着，第一线的部队相当苦战的样子，有了很多的负伤兵。午前十时，啊！是什么一种运命啊！迫击炮落在我的面前。尾上、小濑、田中三名受了重伤，两脚、颜面完全粉碎，看都看不清楚。三君啊！可怜得很。但是一切是运命啊！仇一定替你们报。痛苦罢！忍耐一下啊！分队三名负伤，成为十一名了。

（十二月十三日）南京攻击的悲惨，我小队作尖兵，走像路的道路，后备的十二中队，又碰着埋设的地雷，有了二十名的死伤者。和小队长同作斥候向中山门走去，……。

（十二月十四日）……南京的一夜，在中央医院过，至后去作市内的扫荡。市内到处有败退的残兵，把三百五百的家伙，铳杀一个精光。……

（十二月十六日）……因为久战心身都疲劳的缘故罢，今天的行军极倦。牛步拖拖，完全是病人一样，二十公里余的行军，费了极大的劲。因为多数军队进来以后，什么征发不到，找，找，找，得到了猪肉吃。……

（十二月十八日）……今天仍还没有妻的来信。……

（十二月二十日）……听见高桥君的负伤，盐见卷天君的负伤。在担忧着罢！想到两君的两亲感慨深了。

（十二月二十一日）有了初雪，所以非常之寒，警备的露营，也很苦的。把水牛杀掉，又开始暴乱的生活了。……

（十二月二十二日）自从处理通讯物以来，已一星期，等着的亲人的信也没有，有一点担心起来了。写去有三十封了罢！对于妻也随心所动而写出骂言了。……比起前日是好天气，一天无片云，尝着爽快的心情，但是听见向句容前进，不高兴了。

（十二月二十三日）……但又下雨，实是阴惨的心情，无趣。……听见高桥君战死，想起伊藤君所说，只有同情。

（十二月二十四日）寒甚，极其寒冷的日子，午前六时由下士官哨撤回，向句容出发。看着先日描出苦战的战迹而南下，也看见加农炮及其他重炮南下，听取名人的意见也有趣的。但是不管怎样，一天一天接近凯旋一节，虽是事实，而没有受到何等好的武运，以后则是颇为缺憾的。行军二十公里余而宿营。

（十二月二十五日）……牛、猪、鸡的大杀生，再鲸吞着中国酒，分队全员祝着今日有意义的圣诞节。又祝父母妻子。

（十二月二十六日）战争已告一段落么？想在这个宿舍迎接正月，作正月的准备。中队的道路修理，作为第二班，督励着兵十名、苦力二十名，修理自街道至中队止的道路。……

(十二月二十八日)……，去听点名报告，听见一月下旬凯旋。回到分队，则在奏着忘年会的前奏曲。说了所听的话，有歌有笑又喝中国酒。

(十二月二十九日)……。仍还没有一封亲人的信来，心里不安，亲人也有许多，但一想到连一封信都不来，有一点凄凉了。

(昭和十三年一月一日)……每日的无聊生活也厌了，想得到一些刺激，夜晚同西川两人，为求些什么出去征发。方向都不晓得的暗夜，终夜转着走，走到午前四时归宿，真是可笑。元旦起就是这个样子，说不出的明朗有趣。

(一月二日)谣传着快要凯旋了。尽管什么都没有，想到能够很健康地、精神地回去，极其明朗。……今天也依样过了无聊的一日。……

(一月三日)……。

为什么孩子扁着嘴哭，

能够很快地给你看啊！父亲的脸孔。

妻，由美有信来。妻仍还是病了么？是担心着，但信来了稍为安堵，由美也写着明朗的事情寄来。……

(一月四日)……粗暴的战争和心情，都一扫而和缓。对于良民，也不可以有加害的事情。关于说着分队的兵们出去征发或烧房子，或铳杀人的话，或者这个战争，不是把良民的反感更弄深了么？

(一月五日)什么事情都没有，今天也为着慰藉无聊，调戏着美丽的中国女子而玩。尽管觉得可怜，然而各分队还用着女子呢！制止分队的兵们所干的事，也是为难的，我也是青年时代的人，看见美貌的女子仍还不会不高兴的。同样的心情，把最美的小孩抱在我的床上睡，也因为外国人可怕罢，宿到床角去，这个可怜的小孩，是没有邪心的。

(一月六日)分队用着年轻的中国女子，为中队所责备。说是不分昼夜用时，有关军的威信，有乱风纪。是的，自己的分队也用着。也尽管知道是坏乱风纪的原因，是不好的，仍还是年轻的青年的集合，压不住欲望罢！但是西川发见她成为破坏分队团结的原因时，或因为过于亲密地用她，至于胆大起来，不听军队的话时，则于半夜撵她出去，从后面放枪。真是……

(一月七日)今天检查兵器。战争也固然不是高兴的，而每日过着无聊的日子，也是讨厌的。把中国的小孩子集拢来，叫他们角力而戏玩着。又或使小孩们竞技，总是要一些刺激。……

(一月八日)由公司送来包裹，由美妻、节子来了信。

黄菊白菊，说是开了，
　可爱的我儿的成长。
朝夕祈祷着，
　团团地长起来的贞儿。
莞尔而笑的，他的脸，
　是远离着的父亲的。
温柔的母亲的那个面影么？
　双亲俱全的小雀，
做着快乐之梦的时候，
　还未看见的父亲可恋么？
　今宵又哭么？

(一月九日)(儿)哭时便会哭的母亲，
禁不住落下了一滴。

吟味着妻寄来的歌，她的心绪可想而知，但是不是别人，而是作为军国之母，作为军国之妻的任务啊！……

(一月十三日)……
今天也是回去等待的，
　是母国的信，妻的笔迹。
父是壮□，母亲也一样。
　一个的儿子，和我都无恙啊！

（一月十四日）

又雄勇，又坚强。
　为着一儿的养育，
勉励丈夫的心事是可怜的。
　守住罢，铳后武夫之妻。
朝夕想出的，
　远在母国的父母。
年老在寒风之下，
　为我祈祷的姿容。

（一月十五日）

谅卿应寂寞，
　贞子且当我，
僻远在江南，
　流泪而祝告。
苟我武运好，
　便能再聚会。
至时当衣锦，
　成为好汉回。

阵中无聊，想着父母之心想着妻子之心境，寄给父母妻子。

（一月十九日）从昨天起连下着雨，没有一点会晴的样子，一早起仍还继续下着，雨，说不出的阴气，令人怀想母国的时雨。

静静地下啊！是母国的时雨罢！

就是远在江南时，时雨也是一样的，实在令人寂寞的雨。又有移动的命令，到底是何时呢！希望能快一天移动。今日此际的无聊苦甚。

（一月二十日）

夕阳落去，夜寒了。
　独立在枯木的丘上。
远远可见的紫金山，
　尽管想蹂躏他，无奈今宵之月。
薪火烧尽夜寒

萦绕于露营之梦的，
是妻寄来的音信中，
所含有深情的香。
今天又下雪，没有止意。

（二月三日）……召集以来已六个月，而且又回到回忆多的石家庄，今后转到那里去呢？

（二月六日）夜半起赴便所，是知道的，一面想着冷，乃为恶梦所袭，及醒而观之，乃倒在露天便所的附近。乃[仍]还是晕了么？昨日起的病，缺食是原因么？听说明日出发，糟了。征战以来，同在华北病了两次。比这痛苦的事没有了。但是想到出发！勉强请奈佐作糊吃了少许。

（二月七日）……华北也继续着平和了，在另一面，军队不能够乱干又是无趣的，但是这是成为征战的目的罢！

（二月八日）午前八时向着目的地彰德出发么？精神大体还好。但是昨夜做了不可思议的梦，梦尽管不怎样把他当作一回事，而铳后的父母妻子之事，却是担心的。……

说明

这一本日记的主人翁，也是一个伍长罢（他是一个分队长，分队长有军曹和伍长两级），他初时盖是一位良善的迷信很深的家庭情爱极其浓厚的人。观于他十月五日所记“兵的征收掠夺，目不忍睹，……是皇军呢，还是强盗呢？……”等语，在十一月二十四日所记“……发见颇美的年轻的姑娘所藏匿的屋子，同中西、西川，野心勃起，但看见她们哀求的样子，有一点可怜，制住中西算了。……”等语，可知他是一个良善的人。观于他记中，记着拜神祷告等事，有十数次之多，可知他是很有迷信的，又观于他仅仅五个月中，记着父母妻子等事，不下四十次，平均三四天便想一次家乡，可知他是一个对家庭情爱极其浓厚的人，而且记中还有好几处记着想凯旋，不高兴战争。这些，完全可以证明，他的出征，完全不是他的愿意。论说像这样的人，怎么能勇敢打仗，可见完全是受着日帝国主义那征兵法的压迫，而成为日军阀的工具和牺牲品的。但他打到后来，不但汩没了初时的良善的性情，还学会了乱干，而且还替自己辩护起来了。例如十一月三十日记着："……颇把城中骚扰了。有趣，也许会被人笑为不像皇军罢！但战争也是因为有此才有趣，才愉快。……"对于蹂躏中国的女性，也会说"我也是青年时代的人，看见美貌的女子，仍还不会不高兴的……"（一月五日）"……也尽管知道是坏乱风纪的原因，是不好，仍还是年轻的青年的集合，压不住欲望罢……"（一月六日）等等的话，而把他初时那"一点的可怜"丢掉了。同时，他也终于在迷信之下而成为一堆烧焦了的枯骨，被送回去了，他那爱作俳句的妻则更不只是作着"儿哭时便会哭的母亲，禁不住落下了一滴"，而会作着"儿不哭时也会哭的母亲，禁不住落下了无数滴"的俳句了啊！可怜的桐村伍长！可怜的他的妻，他的儿，他的父亲、母亲、兄弟们！他们现在是怎样地父哭着子，母哭着儿，兄哭着弟，妻哭着夫，子哭着父啊！而且他的夫人爱子和他结婚不上一年，便永远离别仅仅留下了一个"结晶"——贞子，不是更加可怜么？

这便是说明日本军阀的罪恶。目下在日本国中，像这样父哭子，妻哭夫，兄哭弟，子哭父的，正不知是有几万百人呢。战事一天比一天延长，这种惨事，也一天比一天加重。这是日本人民所忍耐得了的么？他们不久一定会从迷信的网中跳出，而知道：什么神，什么命运，都是统治者骗人的把戏，在无情的现代的武器之下，什么神都保护不了这一条命，要保全这一条命，仍只有在于不上战场；要保全家庭的爱，也只有不上战场；战争，尤其是这一次的战争，对于一般日本人是完全没有好处的，不但没有好处，还只有极大的牺牲；为着要得到真实的和平生活，免却这么大的无谓牺牲，则只有群起而向自己的军阀进攻，把军阀推倒，才有办法罢！我读了这一本日记，我的直觉使我感到，日本人民一定会有这一日。但同时我却希望中日间反战反法西斯的人士，能够快点携手起来，去促进这一日的迅速的实现。

（原载于《敌军士兵日记》，新知书店，1940年）

一个日本士兵的阵中日记

[日本]中村义夫
陈辛人 译

译者前言

这一本日记是新四军战士在秣陵关附近的某次战斗，由敌兵死尸身上搜到的，是一本布面精装淡黄道林纸而有点线直格的漂亮本子，封面内写着“阵中日志”四个大字，右上角写着“自昭和十二年八月一日至”的小字，大概日记的原主人未尝预料到那一天会结束他的生命，永远不能亲自来接续那个“至”字以下的日子，那末现在就让我们来替他完成，由日记内容应该是“至”九月三十日止，左下角的内封面则写着“信笔所之以作生涯之回忆”二行小字。

这日记的主人，是日军步兵五十一联队第一中队伍长（班长）即池田队松尾部队赤尾队的伍长，名字叫做中村义夫，原籍东京市大森园大森三丁目九十卫地，家长名中村荣吉，他所持的枪的号数为七五〇五〇八，刺刀号数为二二九六七一三，徽章号数为六二号，防毒面具“衣”字八二〇五六号。

我们把这部两个月的日记一字不漏地翻译出来，且献给全中国不愿做亡国奴的同胞们，呈献给一切在前线和日军作坚苦奋斗的中国战士们，呈献给为世界正义和平而奋斗的国际人士们。在这里面赤裸裸地表现着这次中日战争的真像之一角，虽然只是两个月的日记，虽然只是一个伍长的经历，但这里已经明显地暴露出日本法西强盗的军队内部是多么的动摇不稳，官长和士兵的对立，人民的厌战、怕战心理，尤其对于中国游击队的恐怖，军纪的废弛堕落，在中国的掳掠枪杀奸淫，而最重要的是，它告诉我们，日本军阀在我们广泛的游击团兵的进攻下，是怎样一天一天的在锯凿着整个日本帝国主义的生命。

看了这本日记，不但可以加强我们的抗战热情，而且可以提高我们必胜的信念，而在目前的客观条件下，我们特别要指出：第一，从这里所表现的日军中的上下层的对立、下层的不满、不明为何而战、害怕战死的心理看来,加强目前的各抗战部队的对日军的政治工作,是一定可能获得巨大的效果的;第二,从日军的害怕游击队、军心的颓废看来,广泛地发动民众武装,游击敌人,破坏敌人的统治区的腹背,以便配合我运动兵团的抵抗与反攻,坚持抗战到底,是一定可以争取到最后的胜利的。

此外,这本日记不但有这些政治上的意义,而且有点文艺化,较石川达三著的《未死的兵》一书,更为坦白有力,这是值得向读者介绍的。

一九三八,一一,五　陈辛人

序一
读了这本日记以后

一、从这本日记中充分反映出日军士兵的不愿战。

二、充分反映出日兵对胜利毫无信心。

三、充分反映出日兵思家观念的浓厚。

四、充分反映出日军官兵的冲突、士兵的不满。

五、正因此,所以到中国后要"干一个痛快",日记中完全暴露其残忍性,这是没有前途的人的借端泄恨,同时反映日本国内政治的黑暗。

六、也正因此,所以日军到中国后,不论官兵都抱着一种借酒消愁,弄花解闷的行动,到处逐"花姑娘"入"慰安所",这就造成日军军纪之颓败。

七、当然这样的"皇军"是要大大削减其战斗力,这本日记中完全证明日军对我游击队表现着风声鹤唳的惊骇。

八、从这本日记中证明游击战争对日军是如何大的威胁,对我军起着何等伟大的战略配合作用,同时也最清楚的答复了某些顽固份子说"新四军是来共产不是来抗日",说"新四军游而不击",这些谣言的无谓。

九、从这本日记中证明在持久战中,我国必胜,日军必败。他最干脆地指示了恐日病者亡国论的无稽和无耻。

十、但日记中没有看到我们对日军宣传品的影响,所以尽管日军军纪颓败,兵心厌战,官兵矛盾,但他们终于被驱上战场,盲目的向我进攻,这证明我们对日军的宣传工作是如何的薄弱,我们今后应该怎样来纠正对日军宣传工作的忽视心里[理],怎样来有效地进行这一工作。

邓子恢

序二
我的读后感

L. Bruce

读了中村义夫的《阵中日志》以后，一个不是日本人的我，心弦上好像受了锤击似的，发生了和日本人民大众相应和的共鸣（虽然这声音是很低微）。一面不但向日本全国大多数在军阀鞭鞑[挞]下的人民表示无限度的同情，另一面又替日本整个国家的命运担起没穷尽的忧虑。远东的和平，人类的幸福，甚至于连日本人民几十年来辛辛苦苦在自国内所建设的成果，竟在日本军阀财阀的疯狂行动之下，像一阵烟云渐渐的在大风中消淡而终于无影无踪的完了！完了！

在军阀的严厉压迫之下，一切新闻照例是受到了无理的统制，所以日本人民是看不到事实的真相的，是瞧不见天日的！尽管在日本国内，侵华的军队里，一切都好如静幽的湖面仅给微风吹起皱波似的平稳，而没有掀起澎湃的怒潮，然而这不过是一个时机上的问题罢了！日本军阀们把自己种种无耻、荒淫、残酷、昏庸的行为很技巧地蒙蔽在伪善的“笑里藏刀”的假面具之内，最最可惜的，竟有一部份人失了理智的受骗了；可是上面的一切事实，在这本日记里完全被烘托了出来，一点也没有渲染，一点也没有浮饰。

从一个第三者的中立者的场合上来看，我对这本日记发生了下列的几点感想：

（一）中村义夫一开头就说：“这回归来时是白木？松叶秋？”这句话的真意倒并不是表现日本“武士道”的“牺牲”精神，相反的，却够刻划出作者（也是日本大多数的士兵）的感慨、惨凉、畏战的心理。然而“武士道”的精神往那里去了？我彷佛听到那些死去的素以“武士道”精神自誉的日本勇士们说：“一个具有‘武士道’精神的英雄是见义勇为的！”但是，日本军队一大批一大批的开往中国去屠杀无辜的中国老百姓，难道是“武士道”的“见义勇为”的精神吗？

（二）日本军心的焕[涣]散，决不是什么“皇军慰安所”之类的淫佚组织所能挽回的，因为这只有使日本士兵军纪加速的废弛。从这里可以看出日本军阀的企图用种种方法来实施麻醉下层士兵的阴谋和毒辣手段。

（三）日本军阀劳兵远征，深入素不熟悉的中国内地，已在战略上犯了严重的错误，正因为这，更保证了中国抗战的到底可以获得胜利。在这本日记里，有的是日兵士气的颓废的描写，有的是日兵对中国游击队的惧怕的刻划，有的是日兵的厌战心理的叙述，有的是中国士兵的可歌可泣的伟绩的表明。这本书好像一支辉煌的火炬，照澈了大地上的光明面，也照透了黑暗面。

最后，我依稀从字行间里看到日本人民大众怒愤的睁着眼睛摇挥着自己的拳头的景像，总有一天，爱好和平的中国民众会和日本维护真理的民众携起手来，吐出了怒火把一切“纸老虎”的日本军阀和伪善的“假面具”烧毁掉！

一九三九，三，一八　写于皖南

阵中日志

不过，这一次总不能生还了！

八月一日　(月)雨

出发终于紧迫着到来了，今天是准备的第一天，从早晨起就准备，没有什么课目，但不凑巧的是从早上就下雨，已决定先头出发者——伊藤少尉以下的人名。对长岛伍长拜托了一些好事情，这是极秘密的。

晚上，知道本部曾有电话来，昨天的“快明信片”来不及寄到，父亲却跑来了，忙得很，真不得了呢！不过这一次总不能生还了，能见一面也是再好不过的事情吧！

和初次离别不同，三日后就要出发了，一点也不觉得非见面不可！哦，准备的第一天算是优哉悠哉地过去了。

想着明天和父亲见面的快乐，去睡觉吧！

八月二日　(火)雨

今天从早就下雨，在出发前，这样每天的下雨，是不能准备的，真倒霉透了。

午后零时三十分，父亲来晤面了，特意到老远地方来的父亲的厚情，真感谢得很。他对于我问他要零用钱很是关心。不管活到多大，在父亲看来，总是小孩子哪！

由四时起的军装检查，因下雨在“掩盖操场”举行，意外简单地干完倒很好了。

午后六时下士集合所，有送别宴会，是照例的临时仪式，简单得很，但注意到这事，就已经不错了。

想到在福知山这个地方睡觉，只有两晚了……真是感慨无量，我是一生再也不回来了，困感的福知山，痛苦的福知山，在这三个月间，尝到真正的军队生活了。

那里盛气凌人的三年兵，在这佳日也静静的隐忍着了，想到我们的事情就忍耐下来，对于大家的这种情意，真只有低下头去。把在国内所受的闷气，到彼地去伸吐个痛快罢！一上陆就干个痛快……

八月三日　(水)阴　后雨

住在福知山也终于只有今天了，想到这里，就是再如何讨厌的地方，也有点寂寞之感。

从早上起是面会日，热闹得很，对于我们，是太没缘分的面会日。可是那些手腕高明的家伙，却在福知山弄出好东西，而在喧哗着，绪崎的姐儿，咖啡店的女招待，……三年兵的会面人是定规了的。

那儿的角落，这儿的角落，都抱最后的别离……

在这样时候，仍还是独身的好。

并非不甘拜下风，实在……

在出发的前日连聚餐也没有，那里也有这样的中队吗？听说三中队二中队，都有欢盛的聚餐。

像这样真正的强固团结是可能的吗？我以为结局心和心的结合如不成为真正信仰，上头的心那是毫无用处的，现在的中队的状态，究竟怎样呢？上归上，下归下，各自想着自己的事，像这样……到了那边，如果不很快的改正这个缺憾是不行的。

晚饭后，聊作一点慰藉，只有下士官们来喝一喝酒，自暴自弃的喝得一塌糊涂，大家都大闹特闹。虽说是最后的一夜，连一回聚餐也没有，对于装着老实的兵士，应该是不好的吧！

不管怎样想，过去的事，是没有办法的了，但总应当考虑一下的。……

八月四日　(木)雨　晴

终于出发了。

午前九时左右堂堂地走出营门。

雨依然湿淫淫地下着，是泪雨呢？还是怄人的雨呢？

此后一身再不会钻进钻出的，二十联队的营门在“万岁万岁”声中被送出来了。受着福知山市民热烈的欢送，继续向车站进行。

碰到凄然来送别的桶谷和小西。

也许是最后的别离了吧！

十时五十分，在“万岁”声中，由福知山站出发，所有一切都不能再看见第二回了。……

那末，再见吧，福知山祝你好！

午后三时四十八分，到大坂[阪]浪花站，行入市内约三日里，在东区宿营地的初以为民家，却是旅店中宿住。

和广岛不同，这是待遇很好的愉快的地方，有个可爱的小姑娘。

明朗愉快的侍女，尽管只是一夜的宿营，可是很有趣的。

松岛的心情，哈哈……这是什么都不好写的啊。……

八月五日 (金)晴

午前五时被推起床，有使唤。

啊！啊！新兵是干不得的，父亲特意来访都无法见面。

午前八时，带了一行十八名，进船仓，午饭也没吃，直到下午八时，肚子都饿扁了。

二点以后，全体人员上船，午后四时，在欢呼的送别声中，航出大坂港。哦！又和内地隔别了。

也许是第二回了，一点感想也没浮起。

这回归来时，……

是白木箱？松叶秋？(译注)

还是像现在这样姿态归来呢？

总之，尽量干去好吧！

——心里这样誓着，走下船室。

轮船在平静的濑户内海上面滑着驶去：皓月上升了。唔！明天也是好日子吧！爬上乘船第一夜的寝床，午后九时三十分。

(注)：白木箱——是日本人盛死尸骨灰的。

松叶秋——是伤兵用的手杖。

八月六日 (土)晴

午前五时三十分起床。

海是平静的，大家都跑到甲板上。

看过好多回的濑户内海，一点也没有心情上甲板去。

午后六时，担任对空监视哨。

七时被大队长骂为不知守则，大队长说："你的脑袋离发疯只差一步了。"实在是这样也未可知。

请你看疯子会做出什么好吧！像这种无聊的卫兵还是第一次呢。

八月七日　(日)晴

真不愧叫做“玄海滩”这个地名，黎明轮船就摇动了，监视哨都受不了了，但都紧张地去立哨，等得一小时的立哨完毕，都疲倦得不堪了，大家的打盹到底有什么法子谴责呢。巡察和值日将校发见了。

中队长担心起来，招呼人来交代，但结局还是照样的服务了。半途派人来交代的卫兵，是前代所未闻的吧。

终于午后六时才交代回来，真是不好意思。……

这是拼着一条生命来出征的我们的寝室吗?

八月八日　(月)晴

大家好像习惯于船的摇簸了，都有精神。从午前十时起，海的颜色就变化了。

已经接近了上海，杨[扬]子江的泥水流着，成为红色。

午后二时入杨[扬]子江，真也广阔，像海一样，一点也不觉得是河。

看见各国的船，特别可惊的是英国的船只之多。

不久，船行进黄浦江，河水更变成泥水了，这周围在表示着激战，战迹已现出来了。

在巨大的烟囱上，开着炮弹的痕迹，好像在表示着精锐炮兵的手腕。……

家家户户因为受着炮击和轰炸，都一塌糊涂了，也真算得会干了！到处可以使人想起当时激战的情形。不久船横靠虬江码头，这附近好像是军队的上陆处，尽是些军需品仓库。

好像是饭田部队奋战的地点，留下了饭田码头的名字。

忽然改变了明朝上陆的预定。

命令——马上登陆，闹翻了。

又给抓来干船仓的工作，一旦被看中了，便是送命的尽头，没有法子了。

十一时事务完毕，坐汽车去宿舍，十一时半到杨树浦宿舍。

不出所料，是肮脏的地方，是在工厂地上铺席而睡的。这是皇军的宿泊所么？这是拼着一条生命来出征的我们的寝室吗？

因为疲倦得很，什么也没想，一倒身就作大陆第一夜的睡眠。时间是午后十二时。

八月九日　（火）雨

午前七时被推起床，又是被叫去做事务使役，咱的工作昨天不是已经完结了么？又是使役，真有些不情愿地出去，跟着那讨厌的雨又下起来了，跑得要死也不知目的地是那里，却被抛掉了。

尽是些坏蛋，师团的高桥中尉那蠢的干法，真叫人受不了！

一定有时候来报复这个仇恨的啊！……

早饭也没得吃，就东使西唤，好容易到下午四时才完结。

从头上到脚下，都湿得淋淋漓漓了；无论到什么时候都不能松一松气。呀！呀！……

入夜雨下得更猛烈了，还夹着风，成为暴风雨了。午后十时，因日间疲劳就睡了。

八月十日　（水）晴

昨夜的暴风雨不知在什么时候停止了，是静朗的清晨。

登上屋顶一看，遥见法租界并列着大建筑物，似乎是上海的中心地。

午前十时作轻射击预行演习，一般的是体操，由午后一时半起，引率外出。

由“老鸦”的引率，游览战迹，到处都炸毁了，好似委实是准确的轰击，那被破坏的痕迹就是最好的说明。

在日本人的街上休憩三十分钟，只有三十分钟就用最大的速度跑走了。

法租界禁止入内，进不去。

国际都市的上海，也因为是战后，并不像想像中那样有趣。庞大的印度人巡捕，引起我的注意，绿眼睛的娼妓，频送着秋波。跟“老鸦”在一起，什么也干不成，流着满头大汗，午后六时回来。

带着枪的出外，没有趣味，是当然的啊！

八月十一日　（木）晴

今日午前的课目，和昨日一样。

午后，昨日没有出外的人，由“花生米”引率外出，我们则于午后二时去洗澡，澡堂的隔壁有“皇军慰安所”这个东西。

这是渡边兵站部的窑子。

真不愧是第一线的土地，所谓军经营的窑子，到底……

那“规则书”真惊人：

一、做完的赶快退出房外。

一、紊乱军纪的使其退场。

一、……

有这等等不胜惶恐之至。

跃入眼帘的是“价钱”，下士官兵一元五角正。

洗澡只是名目，好像隔壁才是好地方，大家都不知去“洗”过多少回“澡”，我也去了两回。嘻！嘻！

今晚好像十五夜，大好的月亮，去屋顶乘凉，凉风渡河吹来，远处闪着霓虹灯光(Neon light)。上海的夜，战前应该很好吧！

清静的夜，美丽的夜，看着看着，连更深也忘记了。

十一时左右冷起来了。引起注意，便回到室里。

八月十二日　(金)晴

今天的课目和前天同。

上陆以来，已经是第五天了，这种生活，也讨厌起来了。每天都是离离拉拉的生活，身体都完全变生硬了，因为去兵站部酒保处，钱包也寂寞起来了，讨厌啦！就在下面流着的黄浦江中，巨大的外国船舶，频繁地出入着，外国船的数目，真使人想起国际都市上海的往时啊！

夜里睡不下的人，都涌上屋顶乘凉。终于在午后十一时半，一个机关枪的兵，堕落死了。尽管上司给过注意，好像仍还是不顾一切地睡着。特意来到上海，从屋顶上堕下死了，真是……不知道怎样通报他家里，可是双亲一定会吃惊吧！不听上官命令而死的男子，虽然是可怜，但却不能同情的。

平常对兵士的事情一点也不关心的干部们，也多少有点吃惊的样子，像金鱼的长屎一样，常常地走来巡视，像陷入泥里的苍蝇一样已经太迟了！

全体士兵都笑起来，哈。……

八月十三日　(土)晴

和前天同样的课目，今天也平凡地完了。

八月十四日　(日)晴

今日午前中检查小队的兵器。

午后是准备明天开拔。

第四中队和联队本部已出发了。

明天终于我们也要和上海分别，……满×而别了。

照例午后先“洗澡”，碰到田中，也遇到了富田登、泷濑等人。

遇见池田良平时，委实吃了一惊，那里想到在上海这种地方碰见他了，真想不到，那家伙也吃了一惊呢！

“洗澡”归来，在兵站酒保处买了上海的图画明信片，寄给家里和岛子。

因为是在上海最后之日，大家都去“洗”了不知几回的“澡”！

为着准备明晨很早出发，就老老实实地睡觉了。

那一处的部队有这样拆烂污的……？

八月十五日　(月)晴

午前四时起床，收拾完毕，六时向上海北站出发，背囊沉重，受不了，不认识路，不知已往返过多少回了，真是傻瓜！驮着沉重的背囊，左湾[弯]右拐地兜圈子，那一处的部队有这样拆烂污的大队行军呢？

每天有工夫喝酒，嫖婊子，也应该拿一点空时间去把路调查调查才对，我真不愿意了。

午后十二时三十分，由上海开向南京。

上海南京间全为湖沼地带，进攻南京的部队大约吃过苦头的吧！各个车站都有日本军硬驻在那里，开车的和车长都是士兵充当，车头和客车都是由国内运来的。车辆到底是什么时候从那里运来的呢？

约行九个钟头，午后九时半到南京下关站，站附近的建筑物已完全破坏得一塌糊涂了，这里好似也驻着重兵，军用汽车频烦地左来右往。走进离站的一千米(公里)靠城墙边的临时兵营中，并排住着百一师团的骑一与辎重一，无论走到那里尽是兵士，真是骇人。

八月十六日　(火)晴

午前七时起来，早饭也没吃，又是使役，到车站去搬行李。

乘汽车到码头，途中驶行于南京街上，真不愧为首都的旧迹，触目的是大的衙门的建筑物，然而在城陷的今日，都变成日本兵的宿舍了，切切实实地使人看到了战败国的悲哀(?)总之，战败了就什么都完了，为子孙计不能不使劲地硬着头皮，像中队长所说，我们是为战争生下来的，一定要拼命干啊！

复兴的南京，日本人的咖啡店、饭店等似乎非常旺盛的样子，但这里的物价也似乎是贵的。

明天一早出发，老老实实地睡觉。

他们都去浸在南京之夜的气氛里了。

八月十七日　(水)晴

午前三时半起床,到五时由宿舍出发,向驻地秣陵关行军。

沉重的背囊格格地压进肩里,热起来了,真吃不消,南京城内三里(中国里十八里)的行军,真是受不了。

步行了一里就够受了,总不能一口气的跑,四月的补充兵都一个一个掉队了。

在预定的二日里附近吃午饭喝饭盆里的水,水一点也没有了,糟透了,用池里的脏水煮饮,休憩时被派用脚踏车去侦察道路,疲倦得要命还要骑二点钟的脚踏车,真是要命,因此之故,尝到了午后行军的苦楚。

难道分队长好丢队落伍吗?只好勉强的走着,只三十分钟左右,大家都走不动了,行几步就休息,休息不一会儿又行……到午后九时,就吵起来说,甚么看见烽火啦,什么啦。终于野宿下来,真是傻瓜,如果是来袭击的敌人,那末就刚刚好了,就可以高兴打一仗了,尽是一套蠢东西啊!一面被夜露浓厚地濡湿着,一面便在丘陵的岐线上盹睡。

明天又是行军,白天的疲劳,××地。……

八月十八日　(木)晴

午前五时等待着天明出发。

从山冈伍长处听见林修的死,吃了一惊。他很可怜地一直到死前的一瞬间硬着走,身体是孱弱的,但人很认真努力,有一点受不了的时候,便咬着牙根走,他的脸孔浮上眼帘来了,自四月入队以来就一直累死的林修是可怜得很!

由中队长的尽力,把他作为战死,可是亲属将如何吃惊啊!果真是要死的话,还不如堂堂皇皇地死在子弹之下好吧!

夜间全体人员守夜,祈祝着林的冥福。

忘了,到秣陵关任地是午前九时四十五分,至夜交代止,暂入假兵营,被命为本日的值日。

八月十九日　(金)晴

午前六时三十分起床。

从早晨起第二小队全部勤务,我是值日,却逃过了这个时候的勤务,我是右派啊!金谷军曹的"休与系"(注)等于零,二个小队和指挥班有百名以上,叫分队各自炊饭究竟是怎么一回事?虽说是初次,而他所干的事情,真教人看不上眼!

对于野战的事已经习惯了的三年兵，尽量使用他们，岂不好么……

把林修的尸体烧化，后来在林修的战死地，树起墓碑。肉体虽烟消云散，但陆军步兵上等兵林修的英名，却永远留在华中一角的秣陵关了罢！……

(注)：应是"给与系"之讹，是中国的炊事班之意。

八月二十日　(土)晴

与起床同时，向斋藤军曹说去值日，今日午前八时五十分举行对林的告别式，完毕后遗骨由驹骑准尉以下护送南京本部。

午前十一时中队部搬家。真受不了，好好地准备完毕，以为是要进入去了，又要移转，真是讨厌，为什么命令是这样不澈底呢？真是糟透了。午后第一小队(排)安抵此处，可是留了一部份，其余的又马上带大队(营)的行李出发到溧水去，因此又是行李的使役，苦了大半天。

两三天前，头就有一点痛了，今天早睡。

八月二十一日　(日)晴

午前九时中队长向全体讲注意卫生。

绝对不能饮生水。

不要向支那人买食物。

一定要饮带来的药品。

继续有下痢患者，中君也倒了霉。再则，好容易放下一口气，今天起又有猛烈的训练。

"苦哇巴拉，苦哇巴拉!"(注)

立刻又是午前体操及射击预行演习，真够受了。

午后五时担任卫兵，在船里没有干好，这一次应该能够顺利进行罢，哈，哈……

(注)：日本人听见雷响时，念的符咒。

八月二十二日　(月)晴

卫兵也没有发生何等事故，午后五时向斋藤军曹说知。午后三时半第一小队由溧水回来，热闹起来了，好像隔了二三年才相逢似的，真觉得依恋，但想起来，在南京分别以来，不过一星期而已。……

贞君"息忽耕"都精神很好，心想能在一起了吧，又听说第一小队又要去溧水了。

这个时候由中队分驻出去的是右派啊，第一小队无论到那里，都是幸运的啊！

贵得真混账的酒保物品，不买他也好。

解下了防具的捆包，有些忧郁，到战地来练剑术，只是想到都讨厌，想参加第一小队的出动又不成功。

无聊之极。……

可怜，又是一个牺牲者！

八月二十三日 （火）晴

晨学习劈刺术，在中队长的指导下是一件苦事。为着欢送第一小队，八时半完毕，全体都很有精神地出发，都兴高采烈似的。二中队的清水上等兵于昨天出发了。

MG（轻机连）的士兵堕入河里，所以来迎接医生去，安川医官马上赶去，但已死了。

“可怜又是一个牺牲者！”真是倒霉已极的啊！

听说连人带马堕入河里，只是自己死了，而且听说是三年兵，辛辛苦苦的两次来出征，而堕河死了，他到底是何等不幸的人啊！

真是难为他，想起来说不定在什么地方，什么时候有危险都很难保呢？

八月二十四日 （水）晴

今天陪“老雅［鸦］”到南京去，上次跑得要死的路，用三轮车只一小时就到了。

买了各种物品，完毕时是午后一时，今天不知何故，请起我吃午饭来了？

买物后坐车去作慰安所巡视，不论那一家都是满座，为之吃了一惊。

曹长以下六名各自玩了一阵，已是午后四时，由南京出发，向旧路走。

南京到那儿一看，也不怎样好，货物昂贵，真没办法，对于士兵，颇为无理。

不晓得干吗用的，竟至于把钱包弄空了。

但南京偶尔一来也是好的吧！

八月二十五日 （木）晴 后阴

出任卫兵，因人员多了起来，不能训练，这个是好的。……

中午，自治委员会送来盛馔，分队长以上，被召集来宴会。

“酒保有啤酒，买来喝吧！”似乎是中君的声音。

由斋藤军曹请我喝了啤酒。

午后七时，任东部夜间哨兵，黑漆漆的怕人的夜，还不时下着雨。

初来的补充兵的心境，是怎样的呢?

午后十一时，现在是没有何等异状……都不会有什么变故么? ……

八月二十六日　(金)阴　雨

卫兵交代，上午休养。

午后三时半，被使役于作业。

在雨哗啦哗啦下着中间，实在讨厌得很。

午后七时半，勉强干完了，再没有比这更干得严重的事了吧!

想起了二城子的龟坂队。真的像龟君那样，如果有万一之变他会有勇气么?

心里想着这样子，于午后十时就寝。

八月二十七日　(土)阴

今天午前别无事故，有课目，虽说讨厌，可是如果什么事情都没有，闲逛着又难过，结局还是睡了整整的一天。

午后五时，继引野伍长之职，被命令为值日跟讨厌的上田准尉排在一起了。"没有接头好啦""整顿卫兵啦"，什么什么，简直好像是我一人，一直到现在，在胡涂乱干着的口气! 毫无味道，还被命令于明晨四时去巡查，不是讨厌的么?

八月廿八日　(日)晴

午前四时半出门巡查步哨线，一个钟头还转不完，真骇人，起床后，练习劈刺术，大家都苦了，可怜!

午后召集秣陵关的绅士，由中君致词，下士官全体武装与会，演剑术给他们看，连值日的我都拉出去了，对于这些血气未定的青年，真也没有办法啊!

午后十时半，在慰安所遇见中君、伊藤少尉，无法躲避，真难为情。

托福，饱听了中君的讨厌的事情。

八月二十九日　(月)晴

值日完了马上当卫兵。日间的卫兵是舒服的，但七时卫兵下班马上要弄剑术，不是好玩意，完全没有休息的机会啊!

八月三十日　(火)晴

起床后有猛练习。

我头有点痛,没有出席。

因为三浦跟中君说了,所以成为真的病人了。可是患者之多,真是骇人,原因在那里不知道,但是有百分之二十的病人在。因病而睡着虽然好,可是P公和上田准尉那可疑的眼睛是不高兴看的,没有真正地亲身为部下设想的干部,真是比什么再凄凉不过的了。……

八月三十一日　(水)晴

上午因为精神很好,起床体操及练剑术,可是坏了,午后痛苦得很。

加之,晚上又当卫兵,想请求调一调,这又不高兴,于是硬鼓起劲服务了,身体倦得很,什么也不想干,这样苦的事,还是第一次。伊藤少尉虽然关心着,可是也不能说不行,终于硬干下去。

九月一日　(木)晴

昨天的硬干,完全干坏了,今天想动也不能动。

到厕所不知有多少次,发热,身体痛,像是真正的赤痢。

晚上藤川伍长由溧水来联络。

本田良二的战死,冈部的负伤,吃了一惊,静静地祝本田的冥福。

午后十一时,北部有枪声,紧急集合,说是没有了不起的事发生,只是待机一会,便解散就寝。

热高至三十八度几分,很难睡下。

九月二日　(金)晴

今日也同昨天一样,请了操练假,热退些,可是身体却疲惫不堪了,到什么时候才好呢?

像这样,就是病也讨厌了,连今天已两天没吃什么东西了。还不断的有患者,是什么缘故呢?听藤川伍长说,溧水也很多,是否中了支那军的细菌战呢?那样的事是不会有的吧?明天轮着当日间卫兵,虽然不高兴但是弯着气去干吧,直到双脚朝天为止。

九月三日　(土)晴

肚子里的情形还有一点不妥,但支持好似还可以支持得住,忍耐地服务。

日间卫兵是最右派，回来时已夜了，什么事也没有了，只有这个最好，能够每天都是日间卫兵才好呢！

啊！可怕……可怕……

九月四日　(日)晴

午前照例是劈刺术，因为身体不好，今天还是请假，午后是星期日休养。

午后一时据情报说由南京来此的汽车被袭去。四时半上田准尉以下两个分队出发了，卫兵马上作夜的配备，双哨，大家在班内武装待机。

真了不起，一点点情报就这样准备，如果是在夜里发生，也许连睡觉也不能够呢？到出事地点的一列人，午后九时半无事归队，下了命令，连袜子打绑腿睡觉。啊，可怕，……可怕。……

九月五日　(月)晴

昨夜被残败兵所切断的电话线，电信队去修理，派伊藤少尉以下十九名为护卫，到东善桥附近去，午前十时到出事地点，马上警戒起来，出现了七十名左右的可疑的家伙，把他们捉住，电信队的那些人拳足交加的殴打他们，初上战场的中队的士兵们吃了一惊，只是呆呆地看着。觉得无聊，谁也不想去打，唔，紧张的只是初时，尽力打好啦！

小驹在南京老不回来，因此为警戒起见又是前进四千米去警备，午后六时过才回来了，连人心也不知道混账王八蛋，托福给他，累得要死，回来已是午后十时了。

本来是早就可以回来的，弄到这样晚，可恨的东西！

九月六日　(火)晴

很久没弄剑术了，偶然弄起来，实在疲倦得很，不禁骇然，给中君击中了要害而跳了起来。

午前十一时，铁甲车队的汽车来了，是从佑和桥来的，“呵，铁甲车不每天都来吗？”(每天能来就好了)这是兵士的话，……午后无所事事，休养。从早到晚很会磨人，响[晌]晚有射击预行演习，由伊藤少尉指挥下进行。

九月七日　(水)晴

昼间服务为卫兵，早起肚子里不好，躺着睡，被“老鸦”看见说了闲话，真是讨厌得很，……此外诸事顺利。要之无变故地完成了服务。

大队的副官来了，大概今晚又有什么吧，果然不出所料，午后九时紧急集合，有的说是看见红铜星的信号弹升起，因而大大骚动起来，非常戒严，警戒一小时，结果情况并无异常而收场了。

照例有“花生米”的步哨教育十五分钟，十时三十分解散；各小队有一半以上都着绑腿，以待机姿势而就寝。

九月八日 (木)晴

每天的日课——有敕论奉读式。午前由九时起，因为要给副官参观。演劈刺术照例受罪。副官也用着又感谢又厌烦的面孔看着。午后照例休养。六时射击预行演习。

九月九日 (金)昙 雨

午前七时半，出勤到绿口镇间修理桥梁。今天特别冷，还跌进溪水里去。又下起雨来了。因材料不足，工事不能照预定进行，到午后三时好容易完了。中君以下十名，急渡桥到绿口镇进行治安工作。

绿口镇是很好的地方，照例中君上去讲演三十分钟，午后七时半归队。

到溧水去的一行人，昨夜行军归来。

被任命为本日的值日。

九月十日 (土)晴

午前十时半，电信队的中村少尉等人由南京来队，借他们的汽车马上出动讨伐，入院患者及练兵请假的十九人留下，全体出动(午后零时)到陶××镇。太阳旗在前头是飒飒荡荡的出动的姿势，但大家都大笑说，像这样敌人一定都逃光了，果如所料，到那里一看，什么东西也没有，搜索家宅，也找不到什么，结果拉回土民二十七名，时为午后六时三十分，行军的三小队回来时，是午后八时。

相乐少尉等二十六人，由溧水来队，晚饭后用工兵队的车出发，到南京去。

据说昨天花了一日修好的桥，今晚三时又有四十名的新四军游击队来，把他破坏了，真把我们当作笨伯，这桥是我掉进溪里才修好的，可是一点也没有作用。

九月十一日 (日)晴

日间担任卫兵，日间的卫兵虽然好，可是无聊，一天的日子好长呵！

看见人家弄剑术，就想弄一弄，当然，一弄起来又讨厌了。

修理那条桥，十二时，上田准尉等出动警备桥梁，午前一时，在那些家伙似乎是来过了的时间到达该处，但已逃之夭夭了。

跑来跑去，追逐着有趣的花姑娘

九月十二日　(月)晴

午前休养，午后四时全体到绿口镇收拾，包围村落，搜索家宅，追逐着有趣的花姑娘，跑来跑去，跑了二个钟头，然而可怜，不能够××。(注)

三浦的荣哥儿枪击死了一个。

因为是初次，颜色不好看，被大家打消着。

午后十一时被叫起，去警备以前那条桥梁，午前一时到该地，但是迟了，已经给破坏了，懊恼之至，打算一网打尽，留五人埋伏着，午前三时，机会到来了，正想开枪战斗的刹那，可惜三轮车来接回去了，到底打胜还是打败，还不知道，但总想打他一仗啊!

(注)：这里两个××号，是原文如此的。

九月十三日　(火)晴

午前警备桥梁的特别休养。

午后二时到绿口镇扫荡。

使人吃惊的是因为昨天的收拾，住民都着惊逃空了，热闹的市街，完全只有空房子了，像这样还有什么治安工作等东西呢？把昨天抓到的家伙打死了三个，这些血气未定的年轻人，也实在没有办法，渐渐发出狂暴性了。伊藤少尉也颇带上残忍性了。

午后九时，今田中队全体出动警备桥梁，留下的也武装待机。

九月十四日　(水)晴

午前三时，大家平安回来。

上午休养，午后三时射击预行演习，午后九时长岛伍长等二十名，由一小队来队，作为辎重队的护卫。

好久不见了才晤面的，所以忘记更深而交谈着。

大家都有精神，是愉快的。

九月十五日　(木)晴

午前出席那久不弄的劈刺术,夜间服务为卫兵。十二时,似乎中了什么毒,肚里突然痛起来了,痛苦到躺着也不能,站着也不好,这么苦痛,平生还是第一次。

夜里托人到医务处取了二回的药。

九月十六日　(金)晴

今天睡了一天。

听中队长说,病人又多起来了,因为太过勉强工作的缘故。

分队长应该对分队员的健康好好的注意才是,不要叫他们太过勉强,话说得太好听了,像这样状态要继续到几时呢?……

整天预备冬营。

九月十七日　(土)昙　雨

今天当夜间卫兵,午后九时三十分,北卫兵所突然发出枪声,轻机关枪也开始射击。

东方面是无甚变动,但是马上把岗兵改为双岗。

庄司曹长脸孔都变色地来巡查,中队派来了增援队,终于变成真的敌袭了,东部防卫地区以伊藤少尉等一、三分队守备。

雨真正地下起来了,步哨们还是初次遇到这样的事情,只要听见脚步声看见灯光,就拍拍嗙嗙的射击。

一夜射了四十发,结局什么也没有抓到,像这样的步哨是靠不住的啊!

现在对枪弹能够冷静么?

九月十八日　(日)雨

午前八时,由守备线退下,全身湿透了,整理武器衣服,休息了一天。

晚上身体有点作怪了,昨夜的勉强忍耐,好像报应来了。

早早就寝。

九月十九日　(月)昙　雨

今天也是不朗爽的天气。

早上头痛休息,午后猛烈地发热,四十度〇二分。

全夜请不睡觉守夜的人,代为上冰袋。

九月二十日　(火)昙　小雨

头还是重的，睡着懒得起身，什么也没有吃，早晨起一直睡着。

日间热稍下降，三十八度左右，夜里全夜仍还发热。

九月二十一日　(水)昙　小雨

病到三四天，也就讨厌起来了，就是躺着，身体也痛得很。

热度依然下降上升着。

又有紧急的集合，混账王八蛋！

九月二十二日　(木)昙

说是大队长和联队长来了，班内清洁整顿，中队长检查内务。

因为大人物来了，所有病人都送病室，进入没有军医的病室，也不是什么了不起的事。

夜步哨那家伙慌慌张张地开了枪，又有紧急的集合，混账王八蛋！

九月二十三日　(金)晴

已经闷好久了，好容易天晴起来，一下子精神勃勃。

热也好像一直降退，不再上升了。像这样是就要出室了。卫生兵的不亲切，像这样病也很难好的。今天缓缓休养一天，明天再出室吧！

九月二十四日　(土)晴

午前好好静养，午后退室，刚刚休息了一周。

这回是毫无问题的了，自己吃惊着身体的孱弱。

P君说“上了金练就弱了么？”(注)……

(注)：意谓“贵人多病了”。

九月二十五日　(日)晴

刚病好没有勤务。

好久没洗澡，洗一下浑身爽快，体力也颇回复了。

为着练习脚，到街上去散步。

下了班，还是觉得医务所可恋，到那里玩，瞎吹了一天牛皮。

得啦！从明天起，认真的干起来，坚定决心！……

竟想起到慰安所去了，已经不要紧了，还要硬干啊！

九月二十六日　（月）晴

敕论奉读式完后，出场练习劈刺术，反之，上午的体操却怠工了。

夜间被派值卫兵，好像老早就等着我一样，立刻提出勤务，紧张地干啦！午后看劈刺术，就跃跃欲试，但使劲地弄一番，可是身体不是原来的那样了，还是不行。

午后七时，服务为夜间卫兵，无异状。

九月二十七日　（火）晴

敕论奉读式后，做复习的劈刺术基本训练。午前十时施行东防卫地区的工事的补习。对于刚刚病好的人，不免有点过于紧张吧，嘻！嘻！……

九月二十八日　（水）晴

猛练习有劈刺术。午后四时，足立少尉等第一小队，第三中队一轻机的兵士五十名，由溧水来本队，被委派为值日，分配宿舍弄苦了。六时半全体人员在营里的天井聚餐，由酒保买了酒来喝，这样的事情，在一生中是最初的一次，也是最后的一次吧！还有什么值日不值日，拼命地喝啊！

“老鸦”用奇怪的脸孔看着，三年兵也慢慢的舌头转不过来了，真有趣，真有趣，请练兵假的也拼命喝着。

慰安所献礼，叫了三位姑娘来，骚动满座，这是转属以来最初的聚餐，高兴之至了。

每月来这末一回就好啦，……与金谷军曹关于酒的事情弄得不圆满，混账王八蛋！

九月二十九日　（木）昙　小雨

还残留着昨夜的醉意，心胸快爽，因为参加猛练习的人很少，一早就被伊藤少尉拉作对手。

午前九时半，足立队出发。午后同中队长去绿口镇，身体薄弱的五名，跟庄原一起出发到溧水去作溧水足立小队的勤务工作。

被派作明天日间卫兵，早睡。

九月三十日　（金）昙　小雨

服务为东部日间卫兵，无异状。回来时，听说中队的配备有改变，决定我和驹崎准尉分配到绿口镇，虽然有点危险，可是分驻是有趣的。

二小队的残部及指挥班，跟中队长一起到溧水，分队也分得七零八落，这是命令没有办法的。

（译者注：日记至此中断。）（完）

（原载于《一个日本士兵的阵中日记》，集纳出版社，1939 年）

麦与兵队

[日本]火野苇平
哲非 译

译者的话（前言之一）

《麦与兵队》的作者火野苇平，真名玉井胜则，是日军中的一个步兵伍长，服务于日军报道部。关于此人本来的身分履历，译者无从查考，仅知目前已升为曹长（营长）。本书和石川达三著的《未死的兵》，虽同系写的日军在华作战的情形，立场却截然不同。在《未死的兵》中，作者是站在人道的立场上轻描淡写地暴露了日军的怎样残酷，并且暗示出这种残酷的原由，作者的笔调感伤，气氛异常浓厚，因此在有损军威的罪名下终于一度锒铛入狱（因缓刑关系现又来华任《中央公论》特派员）。《麦与兵队》的作者却不然，他是被认为"皇军"中的典型人物的，在思想的深度上，他远不如石川达三，他对于战争及于人性的影响并无深究，对于日军的种种行为，当然无意暴露，然而在某种程度内，他还能客观地记载事实，而这也就是我们译这文章的动机。我们固希望日本的从军人员中有千百个石川达三来暴露他们自己，从而有所觉悟。但在现状下这毕竟是很少可能的，所以我们只得就其次觅取一些相当客观的东西，我们相信只要读者具有几分正确的眼光，他自能从中看出些甚么来。再者因为本书是一种动的纪录——行军的日记，它定能供给一些有益于我们抗战的认识。文笔也还相当生动，有时或不免太琐屑一些，这恐怕作者并不是一个有十分文学素养的作家。但大体上仍无损于我们的了解。凡涉及诋毁和夸张之处，则均行删去。

哲非
九月一日

作者的话（前言之二）

这篇《麦与兵队》，是徐州大战时我在某部队中当情报员时的日记。我于去年×月×日为了此次中国事变奉召出征。十一月五日，在杭州北沙敌前上陆，自从那时初次渡过了狙击着我们的枪林弹雨起，曾经历过好几次的激战，好几次的出入于生死之巷，幸而不可思议的现在尚留着一命，仍旧置身在战场之中。我在战场的热闹中，不绝地经验着难以形之语言的经历，在这壮大的战争观念中，一切不知不觉地都变成盲目的了。纵使将来有一天我可以把这种事实形之于文学，也非得在脚踏故土离开战场之后静静的回顾既往，加以整理不可；现在则我对于这种伟大的现实，一些也找不出适切的语言。我相信搜索出能适切描写战争的真话，是我今后一生中最有价值的事实。不过现在由于种种的原因，对于战争也不想说甚么。但另方面，则认为将一个置身于战场的士兵的直接经验纪录留下来，也许不是全无意义，所以就毅然的把事实记载下了。再则身在战场的一个士兵的我，是说不定几时会战死或遭不测的。本篇是我从自己一队曾参加战斗的杭洲湾敌前上陆起，经嘉善、嘉兴、湖州、广德、芜湖而入南京再折南下，十二月二十六日入杭州城为止的战斗记作第一章；杭州入城后迄四月底为止，在悦人的西子湖畔任警备时期的驻扎记，当作第二章；将奉命调到军报道部后立即奉命参加徐州会战的从军记，作第三章。这是因为我从各个个别角度置身战场的缘故。其中徐州会战的从军日记，是一个兵士的战场纪录，是一本称得上《我的战记》一书之三部曲中的最后一章。但因某种原因，决定将最后部分先行发表了。唯本文和徐州战线的全部战况及作战并无关系，仅是将我从军中每日所写的日记清理一过的东西罢了。固然不好算是小说。

火野苇平
六月十九日

五月四日

天气晴朗。

出发武装准备完毕，即到马渊中佐的屋子去。班长一见我进去，就将致高桥少佐的信和有关任务的训令书写好，并再三指示我蚌埠情报部的现状和前线情报部的部署，之后就命临时雇来的侍女拿酒来，说是给我提一提精神。打开麦酒给我倒了一杯，我拿起杯子，一壁慎重其事的尝味着溢起的泡沫，一壁对于马渊班长所表示的无限的深刻理解心很是感触，因而不知不觉感到自己肩膀上似乎加上了一付重担子。我取了一个立正的姿势行一敬礼，就开门出去，但他立即说："你没有带手枪啊，就拿我的去吧。"随即将寞塞尔的十发手枪给了我。

经过北四川路，通过一片粉碎凄凉的闸北，就到了北火车站。铁路左近，有陆战队的步哨站着。上了火车，人已轧满，全是军人，将校占了大半。上午九时开车，上海的街逐渐远了。天很热，即使打开着窗，但悒人的热风，反使人更感一层暑意。疲倦得很想睡，但因为车中塞得像香肠似的一无办法，纵使睡了下来，也是到处碰着头罢了。在苏州买了一瓶汽水喝，喝进喉咙觉得非常舒服。许多中国人在卖寒山寺的石印本，口都不开，只将字幅默默在窗口打开。从苏州起，沿铁路两旁都是些繁茂的杨柳树，水田里有许多中国孩子在洗澡。火车走近时，就张着手连声叫香烟香烟，意思就是要我们把自己吸的香烟送他们。到常州车站，看见对过月台上到着一列货车，上面满挤着中国人。因为是没有蓬[篷]盖的车子，所以有的撑着油纸伞，有的戴着竺帽，其中还杂有一个剪发的漂亮姑娘。有日本兵在分派水和饭团，大概是到上海去的难民。嘴里不停的噜唣着，做出为难的表情，但日本兵一走近，马上做出笑脸，一走过后，又复突然换了一种表情，不知在噜唣些甚么，其中有个好管闲事的光头在发号施令。车一出龙潭，右手见有轮船走着，心想是扬子江了，只见那边丘陵凹处一线黄色的浊流，一艘驱逐舰冒着白浪驰过，再看左手，是天文台所在的紫金山和绵延蜿蜒的南京城墙。午后四点半到了南京站，向步哨问了路，就朝城门方面走去。上空有十架飞机在飞着，天气是灼人的热，两旁只见全是废墟，不过路倒是很好。在转角上，一个同车来的海军似的人物，在和中国的卖鹅孩子办交涉。沿堤有一百只光景的鹅伸长脖子在叫着，孩子追上去的时候，百来头鹅就一齐伸长脖子发出奇妙的声音，孩子就将一头的颈子拉了出来甩一下。受了五角银圆，就连声"好好"的说着，一面孔管他妈的表情，迅速把鹅驱到野里去了。我就在那边搭上一辆黄包车。至挹江门前，见有阵亡战士的白木塔在，就下车行了敬礼。那块一丈长余的碑正面，是"皇军战死病没英灵菩提"，横里书有"如日月光明能除诸幽瞑""昭和十三年一月二十日村冈部队建设""身延山云洞书"等字样，两首相对供着花，中间柱着香烟。虽不晓得情报部在那里，但自挹门江起是一条笔直的大道，走过陆战队、军政部、最高法院、鼓楼公园一直到东和剧场，右角上就见"军报道部"的牌子。

见了米花少佐，就说"欢迎欢迎，请舒服休息一下吧"。于是再去找一个叫松田的人，将出发时内勤班坂田君托带来的日本刀交给了他。他马上就拔出来挥舞一下，说："这样就可以砍了。"一□之下就晓得松田原一是小仓出身，两人在中学曾同过学，就不禁令人抚然了。明天幸是一起动身到前线，洗了个浴就进屋子睡了。蚊虫集来叮我。

五月五日

"你没有带防毒面具？这次敌人是拼着命在干，你一定得带去。"出发时米花少佐这样说，并借了一副防毒面具给我。同路的有高谷，情报部写真班的梅木，《新申报》的松森，汽车上午八时出发。后来晓得松森也是小仓半国中学出身，在战地而且同在情报部中，曾踏小仓之土的竟有三人，真是值得欣喜。车到下关船埠取得了渡江证，就从栈桥上船。是一条为油污染得墨黑的小马达机船，上面满是些衣服褴褛的中国苦力，人一动小船就左右前后的乱幌[晃]。我们一上去船就开了。水仍旧是昨日看见的长江黄色涡流，或无宁说是红色的水，一片凄凉的水。停着的船身为水浪打得溅溅作声。单看水面，就好像停着的船以相当的速度在航驶着。对岸可以直望，一见不过是泥河般的这条长江，竟滔滔流过三千二百哩的大陆，迄一千五百哩至上游，还可航驶巨船，真是大到吓人。Tacoma 丸、菱丸等名字的汽船，在江上岸边停着十来艘。沿南京岸壁停着一艘军旗翻飞的军舰，江中浮着一条驱逐舰。不久我们就到了对岸的码头。浦口的车站尽情的破坏了，到处都是炸弹孔和弹疤。月台上停着两列货车，都是满载着输往前线的粮食以及几十辆运货汽车和乘用汽车。兵士们正驱使着中国的苦力忙碌着。高谷君去雇了十名苦力来，命他们把堆在月台上的中国米袋装上车去。但因为没有地位了，就装在载有情报部汽车两辆的无盖货车周围，里面都是预备散给对方阵地的传单。我们坐了情报部的汽车。将近开车时，开到前线去的部队就络续集中到车站来了。各各上了空军[车]，行李很多，兵士的座位似乎太少了，大家挤在伸缩不自由的地方。我们汽车周围也坐了不少兵士，他们似乎从炎热的路上赶来的，满身都是汗，军服都湿透了。上午十点五十分开车。

我乘的一辆是佐伯少佐用的旦拉布莱恩式的军用车，此外还有一个名字——甚为漂亮的汽车手花笑浮藏君。坐垫极软，所以很感舒服。周围都是晒在旺太阳下的兵士，看他们不舒服的挤在狭隘的地方，心中甚感不安，但因汽车中也满是货物，所以不安虽感不安，也只好忍着了。兵士们有的在帽子上蒙着手巾，有的手帕。大陆上五月的阳光，射下来的热气着实窘人，飞吹来的风都是蒸热的，有二三名兵竟钻到了汽车底下来，说这里是特等席。这一列军用车上的兵士，大概是属于不少部队的。问讯之下，晓得在我们这节货车上的，是伊豫松山的部队。我的父亲就是伊豫出身，自己也曾去过四国好几次，所以对这名字很有些怀恋。车行很慢，到蚌埠要十二小时，感到有些无聊，两旁尽是一望无际的麦田，不很看见有水田，也并没有甚么高山，有时唯见有丘陵河沟而已，不久就连丘陵、水田、河沟都少见了，光是一片坦然的麦田。铁路两旁杨柳和荆棘花树相间成行，繁密得令人有处身于隧道之感。这很使心中为之爽然。两侧一望无际的青青麦田，漫无止境的延续开去，茫茫原野只隅[偶]见有几处人去楼空的残垣败壁的部落而已。但时时可看见了望台般的堡垒，在枪眼左近有成群的鸟衔着甚么东西来往飞着，似乎在上面筑着巢。麦田里有时有白鹭飞来追逐火车飞着，但不见半个人影。仅仅偶见有警备队的粗陋小屋，上面插着日旗，有日本兵在里面。这也不能算是家屋，只是用相巧的木板、木柱、洋铅皮等凑拢来急造成的临时小屋。小屋的周围筑有沙土防垒，预防敌人袭击。中间有厨房，有罐箱改成的浴池。……我们从汽车上一挥手或帽子，对面也在挥着手，警备小屋中忽然伸出了一张满面胡子的面孔，大声叫喊，不知所云地大喊着“拜托您们啦”。因为火车走得慢，两边就问起部队的番号和报告起近况来了。“香烟有吗，给吗?”的大叫着。火车上匆匆的丢了不少去。麦田像蓝海般仍旧无边无际的继续着。我在杭州的时候，从各方面得到内地的消息，说战后国民的紧张情绪，已远不如事变勃发之初紧张了。这在比较平稳的杭州时，我认为是大国民的骄傲态度的，虽然愤怒，也还加以原谅。小小岛国的日本在这样空前的大战中，竟这样的满不在意，诚有些不可思议。但自战场回去的人，在这种轻松的空气中感到喜悦，恐怕也是真的。但现在在这荒凉的战场中经过，感怀所触，胸中不禁又对这辈轻薄的国民感到愤怒了。正在木然无感地望着驰去的杨柳和荆棘花树，突然花笑君在旁说道:“真是诗意啊，好像牧逸马的小说呢。”我吃惊地望着花笑君，这位诗人的汽车手面孔上泛现着恍惚的表情，“啊啊，千古的梦忆哪，”他那样喃喃的感叹着。“真好地方，我住在长区县的五岛，要是把那边附近五十家家族移到这里来做个移民村，真多好啊！中国真大，看了这样的风景，日本真是不堪了。”他这样反复的说着。“可是这辈家伙来了没有鱼吃，那就糟了。”他又困惑似的说。花笑君非常好讲开心话——浦口乘车时的情景啦，过外白渡桥苏州河上上海租界来啦，在汽车卖买业中占有势力的上海白相人啦，有卅块钱就肯杀人的流氓啦，以及其他许多趣话；十二小时的长长车行，由于有这位诗意的车手在，非常缩短了。在东葛镇站的屋上，有瞭望兵用望远镜向山的方角望着，可见津浦沿线还有不少散兵出没着，列车也充分准备应付随时的袭击。自滁县站起，警备兵就趁上了和四辆装甲车连结的无盖货车押道先走。在滁县，那些身材像熊袭人(种族名——译者注)似的满面胡子的警备兵，一壁用着中国人用的长烟管抽着烟，一边谈着诱鼠战术的话。所谓诱鼠战术，就是用姑娘作饵，来骗出中国的散兵，但清除散兵的工作却很不顺利。“可是编制诱鼠战术，那才是一件有趣的骗术呢，哈哈！”士兵们粗暴的笑谈着。在嘉山县站有开水招待，兵士都拿着水筒下去。车上的兵开始睡了，但是因为没有车厢的台车，想舒舒服服的睡下去是不可能的，大家只好把腿伸在外面，互相靠紧着身子睡。样子嘈杂得很，一见很危险，但却也不轻易跌下去。上面飞过四架飞机，似乎是到徐州轰炸去的，带着重重的炸弹飞着。“丢了炸弹飞回来时，不知要快多少呢！”士兵们在那样的谈论着。

车子到了一座光秃秃的长铁桥，大概是促忽间修理过的，有几条大铁链吊着，桥身相当高，下面发出浊流的流水声音，上面立着一块五千米速度的木牌，车声格轮格轮嘘咧嘘咧的叫人不很好受。自石山门起，平均速力为十千米。随着太阳西沉，天空的景像也在变了，过临淮关的时候，开始下起雨来。在时歇时下之间，天已黑了。由于灯火统制的关系，香烟也不能抽，黑暗的火车在黑暗中驱驰着。要是快速力，倒也不去管它，可是格轮格轮慢腾腾地走着机械的慢性，总觉得使人万分无聊。白天神气活现高谈阔论的士兵们，现在声息全无了，我也想睡了。可是谁在低声唱《胜利勇敢》歌，一有人唱，大家好像等着似的急急和歌而起，声音也慢慢高了，末了有击膝的，有拍传单袋的，有踏脚的，大家开始合唱起来。

不意往窗外看，只见森森海原似的一片东西，在夜色之中浮现着一线水平线，有时经过的丘陵蜿蜒犹如波涛，甚么光都不见。士兵的歌声从《露营歌》转变到《寄上海》《爱国进行曲》及《战友》。我发觉自己不知不觉也和着兵士们在唱时，就戛声而止，而认为自己的感伤是可笑的，然而唯其是反省到这种切实的感伤，才是可笑的感伤吧——自己不禁这样想着。

前面看见了在前线难得看到的电灯闪光了，在雨势逐渐加紧之中，车子终于到了蚌埠站。看见月台上有许多士兵在。火车上的士兵也下了车，点过了名后，就从更急激的大雨中出发了。有人在问情报部在甚么地方。冈田君来了，装货汽车也来到月台上。

大家相帮把货车上几十袋传单搬下来，再装上运货汽车，立刻运往飞机场。雨倾泻般落着。一辆装不下，但决定先送一车去。从堆满着枕木的火车上将汽车运到月台。一看车站的钟是九点〇四分。车站中很见嘈杂忙碌。这时刚才去的塌车回来了，将余下的装上后，就出发到军事情报部去，雨益发下得急了。

情报部是一所高大很明朗的二层楼房子，似乎还没有布置妥帖，楼下乱糟糟的像所空房子。事务所在楼上。当夜就需将传单交给各飞机队和各部队，在离本部四五家门面的一家酒铺子似的所在，就是存贮传单的仓库，将种类分别加以整理好。一会木村大佐、佐伯少佐和出渊大尉来了。“辛苦了。”木村大佐说。“饭准备好了，去吃吧，恐怕肚子早已饿了。”木村大佐这样一说，我就到本部食堂去吃饭，可是苍蝇多得讨厌，成群墨黑的。饭吃毕，又去整理传单的时候，木村大佐又来了，说：“洗澡去吧，特别托特务机关那边煮的水，出了一身汗吧。”告了一个段落之后，就回到情报部，从雨中奔到特务机关去洗澡了，异常舒服。洗好澡又被招去喝热茶，茶味十分出色，因而喝了很多。据特务机关的人员告诉我，这里附近的水不很好，含有铁质，常吃了害胆石病的人很多，所以这里虽不是大都会，却设有胆石病的专门医院。怪不得刚才洗澡时肥皂很不易溶解，心想有甚么矿石成分在，大概就因为这缘故。于是就谢了告辞回来。这时雷鸣交加雨势更见豪激，时辍时续间电闪发出亚羸质似的青光，接着头上就轰轰的起了雷声。“辛苦了吧，请喝一杯。”佐伯少佐打开麦酒说。“明天西伊势吉运转手将驾车至高桥少佐那边去，我也想一起去。”我这样向木村部长一说，他就说：“明天秩父宫要来蚌埠，你或在这里的好，但前线在推进中，要是离远了追去恐怕赶不上，那么还是上高桥少佐那边去吧，说不定那边还有甚么希望。”这样很理解的说中了自己心里想说的话，一刻巴不得早上前线，所以决定明日趁汽车追上高桥少佐。

电光闪闪，雷声轰轰，雨势一直没停。

五月六日

天一亮天气转晴了，隔夜因为传单还没有整理完毕，所以托出渊大尉五点钟唤醒，但他说他自己起来后，我尚睡着，所以不忍唤醒我。于是我立刻跑到仓库把传单整理好，将预备拿到前线去的部分堆积在高桥少佐的汽车中，高桥少佐的所在地，汽车手西君晓得，我就告别了木村部长和佐伯少佐，从八时出发。出了市郊，土地异常凹凸不平，在低处都积有泥水，是条阢隍[陧]的赭土大道。路是很糟，西君却说能走到那里算那里。刚才见的青天，忽然又昙云密集起来，不久又滴落的落起来了。到淮河时，看见松井部队架设的大铁桥，这是在铁船上面架木板而成的东西。右手原有的津浦铁桥，从中折成两段落在河中。水是黄色的。车子一近铁桥，就有工兵跑来嘱付缓行。过了铁桥，就在泥泞的路中走着，所经过的只是仅剩些残垣颓立的小村庄。车至麦田时，西君说今天到底完了。“还是回去吧。”他说。由于下雨的缘故，道路已化成一片泥泞，车轮徒然转着，车身却往泥中直陷。“车子脱线了呢，要是有游击队甚么出来，那才正好了，昨天也曾出现过两名游击队。”他说。于是将车开回去。雨这时下大了，来到刚才那条铁桥前，车子竟向路的斜倾处滑去，停着不动了。搬稻草，拣炼瓦，任你怎样，车轮光是空转，不肯进一步。西君脱掉鞋子，光着足跳进路傍的水潭。“真是了不得，要不快些乖乖的就不兴啊！”

五月七日

中国的孩子不知从那里弄来了一只挂钟，一壁当当的玩着，一壁在街上奔跑。路旁边有五六个孩子在赌铜钱，手法很灵巧地转弄着三颗骰子。梅本君告诉我，掷出四五六者赢，出同数次之，一二三就算是输。骰子的颜色已看不甚清楚，他们睁着眼睛哗啦哗啦的叫着，用磨光的铁片似的铜钱在赌着。十岁光景的孩子赌钱，在杭州、上海、南京也每天都能见到，虽然赌法各处有不同。

松森君因为要去南京继续取传单，十一点钟趁飞机去，自己就托他带了几封信去。因为时间来不及了，仅写了一封给父亲，一封给小仓刘寒吉的信；在给父亲的信中，是说此后就要上前方去作徐州的最后大决战了，好久来虽出入于枪林弹雨之中，但中国人的枪弹决计不会中到我身上来，所以请放心好了；至于写给寒吉的信中，曾写了这样一句歌：“于此生之休矣今已觉悟，河童之道灿然哉。”

过去在决定杭州敌前上陆的前夜，只许写极简单的信，仅写“终于在敌前上陆了”。至于中国人的枪弹不会打中等话，当时无论如何也写不来，这时切实的悲壮性，和目前自己上战线的心理，很是不同。这次的从军，虽说不定也会战死，但对于目前自己所写的话，总觉得有几分修饰性，于是把给寒吉的歌取消了，把它改写在自己从军日记的首页上。因为我想如果自己在战死之后别人并不能发见这歌，那么这种修饰就毫无意义。（所谓河童，因为自己是爱好河童故事的，曾收集了关于河童的种种东西，有时又画河童的画，因此亲戚朋友就常这样称呼我。）

同高谷和梅本两人上街上去散了一会步，走了不远，就看见前面墙壁上用沥青写的“办理兵役保甲民众须知”：

一，凡中华民国之男子均有服兵役之义务；

二，兵役分国民兵役和常备兵役两种；

三，男子年满十八岁就要服国民兵役，经身体检查合格后，就要服常备兵役。

以下十三条，条条都是关于征兵的严肃布告。过街就进了难民区，那里有步哨站岗着，没有本部许可证的人就不许进去。这是一条没有甚么中国大人家的街，一个日兵也不见。只见许多中国人，店铺都开了。景像的悠闲竟令人不信这是战地。在一家人家的门上，粘有“蚌埠难民复业指导委员会”的字样。过去五六家，是商团组的办事处，袖口系有商团腕章，穿黄色海军服似的警察样人物，一看见我们就飘然袖子一翻，行着个不三不四的敬礼。我们走进一所叫东亚博爱医院的医院去看看，因为今日不是开诊日，里面静静的，谁都不在，往左首有格子窗的房间中探首一看，见一个眼睛突出面色苍白的病妇睡着，里面走出一个服侍的老太婆来，看见我们就装出笑嘻嘻的样子。睡着的女人也马上跟着在突出的眼珠中露出一副羞涩的神情，歪曲着无力的嘴唇嘻嘻笑了。无论在甚么时候，甚么地方，中国人一看见日本兵，就会照例做出这种笑意来。……在围有砖墙，上面交悬着太阳旗和五色旗的广场大门上，粘着一张用红纸写的“蚌埠附近乡村代表合组办事处成立大会”的纸条。走进去一看，只见到处放着菜笼在卖青菜和鸡蛋。一个老太婆面前放着一只一尺直径的菜笼，放满着面、葱和豆，问她付了多少钱，她说一百钱。高谷君不禁感叹说：“诚然，一个中国人一天有一百文就可以生活了。”鸡蛋四个铜子一只，就买了几只。走进成立大会会场中去一看，似乎还没有开始，桌子凳子排得整整齐齐，交饰着太阳旗和五色旗，这情景宛像是所幼儿园。再往里一探，看见一个戴金边眼镜的讼师似的人物，一看见我们，就笑嘻嘻的说“请，请”，一面挥动着两手。

一回到情报部来，木村部长和佐伯少佐正要乘汽车出去，一问梅本，说是上难民大会去的。于是又到东菜市场，会马上就开始了。有懂得日语的三个人做通译，日语的流利确很可惊，大约从南京那边带来的。军队方面由高桥参谋作日军的代表，致了祝词。……大会散后分发传单，每人派到十份光景。……所谓代表，都是些纯粹的农夫，大概不会得受甚么教育，身体颀长，颜色墨黑，脸上的皱纹很深，接取传单的手上都是骨节，像八角金盘那样的粗大，他们就是看见日本兵，也不像街上人那样装出笑嘻嘻。默默接了传单，看也不看一看。但他们却又轮流的来讨，拿到一张就退下去了，比孩子都烦人，但我对于这些朴实如土的农民们反觉得无限亲切。这也许因为这些中国人和我认识的日本农民彼此极端相像，这些耐人寻味的愚朴的民族们，虽然好像被他们所不能理解的政治、理论、战争等打得昏头昏脑，但他们仍旧充溢着不为任何东西所屈的钝重执拗的力量。他们像竞争似的随处揿着鼻涕，把沾鼻涕的手在衣服上擦抹一下就算了，或把好容易讨来的传单揩揩鼻涕丢掉，看到这种可怜的农民的行径，心想这是敌人哪，自己禁不住笑了。

回来时天色已晚，因特务机关的人乘车上××去，自己一起趁车去了。××离开并不远，到着一看，只见绿草初生的宽广××上，整齐地排着数十架××机同××机，风景很是爽快。二三日前敌方飞机曾来轰炸过××，掷了很多炸弹，但据说飞机并没有损害，只伤了二三个兵士。自己很想趁飞机散发传单之便，想从上空看一看敌方的阵地，因此就向木村部长和佐伯少佐请求了，他们允许我有机会再说。事情毕后就同特务机关的人趁汽车一起回来，据说今天黄昏已攻陷了蒙城。

晚上找到了一副烧料的中国棋子，就赶紧用纸划了一张棋盘，同木村大佐、佐伯少佐及冈田君等作联盟战，直至更深歇手。

五月八日

因为铁丝床上并没有铺被窝，只铺了一层毯子，所以早晨起来混身觉得发痛。背心上照样印着铁丝网的痕纹。……当天因为风的关系飞机未起飞，迟到一日的松森君，因受臭虫咬，就趁空开始捉臭虫。

天气续晴，路大约好走了，因此决定出发。这几天前线战况非常顺利，我们所派在的，也就是高桥少佐行动俱在的某某本部，竟不知在甚么地方。佐伯少佐拿了地图到战斗本部代我们打听去。这次的徐州大包围战，是想把结集在蒋介石费时七年所构成的坚固阵地上的五十万大军加以消灭的歼灭战，北方的华北日军，自数月前即进兵攻击，华中的日军，任务系在切断敌人的退路，所以自南北进。作战上的事这里省略不谈……佐伯少佐回来后将地图推开，立即判明昨日本部的所在，但今日已进至何处却不明，且是否有路也不知道，即使有了路还不晓得通不通，不过佐伯少佐说到了怀远就有兵站部，可以到那边去问，昨日本部的所在地是仁和集。于是告了别，摄影班的梅本君也同去，两人就趁了西君开的汽车。九时许出发，和大阪朝日的青色汽车同行。

这次并不走前日走的路，而是沿淮河直达怀远。路很平坦。前面望见青色的山脉时，车到怀远了。狭路上拥挤着运货的汽车。到北园的某某部队去一问，说这边是前田部队××，于是到相离五百米的织田××事务所去，问讯之下也不晓得部队到那里去了，路虽确实通到两三里前的苏集，但再过去就不晓得了。因为一则道路破坏不堪，再则还有散兵四伏在，何况还埋有地雷。昨日还在用运货汽车在拖，兵站上也在排除万难用运货汽车追及××，但详情非得亲自去看不可，——一个身材矮小的少尉那样告诉我们。从那里出来，看见西君面上很有担忧的样子，于是我就说去了再说，回去总不行，反正没有关系。路上看见工兵队正在修理凹凸峻险的道路。注入淮河的涡河上面，有座名字很出色的观月桥，工兵队正在架桥。我们向站在桥堍手中拿着红旗的工兵军曹打个问讯，他说关于本部的位置是不晓得，不过可以到包家集，刚才工兵运货汽车载着材料上那边去，还来得及赶上。车子缓缓渡过观月桥，穿过破坏的乡村，眼前就豁然展开一片麦田。我们拿出地图来按图索骥前进，在巅巅播播的坚硬道路上行撞着，好几次跳起来，头倒在车上。甚么地方都找不到工兵队的汽车。最初走的路，从地图上晓得这是对的，但一出苏集，路就纵横交叉起来。一面走向麦田，竟找不到头路，麦田里的一条路，是军队通过时自然踏出来的，并不是最初原有的路。迷惑之间只得停下车来，但这时从我们来的方面开来的两辆乘用车，中间乘着四五名将校，说是上本部去的，于是我们就托庇跟踪在他们汽车的后面，可是路全然没有。在同一的地方来回打圈子，路坏透了，那两辆汽车上说这样子是无论如何也去不成的了，等路修好了再来吧，往后跟来也说不定，他们就那样开回去了。我们被遗弃在一望茫然的麦田中，那怕调查地图，拿罗盘针出来搜索方向，但因为没有目标，就连现在处身在甚么地点都不能晓得。忽然西君轻声喃喃地说："那不要是散兵吧。"固然在森林之中隐约可见二三个中国人的样子。"是本地人，"但西君仍说，"这可糟了，要不要回去吧？""现在再回去？放心好了。再向西进折北试试看。"我说。"可是撞着了地雷不得了呢。""那么没法，还是休息一会再说。"大家就在麦田中坐了下来。朝日的青汽车也说没有办法，因为茫茫无尽头的麦田，实是骇人听闻。麦虽已将结实，但附近村庄的农民不知都逃到那里去了，连收获的人都没有。风飘来时万倾青浪煞是好看。四处里仅有土屋几椽密集的未知名的村庄，没有山，后面尽是海样似的麦浪。周围有些高粱田，长尚没有一尺。忽然西君叫说"来了，来了"，一看，见苏集那部像浮在水平线上的舰队般出现了一队运货汽车。走近来一问，晓得是织田部队和渡边部队，是在追上××的，于是我们又跟在后面继续走起来了。路是到处坏的，桥都是断了。每逢这样的地方，前面货车上的工兵就纷纷跳下来加以修理。在河浜浅处就用砍倒的树木和高粱壳忽忽[匆匆]铺成临时的通路。我们的车子和朝日的青汽车因为没有运货汽车那么坚固，倾陷了好几次，推啦，用绳拉啦，最后终算渡过了河。要是单独行，要追上××就休想。某某通信队架设电线的电沿[线]杆木麦田中一直一直的插着，沿这些电杆木走去，想来一定会到本部的。但展眼望去仍旧是无际的麦田，田中有两三匹猪在乱窜着。此外还有几匹长耳黑毛身干细瘦的骡在田中悠悠闲荡。它们突然站住，耳朵向左右伸直，莫明其妙地望着汽车队的走过。几只鸡一面寻着食，一面从空屋的阴处走出来。野狗非常多，有些在田里不知撕裂着甚么东西吃。我们在某个村庄停下来稍为休息一下，外面人影都不见一个，只见在桑树下的圆石上坐着一个褴褛的老太婆。起初这老婆子只是怯样样地偷望着日本兵，一回[会]〖儿〗偻着腰站起来，不知为甚么忽然拍手拍脚怪模样地号淘[啕]大哭起来了。……

小小的村落中有四五十个兵在休息着。那是最初见的步兵队，身上穿着汗湿脏透的军服，各各负着行李散坐在家屋阴处或土堤上，柳树下系着两匹耳朵伸长的骡子。队上有个叫做广濑准尉的，给我们讲起初渡淮河时弘八营一役的战斗。听他讲来似乎是一次非常厉害的恶战，六日朝担任攻击的人见部队战死达百名，受伤的更有几百。夜上又因下了大雨的缘故，泥土悉化成了泥沼，只得在泥水中涉渡前进，轻机关和小枪都因浸沾了泥水不能使用，有时在泥中爬过去时眼前忽然碰见了敌人，于是就在泥中干着壮烈的白刃战。这听来不禁令人毛发栗然。……广濑准尉又讲起一次更困苦的战斗："藤野部队长带着十七名残兵作突袭时，遭着敌人两次的反攻，最后敌人虽然退去，但自己的小队死了五个，伤了十六个。"说毕，他面上不禁露出沮丧之色。

通信队员一边走，一边架设着电话线。负着电线架的兵士气吁喘喘的，这也是一件颇费力的工作。我们穿过麦田进了村落。本部似乎也是刚到，只见马系在树下，有的在卸行李，有的在喂水。所谓村落，也不过是一个名吧了，只是十来家土筑的小屋，后来晓得是叫秦家村。我们去寻高桥少佐，才转过污秽的茅屋角，迎头就见在一张矮凳上坐着一位身材结实、相当年龄的将校，定睛一看，从映到眼里的肩章上晓得此人是部队长，马上行了一个敬礼。高桥少佐却问来问去问不到。时间已将黑暗了，前面森林中的战争似乎愈见激烈，机关枪声连续不绝。

在村落外的麦田里，先前就插着二根二丈光景的长竹杆，上面插有三角的红旗，中间绷着绳索，有两个包扎就钓在二竿之间的绳纽上。有一架飞机不绝在这上空打着转。在插有竿子的周围，就是对空班。麦田上推展着一块队号的布片。飞机转了两三个圈子逐渐低飞下来了，推进机的回转骤见缓慢，飞机就一直望下面竖下，等到将近横张着的绳纽时，飞机上先垂下二条附有锤子的绳索，轻轻一勾，就连绳纽将包一起吊走了，机上就用手将绳抽进去。心想这到很稀奇，这架飞机是从××来的，大概战斗本部和前线部队间关于战线上的一切联络，都靠飞机抛下或吊上通信筒行着的。

再一探问，发见高桥少佐正骑着马从枪声激急的森林方面的麦田中过来。虽时光已是薄暮，但军情报部的臂章和长长胡子的风姿，却能看得清清楚楚。一走近去，少佐似乎也吃惊了，"呀！来得真好呀。"他说。他样子很受了太阳的逼灼，从马上下来。"来得真好，路又是这样，××的车又不来，真是完了。"

嗣后就带我去介绍给××部的队长、参谋、副官及其他军官等。管理部的小泉少尉分配了一所屋子给我，说："地方狭得很，姑且将就些吧，食粮请到那边去领。"于是我就到分配所去领了。我和梅本君及西君三人，各各分得四天的食粮，计米七升二合，及干菜萝卜干梅干等。附近就有一条混浊的小河，就将米拿去洗了，开始烧饭。许多士兵都在那条河里洗米，有的在提水喂马……比起甚么都不懂的梅本君和西君来，这时自己就显得是内行了……为不能让敌人看见火光起见，士兵们就趁天尚未暗时，各各随便选了个地方堆土积木的造起灶来，将饭匣吊在捧[棒]上，用高粱[粱]谷当作柴烧。我们先吃了从蚌埠带来的残饭，将烧的饭留到明天吃。……

高桥少佐说："几时出发，是要看战线的变演的，恐怕你们也疲倦了，今天睡了再说。"房子家家都是像牛厩似的，小而且脏。本部也设在头都抬不起来的狭小地方，只得点着蜡烛展开地图办事。士兵们去搜索些高粱谷和什草来铺在地面上，作成临时小屋，就算是露营了。敌方确是顽强，枪声始终不绝。一抹晕色的半轮明月，浮现在霞空之中。水畔不绝地絮括出蛙声，在战场上听见蛙声，分外觉得寂寞。……自己因为马嘶蚤叮，转侧不能成睡，就走到外面来看看，在月光照耀之下，士兵们都因白天辛苦已极，这时在造成的草窠里早睡得着着的了。可以听见他们的鼾声和轧牙声。骡马照旧在讨厌地叫着。本部中似乎还没有睡，因为在茅屋的窗上依稀可见烛光，无线电机的发电声，尤像远处的枪声那样悲怆。枪声仍旧不绝，蛙声也持续不休。这许多样的声音更使人在月明之下感到无限的静寂。再向前一望，见村落哨头立着一个步哨的影子。剑光照耀得雪亮，自己不意想起了故乡。

五月九日

听见乌鸦的噪聒声，走出来一看，见天色尚是薄暗。士兵们到处在架火煮饭，枪声已停，但隐约可以听见炮声。自己就用开水吃了茶淘饭。士兵们用棍棒打着马的屁股骂说："畜生，晚上吵得人家睡不着。"

到麦田里去大便，蹬下身子，因麦杆高长，遮得甚么也不见。心想难道没有人在么，却见麦丛中到处飘着缕缕的香烟。……

只听得一片哗啦的喊声，一看只见两头褐色的母牛正在开始猛烈相斗。士兵们对于这种战场上的意外风光，特别感到有趣，大家就围上来看。牛在广场上纵横奔跑，弄得土尘四溅，胜负却也不轻易能决定。这里的牛以体态雄壮毛色丰富的居多数，水牛则不见。"这不是牛打架，是牛和牛间的问朝安，在乡下的牧场上每天都见到的。"一个青年士兵这样说。

出发，又向一望无尽的麦田中开始进军。太阳渐升，天气也逐渐热起来。一下雨即变泥泞的路，在天晴时就干而多灰。脚步践处黄色的土烟冉冉飞起，在烟幕中进军的部队有时像影子，有时索性看不见。掮着红旗竹竿的对空班坐骑在前面先走，后面就是左右有骑兵保卫的队部本部。……各社的新闻记者把行李让驴马队负了，自己跟着一起走。……这一片麦田正是可怕。大麦，燕麦，小麦，一片茫漠的麦海就是了。一直究竟将延续到那里为止，连想像也不能。这里令人所生的感想，不是单纯的甚么植麦啦，耕作啦。这每一颗的麦，无疑都出自中国农民之手种植培育出来的，向周围一看，但见麦势涌涌，令人发生压倒之感。这时我想起了在蚌埠难民大会中见到的农民们。完成这片伟大的麦田的，就是那些具有钝重不屈的表情和八角金盘式手的农民。这也唯有是大地本身的人物，始能成就得了这样伟大的事业。……

午后四时许，在马集村宿营。仍旧是一些泥房子。我进了小泉少尉分配给我的一所茅屋，略略布置了一下。和参谋部的中山中佐及高桥少佐在一起。“这种事还是有生以来第一次呢。”梅本君一边抱憾似的，一边开始杀鸡除毛的料理。西君和管理部中另一个人要去领导粮车，一起坐了汽车到附近的村落去，但不久就回来了。据说因为不断听见机关枪声，恐怕有危险，所以中途折了回来。一时另外找不到别的锅，就拿饭锅烧了鸡汤。这家人家恰好有一只装有盐的小罐头，就在滚的饭锅中撮了两把，是黑汁的岩盐。高桥少佐的勤务兵齐藤一等兵及中山参谋的川原一等兵进来收拾房间，一看都是十分年轻的少年。“呀呀，辛苦了，”高桥少佐这样说着走回来。不久又来了许多新闻记者，于是高桥少佐就走到院子里将地图推在地上讲述最近的战况。天已是幕[暮]色苍苍了……屋子里铺了一些什草，预备吃夜饭。“怎样，尝尝战时料理黄鸡汁看，”我给高桥少佐送了一碗去。“谢谢，好得很。”他呷了一口。后来自己吃时才晓得咸得不知所云，况且鸡又老得厉害，好得很什么，根本谈不上。

村的尽头有一个池子，就跑到那边洗脸去。一轮淡月悬空，眯着眼一看，无尽的麦田给微风吹拂着，模样就像白浪拍岸一样。路上有步哨放岗。远方仿佛可听见枪声和狗叫声。枪声听听好像在左首，但又像在右首。后方也听得机关枪声。心想我们是包围在敌人中间了。回转家来听得中山参谋说：“那怕是汽车，也不可在外边瞎跑瞎跑呢。你们不是负的战斗任务，而是报道任务，所以格外了。”心想他这一番话算是甚么意思，但恐怕因为我们白天曾在没有道路的田间乘汽车向离开部队方面的右首跑去，给传令兵飞骑追来，告诉我们那边有敌人在，嘱付[咐]我们向部队的左首走，所以现在说不定他就是指挥的这会事。……闲话之间，参谋部派人传令高桥少佐马上就去。“大约是传单的事吧，”高桥少佐一壁说着，一壁就同中山参谋一同出去了。自己铺好一些草，预备睡觉。今晚大概又要受蚊虫的攻击。隔壁牛廊[厩]里四五个兵正在大声谈话。似乎找到了甚么老酒在喝着，语音也逐渐变得奇怪了，……一面笑谈，一面在唱鸭绿江歌和矶歌，一回儿又有谁在哭，“这家伙算是悲伤还是欢喜哪。”听见有人在这样说。声音格外高了，只听得一片嘻咧哈啦的笑声。自己一壁相隔着墙壁听着，一面慢慢地睡去了。

五月十日

醒来时天已大亮。把饭热一热，作了一碗葱花盐汤。大瓶中尚有比较干净的水，底下尽是沉淀的黄泥。走到院子里一看，昨夜呷呷叫的家鸭已经不见，只留下着一个蛋。昨夜睡了之后还听见它不停的呷呷叫，原来是催人来拿礼物。昨夜闹猛着的几个兵士，这时正将大饭锅里的饭盛在饭匣盖中，一边呼呼地吹着，一边在吃。……再走到外面一看，见一簇土堆上面放着一块平石，把石头转开来，只见中间是一个蕴溢着暖气的深穴，内部相当大，但因黑暗不十分看得清楚。心想是防空壕吧，但却家家都有的，大概是贮藏粮食的，并不是为了战争特别造起来的东西。个个穴都是空的，粮食早一起带着跑了。把鸭蛋送给高桥少佐，“这真是好东西了，”他说着就生吃掉了。

午前十时出发。高桥少佐说今天只要整一整队伍，并不需十分行动。行军所经的路又是一片茫漠的麦田，到处都是一样的风景。东北方面远处可以听见激烈的枪声，大概是风的关系，一会儿静，一会儿又好像就在左近。灼人的太阳炎炎的晒在麦田上。正午相近时到了王西庄，这是个有着二十余宅小土屋的小村庄。这里附近尽是这种穷酸相的小村落，在海样似的麦田中像小岛般浮现着。不过村落四周都有丰富的树木掩蔽，多数是杨柳，新绿滴滴，颇使人赏心悦目。

东北方的枪声这时愈来愈剧烈了。将汽车上装来的前线用的传单，照原先分配好的交付了各部队，各部队的命令受令者这时都集中到本部，听候参谋川久保中佐来传达作战命令，空气紧张极了。我因为要到某某部队本部去传达命令，所以把传单交毕，就带了高桥少佐托带往××部队长的东西，趁汽车到孙庄去。但在一见相同的风景中简直找不到目标，令人惶惑莫解的东西是太多了。在路上问问士兵岂但不知道，还胡七八糟的指示我上森林啦，北面啦，在麦田之中左去右来地兜着圈子。最初走进的村庄见有士兵赤着膊在洗衬衫，一面哗呀哗呀的喊，一看原来是在拍手赶牛，好像是炮兵。好容易寻到了孙庄，一停下汽车，即见前面树荫下有四五个军官正在看一张推在木板门上的地图，自己说明愿见某某部队长的来意后，那知坐在那里一位年纪最大一些的大干[个]子就是部队长。于是就将高桥少佐所托的东西呈上，他沉着地说了声“谢谢”，把高桥少佐名刺背后的字一看，又说了一声“谢谢”。讨了一张复高桥少佐的名刺，我就回来了。我看他们不绝在用电话向各部队作联络，似乎部队刚到不久，为了整顿攻击队势起见，样子马上就要出发。归途中看见葱田，就拔了少许葱韭回来。部队和同盟通信汽车似乎刚刚追到。同盟社的须藤，因兵站汽车已经到来，就拿了两瓶麦酒到高桥少佐那边来，客气地说，因为一起只有两瓶，所以只得分送一瓶，高桥少佐叫他不必客气。吃晚饭时梅本、西君、斋藤、川原两一等兵及自己，一共五人，各喝了一杯，着实可口。战场上还有麦酒喝正是想也想不到的。不意看见门口有一座新打的灶，我们的新居，在我们未来以前，好像是新婚夫妇住的房子。门口门楣上横粘着一张红纸写的“佳寓同心”，左右两门是两联，上写：

良缘由人结
佳偶自天成

这里左近的人家，不论在怎样粗陋的门户上，总喜欢贴些字迹鲜明、字句美丽的红纸张，粗粗一看似乎和那窄的狭土屋很不相配，然而写的却尽是希望一家幸福的话，这是和发散着强烈土香的麦田有着密切关系的。现在这些农民又逃到那里去了呢？这里附近更是不见半点农民的影踪。可是伸躺在无人之地结着一球球丰富麦穗的广大麦田，以及残留在空屋门上的幸福相的红纸，又何等执拗地充实着青春的生命呀。

麦田中设有弹药粮秣的结集所，从好几次运货汽车上运下的弹药箱，在麦田中高高堆积如山。

心想大战毕竟要开始了。用高粱壳搭成的卫兵所担任严事戒备，所面前恐怕给中国人看懂，所以仅用平假名写了“卫兵所”的一块标识。天开始夜了，披着薄晕的一轮胧月自东首推出，和远方东北森林上面的云片相映，不绝反射出闪闪的青光。又可听得隆隆的炮声，大概正在战争，这情景宛如雷鸣电闪，说不定也许会得下雨。

中山参谋一壁眺望着入口处为煤熏黑的墙壁，一壁笑说等在这种地窖里，倒好像做了护良亲王了，可惜这里没有美女服侍。松泽参谋跑来，说今天赵家集约有敌三千……刚才从马集出发途中听得的枪声大概就是了。管理部在分配各色各样的粮食，不过宣告大家应该预先觉悟，粮秣总有一天将不能顺利的分配……夜上又因臭虫咬睡不着，走到外面一看，见月色很好。心想睡到停在树荫下的汽车中去，那晓得里面早有捷足先登者在了，西君打着鼾睡得好好的。刚一闭眼，就给深夜的寒气催醒了，冷得太厉害，只得硬着头皮回到臭虫群聚的屋内。似乎家家屋子都有臭虫，士兵一晚中在不停地进出着。白天虽灼人的热，夜上却气温直下，连在外面露营都不可能。有许多兵士屋少不够分配，都找着地方搭起临时假屋，在四周露宿着。也许是大家睡不着吧，只听得不断的低低谈话声，从高粱壁隙中望出去，只见惨白色的月光之下到处闪着点点纸烟的红光。

五月十一日

午后二时许和中山参谋、高桥少佐及梅本君同路，带了两名卫兵，一起坐上两辆汽车到昨天激战所在的赵家集去。是在两哩许的东北方。路上尽是尘埃，前面走的一辆车完全隐没在黄尘之中，只见一块黄的烟雾在疾驰。车子一出六间宽阔的道路，左首里给一座围有围墙的庄园挡住了去路。这是一座完全用土砌起来的简单的墙壁，四周围有一条小河。路旁右首的凹地里，躺着二个中国正规军的死体，血渍尚未干透，周围乱抛着手榴弹和弹药。把一个兵士胸前凸出的纸条抽出来一看，只是一张标价十二元半买表时的证书，附记的日期是中华民国廿七年四月廿六日，保证在五年之内表出毛病或擦油均可不化钱加以修理。再往袋里一摸，固然模[摸]出一集克勒米怀中挂表，表面玻璃上染着血迹。一看秒针还在动着，放近耳边一听，只听得的的的地正确地走着。这时心中不禁感到一种异样的感情，我仍旧将表塞进尸体的袋里。

路中到处都是砍倒柳树枚[枝]堆成的障碍物，猪仔随地慢慢的蹒跚着，四下里不见一个人影，只见在河岸的树根下坐着一个老太婆，走近一看，看见她用团扇掩住面孔坐着……走进村落后才看见一个单穿衬衫晒得焦黑的兵士，听说是中队本部在这里。屋内和外面都铺着什草，有很多兵士拥挤在一起睡着。他们那种熟睡的姿势，使人感到无限的凄惨。都因为白天的反复激烈战斗，现在睡得就像泥块一样。留下担任警备的是吉田部队。走进什乱无章的队本部的低屋中一看，恰好队长正睡着。高桥少佐心想不便吵醒，就说过后再来，正想退出去的时候，那位身材高大胡须满面的少尉，一面扣着军服，从里边走了出来。据说战斗昨日上午九时开始，至六时始占领了这小村庄。敌人的顽强和勇敢，真叫人吃惊。绝对不肯退走，有时甚至从围墙中探出身来射击并抛掷手榴弹，日军冲入之后仍不稍屈的在各据点分头肉搏，就在这里的门口也曾大决斗过。后来从中国兵身上搜得的日记中晓得在这里的华军约有一个联队，八日向某处根据地出发，十日到达赵家集奉命死守该处。从这日记和其他二三文件调查所得，晓得在这里的守军系宋哲元直系部下的三十七师，是大学生军等混合的部队，兵力确数虽不知，大概有三千……大队撤退后似乎尚有伤兵残留在附近，今天早晨还在麦田里搜出十来个人来，说来很抱歉，部队长下令悉行杀掉了。我们这一边的兵也被杀了不少。我们这边参加这次战斗的是清水部队，清水部队长本人也亲自参加和华兵格斗，险遭不测。军官中也有若干受伤的。华军真勇敢，在日军占领之后尚作两次的反攻。……

到外面想去打听一下战死者和受伤者的姓名。附近尽是些土屋，仅有有围墙围起来的少数几家房子比较大一些。大门和窗扉上照倒张着黑字红纸的对联，横轩上照例是“紫气东来”“天地皆春”及“人生春台”“根深繁茂”等字样，门上的对联是：

春为一岁首
樱花百花魁

土墙上用白粉大书特书地写着“打倒日本帝国主义”“武装起来保卫乡土”“欢迎浴血抗战将士”“驱逐日本倭奴”等口号。我们回来的时候士兵们仍旧昏昏地睡着，我当心不出皮鞋声音地从他们身旁走过。

归途时曾遇见一个兵士蹒跚地独自在走着，问讯之下据说是害了脚气病，预备步行到××病院去，因此就让他上了汽车。到王西庄时，恰好遇见兵站的连络车，于是把这兵士转交了过去。

回来时看见在卫兵室的柱子上绑着一个俘虏，容色很是勇敢。翻译正在向他盘问，心想好像有些像谁，突然间浮起了 A 的容貌。除了颜色比较黑一些，真是一色无二。那俘虏眼光不住滴溜溜地打转，答复着翻译的讯问时声气很低。姓名是雷国栋，年三十二岁，属于一百三十二师，出生地湖南省……他心里早已明白着他自己的结果。黄昏，三个带枪的卫兵把雷国栋押到麦田里去。人影渐走渐小，终于消灭在海样的麦田里。

五月十二日

天一亮就开始出发，行军所经之地依旧是一片海样似地麦田。蜿蜒连绵相接的部队，分左右两首在黄尘中进行着。

…………

相近黄昏时，西首的森林中起了激烈的枪声。本部进了叫做李庄的村落，轻机关枪的声音不断的吼叫着，山炮的轰声在树林中激起了回响，村落中开始有炮弹飞进来了。狭隘的村落中挤着车辆和兵马，形势颇形混杂。走到山炮阵地所在一看，见部队长和参谋等都在村尽头的杨柳树下用望远镜向西南角上一座森林中眺望。芹川部队长走到炮兵观测处去观察透镜。左近是一些土馒头式的坟墓。出击部队似乎已经在前面和敌人对峙中了，只见前方的森林中烟雾腾腾，我们这边的增援部队散开来络续开往前线，人形分散在麦田中愈见愈小，最后终于隐伏在麦田中了。山炮连续的轰声似乎就在旁边，轰然直劈耳中……报告传来，华军似乎在左首。芽牙队长就命令打左首，小队长随即命令二十号炮手向左开放，一声号令之下只见轰声起处黄尘卷飞。前方的森林中卷起一阵像白烟似的东西，传来隆然炸裂的声音。这边和对方相隔不过千米。在对方战线上空有一架飞机在回旋着，俄然起了突隆突隆的可怕声响，飞机上边不住地往下投着炸弹，蒙蒙的白色烟雾笼罩了整个森林。这时右首起了激剧的机关枪声。敌方的子弹开始猛烈向本部射来，敌人似乎在开始袭击了。"进房子中去！"参谋喊说。自部队长起至参谋部全体退进村中，但梅本君却仍旧很勇敢的在摄影。两人刚并排躲在土馒头的背后，耳边只听得嘘的一声擦过，梅本就突然扑倒在地下一动都不动了。心想着了吧，子弹大概是弹着旁边的桑树挡过来的，树皮都给弹破得露出惨白色的木肌。但梅本君却抬起头来说："吃了一惊呢。"似乎并未受伤。高桥少佐不知上那里去了，到处寻不到。于是就走进村中，一问参谋部也不晓得，出来在村落中兜了好几个圈子，最后终算晓得了，在传达命令的一辈人中高桥少佐亦在内。这时天已薄暮。流弹好几次幽然地从头上飞过，在村落中的人有几个受了伤，战死了一个。高桥少佐曾自右首绕过战线到过第一线，说战争确是艰难，并不如想像那么容易。徐州方面的华军似乎已经窥破我们遮断他们后路的企图，所以在为五十万的大军继续自侧面杀开一条血路，那样决死的战着；一方面日军也已深陷敌阵，此后的战争，将益发艰难了。

今天是满月之夜，月色皓皓，机关枪却终夜不绝，频频发着凄惨声调的子弹从屋顶上飞过，有时潇潇的射中了屋顶和墙壁。心中感觉到空气异常紧张，一点听不到大声气的声响。可是在这弹丸嗖嗖的寂静空气下，驴马却依旧从体中发出奇妙的吼声冲破了这寂寞的大空。说不定这时正是驴马的交尾期，这种懒洋洋的响音似乎在求配隅，又是这样的叫了一夜。

兵士们敷开高粱壳，就在月光下睡了。

五月十三日

天亮时已不闻枪声，五六台轻战车正向战场疾驰而去。今天仍旧是好天气。

我们住过一夜的小房子壁上，用针别着各色各样的装饰品……其中有一张卡片，拿下来一看，赫然书着“国民革命军第二十八军警卫第一团二营八连连长谭选魁元乡陕西”等字样。两侧有一副柿色纸的挂轴，上书

国家立业财源主
治国安邦福寿神

墙壁和门口都贴有斗字形的福字纸，这是谁家都是一样的。

高桥少佐召集新闻记者报告战况。第一，关于唐集子西北方区二基罗米的邵庄附近的战斗。参加部队有松山、三上、前田、西村、驹井、松田、荒木田等各部队。……伊佐部队的三上中尉左肩为弹穿过，中森中尉受迫击炮弹片伤。第二，大寺、谷田、上田阪、须磨、镰田、大田、荒木各步兵队及片山炮兵队在吴家集东北三基罗米之孙瓦房发生最前线冲突。华方以机关枪猛烈扫射，日军一部向南，主力自东向西进攻，虽以炮兵协力攻击，但因敌军增加，黄昏的突击仍归无用，不得不向本队求援。敌军异常勇猛，据说慓悍的红枪队兵亦参加在内。第三，昨夜本部附近的战斗仍在继续中，情况不明。

伤兵络续到来，放在卫生队房子的前面……

高桥少佐害了肚子病，因此今天不骑马，改乘汽车出发。午前九时出发。南风极烈，只见前面蒙蒙的烟尘，队伍分成几个行列自麦田中向北前进。午后二时左右到了一个小小的村落，休息了好一会〖儿〗。西北方面枪声十分激烈，比昨日近得多了。流弹打在树上将树叶嗖嗖地振落坠在地上，几辆战车向麦田中猛冲过去。因为觉得口喝，自已就用火油箱去从小河中提了一箱水来，倒在拾来的药罐里面煮茶吃。把算不得是茶的热茶灌进喉咙，顿时觉得舒服异常。于是接连喝了几杯，那知喝得通身是汗。把剩下的装进水瓶，再留下的一些都是变色的泥渣了，正想倒去的时候却听得有人在说：“还有茶吗？”回头一看，见背后站着二个汗湿透了的炮兵。“还有，”那两个兵听说过有，就急忙变成了快慰的表情……把剩下来的泥渣水装进了水瓶，道了一声谢，就一步一跨的奔向黄尘蒙蒙的路上去了，我目送着他们的后影。……途中在田里拾得了几颗发青的杏子，咬了一口觉得又硬又酸，似乎尚没有成熟。记得离开杭州的时候，看见枝头上已开满了红白桃色的花朵，因而曾害过思乡病。

太阳开始倾西的时候枪声仍旧不绝，有人想就在村落中宿营，但五时许决定重行出发，几行队伍又向黄尘冲天的麦田中开始进军。河道甚么全然看不见，只有一些小河滨，但也没有多少水。说不定因为是雨量少的关系。在前方的村落上面有一架飞机在旋转着，惨烈的轰炸声不绝传来。我们一行人已经

到了韩村集，但因浍河桥已给破坏，车辆部队无法通过。围绕韩村集那条水壕的桥边空地上停着不少货车、常用车及辎重车、炮兵车等车辆，只有步兵队伍冒着黄尘通过韩村集继续前开。右手附近枪声不绝传来，流弹也不时从头上掠过。刚才轰炸的恐怕就是韩村集。占领尚不久，所以在村外继续在交战。村中央的一所望楼上面张着天线，大概是无线电台。沿堤岸的散兵壕显见都是临时怱[匆]促掘成的，浅而狭，但任何一面都可以射击。附近有许多尚不到一尺高的小山羊，怀着不可思议的神情左右眺望着通过的部队。部队的本部已先走在前面很远了，走出到村端一看，只见赤色的夕阳正将向缥渺的麦海中沉去。轮廓显明的血红的夕阳，三分之一已沉没在一直线的麦田里了。部队蜿蜒相续地进行着。在右首雾样的土烟中看得见马队的地方，大概是本部了。虽听说车子不能行，高桥少佐仍旧令开到能开的地方再说，汽车就在麦田里颠颠簸簸的驶去。

追过部队，经过了高高低低的道路，不久就到了浍河的边境。由于久不下雨，水量很少，中央低处只是流着五幅宽的水。也许是因为初次看见流水的缘故吧，反映在暮霭之下的水色，颇使人发生清澄之感。下流的桥业已被破坏，在最狭处有一条临时用木柱作成的路在着。前后左右都是难下脚的泥泞路，从汽车上下来就小心翼翼的渡过到对岸。在对岸沿堤走着时天已全黑了，皎洁的月色洒遍了田野。我们向森林中的本部走去……士兵们都急急烧好吃好饭，想趁开始夜行军之前就是一分钟也好的睡一会儿，所以不久之间浍河堤岸上都睡满了白天疲倦已极的兵士，一倒下去就都呼呼睡着了。不久四下里都是鼾声。一群萤火虫自这边飞去，消失在对岸的黑暗中。我和梅本君看到月光之下睡着的士兵姿态，不禁相对默视而笑。

我们回到刚才渡河地方的汽车中。勉强渡过河来的汽车，只有情报部的一辆……我们四个人就像腊肠般的塞在汽车里面，一边听着工兵们杭育杭育的打桩声，像森林中间的幽音似的，一面不知在甚么时候在为东方媚月所照射的玻璃水晶宫中睡着了。

五月十四日

在清晨晓月之下，许多车辆部队都络续开动了，我们亦随着出发。椭圆形的绚红的太阳，这时刚从地平线吐出，样子像一个上下压扁的鸡蛋。周围依旧是一片无尽的麦田。前面隐约看见一座山，这是几日行程来初次看见的山。三时左右终于追上了本部。腹病尚未好透的高桥少佐这时又改骑马了。

我们不久进了在百善前面的一座有围墙的庄院，大概是本地土豪的房子……门口绑有四个俘虏，个个都是正规军，体格十分顽强慓悍。许多日本兵集在周围，其中有懂得几句中国话的，就搭三搭四的在盘问他们，不时发生哄然的笑声，也有将点着的香烟衔在他们嘴里。我每见中国兵和乡下人，心里总有些异感，他们和日本人简实太相像了，而且不时能在他们中间发见像自己朋友的面孔。有时相像得太恼人了。这也许不外是自己的感伤，但彼此毕竟同文同种同是亚洲民族，广义的思想也相差不远，而现在居然忍心将这辈邻人们的人们当作仇敌杀戮，心中真感觉到有些难受。……前几天在王西庄遇见的雷国栋，就活像写那封藏在自己袋子中的绵绵恋书的作者 A 某，心念及此，也就不忍再见那四个早抱着死的观念的俘虏了。

……记得先前在韩集村左近的时候，发见前面有一个中国兵在，当我们走近的时候，他就掏出一个手榴弹来，我们以为他向我们挤来，那知他将手榴弹抱在胸前，身子一伏，轰然一声把自己壮烈牺牲了。他反正明白左右总是一死，与其做了羞辱的俘虏而死，不如自己一死干净多了。这真是令人为之肃然。

黄昏时天色起了变化，招得雨来的风开始把柳枝儿吹拂得骚然翻飞。最怕游击队、地雷和下雨的西君，这时面上出现了阴悒的表情，雨终于下起来了。“完了，完了。”西君全然失望地说。

午后七时出发，夜行。因为天气恶劣，让汽车队结集在百善，等明天追上来，我们就丢下西君走了。但唯恐继续下雨汽车不能追上来，所以预备好了三日的米粮和罐头食物。梅本君因负着一只爬山用的背囊，样子似乎很吃力。……走了不久，麦田中央发见了一座小丘，本部就扎在上面，说不定是按着地形而设的。出发不久，西方的上空出现了青天，西沉的夕阳把周围的流云反照得绚红。……午前二时到了有坚固城壁围住的睢[濉]溪口。虽然因为是在夜间看不甚清楚，只见是有瓦房的市镇。城壁也有两重。一进第一个城门，看见狭狭房屋的左侧排着有塌车和汽车。因为看见插有情报部的旗帜，就走上去一探究竟，一看汽车手的西君蒙着毯子呼呼地睡在里面。呼醒他后，他倒得意洋洋的说：“呀，现在刚到？有好东西在。”回头一看见火油箱中装满着鸡蛋。

夺取睢[濉]溪口的前卫部队的士兵们，都在附近人家打火造饭，急急的吃了，因为三点钟不得不出发。对方的大部中央军，前几天似乎还在睢[濉]溪口，但这里的先头部队达到时，却发见仅有少数的留守兵……

不久前卫部队又在黑暗狭窄的小街中向月光普照的城外进军去了。

五月十五日

兵士因听说失火，大家都醒了。我们住的所在似乎是油坊甚么的工厂，在粗木栅下埋着好多油瓶，四周围着厚厚的砖墙，好像是一座空落落的仓库似的建筑物，大概是烧饭时兵士留下了火种，所以着起火来。但幸而仅仅烧着了遮窗的高粱谷，马上就救熄了。这里无论那一个村落，独有墙壁建筑得最为坚固。起了火，总累不到乡邻人家，凡是失过火的地方，总有一座颓壁残留着，像笠帽编成的草屋顶一会儿就可再铺好，所以虽屡次失火也很容易修复的。

到参谋部去时，看见川久保参谋正召集着传令官们在发命令，各部队的受命者神情都很紧张……

因为离开出发尚有相当时间，我就同梅本君一起上街去闲走一会〖儿〗。只见仅仅寥寥几个居民。城墙和城门，倒很庄严，为在附近所不易多见。城门的正面刻有"薰和门"三字，城墙上一并排都是枪眼。城墙两侧用白粉大书着一副对联：上首是"大家竭力保卫祖国"，下首是"肃清汉奸巩固后方"。此外就不见有甚么抗日标语了。人家门口照例又是贴一些"天地皆春""根深繁茂""紫气东来"等红纸张。难得见的瓦房倒也有十来宅。这里好像出产酒的地方，挂着"睢[濉]溪铭酒"招牌的有好几家。使我感服不止的，是写的字个个都比在下要好得多。上"薰和门"上面去看看，极目所见是一条在麦田中的通路，两旁植有杨柳树。渡过浍河之后，也许是因为土地肥沃，麦也长得盛，树木也极其繁茂，不过多数是杨柳。奉命开往前线的部队，络续经薰和门穿越市街出来。在路两旁交叉架着枪的，是等候开拔的队伍。士兵的胸前个个都系着一块汗斑色的千人针，肩下挂着一个保护神。……

同盟社的通讯记者们，在一家茶馆似的人家的草堆上坐着在谈话。从军记者的辛苦，恐怕也不输于当兵的。……

午后一时，穿过沿城墙的一条尘埃埋没的小路，自里门出发，路上尘土蒙蒙，前面都望不清楚。自渡过浍河之后小河逐渐多了，到处都是赭土的土堤。前面有飞机在轰炸，且可听见枪声。不久又进了一个叫做孙圩的庄院中休息，看见井水异常清澄，口渴得很，也就顾不得不准喝冷水的命令，咕咕的喝了许多。走进庄门，看见几家都是罕见的大户人家房子……房子里面似乎谁家都没有人在。在一家人家的房门口挂着一条灰色绸的门帘，自己随随便便的跨了进去，只觉得鼻子中冲进一阵香水香气，香倒使人心胸都为之悸动。这房间有三间宽，好像青年夫妇的香巢。房间中装配的漂亮，也是为乡下地方所不常经见的，洒落的镜台，朱红的箱子，青红交绣的鞋木梳，锡的用具和银子饰的大洋灯，在红茶几上端端正正的放着。双人睡的床，里面还镶嵌着三面镜子。狭狭的房间中满是为处身于茫茫麦田和泥屋的战场中所难以想像到的不可思议的香味。茶几上搁着的四五本薄薄的小书，都是香艳小说。绸的被就在我的兵靴下弄脏了。我闭拢眼睛之后，一种迄目前为止忘掉了的感觉逐渐逐渐地执住了我。我跳起身来在镜子中把自己的脸一照，睨视着满是尘土和髭须的自己的脸，突然抢着上面的一瓶花露水跑出房间，感到自己好像是个偷偷闯进人家的强盗，结果像阵上失风般仓惶地逃了出来。一到外面，就把花露水瓶塞拔开，在自己身上乱洒起来。这虽然是香水，但同尘垢一混，反变成了令人呕心的臭味，使得梅本和西君都为[闻]了摇头不止。

因为我们还得往前开拔，就出脚向前先走了。但等了半天还不见后面本部来，一问在场的少尉，才晓得我们是先遣部队，这里就是最前线，最前面就没有步兵，本部宿营还在后方。于是从黑暗中回转来，本部原来就在我们刚才来过的孙圩庄内。进了有更楼的城门，右首是参谋部，情报部就在贴邻。一进门，高桥少佐就笑说："在那里去做了迷路子来?"中山参谋也在。出发要在吃过夜饭之后午前二点半。幸而西君在睢[濉]溪口征发得许多蛋来，就把这些蛋烧成山也似的副食品。这时天色已完全夜了。值日一等兵川原和斋藤不知从那里远处去用洋油箱打了井水来，水很混浊。我和斋藤两人在天井里的草堆上相对着剥去葱毛。蜡烛光被微风吹拂得闪发闪发。斋藤也不待我问，就金牙齿一闪一闪地同我配谈起来，他告诉我他们弟兄两人一起奉召出征，阿哥已经在上海打死。……我问他弟兄多不多，他说一起只有两个人，都奉命出征出来了，家里却还有二老。我见他声音低沉，就说我们虽然不惜为国牺牲生命，但把可以省得的命作无所为的牺牲，也可不必……还是应该看重生命。……

五月十六日

喷发着青烟的汽车，在一旁尽是一样的松树道上疾驰着。在松树的行列间忽然发见一枝笔直举着的枪口，正得得得地瞄准汽车射来，但却并不容易射中，不过因为不停地射来，心想找一个闪蔽的地方去躲避一下，可是路到处都是一条笔直的松林路，心想这一下可糟了，不料忽然有人叫醒了我。张开眼来一看，除了隔着车玻璃的一片青色的月光外，甚么也看不见，只是刚才梦中听得的得得得的声音仍旧继续着。勤务兵斋藤和川原两人神色惶张地说："拜托你了，因为迟了就赶不上部队!"这样怱怱[匆匆]地说着，就将怱怱[匆匆]卷成的高桥少佐和中山参谋的铺盖塞了进来，急忙怱怱[匆匆]地跑去了。心想一定是敌人夜袭，因为听得枪子着在运货汽车上的激烈的声音。

我套上军靴，系上绑腿，嘱咐西君和梅本君尽可能的低下头，把自己的铁盔让西君戴了，因为汽车夫中了弹是不便的，于是就执了手枪跳下汽车。外面漆黑，也不晓是甚么时候。薄薄轻纱似的月亮的位置，正和城壁交错成形。黑暗中只见士兵四处窜奔的影子。城墙上一片赤色的火光，城墙的中途也是火光熊熊。敌人已经袭进了孙圩，正从城墙的枪眼中向北射击。我就躲进了靠城墙的一辆汽车中，里面有一架轻机关枪和四个兵士在，离开城墙不过三十米光景。子弹的声音马上从耳边啸过，枪子纷纷从这边射来。自己躲藏的那辆汽车当的一声给打了一个洞。停着广场上的许多车子给子弹打得一片响。

突然我贴旁的一个兵士倒了下去，跌出车外，其他几个兵都呆若木鸡。其中一个喊着："睡在这里不行！"我想那跌倒的一个一定中了弹，摇摇他不动，就把他抱到车背后荫处。别的兵都吓慌了。我的军装和手上沾满了血水。我就大声喊："有没有看护兵在？"立即从后面跑来了两个。一看那兵的铁盔上打了两个洞，薄明之下的脸色益发见得苍白，动都不动一动，我想大约当场死了，但他忽然张开眼来有气无力地说了一声是"头。"我就安慰他不要慌，没有甚么大不了的。看护兵拿了绷带来，由在场另外三个兵士帮助，一起将受伤者抬到约十米后方的一家人家，那里已有二十来个兵士。在枪声不绝响过来，打在脚边的子弹把尘土激得四溅纷飞。

我奔到情报部汽车停靠的地方，吩咐西君赶快将汽车开到那家房子的背后，其他的汽车也在迅速开走。在机关枪声纷乱的黑暗中，汽车队刚一开动，枪声益发激烈了。有好几辆车被击中了皮胎和引擎，已经开动不得。我也躲进了一家人家背后。刚才受伤的兵此刻横在运货汽车上，但尚没有死。……另外有二三个手或脚受了伤的兵正在叫着护兵扎绷带。天还不肯亮。我们这里除了汽车队外并没有步兵队伍，仅有不多几个勤务兵、卫生兵和工兵，其余多是汽车手。子弹虽然不绝射来，却不是一个橡兵，因此竟无法应战。只要天一亮就不妨了。停在离房子三米光景的同盟社的汽车，被打坏了橡皮胎，倒在那里。幸亏这所房子好像是庙宇，甚么的建筑四周的砖墙很是牢固。附近除了这所房子外，竟没有一个遮身的地方。周围有时是橡皮胎的爆裂声，有时是引擎中汽油喷发的声音。城墙上面火也似的红色的映光弹，默然地飞来。激烈的机关枪声得得地打在墙壁上，击碎的砖瓦纷纷跌落下来。可是躲在房子背后却很安全。

一晌，周围些少亮些了，援救的步兵队刚好赶到。那是松山部队，我们的心中为之一安。逐渐天也亮了。我们的机关枪在庙右用赤土石筑成了阵地。随着天亮，城墙已经可以看得清楚，在枪眼中闪动的中国兵也可以看见了。庙和城墙的距离约有四十米。城壁两隅的鼓楼上，华军的机关枪猛烈射来。我们这边右翼阵地上的枪手，都是从容不忙的上等兵……我想不久我们就可重行夺得孙圩城。但事实并不这样简单。到后来晓得攻击着实困难,情势愈来愈危急了。城门已从里面关紧。在城门正面深壕中的西村部队,受着猛烈的扫射竟至出来不得。在庙右首散开的部队因为一些遮掩的东西都没有,一歇功夫就去了两个,于是就退集到庙背后来。……现在除了破城冲入以外没有别法可想。对方的射击愈来愈激剧了。我们这边虽射中了对方的枪眼,却没有半点效果。这时不知谁说起了城里边尚有我们的友军在。我也想恐怕有人残留在城里,我自己在不多几小时前还在城里睡过一�。可是谁残留在那边,又有多少人,却谁都不知道。总之大家相信有人在那边就是了,因此大家的心上都觉得焦燥不安起来。右首机关枪防垒的石背后忽然扑出了一只金黄色的雌鸡,一壁在地面上啄食着食物,一壁走到麦田里去了。

系在广场杨柳树上的马,两头仍旧用绳缚结着,另外两头不晓得甚么时候断了绳,竟写写意意的在弹雨中踱着方步。四头马不时互相交替着叫出铁锈吊桶吊水般的怪声调。这时一匹白马忽然后脚扑地跌倒在地上,鲜红的血像细竹般从屁股上喷出来,流得一地赤红,续停续喷的流了好多次。心想断气了吧,可是只见它后脚痛苦地伸缩了好几回,最后好容易站了起来,又若无所事的在那边踱方步了。这时缚在树干上的一匹白鼻栗毛马又突然跳了起来,似乎横面上被射中了一弹,血像倒一般从两侧的鼻孔中倾泻下来。这匹马虽然出了许多令人看来恶心的血,却并没有死,只绕着树乱走。可见得都是比较强壮的动物。躲在庙背后的兵士们呆望着相继为对方流弹射中的群马。离开我们的所在只有二十米。最初臀部受伤的那匹白马现在卧倒在地上,在舐自己伤口的血。可是这时另一匹白马挨近过去,像说话般用鼻子磨擦着对方的鼻子,并用颈子互相抚摩。受伤的白马站了起来,发出奇妙的呻吟声,这声音听来已是非常软弱无力。另外那只白马绕到受伤白马的背后,突然举起前脚,想从后面伏上受伤马的背上。不知谁个投了一块石子,两匹白马又分开了。这时最初受伤的白马又给命中了一颗子弹,于是就长嘶一声,用脚在地上抓了一回,就不再动了。……其余的几匹马也先后都中了弹。

留下来的几辆汽车也都先后着了弹,四五辆运货汽车迅速向陈将[蒋]山驶去。情报部的汽车也跟在背后,一回[会]〖儿〗已经不见。同盟社的汽车开始着火烧起来了,须藤君和高崎君两人立即跳出去拖了几件行李出来,可是流弹横飞,不可能将行李全部搬出。我向附近一望,看见仅有同盟社的记者,其他各社的记者似乎谁都不在。为攻击而散展开来的部队,仍旧如最初的阵势,在战壕中动都不敢一动,简实不能动就是了。没有炮,光有步兵,根本没有办法。对方的不断射击,似乎是并不卧倒在草地上射的。时间一秒钟一秒钟的过去。

天已完全大亮。昨天好容易赶上来的那辆“大阪朝日”的青汽车，车身上满是洞眼，因为它靠城最近。这边的一架运货汽车，最前面的一架黑色乘用车，都被击得像胡蜂窠。七点钟光景，从那辆运货汽车背后忽然跳出一个光穿衬衫赤脚的兵士，右手中的一支手枪挡着头。在他背后跟着一个手执日本刀的老年军官，两人一齐奔向庙背后。最初那一个兵跑到第一辆车背后时就大声喊道：“你们在干幺[么]，城里边还有日本兵在呢，还有三个人，池田伍长被杀掉了……咱们也是刚逃出来的，快些救去，在这里呆着算甚么，杀到城门去，突击，突击！”

样子非常兴奋，不停地乱嚷着甚么。综合这兵士的报告及另一个军官的话，事情大概是这样的：有五个宪兵昨夜残留在城里没有来得及逃出。半夜醒来时只听得枪声，却不见谁在，街上左来右往都是中国兵。城门已从里面闭上，门后上了闩，并堆积着许多东西，样子是不像开得开了。他们心想等着一定会有救兵来，所以在人家屋里躲了一晌。可是过了不久池田伍长着急了，他就单身握着日本刀跑出来，一面抵抗着中国兵的射击，给他居然冲到城门口，但终于死在城门傍边。若林准尉和吉泽上等兵好容易才逃了出来。部队长听见这样说，就命令躲在庙后面的一队预备队从左首冲出突击，带剑的兵士一个个跳了出来。这时对方的机关枪恰好朝这边的墙左首打来，兵士们一个个待子弹间断时湾[弯]着身体跑过去……自左首向吉泽上等兵所在那辆汽车旁边跳出去的一个兵士，刚跑近汽车就扑地倒了下去。看护兵马上从庙背后跑出来，那兵似乎射中了脚，迅速给他缚上绷带之后，就和吉泽上等兵两人把他抱到庙后面。前面又有人在叫看护兵，看护兵应声跑出去；右方却又有人在叫看护兵了。左首望楼上对方射来的急激机关枪，竟打坍了庙左端的一角。

…………

忽然听得一种钝浊迟缓像回声般的隆隆声，似乎是从陈蒋山顶上流过来的炮声。最初认为是陈蒋山对面开始在打起来了，但却不然。不久在山麓的麦田中发出了激烈的炮弹爆炸声，继续在同一地方落了好几颗。对面开始在打迫击炮了，炮弹最初落在远处，卷起一阵阵黄色的烟雾，可是逐渐迫近向庙左右落来。轰然的响声猛然自足下振动起，振[震]耳欲聋的巨声就在自己身旁，回头一看，只见庙中央激起了蒙蒙的土烟。庙一共四进，左首是门，中间是院子，炮弹就落在中央的院子里。在火焰中听见说副官殿着了，有好多兵士奔过，一下有四人受了伤。我想这一回糟了，心里逐渐感觉到不安。用步枪战时我一点也不怕，也不觉不安，……莫说步枪，就是机关枪的猛烈的射击，只要能利用适当的地势，决无射中之虞。目前更有砖瓦造的坚固的建筑物在，更是绝对不会中的。……

可是现在头上却开始起了可厌的迫击炮弹的炸裂声，最初落得尚远，现在逐渐缩短距离迫近庙宇打来了。炮弹起着极像缎带似的嗖嗖声，卷着尘砂直向庙周围打来。士兵们开始在庙后面开掘着壕沟，大家不作一声。

才弄熄的同盟社的汽车，一回又复喷出黑烟，刹那间忽然熊熊地烧着了。……同盟社的须藤，眼望着三米前炎炎燃着的自己的汽车。路上经过千辛万难才好容易开到这里，无线电机、照相机、影片其他大大小小的东西都在车里，可是一点也没有办法，直烧剩一架骸骨。……

时间的经过格外觉得长。几架陆军的飞机发着噪声飞过。……

"战车，战车！"不知谁在这样叫。只见轻装的装甲车，一壁摇着身子，自南首的森林中经过麦田走近来。不止一台，后面在尘埃中还有好几台。一看见战车来，大家觉得放心了。在午后一时光景一共来了五台战车。战车直接向城壁方面前进，直对城墙排成一排，一齐扫射起机关枪来。接着是一片激烈的枪声。那时城墙上面的中国军队开始掷下手榴弹，四周继续不断地发出炮声似的轰声。一晌，自右首数起正对城门的第二辆战车退了下来，一转身也开到庙背后来了。推开铁盖，里面走出一位满身是尘埃的曹长。……曹长是一个眼睛颇大人、很和气的人物，满口东北方音，他说他们是属于福井战车队，刚才把在别处参加战斗损坏了的车子修好后赶来的，因听说孙圩友军的形势非常危急，不知现在情形又怎样了——说着划了根洋火抽起烟来。于是副官告诉他说这边虽作了好几次的突击，但因城墙坚固，无法破坏城门，因此找不到可以突击的空隙。若使利用战车去撞城门，想来一定能够轻易撞开，要是那样，步兵就可以同时跟纵[踪]突击了。那曹长说要是除此以外别无办法，那就不妨试一试，不过战车车眼细小，刚才在城壁跟头也没有看清楚地势，因为从细孔中望出去非常容易发生错觉，所以要是嵌进了凹凸不等的所在那就糟了，但从城里逃出来的宪兵若林准尉说这一点倒可以放心，昨夜也有好几台战车在那边经过，路虽不能说是平坦，却绝对没有危险。城门后面的障碍，只是一些木头椅子家具，用战车开进去，没有半点困难。于是战车曹长考虑了一晌之后，就答应一试。在谈话之间，好几次的迫击炮队在左近轰然爆炸开来。曹长钻进车中，右转湾[弯]直向城门驰去，加入城壁前一排战车的行列，所有的战车好像休息似地一起停止了一下，就中一架直向城门开去。激烈的机关枪声随之而起，这边的掩护射击和对方的迎击，只见子弹乱飞，如同一场大冰雹。

那辆雄纠纠的战车一迫近城门前，车轮底下全给汹涌的黄尘包围住了。

城门附近忽然起了像雷轰似的响声，手榴弹在战车的四周纷纷炸起。车身也消失在黄尘中了。一会战车自黄尘中退出，但不久又消失在向城门突进的尘土中。激烈的机关枪声和手榴弹声交错而起。重复自黄土尘中出现的那辆战车仍旧退了下来，一转身又向庙背后开来了。曹长打开铁盖走出来，面色蜡黄，混身泥汗。他从袋中取出蝙蝠牌香烟，擦着洋火点了一支，手有些发颤。这时副官也从庙中走出来，曹长十分意味深长地深深吸了一口烟，然后告诉我们他已经去撞了两次，吃了不少的手榴弹，城门只撞开了三尺光景。不过城门里面障碍众多，恐怕步兵不易突入。副官考虑了一晌之后，就决定请他再去试一下，但曹长说战车已经中了不少机关枪，狭狭的车身里面满是药荚，若不到安全的地方去整顿一下，恐不能充分协力，不过既然如此说，他就再去试一次，这一次希望马上接应上去，而且城门左手贴邻的一所房子，大有要起火的样子，普通地方战车还可以去得，要是火里，那么就是战车也……曹长微笑说。……一回战车转过身子又回到我们这边，曹长一壁打开车盖，一壁抽着烟，说实在对不起得很，等准备好了再来帮忙吧，于是他当头，五辆战车辘辘辗过麦田，重复向刚在[才]来的那座森林中去了。战车一去，忽然大家的心上又唤起了难名的怯意。每次迫击炮弹落在屋顶上时打得瓦片四飞，炮弹络续落在院子里，死伤的士兵似乎已经不少。迫击炮弹落在较远的所在时，只发出嘘嘘的声音，但落在附近时，却一些警告都无的就爆裂了。三点钟时本部方面派来了一架飞机，逐渐逐渐自头上降低下来。下面一看见机上的驾驶员在挥手，兵士就摇动旗子，这时飞机上就丢下一只附有红白色尾的通信筒。大家因为和部队有了联络，就不禁展开愁眉。但通讯筒投在约卅米前的麦田中，一个兵士奉命前去拾取，对方大概猜着了，城壁上的机关枪直向通信筒落下的地方集中射去。那奉命去拾的兵士一口气奔去，消失在麦田中了，暂时不见他有所动静，心想莫非着了子弹吧？可是他已从麦田中爬着回来了。……通信文中是本部松山部队长的命令，谓在孙圩东北四基罗地点的重炮队伍已为华军包围，赶速前赴营救。可是我们的攻击那怕有战车掩护，还是找不到突击的出路，虽然尝试了好几回的突击，却终于没有成功，反牺牲了许多人。我走进庙中，庙里面收容有不少伤兵，此外还有很多特务兵和各色的军队。这时迫击炮弹正往我刚才掩躲所在的庙背后打来，轰声起处土烟纷飞，士兵们没命的穿过烟尘逃进庙里面。其中有面上挂着血的同盟社的荒木、高崎。迫击炮弹又落到右首的庙屋面上。对方的炮弹，似乎益发向庙宇瞄准打来了。弹丸绕着庙的周围纷纷落下，自己身上好几次溅着泥土。一颗落在我附近的炮弹打死了不少人。我马上自南首的庙正门逃出，钻进五米光景前的一个土洞中，里面先有四五个人在，继我之后又来了四五个。大家都在庙里面等不住了。我手里紧握着一枝手枪。

在这个洞里全是兵士，没有一个下级军官。而且其中几个还是特务兵，他们手里执有战死士兵的枪刺，头上戴着铁盔。独有我没有铁盔。士兵们说如果我开始进击，他们就跟我一起进击。我感觉到自己这时好像是小队长了。我抬起头来望望，见前面寂然毫没有进攻的样子。激烈的机关枪正在向庙门砖墙猛射。落在洞前的子弹，溅得我们一身的土。

（刚才我从庙前的洞里爬出来，再进庙中，写这一页日记。我的习惯虽好在一日终了之后才记这一日的日记，但目前对于自己是否再能终了一日生命，殊无把握。现在是午后六点二〇分。）

……迫击炮弹好几次落在身边炸开，也不知牺牲了多少人，地上一片鲜红。只是炮弹偶然没有从自己头上落下来，才保全了自己这条生命……想到这里的兵士，都是上有父母，下有妻室，身为别人之父的人，都是我们国家最重要的人物，士兵们个个都是乡愁怀，渴思能早日归国，可是只消偶然一颗子弹，刹那间就把这一切葬送了！……我不愿死，我不愿死！我不愿死在这里！……我虽相信自己不乏勇敢，但却不愿现在就死在这里！可是谁又说得定自己不死在这里呢？……我用手掘起了一些穴中的柔砂，感到头脑中像在耳鸣一样响着。我就在掘起来的土上用手指写起父母的字来，抹去又重写了好几回，孩子和妻子的名字都写到了。又闭上眼睛不知东扯西扯些甚么喃喃地默祷着。我紧紧握住母亲为我做的那只守护神袋，心想在日本的骨肉亲人的一片真心，也许真的会搭救自己。……不过心想要中的话，甚么地方都会中的，于是重复走进庙中，炮弹飞来，泥土从头上纷纷落下，心里不禁有些忐忑。自己心想虽不愿意死，可是要死也是没有办法。我将两手紧紧放在胸口押住心房，想自己为自己辩护不吓，实际一定恐惧万分，不过在外表上勉力装出和平的样子。周围有不少伤兵，大家光瞪着眼珠不作一声。要是谁说话，那怕是毫无所谓的话，大家都会着了魔似的凝神倾听。大家只有坐待救兵，但是否取得联络，却谁也不晓得。同盟社的荒木鼻子和头部受了伤，鼻子上面贴了一张胖创膏；高崎面孔紧绷绷地抱膝坐着……天时已近黄昏了，大家希望对方的子弹快快用完……只要能够活下去，我总想要活，这么一想，不禁想起了故国，心里顿觉凄然，眼泪也险险乎夺眶而出，只有闭上眼睛默祷神祇保佑。……

五月十七日

醒来时天已大亮。空气清新，我就起身走到外面。水池旁边水是白汛汛

[泛泛]的混水。先把自己一双为血染黑的手洗了一下。心想脸上大概也给血染了，于是就擦了好几次，只觉得脸上裂切发痛。心想莫受了伤吧，在池子里面照着面孔，但只照出毛蓬了的胡子，看不清别的甚么。我感一阵冲动，很想同池子里面的自己谈话。因为手巾和手帕都做了绷带，只得用帽子擦干了脸和手。帽子上也沾满着血，发出一股血腥气，衣服上也满是血，可是没有办法。……

自从遇见高桥少佐之后，就决定一起会同胁坂部队的兵阴搭运货汽车追上本部，但据说途中伏有华军。昨日救援部队开来时，曾受山上机关枪的猛射……先去侦察道路的两辆车子，加足速力逃了回来，报告在瓦子房口方面的那条路绝对不行了，山上面枪弹没命的射下来，汽车给打坏了两辆。但高桥少佐说稍为兜过一些就有路，不过得向右面走，于是他就指派停当汽车的怎样分隔。多河中尉直接担当汽车队的指挥。车上架好机关枪，兵士也个个武装好，准备随时即可应战。九点出发，一出村门就是一湾流水。经过石桥，左首就是山，在没有树木遮掩的山峦上面，似乎站着二三个中国兵，一看见我们这边车子有十多辆，他们的人数也逐渐加多了，像树木似的一排站着……迫击炮的炮弹随即落到百米光景前的麦田中，击得土烟四飞。但或许因为距离太远的关系，并没有开机关枪过来。不过我们的车辆并[拼]命加足速力，在凹凸不平的路上逃窜而过。我在车上给撞了好几次，屁股给颠得昏天黑地。后来到了一个小村落等候徒步来的通信队。士兵们纷纷跳下车，立即在村落中警戒。村里面这时正盛开着血红的石榴花。更配衬着青翠爽目的苇草。兵士们看见田里面的中国百姓就捉，因为这辈家伙马上就会去通知中国兵，所以最为日军痛恨。我无意中发现一集圆桶，打开盖来一看，且里面藏着二十只光景的小鸡，里面的鸡食碟子中也没有水也没有食物，我一开，这些小鸡就一齐伸出嘴吱哩吱哩地叫着。于是我手里就提着手枪，去敲开旁边一家人家的门，里面也不答话，只是轻轻打开了门，一看是二个满脸绉纹的乡下老太婆。我就指指鸡笼，作出要她去喂鸡的姿势，也不晓得她们懂不懂，只是满面孔堆着笑意，无所为地点点头……我们的军队继续冒着黄尘前进。黄土把人弄成了泥人的样子，连口眼都张开不得。前面枪声继续不停。背后第三辆车子上忽然叫停，因为引擎干了，蓬蓬地冒着白烟。麦田中又找不到水。指挥官多河中尉命令大家将水瓶中的水拿出来，正也想得到兵士们，把水都倒在铅桶里，于是再前进。前面有树林的村落里，看见系有军马。似乎已到了本部。时间刚近六点。汽车队一走近，村落里面就跑出了不少的兵。大家都奔近车来，四下里都在说“没事了吗？你好你好，真担心呢”。梅本和西君两人也站在路傍，一看见我，两人就扬扬手喊道:“喂！你回来了,回来了?”就追在汽车后面喊着“好呀好呀……”

这地方叫徐井。在卫生队那里讨了肥皂水来,把衣服洗净,然后吃饭,感到自己烧饭吃好像已隔得长久了……

梅本君招我一起大便去。走到外面,见这家人家门轩上也是贴着红纸的“五福来临”,两旁是付[副]对联:

春满乾坤福满门

天增岁月人增寿

文句很是朴素。别的门上也是甚么“龙门春色”“是又一春”“春雨江南”等等字样的红纸。门口的一颗石榴花树满披尘埃,发了茶黄色。风开始强烈地吹来,黄沙腾天,百步之外即不看见东西。是南风。

…………

东北方面枪声不绝。刚才汽车到时所听得的枪声,也不加紧,也不停顿,只是继续响着。流弹断续飞来,中间夹着迫击炮的轰声,也不晓得落在那里,不过晓得我们已在敌人的包围中。身子蹲下麦田中间时,笛也似的流弹声音从头上飞过。我仰着天,凹紧着肚子徐徐出恭。毕后,小心用土掩了。

八点半新闻记者来了,将孙圩的情况详细作了一个说明。八点半外面天才开始暗起来。大阪朝日的冈田念念不忘着青汽车,我告诉他因为车子最靠近城墙,早已完了,还是死了心吧。据说青汽车里面装着不少无线电机。一会〖儿〗新闻记者们回去了。自己就同高桥少佐和中山参谋三人,当心不给外面听见,点了腊[蜡]烛,静静的扯东扯西谈了不少话。被烛光反映着的中山参谋的脸,忽然很像父亲。我屡屡偷看着中山参谋的脸。“为甚么那样看我的脸?”中山参谋问,我不禁像少年似的红了一红脸。我就将老藏在军服袋中的五六张照片拿了出来,照片自杭州湾以来早给汗浸成了焦茶色,折绉得很厉害了。“固然,这倒很像我。”中山参谋看到我的父亲照片时这样说。“吼,像得很呢,真一色无二。”高桥少佐也这样说。“这是你母亲吗?是了。你两亲都是日本典型的父和母。这是你的妻子吧?是了。可爱的妻子,绝世的美人哩。这些都是你的孩子吗,都是天才神童呢。怎么样,苇平伍长,孙圩城的败兵倒忽然神气起来了哩!”我们大家笑了。我也许很有些舞之踏之地忘形现□。总之,那一夜好像得到了难能可贵的团圆似的心上感到了一阵温暖。

黑暗中枪声仍旧不停。自己将身子横下草铺的床上,心想这一下总算安全了,可是蚤子却又在向我进攻起来。

五月十八日

到天亮枪声依旧不绝。风也格外大了，黄尘万丈把天都染成了黄色。气候也较凉了一些。自渡过浍河以来天气比较冷了，早夜尤甚。

孙圩仍旧没有打下，华方的兵力反益见增加了。昨日黄昏我们回来时路上遇见的战车队，至早要在今天十一点钟始能赶到孙圩。据说在途中瓦子口附近碰见，敌军曾相持了一夜。北方前线，昨日在萧县和张二庄展开了激战。所听得的枪炮声，都是从那方面来的。不时飞来的流弹，似乎就是来自张二庄。

像以前曾经警告过的，因为和兵站的连络线不能圆滑进行，秣粮渐告终于少了。这里附近既没有草田，纵使有也还刚在发芽。猪也没有，鸡也没有。连青菜都找不到，因此不得不省米煮些粥吃。遇见大阪朝日的冈田时，他告诉我因为没有吃的东西，就杀了十几只小鸡，俗语说有小鸡时切莫杀母鸡，所以他就把小鸡杀了。可是也没有盐，没有糖，调味的东西一样也没有，吃来没有半点味儿。今天姑且过了，明天又不知这样呢？……

新闻记者交来待检阅的原稿，是关于孙圩的记事。

…………

夜上向记者们发表战报。张二庄似乎苦战很烈……张二庄是一个不十分高的丘陵，约有百来家人家，向南开有三面战壕，门分南北两门，中央是三层的望楼，家屋非常稠密，人家和人家间只隔得二尺光景，是个南北约二百米的集团部落，东首也有十来个村落。所有靠南首的门都给塞住了，谁家的墙壁上都挖有枪眼，全都是斜射的设备，中国兵在这种战略上是非常拿手的。东首的村庄里另外筑有二条防线，驻守有五六百名兵士，是一百八十师的军队，当地的人民也一起加入在帮助抛掷手榴弹，目的似乎在掩护萧县退却的军队。在这张二庄据点的华军，确是顽强，山本准尉所指挥的队伍虽据有张二庄前面的村落向张二庄攻击，但华军异常勇敢，后来高野部队、步兵炮等一起参加，再加上自吴庄方面赶来相协助的青木部队，至十七日午后三时山本准尉所领导的袭击仍旧失败了！……华军真厉害，半点也不表示退让；虽用烟幕掩护施行突击，但仍归不成功。没有办法，只得等天亮时用工兵轰炸。今日上午六时工兵轰炸总算成功了，打开了一条突击的路，可是因为地形的关系，虽占据了一所房子，贴邻的一家仍不容易攻下。躲在房子里面的中国兵一连丢了五六颗手溜[榴]弹。……足达部队长受伤之后由胁本少尉代理指挥。再将清水部队增援上去，突击兵虽迭次利用烟幕向望楼袭击，终于没有成功。于是胁阪[坂]部队长决意放火将整个村落烧去,工兵即去拿制火放射机来,从福冈部队中选出的几名决死队偷偷掩近望楼,在邻近人家点着了火……可是要攻击挨户投掷手榴弹出来的中国兵,却不是一件容易的事。东方村路里的敌人依旧顽强地自斜射眼中猛烈地射出机关枪……我们这一边受伤的军官有安达部队长、遍上少尉、山本准尉,其他受伤的士官六十四人,死者二十人。……

我们八时许本准备出发,但中止了。小泉少尉以下向萧县出发设营去了。因为前后方都在作战,本部中间完全没有步兵在,附属于本部的兵士,只够担任夜间警戒。四周下都给敌军包围住了,形势随时可受敌人的袭击。经理部、卫生队、兵器部、管理部、通信队、步兵、卫兵及骑兵的一些残卒,凑拢来作成了四方的抵抗线,以作警戒。天已漆黑,不时响着炮声和枪声。

五月十九日

醒来时看见门隙间有亮光射进来,心想是天亮了,走出来一看,原来是月光。系在石榴树上的驴马,一味地长嘶着。走到门外,只见四围海也似的一片麦田。不见一个人,静静的犹像在故乡之夜。突然后面有人大声喝问是谁,一看原来是在杨柳树下土堤上巡哨的哨兵,我就说了一声“辛苦了”。自己也在这边走动起来。麦田中有一座竖有白石墓标的坟墓。一角上是葡萄田,上面已有几颗小小的水晶子。当然还不能吃,记得自己小时候也常到山中葡萄田去摘葡萄。……突然背后又有谁在大声喝问,就马上退了回去。

十时半出发。路上黄尘蒙蒙,也望不见前面的路。尘土犹如飞扬的灰砂,我们拖着两条腿冒着黄尘前进。等到前方望得见萧县城中上冲的烈焰时,不久就看见了一列的城墙,我们并没有进萧县城,取着城墙在左、迂回向右的那条望山左的路,不久就到了黄山头。无数的岩山就像海豹似的蹲着。附近有一座不十分高的岩山。冈田说这里倒像山岳地带,高桥少佐却说这是高原。……丘陵上面满是结着红色果实的石榴树,树枝都沉沉欲垂似的,赤红的颜色刺人目痛。到处还点缀着青色的杏子,个个都没有成熟透。这里的所谓高原地带,就是有几座挟着麦田的丘陵,相当高的山也有。停在凹地里的几辆汽车,都用杨柳树枝伪装掩护着。在附近有人正在处里[理]一条杀好的牛,兵士们像牛肉铺里的伙计般,手法很高妙。梅本君说今天要弄炒牛肉请请我们了。

…………

在占领郝店时,发现有一所机器工场,但似乎是改制军服等东西的,年轻的壮丁很不少。这里是在近徐州的萧县傍边,抗日思想似乎很普及,军队战斗时,时常可以发见百姓在内相帮运弹药,掘战壕,其中也有相助兵士掷手榴弹的。有时你发见样子龙钟的老年人，提着手笼，其实这手笼中却藏着手榴弹。敌人手榴弹的多，真叫人没话说，不知他们藏在那里，后方尽多尽少的搬得出。在这附近村落的进口处，时见贴着“军人家族优待”的条子。在萧县大概驻扎有一个师，大约师长以下都是带着家族的。走上望楼去一看，看见有不少举狼烟用的玉蜀黍壳。人家屋里都很巧妙地藏着弹药，要不然也就拿不出许多枪弹来了，莫怪我们去放火烧房子的时候，弹药就像爆竹似的爆个不休。……

在萧县一役中，我们这边的损害，计有吉田少尉洞腹而死，松井部队长在郝店头部贯通战死，机枪冈本部队长受伤，佐分利部队长战死，兵士死者廿四名，伤者四十八名。

……在华军俘获品中，有几挺英国和德国制的重机关枪、捷克制的机枪、步枪、弹药、手溜弹、无线电气、喇叭、肩章等。肩章是一二寸阔的布片，上面用青色写着21D(二十一师)。这次参战的中国军队，有三师、二十一师和百三十九师。此外还有刻有百三十九师第二旅副官橡皮印及秘密朱注的《蒋委员长训词抗战检讨与必胜要诀》的小册子。以及铅皮制的襟章肩章，背面一律写着两句句子:“不怕死，爱国家;不贪财，爱百姓。”

我走上柘榴的山岗。长夏的太阳正炎炎逼人。士兵们有的跑进人家去了，有的在柳下休息。到处地上铺着杂草和高粱谷，身子睡在上面打滚。有的集在桥面下在互相谈笑。……一见兵士那种若无所为的面孔，我不禁想起了在孙圩过的一日，自己感到自己对于这种事不能算甚么特别的经验。值得推荐的地方，半点也没有，只是过着同样单调的日子而已。上海、南京、徐州以及将来，战场真是无限呢。我在孙圩所得的感想，是士兵们每天都在感觉着的，这也早已不成其为感想。但这并不是辜负感想，抛弃感想，而是有一种超越感想的东西在……我正茫然站立在柘榴的山岗上时，下面似乎已下了出发的命令。兵士们纷纷从杨柳树下站起来，有的打哈欠，有的伸懒腰。在人家房子里的，在麦田里的，在山上的，一刹时都聚集拢来，掮起枪，排好队伍，就向东方开发了。一部分自森森海样似的麦田中向右手山麓转湾[弯]去了，一部分向左方蜿蜒进行，中央也有一条长蛇似的军队……

我加入的汽车队，三点十分出发，在没有道路的麦田中转辗驶去。幸而几日来多是晴天，车子在普通的地方还可以走得。要是下了雨，那就完全动不得了。所以也不只是最怕散兵、地雷和下雨的西君一人欢喜。最近西君因为自己已经不怕枪弹，所以颇为得意。他说他最近已经习惯了，最初听见弹声的时候，还自然而然的缩下头去，现在已可以分清楚弹子的远近，所以可以放心了。问他怎样叫做放心，他说放心就是安心了。汽车都用杨柳作成伪装，因为道路不平，车子颠簸得非常厉害，那样摇摇摆摆的几十辆蒙着青叶茂枝的汽车缓缓走着时，令人忆起了少年时代的“祇园祭”。等到前方望得见一直线的土堤时，心想就要过津浦线了，固然看见汽车队的工头部队在爬上土堤，我们的汽车也上了土堤。前面是山，在山和这边之间，仍是一片麦田。这时突然听见枪声，似乎是从山那边来的。车辆急急驱下土堤。一看原来步兵部队已经到了，斥候兵在土地的土堆侧侦察前方，山炮的阵地上不久即将架好炮位。汽车队仍旧开到第一线，虽然横侧面会给对方看见。山兵殆乎牛山濯濯，褐色的土上只是稀疏地生着些杂草。据用望远镜侦察的兵士报告，在稜线形的凹地上，对方筑有两条迫击炮阵线。本部似乎远在后方，于是就退回来。本部的所在地是叫做牛栏的小村落……不久就听得枪声和连续的炮声，今天夜上我们晓得要吃一夜迫击炮弹的了。汽车夫拿了葡萄酒来，这真是想不到的佳宴。据说萧县城内有很好的葡萄酒库，所以水瓶中满满的装了一瓶来。我和梅本和西君三人就坐在地上畅饮起来……转瞬间酒已喝尽。不久天也暗了，因为灯火管制的缘故，大家坐在黑暗中，我们仍睡在汽车上，虽然有些挤，但幸而蛋已吃完。近天亮的时候，忽有人发见贴旁那辆车上的前灯点着。谁在喊：“谁把灯消灭了啊，要给敌人射击的呢。”我也注意到前灯点燃着，但仍没有关熄，我就走下来一看，看见汽车夫座上躺着一个兵，说不定是喝葡萄酒喝醉醉了，所以翻身时触动了开关。我叫他他也不醒，嘴里咕噜咕噜的翻了个身。我把灯熄了，回到自己车上。三个人东扯西谈，不知在甚么时候睡去了。

五月二十日

这次是在岩山山间的麦田行军了。我们的行军，到处都逃不了麦田。丘陵也悉埋在岩石中间，地层完全露出在周围山肌上，不过纹理是纵的而非横的。恰好是像斜纹条子一样，窄看是斜，但实际却是笔直的。梅本君说这是因为近北方了。山自北首推来，到山西省就多是那样的山。……麦田到处绵绵无尽。岩山和岩山之间不分阶限的开垦着麦田，种植着高粱、芋头及蒜等作物。山顶上似乎有人在探望这边。用望远镜一看，见是当地的乡人。队伍一走过若干黑形蠕蠕越过山的稜线，乡民络续缓缓下山了。麦田中间有着百来匹的一团山羊，小河上面飞着几只青翼的蜻蜓，上面不时有飞机经过。在左首山侧上空看见悬着像茧子般大小的气球，据说进徐州城的某某部队带有气球，所以有气球悬着的地方，一定是徐州城了。前面对山处不绝传来轰炸的声音，大概是在轰炸撤退中的华军。这时我们头上来了六架飞机，发着脆裂的引擎声逐渐低飞下来。山肌上映着飞机的黑色影子，一会儿黑影就落在海样的麦田上。这时一架飞机上面像喷出白烟般的抛下了几顶降落伞，别的飞机也一齐放下降落伞，每架放下了十来顶。麦田犹如蔚蓝的毯子，降落伞就如同白色贝壳般浮在上面。几十顶落下伞下面，都系有黑色的箱子。那是投下的军火，一等到落到麦田上，运货汽车马上开过去装来。梅本君说降落伞都是双料纱布做的，所以拿来撕成当手帕用真是括括叫，一看果真是很好的纱布。在尘沙中行军的兵士大都显得很憔悴，但马的瘦弱尤其显眼。马粮既不多，又没有好的水。有的头上戴着草笠，有的蒙着手巾或像簪子般的柳叶枝，骨棱棱的居多数。路上遇见胡瓜田，就割下来吃了，水分很多。军队继续在尘埃飞舞的麦田中蜿蜒前进。

在二十五铺城门前的战壕中，尸体狼藉，不忍卒睹。附近战壕纵横，仔细一看，麦田下面都筑有通路。这些膝射散兵壕，似乎掘成还不久，因土色尚新，也许是刚掘好的。堆积着的尸体也都是血渍未干的新尸，尸体间已发见有蠕蠕蠢动的东西。我呆呆的望着，但突然感觉到自己竟会木然无睹地望着这种人间的惨状。自己不禁愕然了。我已丧失人性了，我是一个恶魔吗？……我不禁感到一阵寒噤，马上别转身子走开。沿着埋有百来个尸体的战壕上面，站着许多乡下人，多是女孩子，也有几个蹒跚的老头子。此外也有不少抱着赤裸裸的小孩在喂奶的女人。他们都痛惜地望着。他们那种惶恐不安的表情，真叫人难受。兵士们有的拿些果子和香烟送给孩子，她们却非常怀疑，不大肯接受。于是一个兵拿出刀来大喝一声，那抱着小孩的女人才勉强受了……

汽车队排着长蛇行列在开豁的麦田中走着，突然轰声响处附近飞来二颗迫击炮弹，枪子也络续飞来了。刚才一线的汽车队，这时马上分作二行、三行、四行，以至无数单位纷纷向麦田之中乱窜，犹如赛马一般，均急急向麦田中一座庙宇的背后集中。庙西四十米左右，就是围有围墙的一个村落。东首千米相隔的所在阡陌成行之处，只见丛山起伏，山麓之处可见电杆木，那是津浦线了。枪声似乎起自不远的南方。激起的机关枪声，使得山木都为之摇撼，山炮之声隆隆不绝。……农民络续躲到庙宇里来避难，有抱着乳儿的乡女，以及头上蒙着布的剪发姑娘。她们都遮掩了面孔，来不及遮的，也用锅墨甚么把脸涂染污了……

我们进了榆庄的城墙，顺便在城门外拔了十来根萝葡。进口处有一座很高的望楼，城里都是些粗陋的土房子，但在城中央却有为附近所难得见到的一座大庙宇。向小泉少尉讨了一间屋子，那是庙里一间颇漂亮的房间，有朱漆的圆窗，格子的门户。我们总算有了长久未见的木造房子住了。当我们烧着高粱谷煮饭的时候，部队长关照不要让华军看见火光，因为里边很黑暗，对方炮火会集中过来，我们马上熄灭了火。枪弹继续激烈地击破屋瓦打来，山炮就在城墙外激激响着。我们小心翼翼在房子内偷偷的烧了一顿饭。中山参谋午前到徐州联络去了，回来时已是深夜十点。

五月二十一日

运货汽车队因粮食不够，要到徐州去取粮，路虽只有四哩，但沿途散兵出没无常，路上也不很安全。中山参谋昨天在路上也受过几次狙击。因为我们这一队并不入徐州城，所以新闻记者们都不很起劲。大阪朝日的三人，自告奋勇，一起高高兴兴搭着粮车去了。

飞机不绝飞过，远远听得轰炸的声音，大概是在轰炸撤退的军队。附近小河非常多，桥梁殆全部被破坏了。最初看到了大池潭，池中筑有竹桥，大约是养鱼的。因为一路障害众多，行军很是迟缓。不时可以听见激烈的枪声，大概先头部遇见了撤退的兵士。麦田中有一条用麦铺成的很广阔的路，麦穗全向南倒，显然是华军从徐州撤退时大队通过的踪迹。天开始夜了。

我们同莲花大佐指挥的设营部趁汽车一起先走，因天将黑，就开到溯[朔]里店停下……我们到时前卫已经烧好饭，不久他们又在夜中出发。我们住的人家，倒有大半瓶装好的清水在，这比甚么都用得着。部队到着时，天已很迟了，吃毕夜饭马上睡交[觉]。梅本君就讲起路上碰着散兵的事(因梅本步行和部队一起到的)。这是黄昏以后发生的事。那时已是伸手不见五指，正在行军中梅本君听得身旁枪声，不禁一吓。闻[问]询之下，据说是在向撤退中的华军开枪。这时牵着马的兵，开始向旁边走着的兵谈起话来，因为刚才因大家疲倦的缘故，都默然不语地走着，现在却忽然想谈谈；但旁边的兵并不答复，再问一声，一听却是中国人的口音在说甚么，心想这倒奇怪了，拉出来一看，却固然是中国兵，日本兵这一下真骇极了，大家嚷有中国兵队赶进来了。这么一孟[猛]，有的给逃去，捉住的中国兵仍旧有五六个，大概都是退下来的中国军队。仔细一察方向，部队正在向南方进孟，若果是日本军队，决计不会将徐州置在后而往南开的道理，大概因为看不清楚，黑暗中误认是撤退中的友军，所以一起混了进来，而且因为大家都十分疲倦，谁都没有开口。而且听到了话声，也听不懂这是日本话，因为自中国南北两部调来徐州的中国军队，言语本来不相通的。所以对于日本人兵的问话，也当作了同国的异乡语。幸而发现了，要不然还得带他们一起上朔店来哩，……第二次在路上又发见了二个中国兵，一个手脚受了伤，用碎布片包扎着，另一个似乎是负着受伤同伴一起来的——梅本君这样说。

五月二十二日

今天大概不动了，因为要在这里等候关于此后行动的军事命令。既没有别的事情可做，就同梅本君二人到街上去闲走，为消闲起见，就一一把人家门上贴着的红纸春联都抄了下来。

门轩上横贴的四字句，概如下面：

万象更新　积家[善]成家　地久天长　根深蒂固　颖[颍]川门第
大块文章　千祥云集　天地回春　裕国便民　对我生财
杏花春雨　阳开泰运　福禄来朝　民国万年

等等。

在门扉两旁的对联(每两行一对)：

好鸟枝头皆朋友　落花水面尽文章
万里云霞开锦绣　三春花柳焕文章
花木四时新　江山千年秀
红杏春啼鸟　青藜夜照书
生意如春来　财源如水源
生意春前草　财源雨后花
春气春日气春和　唱春歌春人春路

诗也好，字也好。在真诚药堂的药铺前是：

广采九州药　生活万家春

在小学校中，则比较严肃了：

组织人民　锻练[炼]人民　统一意志　团结精神

……街上有好几座望楼。自浍河到这里的村落，处处有这种望楼，这是砖造的很坚固的东西。街角上有一座福神祠，里面安放着极质朴的神像；这种小福神祠也是随处可见到的，不过这里的一座规模较大。福神的挂轴也到处都是，宫弦啦，二十四孝的彩色图画啦，贴得很不少。有一家人家有着一只胡琴，倒是古懂[董]，想把它拉一拉，可是刚从地上竖起来，弦丝忽然断作二段。

高桥少佐同我说，部队因徐州战已经结束，我们仍旧要开回根据地……定于二十四日部队出发。同日汽车队也由井阪少佐指挥出发回蚌埠……

步兵卫兵所中来了不少俘虏兵……三个用链子系着的中国兵被四五个日

兵牵到卫兵所门前，其中一个是四十光景，后两个都是未满二十岁的青年。这三人不独彻底顽强抗日，并且对于我们的问话，一句都不答，光把脚在地上踢。

…………

——完——

（原《麦与兵队》，杂志社发行，1939 年）

爆竹声

——一个日本青年的日记

一苇

×月×日

刚吃完早饭，妈便在流泪，小弟妹们不敢动一动的偎着她，我的心中也被一种茫然的悲哀侵袭着，只觉得得欲言不能，欲哭不得。

讨厌的是，外面爆竹声又在响，欢送壮丁。若不是放鞭炮的是在警察命令下，我真想跑去打他们一顿，问他们知道不知道在支那将又要多了一批大和民族的冤死鬼。

“劈拍劈拍”的声音逗得母亲更加悲伤，她嚎啕大哭。但我能用甚么话来安慰她老人家呢？虽然我自己还能咬着牙在苦笑，但我整个心儿已经碎了！记得也是同样早晨，也是同样的爆竹声中，送去了爸爸，送去了我们家庭所有天伦的幸福，现在这声音又在响了，我好像听到爸爸凄凄切切的哭声，哀痛绝人的喊着他的爱妻，他的爱子，不，不止，还有数不尽的日本男儿的惨号与哭声啊！

爆竹声虽然渐渐低下去，但我思想的火焰却又拼命在燃烧。我想，我源源在想：——谁人不爱自己的丈夫，谁人不爱自己的父亲，谁愿意自己的丈夫，自己的父亲为了作军阀的走狗而死在客地，这些军阀，有的是毒计，有的是利口，驱老百姓去送死还要向阵亡者家属说甚么向支那复仇，他自己也不想想支那何尝会仇视日本，要你自己不先去侵略别人，引起人家抗战！爸爸死了，当然要复仇，但我永不会忘了这个仇是要向日本军阀算账的！我更忘不了日本的青年是能够掌握日本的军阀！我不哭，我不像妈妈那样哭，我的每一颗眼泪都要往肚内吞，每一颗的每一颗，含蓄着我忘不了的痛苦回忆，它们就是力量，只有这种力量才能推动我记住我的复仇！是的，我要复仇！

（原载于《沙县青年》第 2 期，1940 年）

敌军官日记

［日本］井桂××
［韩国］安炳武 译

敌第五师团第二十一联队井桂少尉之日记。此人死于十二月二十日。

十二月三日　一时半到达四塘。实施了二小时的大休息，煮了朝中两餐饭，四时又出发。七塘附近的公路到处已被破坏，并且埋下了不少的地电［雷］，真危险极了。……在这次攻击的时候，十六时二十分钟，仓谷中尉受了伤，福岛一等兵也受伤，但生命好像不至于危险。

六日　……十九时奉联队部命令，决定为掩护而向大寺墟出发。二十时到本部接洽详细事项。后喝了中国酒，本想安眠一下的，但真不容易入眠。

七日　直至夜半也不能入睡。因怎样想睡也不能睡，直至四时半起床的时候为止，一刻也没有睡到。五时半集合……十五时到达那马墟，从此为了走公路，……至大花决定宿营。因物资丰富，相信对于宿营很适合的，但附近部落民众好像对我们有敌意，我们应该要有最严重的警戒。……

九日　九时出发唐报墟，至那阵墟补充了罐头。十六时到达大塘墟，在此地听到各种情报，真使人痛心。希望情况能好转成和我的想像一样，真使人不愉快。

决定在大塘墟宿营……可是，情况转变成恶化的也有。

十日　平田小队七时半出发，情况更其恶化了。真痛心，对于神的祈祷在苦时的神经也是一种必要的事……十七时联队部来命令归还南宁……，平田小队已归还了。

十一日　七时由大塘墟向南宁出发。七时半在大塘墟方面前进时听到枪声，十一时到达那阵墟，十一中队与九中队在同地方警备。十一时半在唐报墟方面闻到枪炮声……。

十二日　七时半出发，一路向南宁上归途……

十三日　九时起实施防御阵地的侦察，……下午命山下军曹实施障碍物的设置。

十四日　九时半起在浦头设置障碍物，到下午还未能完成！

十五日　正午完成了浦头的铁丝网。

下午做了向马岭移动的准备。可是，并没有移动。

十六日　一起床就开始准备移动。……因为坟墓又多，□倾斜的地方也多，移动上感觉到困难。

十七日　构筑了障碍物。从十一时起，中村阁下巡视阵地，正午至中队会食。下午继续设置障碍物。

十八日　实施了加强阵地的作业。……十二时半松本部队在九塘附近陷于苦战状态，三木部队即刻准备赴援，……十七时出发向九塘前进。

在九塘，第五中队接到命令夺回四二之八的阵地，到达现地后即时预备与第八小队共同的开始攻击。二十二时三十分开始行动，途中因有友军的铁丝网，不容易前进。

途中因 ria/42 的射击，第五中队受到相当的损失。

十九日　零时二十分冲入阵地，冲得真是毫无意识的冲了进去。……(敌人)(指我军。以下同——译者注)则用捷克式轻机枪来应战，……不久敌人用手榴弹应战，并且来逆袭，而给我们(指敌人——译者注)相当的损失，后来又实施了第二回的冲锋。这次……进出到阵地的前端，而确实的占领保障了。

这回弄出了负伤者十八名，战死者五名。

天一明，敌人就用炮兵射击我们的阵地，又给我们一些损失。……敌人的炮兵猛烈得使我们的攻击不如意了。十六时飞机来到。至夜间，第一大队虽企图夜袭左边的高地，但也未能如意而了事。

(原载于《建军半月刊》第 11 期，1940 年)

序《敌兵日记》

袁国平

在日本法西斯野蛮的思想统制政策之下，要想从日本报纸杂志上看出日本的实在情形与日本人民的真意来，那是完全不可能的事情。

然而从战场上所缴获的敌兵日记，情形就完全不同了：这里有日本人民潜滋暗长的反战情绪，有“神勇皇军”怯战怕死的真相，有法西斯强盗杀人、放火、奸淫、掳掠的供状，有敌军官兵酗酒赌博荒淫偷窃的腐败情形；同时，在这里也有使中国人看了也会同情感动的，日本人民所受军阀厚赐的痛苦与悲哀。

这证明日本法西斯思想统制是最愚蠢的，因为“要靠锁链来捆住这个就要崩裂的东西——天皇、神、命运”已经是不可能的事了。

从日记中所看到敌人的野蛮暴行，把它分类区别起来，计有：掠夺，杀人，放火，毒打良民，拆房子，强迫劳役，惨杀俘虏，污弄与奸淫妇女……这些暴行不能把它看为士兵的个别行动，而是在官长发纵指挥或故意放任的情形下发生的，譬如掠夺财物常常是奉命实行征发的；奸淫妇女不仅有士兵，而且有官长，不仅在营外而且把妇女拘留营内，以供公开淫乐。所以难怪连敌军士兵良心发现时，也要慨叹着：“是皇军呢？是强盗呢？”

关于皇军的战斗力，在日本报纸上是鼓吹得神勇无比，甚至于说每一个死在中国战场上的“皇军勇士”都是两手紧紧的握着枪杆不放的，然而这除了欺骗“铳后”的日本国民与中国后方的某些恐日病者以外，对于在前线作战的中国官兵和日本士兵都不会相信的。在这些日记中有好几处称赞着中国军队的顽强和游击战争的神出鬼没，并且也时常咀[诅]咒着他们官长的无能，有些胆怯的日兵连做梦都害怕作战，有时草木皆兵，一夕数惊，事后连他们自己都觉得非常可笑。

“夜，步哨那家伙，慌慌张张的开了枪，又是紧急的集合，混账忘八蛋。”

“东南角山地上进来了五十余的败残兵（中国游击队），山炮开了二十余发，说不出的可怕！”

“……夜间有非常召集，由于高桥上等兵的慌张，原因是中国放火花……”

“日本军的防守似乎非常拙劣，游击队本来似乎没有什么了不得，但我方却把他夸大了……”

皇军的神勇就是如此。

敌军殊不耐长期战，特别是游击战争的发展，对敌困难极大，在日记中时常慨叹到伤亡的惨重，病人多疫疠流行，甚至有时怀疑到“支那军的细菌战”。

因为民众坚壁清野，困敌扰乱的结果，使得敌军给养非常困难。如缺水，有时就不能不用脏水煮饭；粮食恐恐，又不敢买中国的东西，有一次因为没有油吃，居然吃错了车油，弄得大众泻肚了。

从这里使我们体验到长期抗战的前途和游击战争的价值与作用，敌人的泥足是愈陷愈深了。

不管日本军阀如何武断的把这次野蛮的侵略战争宣传为“圣战”，然而日本真知灼见的人士是会知道他们的说谎的，就是一般的日本人民与士兵也充满了反战厌战的情绪。日记中可看到出征时依依惜别的惨景，别后士兵在军营厌战思乡的春恋，月夜，青山，白云，流水都随时触起敌兵空虚没落之感与缠绵悱恻之情；在兵营里时常闹着“满期”与要求回国的风潮，以及酝酿着官兵间互相咀[诅]咒与仇视的明争暗斗；当着他们看见了“一二三的死伤者多数送回及战死者的火葬，头、手、足都各各分离，把死人重叠起来火葬着，是说不出的悲哀”，所以他们不能不联想到自己未来类似的命运了，如说“像这样火葬之后，到底我自己的骨头将是在那里被人祭着呢？”“人类的丑恶的斗争快点结束才好，可怜我呀！”这便是日本人民与士兵已经喊出的呼声，我们相信这一呼声会一天一天的扩大和增高，与中华民族的怒吼哈成一气，打成一片。

那时正义的最后审判一定会临到这次战争纵火者——日本军阀们的头上了。

一九三九，六，二五于东战场

（原载于《敌军士兵日记》，新知书店，1940年）

笠安雄的日记

（新×军游击纵队在乌衣镇战斗中缴获）

[日本]笠安雄
陈子谷 译

久留采市小森野町中通一九八九之二。

（九月五日）（一九三八年）……从芜湖出帆。从午后一时半到二时，得到右岸是危险地带的通知，全体不到船面。看右岸好像有着敌人的炮垒，有山。……午后十时，从土桥约三里下流的右岸，看见好似野炮和迫击炮的战争。

（九月六日）……午后四时，通过危险区域。由驱逐舰护卫，向前驶去。遭受敌人野炮的袭击，左舷三发，右舷一发，由驱逐舰向敌人的炮台射击……

（九月八日）……安庆全部无中国民众。房屋残破，也无难民。

（九月十一日）……通过危险地带。

（九月十二日）……在途中高原地带，有汽车四辆，马一匹，遭受袭击。杉崎部队战死二名，负伤二名，汽车全部被毁。水中好像有败残兵。十一时半，在离桐城不远处午饭。十二时半到桐城。布置系马场，扫除兵舍，又布置自己的睡眠处。连一个中国人也没有，只有着种种磁器、种种物品。

（九月十四日）……从午前九时，在小队长指挥下到约一里半路的地方进行征发鸡猪，鸡约五十只、猪约十四五只。午后一时半征发稻草、野菜、藕等物……。

(九月十五日)……午后征发稻草。

(九月十六日)……从六时半到八时,征发稻草……

说明

这里虽然只有几天,可以看出敌兵害怕战事的情形了,同时我们也不难看出我们的炮兵和游击队是如何地发挥着力量。再则,日军不论走到那里都要征发物品,在这里也可以证明出来。

(原载于《敌军士兵日记》,新知书店,1940年)

近藤正利的日记

（新×军一支队二团在东湾战斗中缴获）

[日本]近藤正利
谢镇军 译

平野部队（联队）秋本队（大队）细川队（中队）
德岛县那尖郡大野村人

（五月十八日）（一九三八年）……本日去中国妓女的慰安所，……

（二十五日）本日六时至七时步哨。东南角山地上进来了五十余名的败残兵（游击队），山炮开了二十余发，说不出的可怕，到战地以来第一次的炮声……。

（五月二十六日）午前起中队联络途中在二个地方休息，虽遇到了姑娘，但都逃走了，遇见增田曹长，谈起据说在慰安所遇见了美丽的姑娘两个，“沙衣谷，沙衣谷……”
（注：“沙衣谷”在日语是“好好去吧”的意思，日寇强扯中国妇女奸淫，常用此语，在沦陷区便以此语作性交解。）

（五月二十八日）晨八时由东南村落发出枪声，分队兵立刻向堤的方向，自己则用机关枪打出五十发……

（六月六日）……午后一时步哨，南方五百米突地方的四分队联络兵被击的缘故，兵队赴当地援救，自己用机关枪打了许多……

(六月十六日)……午后三时顷,自治政府要人二人被杀,距大平之中间高塔起约五百米突左右的地方的小铁桥附近被破坏,附近有许多共产党的传单,其中写着日本人的心情和铳后的情形,也有说中国人的心情的啊。和山田、坂本、三谷去采石玩朝鲜妓女……

(六月十九日)……昨十八日十一时倾,高资镇与下蜀街之间的第七师团的下士哨被袭击……

(六月二十一日)……午前十时赴采石的朝鲜妓女□……

(七月一日)出征以来已两个月,后备兵等吵着满期,吵得厉害,这是可以注意的事情……

(七月十八日)……午前十时与三谷、大口同往征发茄子等,由自治政府下令共征发得九斤,送办事处……

(七月二十二日)……午前拟往收薪炭,与野崎同行,至采石驿的六之桥止,使土人取了十一枝电柱回来。

土人的家里很多“姑娘”都很快地逃走了,年轻的走了,很可恨。……

(七月二十三日)……想到农民家里去的时候,处女们忙于逃走的情形……

(七月二十四日)午后三时突然有命令,板桥前面有三千敌人,为着这个战斗,黑夜行军,五时到了一个村落,是急行军,带了小行李及二日间的粮食去那里……

(七月二十五日)在××郎桥办事处面前的敌人三千去扫荡他,午前三时至四时非常想睡,勉强睁开想睡的眼睛,实在困难……

(七月二十七日)午前七时往取西瓜,武冈外六名至目的地的田里大食一顿,食至后来西瓜的味道都不晓得了,黄西瓜的味道无可比拟,吃了两个……

（八月十五日）早起放哨的少年兵吵得厉害，说事情干不了，实在困难，自己也因为一觉都不睡而困难……

（八月十八日）午前三时十五分立哨的时候，高资镇发现败残兵十名，相当骚动而且紧张……

（八月二十六日）……镇江方面的铁道队与败残兵交战中，列车至高资停止。

（八月三十一日）……在下蜀的分七地的方面，拾到了许多新编第四军（共产军）散在那里的传单，给队中人看说是很巧妙地在想捣乱后方，但是日本兵是不怕这些东西的，更要奋发奋发……

（九月一日）昨夜韦家村三岛重炮队被一小队的败残兵用重三轻四袭击，以重炮应战，敌退。

这是三岛重炮一半移动中发生的事情……

（九月六日）……发出了虫声，也很像秋天了，田中土民在开始割稻，想起了过去的自己及近来的故乡，秋祭也只有五天了呀！

（九月七日）今晚是潜伏斥候，在高资的中间的铁桥监视，任务空了，周围人声犬吠，吵得厉害，至二时顷无异状，是很好的事情，做了两三次遇见敌袭的梦……

（九月九月）……潜伏斥候，也是困难的事情……

（九月十日）……明天是故乡的秋祭，想起来感慨无量……

（九月十一日）……三谷到杨[扬]子江村落方面去，把任务丢在一旁游玩，姑娘都嚷着跑，真是当兵的丑态，幸而无恙……

（九月十六日）……昨夜下蜀桥中间发现败残兵五〇名，潜伏在下蜀……自己的分队一时异常紧张……

(九月二十四日)潜伏斥候于午前五时半调查高资下来的船中三个中国人,结果发现是匪贼,但被他们逃走了……。

(十月十二日)昨夜潜伏斥候,以下四名呼呼睡去……

(十月三十日)……下蜀一分队(大原队)渡濑一等兵在街上被匪打死。啊!可怜的战友也终于走入九泉了。

(十一月一日)本日为出征纪念日,回想亲戚送别的那一天,现在呢,战友们都在华北华中活动着,多田、外山成为亡友……

说明

这一篇日记是从一月一日记起记至十一月三十日止的,五月以后才开到中国。这里是从他到中国以后所记摘译出来的。其中可以看出游击战对他的威胁与打击弄到他连做梦都是梦见敌袭。对于新四军的宣传,也表现着害怕,他尽管写着"日本兵是不怕这些东西",但他接着却连写两句"更要奋发奋发",既然不怕,又何必更要奋发呢?可见是外强中干。再则可以看出他的兵力不足,以致吵着事情干不了,实在困难。思乡思家之念的浓厚,亦充满于日记中,如七月一日、九月六日十日所记,而尤以十一月一日所记更为凄惨。因此在绝望之中,便乱干一场,如嫖妓女、玩姑娘、征发东西等,盖是当然之结果。日军阀想整理军风纪,像这样的兵又如何整理得来呢!因之敌人即对中国民众宣传皇军纪律如何之好,都是无用的啊!

(原载于《敌军士兵日记》,新知书店,1940年)

福山孝雄的日记

（一九三九年二月）
（新×军一支队二团在延陵战斗中缴获）

[日本]福山孝雄
李隆 译

步兵第五十一联队（池田部队）第四中队（太田队）一等兵
（一九三八年十一月二十五日记至一九三九年二月八日止）

（一九三九年一月二日）……午后，到天王寺修理道路，分队全部都乘卡车出发，我没有去。

……家信不久会来吧！

（一月四日）……晚上一时至二时半值夜班，这是十四年度第一次勤务，夜班真冷得苦。

（一月五日）……晚上二时半至三时半值夜班。

（一月六日）……早上四时半至五时半值夜斑[班]。

午前为着采取桥梁的材料，把民房拆毁了。午后，往拓塘镇做警卫兵，战友福田的伤痕，据说好了。预定在午后四时由拓塘镇回方边归队，惟因为太迟了，便不回去。

参加大队的讨伐……

（一月七日）由昨夜起，便出发去讨伐，没有一睡而继续前进，三时半至五时，袭击共产党的村落。

五时至七时之间，准备早饭午饭，早饭后，紧急出发打土匪，十一时半起，在山上与土匪作战，四时半结束，有一二名负伤，敌人撤退了亦不知道，是初次的讨伐，但今天最激烈，子弹飞来很多。

九时至十一时半，晚饭并休息。

（一月八日）午前三时半归队，四时上床，正午起床，四时检查武器，六时半点呼，九时至十时半值夜班。

因为讨伐，两夜都不睡，所以身子累得很，但仍提起精神归队，一睡就睡了八个钟头，既被摇醒，睁开眼睛，已是正午。

午后，又发疟疾，于是收拾兵器休息。

今夜亦是十一时起床，十二时出发去讨伐，故六时半起都就寝了，只有不能出发者值夜班，我还是有点发烧。

中队今晚出发的，是中队长以下三十六名……

（一月九日）今日还有点发烧，精神不大好。

正午出发去方边连络，于是努力往方边，午后，立刻要放日间步哨，夜间勤务亦提起精神放哨，仍是很冷，但还没精神，今夜与平时不同，到处有火光，不可不紧张。

据电话的连络，敌军六百名迂回向天王寺方面。讨伐的部队，早于今晚归家。

（一月十二日）每日发寒，讨厌之至。

发热，精神不好，但仍勉强服务，每天只是这样是不好的。

家里的包裹快点来，啊！有暖和的毛衫穿穿才好，快点，快点，能够快一天都好。

今天是室外警备。

（一月十三日）……今晚又警备桥梁，有点伤风，夜间的警备很讨厌，没有特别变化，今夜警备方边桥……

（一月十五日）午后，做牡丹饼吃，惟肚痛吃不得，精神不好。

很讨厌，今晚又警备方边桥，夜间火光太多放了枪，头脑很痛。

（一月十六日）今天从早上睡了一天，头痛得很，不得了，每天这样真讨厌，希望身体好一点。

夜间的警备勉强办了。昨天的牡丹饼还有。今夜是黑夜，不得不注意警备。

（一月十八日）天明了，徐溪桥警备的第一夜，无事的过去了。午前，长官以下三名往方边警备队连络。

方边的饭食很好，这里的不行，是一餐二分一二厘的饭食，那个田村军曹是小气的人，一日比一日坏，因为是两餐，昨晚在夜中肚子很空……

（一月二十日）……午前，长官以下四名来交代，从今日起，长官是五十岚上等兵，昨天以前，是冢本上等兵……

午后，为作薪柴去拆房屋，获得三四天之用。

（一月二十一日）午前，长官以下三名往方边连络，因而刚睡到床上，便立刻被叫起床，三田分队长以下三名来接我，方边的人员很少，从今夜起，徐溪桥亦有官长以下六名。于午前返方边，不给我吃中饭，坂本上等兵的炊事也麻麻糊糊的，并没有什么好东西吃。

（一月二十三日）……被切断了当地到天王寺间的电线，故就出发去修理，正午的时候，在当地东北的三千米突的地点被袭击。

（一月二十四日）午前很冷，但是晴天，午后下微雨。

午后点心吃了牡丹饼，因为昨天的过劳，身体很倦，午前一直睡着。

关于昨天的袭击成绩等，本部及中队不断地有电话来。

今晚是宿舍警备……放复哨，下微雨。

（一月二十六日）午前中有电话，又是移动，改到天王寺警备。这里由一中队警备。大后天出发的预定，第四分队是明天。午后赤尾队长和中队长小队长都来了，去天王寺连络。

只有今夜和明夜的两夜了，方边又是几时再来呢！

任宿舍警备。

（一月三十一日）午前中用苦力开垦后面的竹林，为着易于警戒……

正午大队长来巡察，是赤尾大尉，中队长及田村前小队长亦来了。

午后大队长命令从此撤退，向王家边村落移动，因此准备，但大家都不高兴，因为此地易于警戒。

午后八时顷，向着村落有敌袭，电线都被切断，对于夜袭的感想如何？

（二月一日）因为昨夜的敌袭，一夜都严重得很……

八时半出发去修理电线，这里至天王寺中间有三四百米突被切断……

归途受了风雨又发疟，至二时后，同盐见君一齐因疟疾而睡下……好像有情报，警戒严重。

（二月六日）……午后长官以下八名到本警备队附近的村落去宣抚，四时顷归队。

说明

在这一段日记里，也可以看出游击队对于敌人的威胁和射击是如何之大，同时他的兵力是如何之单薄，以致士兵都不能不扶病工作，而感到苦痛。最好笑是一月七日所记，去打土匪，从午前十一时半起对打至午后四时半，所谓土匪何时退走还不知道，看见火光多乱放枪，“皇军”的勇武，如是如是。

（原载于《敌军士兵日记》，新知书店，1940年）

松户铁的军队日记

（新✕军四支队在滁县附近天街战斗中缴获）

[日本]松户铁
段洛夫　陈子谷 译

陆军辎重兵特务兵二等兵

（一月一日　晴）（一九三八年）……和战友去慰安所，慰安所里人山人海，使人吃惊……。

（一月三日　阴）……大家去“征发”女人了……

（一月四日　晴）……近来到处传扬着凯旋的消息；在心情不佳、身体不舒适的时候，特别想念着故国……

（一月五日　晴）……夜晚，家兄寄钱来了……

（一月六日　阴）……近来时时散布着凯旋的消息；心里难过，尽管说是以身报国。

（一月七日　晴）……工兵搬家，所带的“征发”品，多得使人吃惊……

（一月十日）……成功了像窑子一样的东西，不很漂亮的住着，然而士兵是不能使用的，今天的工作是在盛田少尉的指挥下，作设立“慰安所”的差事……

（一月十三日　晴）今天因为许可外出，所以大家都到“慰安所”去了，自己因为里面挤满了人，没有进去，实际看到那种景状，令人作呕。又听说只要两块钱，更觉得讨厌，所以即刻回来了。汇票来了，可是汇票在战地，是没有办法使用的，后来仍寄还家兄了；请他用现金寄来，信面上写挂号，将钱放在信封里，后来觉得糟了。夜点名时有人去上海，想托他寄信，可是没有办法了。夜晚特别睡得早，近来没有什么事做，想回国了。

（一月十四日　晴）……夜里的步哨，颇为感到痛苦，希望早日回国，但想起国内的欢送时，心绪就乱了。

（一月十五日　阴）……每天为钱的事情烦恼，在钱寄到之前，不想回国的，真要祈祷了……

（一月十六日　晴）……是什没[么]缘故啊，人类是那样地爱“征发”吗？自己也有一点想干，但是自制着……

（一月十九日　雪）……夜点名时，花木上等兵被队长叱骂，令人吃惊……

（一月二十日　雪）……近来又有了凯旋的消息，但并不想太快回去，有着一喜一忧的心情。

（一月二十四日）……夜晚点名时，队长又醉酒了……

（一月二十六日　晴）……伤风似乎还不大好，虽然请军医看了，可是并不怎样亲切……。

所谓大田这家伙，是不足结交的，希望早日回国，否则将来是可虑的，自己亦必须好好地去认识。

（一月二十七日　晴）……只是病还不好，想念着内地，真是没有办法……

（一月二十八日）……想到在这时间中说不定有重病，就伤心起来，到底是什么缘故呀！回想在出征时对人讲菩萨及大家发誓这种事，就有耻辱之感。这是因为意志薄弱？

（一月三十日）……夜间有非常召集，由于高桥上等兵的慌张，原因是中国正月放火花……

（二月一日　晴）……近来时常想念着故国，没有办法。留做军属这个消息亦是可以考虑的事情，这真是必要仔细考虑的。

（二月二日）……勤务中油然地想起国内来了……

（二月四日）……回来时，大家都经过酒保的地方，自己因为有担心的地方，所以不买了……

（二月六日）……车子的发条被折断了，又是一个忧虑的种子，没有办法，勉强用了一天……

（二月七日　晴　阴）……车子发生的故障，是苦恼的种子，因为故障发生的次数太多了……

（二月八日）……修理班去“征发”发条了……

（二月九日）……今天想写信，但因为喝了一点酒，没有写信的情绪了，近来懂得战友的心思了，要是家兄来信以后就不担心。据说不久要上前线……

（二月十日）……喝了酒，很早就去睡了……照例的，钱希望早日寄到！

（二月十一日　晴）……在异国庆祝纪元节，感慨殊深，大家都出去了，独我不出去的理由，不说也知道，因为没有钱哪！天黑时，说是来信了，一看，是从海军的家兄寄来了十元，有了倚靠了……钱的事情对大家秘密啦！

（二月十二日）……发生了大的问题，因为与大田冲突，他固不好，自己也有不好的地方。

（二月十三日　雨）……凯旋想必快了……

（二月十五日　晴）很快地就将水的事情办理清楚了。想写信，但因工作多，不能写下去，然而别的人都围着火取暖，闲着不做事，对于自己真是呕[怄]气，连午饭都没有吃，拿出饼干来，把它吃了，今天一点也没有乐趣。明天想洗衣服，接到了当卫兵的命令，一想以后到夜晚，又有差事了……

（二月十七日）……卫兵的一个钟头，觉得特别长……

（二月十八日）……夜里想写信，但怎样也不能写，无聊的睡了，觉得快要凯旋似的，又想回去，又不想回去的样子。

（二月二十日　晴）……中队长的训示，令人铭感。凯旋呢？留住呢？都弄到完全不知道了。

我接到的命令很多，心里有些迷惑。

（二月二十一日　晴）……听说第三师团警备南京，想长（注：大概是他的妻子的小名）想得没有办法，尤其是近来连日忧郁。

想起去年那个时候，就怀恋起长来了……

（二月二十二日　晴）……扬子江畔，死人多得使人吃惊！

午后，对于谷原队班长的亲切，感到惊异。

在窑子里搜集木材，看到妓女的样子吃了一惊，不想干，女人也会到那个样子么？

（二月二十三日　晴）……近来精神怎样也不能振作，有着寂寞似的可怪的情绪，凯旋回到国内后怎么办呢？失业。

（二月二十四日　晴）……虽然不写信寄出去，觉得忧郁，但又没有很多要写的字句，真没有法子。难民区也有姑娘。

（二月二十五日　晴）……今天，登陆以来第一次去嫖妓女，然而干完出来后非常诅[沮]丧！招待不好……

（三月三日）……夜里，突然听到上海集合的命令，怕不可能吧！然而听到那个消息，大家都高兴，小林上等兵特别去买了酒来，让大家喝醉了，是不能忘记的一件事情吧！在以后回想起来，回到国内，有快乐，亦有悲哀。

（三月四日　雪）……高桥上等兵被中队长打了。

（三月五日）到了上海，……是回国，还是改编不明，有点发愁，但后来还想住留些时候，要是回国还是失业的话。

（三月十六日）……虽然每天想念着故国，可是有延长驻屯时期的样子。近来又有一点寂寞，如果能够作诗，很好玩罢！

（三月二十五日）……修理班的小译[泽]上与×伍长到来，关于汽车的取缔，对小队长说了各种各样的意见，今夜听到的是有人盗卖汽油这件事，但因为没有证人，只是今后要注意，真是不胜寒心之至，想到前途，真令人悲观。

（三月二十七日　晴）……日本街上热闹起来了，女人亦增加了，内地亦可恋起来了……

（三月二十八日）……想起每月同样的无进步的生活，便想回国，然而想到国内的非常时生活的压迫及生活的不自由时，又觉得无聊了……

（三月三十日　晴）……留守清闲，亦是好的，夜间是独自一个人住在小队长的房间里，精神上非常寂寞，独身的生活是过不来的么……？

（三月三十一日　晴）……据说大正九年[①]可以回国。想出去，可是还是不出去好，每天过着平凡的生活……

（四月一日）……每日都是好天气，内地的情形是怎样呢？没有消息……

（四月二日）与歌仑比亚（注：著名的唱片公司）的歌手一起视察战迹，本队参加，我也去了。在途中想回来，但是还是去了。没有什么了不得，上海确大，

① 校按：大正九年为1920年，此处疑有误。

可想知道长兄战死的地方，回来时对于福田先生拿酒过去了和听到"虽然是为着战死者的先辈，还是很对不住"的话，胸头好像着了一箭。英兄有回信来，日前软弱的信，是有一点又悔又羞，胸中很是郁结。更加想起金兄与长兄遗骨归旋的事以后，每天替他祈冥福罢！

（四月四日）……每天是平凡，平凡，平凡，亦是进步。像仆役一样的工作，有一点鼓不起劲来……说是中队长和艺妓感情很好……

（四月六日）……今天好像有上前线的命令，因为路不好，军用车不拿去，说是松户亦去，可喜。但是有时想起不祥的事情……

（四月十日）……角田少尉午后和朋友去南市观光，回来是十时，回来太迟也是不好的，值班已经讨厌起来了……

（四月十三日　晴）听说小队长昨夜出去喝酒，到天亮还不知道，一直睡着。……午后为着补裤子，到日本街去，商人对于军人的无情，心里很是难过，似乎并不很忙的样子，但却推辞了。……要是回国，就早一点回去罢！

（四月十四日）每日想写信又懒写。到前线去像已决定了，外出制备，亦比预定弄快了。夜里看看月亮，听见国内流行的歌声，想把这时的感情，写在信上寄去……

（四月十七日）……喝得太多，因为很苦就睡了。女人也不是坏的东西，但是要钱……

（四月十八日）午后给小队长装东西，非常之多，可以用三年吧……！

（四月二十日）……在南京只有明天一天的样子，想玩他一下，但是钱不够了，胆小起来……

（四月二十一日　晴）……前线粮食不足，听到二角钱买一包蝙蝠牌香烟，不禁吃惊……

（四月二十三日　晴）……小队长整天瞌睡，没有工作，身体异样了……

（四月二十四日）……小队长大家喝酒唱歌，很热闹。唱“松户”，但声音不好，得了“征发”的留声机的别名……

（四月二十六日　晴）……又说败残兵出来，又没有出来，这些都是第一次经验的事情。桥梁被破坏的地方，一个中队修理了一点钟……

（四月二十七日）……或者与三师团一道，或者桥梁被破坏，有的地方，一时间走不到一公里……

（四月三十日　晴）……午后有空袭，丢下了三个左右的炸弹……

（五月一日　晴）到蚌埠来第一次出去工作，只在蚌埠城内，是瓦斯材料，××瓦斯好像也有……。

近来尽是考虑着女人的事情，这为什么呢？只想着纪伊子及坂上姑娘这二人的事……

（五月二日　晴）……回到国内做司机，怕起来了，今天亦空想着那两个女人……

（五月四日　晴）……午后，小队长及茂木关于想早回去的事，而议论到是不以国家为本或以国家为本，但是像我这样意见的人却很少，意见相投的人没有么？

（五月五日）……近来感到只要一日一日的活着就好了，而且希望早些结束战局……

（五月七日）据昨晚从怀远回来的人说，有很多受伤者回来了，好像是非常利害的战斗。

（五月八日）……我对于喜欢杀青蛙那些兵，讨厌起来了……

（五月九日）……对于冢田的胡扯八道真讨厌，做事呢，只能做像女人小孩那样的事，尽说大话……

（五月十日）……九师司令部在板桥集这个地方，说是行二里半就是步兵的最前线，又说败残兵时常出没……

与中队长会面，有一点讨厌，捉到一个像良民的人，就大骚扰起来，令人齿冷……

（五月十三日）……是一个好月夜，不禁想起国内……

（五月十四日）……在板桥集中露营，有紧急集合……接到在蒙城友军被包围的情报，——有敌袭……

（五月十五日）……依然有重伤者，除说可怜外，无话可说……

（五月十八日　阴）……与冢田打赌，输了五毛钱，明明是我错了。小队长说士兵所有的都是征发物，非常生气，但没有办法。中队长来玩了一日，是说话很有趣的人，一天要和冢田吵一次嘴。

（五月十九日）……明日移动，出发前线。角田少尉下令整理私物，无论是谁，都没有可丢的东西，感情都是不好，他自己的一点也不整理。

（注：整理私物是要大家把自己的东西丢掉一些。）

（五月二十日）……对于敌袭，澈夜警戒，中队长也有很多趣味的话，所以不想睡觉。

（五月二十一日）将出发百善的时候，因败残兵而不能行军，中队五名和他部队的人们被袭，三名战死，第一次奔窜于弹雨之下……

师团前进太快，败残兵又太多，兵站线不能成功，这也是有问题的罢！中止百善之行，今夜说是有袭击，紧急集合……

（五月二十二日）向百善出发，行二公里，听说前面的友军在交战中，但不久就晓得是假的。中队长像有点优柔寡断的样子，到百善山，路途较好，但是街道的灰尘有三寸的样子，是颇为难住的地方罢！归途很早到板桥集，喝一杯睡了……

（五月二十三日）正午预定向蚌埠出发，听说有残敌出扰，载着步兵，有点冒险，却没有什么事。把大路旁的寺院放火烧着这也罢了，但是把八十岁老人的家也烧了，却有一点问题罢！……

（五月二十四日）回蚌埠途中，发见残敌，据说约杀了四十个，其余的逃掉了，第一次作像战争一样的动作。

近来很忙，一点明白的事情也不知道，敌人像相当地多（残敌）……睡的时候怕已二时了，关于水与其它的事情，今夜几乎都是一个人干，冢田的心也可知了！

（五月二十七日）放假日一点也没有休息，要是值班这也没有办法，又洗了衣服，又给小队长作菜，想再有一天放假日，但不可能。听说国内在热烈征兵，说是换防变成改编了，自己则是随他怎样都好。

（五月二十八日）……住在双桥集，在这里宿营的很多。弄得水不够用，小河是脏得不成话。已经是暑天了，但是夜间还睡得好。

（五月二十九日）……从今以后，我也不给他们干了。自己主义甚多，军队也有需要改良的地方，这也是精神教育……

（五月三十日）……佐藤队行军很强，中卫队会没有颜色吧！又关西人意外地无用……。

（六月一日）……下山上等兵患了虎列拉的样子，非常悲观。喝生水是不好的。……明天是休息的样子，注射预防虎列拉疫针。

（六月二日）……据说国内生活相当为难，但总想早些回去。因为对不住国家固然不错，应当不要起这种不好的感想。小队长有了休息的机会，专门叫人替他做菜吃，对于士兵，是不知道给以休息的……

(六月三日)与三师团共事,兵站司令部的命令不澈底似的。一看看和早晨的工兵连络的事情,尾坂跳乘车跌下,弄到人事不省了……

(六月四日)十二时左右,从医院来报告说,尾坂危笃,少队长、中队长及一分队长的北海道出身者,都到病院去了。自己很好睡,而被叫起来等着,到三时左右尾坂死了,他们回来了。可怜,有两个小孩,还很年青……身体的状况不好,为难了。与河西到市内去买野菜,少队长的盛馔也是了不得的……

(六月六日)……少队长睡到十一时左右,夜里有分队长会议,值日也被叫开,似乎是改编模样,或者也有升级吧,不大清楚……

(六月七日)……因为少队长的事情,车老是在车屋间进出,买野菜等物也很困难……

(六月八日)……纪伊子又来信了,很快乐,信的文字有点孩子气,只是告诉我和田组(注:运输组合)的车辆全部被征发这件事,和田组也实在难为他。

(六月九日)寿县之行是预定的,但到新城口就回来了,说是不能前进……

(六月十日)向着预定到寿县去的途上前进,但是桥梁冲失,只好回来……现在的我,事情很多,明天说是要用十名到南京去取车辆……

(六月十一日)……少队长腹痛,从午饭起不吃东西,有一点担心,但不是为着我吧!(注:大约是在饭菜中放下了什么东西罢)……

(六月十四日)……眺望大陆,感慨无量……

(六月十八日)……不早领薪水就不好了,因为在南京用过头了……

(六月二十一日)……本小队玩牌给道协上尉发见,角田少尉也知道,分队长会议也很久……

(六月二十二日)近来不晓得怎样,是因为头昏呢?这是因为健忘症作怪?

写日记的事只要过两天便忘记了。当然的，老是下雨，又老是操心，就忧愁起来……是没有办法的吧！也没有大不了的事情，照旧不过给小队长烧饭，又不外出，也没有大不了的事。

都想外出，近来少尉先生有一点脾气不好的样子。

（六月二十四日）近来早餐吃面包，单吃面包实在是鼓不起劲……

（六月二十六日）……近来的生活，感到异常的空虚……

（六月二十七日）早起时不知怎样，精神很不好，中午睡了一回，头痛起来，虽然这样，也还是要值班，亦是不得不如此的。角田少尉也有不懂事地方的，兵也是可怜的……

（六月二十八日）……工村说是有七十余元不见了，中队全体的钱包受检查。我们是没有什么担心的，但是被偷的人也可怜。近来赌博流行，很危险，没有钱的人是安心的，中队长先生到南京去，不知干什么事情，近来的心情不是笔墨能够表现出来的。

（七月一日）……照旧午前洗濯烧饭，午后少队长为首去登山，自己留在家里，好久以来没有这么清闲了……

（七月二日）……铁路给游击队破坏了……

（七月三日）……今天高桥少尉准备来吃饭，实在是又讨厌又麻烦，在战地太想吃东西是应该考虑的，总算到晚饷弄完了，稍为放心，少尉出街玩去了……

（七月四日）好像肚子痛罢，身体有一点不爽快。股野少尉每日只是教舞蹈，自己不能赞成。高桥少尉每日来，是苦人的事。听说本中队似乎要加入北支军，是想不到的……

（七月十二日）……少队长的和物，多得使人头痛，××也几乎使用完尽了，实在可惊……

（七月十三日）身体不舒服，值班是痛苦的，很想随随便便换班，不好好代人设想的人实在是没有办法的，自己也希望不被人这样想。但是虽然如此，所谓真实的朋友就没有吗？回到国内去也不能找到好朋友吗？……

（七月十四日）……近来的心情，不知怎样，很忧郁……

（七月十七日）……感到小队长用人用得太利害了……

（七月十九日）……头痛得不得了，身体有病还要做工作，像这样痛苦的事是没有的，像这样不懂事的人是再讨厌没有的……

（七月二十一日）……有很多要说的话，但是不说，倒像一个汉子……

（七月二十二日）……真怕值班……

（七月二十三日）……英有信来，和田组像也很困难的样子，国内的非常时也可以想得到……

（七月二十七日）对于班长的心情，似乎知道又似乎不知道，突然要人去使唤，又是要当卫兵去了，其他的士兵，闲着没有事做，实在不愉快，买东西什么都不能了……

（七月二十八日）……夜晚到十时止开留声机，或是说小队长的闲话而睡，但是不愉快的……

（七月二十九日）……近来身体不十分康健，很不安……

（八月一日）正想像着是向扬子江下驶的时候，却是向上驶去，既是向上驶，那么就到前线去看看吧！充满着这样的心情，好久才坐到轮船，如果这是向内地驶去的时候——这样想着时的心情，又是说不出的。

（八月二日）今朝出船充步哨，对于扬子江的广大，惟有惊愕……暂时不能和国内通信，心里非常寂寞，家兄没有信来，他到那里去了罢！

（八月三日）……整天不着将棋，睡时有些冷，肚子不舒服，是肠加答儿吗？夜晚又热，不能睡……

（八月五日）今天在安庆上陆，中队干部的行动，是那样的吗？不是不平，夜里的那种卑鄙行动，使我深深地感到……

（八月六日）昨晚，因为太过于批评了角田少尉罢！今天要到桐城去，七时半出发的预定却弄得非常之迟了。

在途中总是不能取得连络，迟钝着。小肚痛，悲观起来了。在这时候，油然地想起国内来了……

（八月七日　阴）……去“征发”的战友也有，拿钱来的也有，自己也想去了……

（八月八日）……身体好像更坏的样子，又没有好药，我们的部队是要到那里去的呢？很挂念着……

（八月九日）夜晚因为天气凉，把在国内做司机的时代吹了一吹，这次回去，亦必须要好好地打起精神来吧。

（八月十日）……有说是败退的残兵似乎已没有子弹了，有散着反战的传单，工事也延长了五天，汉口之战也不知在什么时候……

（八月十一日　晴）……坂上的姑娘，现在在做什么呢？……还是一个人吗……？

（八月十三日　晴）九时左右起来，作为中队长的警备到南港去，可是不成话，是怎样的胆小者啊！特别警戒自己的地方，而没有道理地叫汽车走着，在归途中，做些无聊的说明。在南港，并没有人员不足，而把病人派到前面去，是怎样的残酷啊！因为本部的炊事值班不在（因为横暴没有人干），使用其他小队的病人这件事，是怎样不人道啦！

（八月十五日）今天不到南港去吧，但是在十二时就出发了，到中途还很顺调，但是其余的路，或是桥被烧，或被破坏，费了很多时间……

从分队长以下都很好地工作着。昨夜因为手淫的关系，这一日空想非常之多。

（八月十六日）……从今以后，要作伙夫值班了，实在不愉快。

（八月十七日）昨晚以为没有事而睡了，却有敌袭，立刻到抵抗线去，一时我方的射击非常激烈，怕比之陷一城时还要激烈几十倍吧！非常想瞌睡，日本军的防守似乎非常拙劣，游击队本来似乎没有什么了不得，但我方却把他夸大了……

今晚又有敌袭吧？

坂上是理想之妻。

（八月十八日）今早起得很迟，急急做完了伙食，把大家都送去工作，正想读一点书的时候，五分队的车掉到河里去，费了半天才把它弄起来。傍晚北支方面的森永兵站来了，几乎是以安庆为中心，把中支北支的汽车都集合起来似的……听说小西部队也到了九江附近……今夜又要当卫兵啦！……

（八月十九日）……步兵一大队去讨伐败退的残兵，很早就回来，好像有一点败兴似的……今夜又有很多自动车中队来，九时半还有来的，非常骚闹，是因为不惯的缘故吧！

（八月二十日）出差！既然决定专作伙食，又要派出差，是什么道理？……桥今天几乎完工。到桐城去回来，听说今早有敌袭。十师团的炮兵来得很多。二军亦开始行动吗？回来后，非常地疲乏，亦没有洗澡就睡了。

（八月二十一日）……大道寺亦来说小队长的坏话，是奇怪的人。……其它部队的配给品似乎不足……希望汉口的占领早些终结。

（八月二十二日）或者烧饭，或者出差，现在是一塌糊涂，还是有车好。补充兵什么都不做，做的人什么都得做，无聊。这亦是上级指挥得不好的缘故。到舒城去，很久以来才开车，亦是同样的，工作亦是搬动行李，石岛在转湾［弯］时因为房子塌下来，有一名负伤。病人续出，吉川亦生病。出差回来，又做伙食，忙得很，食物如被称赞，还有作的价值，如果被人说是不好，那实在是失望和不高兴的事。

（八月二十三日）……夜热不能入睡……

（八月二十四日）……补充兵与其说都是任性的人，不如说是些吊儿郎当的家伙，实在讨厌。军队的统制亦不很健全，现役兵不同，亦说不定。今天是非常不愉快的一天。近来谣传改编，怕不会实现吧……。

（八月二十五日）因为前进，从早就很昏乱，不是说的那一个，看透将来的工作是不容易的。因为残暑，行军非常之苦，今天这一天深深地感到国内的好处。水好，各方面亦便利，等等。步兵徒步部队行军的痛苦，实在是深深感到了。五时左右到桃镇。途中一面装着行李，一面修路，是有一点不妥罢！马杉队长亦是一个怪物，站在上面的人，如果不是经过一切困苦是不行的。

（八月二十六日）……正想午睡而稍睡着的时候，出差的人车遇敌袭，十四、二十九中队工兵往援。正如我所想的并没有什么大不了的事，陆军亦是不把它当成一回事。部份则是困难的，水的不便亦是困难……傍晚挑水费了相当时间。从此之后像仅有前进去六安。

（八月二十七日）……中队本部亦是讨厌的，现在才来说不平的话是没有用处了……因为水的不便不能洗衣，真开玩笑，一下雨就不能工作，亦不能修路。

（八月二十八日）与其它的时候一样，补充兵亦同老兵一样。没有使唤，身体懒怠起来了，洗了衣服，很爽快。“下给品”亦有一些，自动车队亦陆续向苏州集结。马杉部队究竟怎么样了？

（八月二十九日）……本分队病人相当的多了，不能不自制，九师团亦移动来了……汉口的进攻亦渐渐近了，师团亦增加了，想是要大会战。发出了明日移动的命令，由桃镇前进三十六公里。

（八月三十日）以为马杉部队全中队，其实只有获[荻]原队及佐藤队一、三小队移动而已。……重病人亦有了……

(八月三十一日)是一个不平很多的月。

……水坏,因为前方没有,所以炊饭的时候,要拿着烧锅到很远的地方去炊去……

汉口亦还要很多时日吧!

(九月一日)……电池破坏了,石井很悲观,我亦很担心,但没有办法,夜里虽稍为修理,但靠不住……。

(九月二日)卢[庐]州桃镇间未修理的地方很多,卢[庐]州六安间也同样……

(九月三日)途中因为交通中断,很多掉队的,病人亦增加了。有许多行踪不明及战死者,中队干部的责任是做什么呢?

(九月四日)……生病的时候,因为平常说闲话就很吃亏……听说明日前进……

(九月六日)因为不完全的修理,这一天整日尝到战场的苦味。平常的注意招呼,无论是谁亦不能怠慢的,其他中队亲切的事,很想拿来给本队的干部看看……

(九月七日)……近来的生活,有点像战地的神气。糖分不足,对于现在的我是最痛苦的事……

(九月八日)……说是离前线只有二三里了,又说是十三师团的粮秣弹药亦已经用尽了。像这样亦就不能前进吧……!

(九月九日)……野中上等兵亦从国内回队来了,有一点怀恋似的,老萸送五元来,很感谢。

国内亦有信来,只要有信,总是高兴的。早些把汉口攻落的希望更强一些了……

（九月十二日）……据说佐藤队亦不信用吉田中佐了……

（九月十五日）今早出发很早，昨晚因为赌博，很受妨害，不能睡眠，又因为值夜班，只睡了三点多钟，前晚及大前晚几乎都没有睡，今天瞌睡得很。……三师团亦作为二军去参加汉口作战，九师团也不是要来吗？车坏，道路亦坏，以后的兵站输送很担心……

（九月十六日）起来很早，但是出发是在午后，真是倒霉，一早就精神很坏，没有好事情，今早胎棍□了，担心了一天，而且车亦不好。近来很有点不安，只是希望能够用到汉口进攻完毕那就好了。想发明信片，却没有空，亦没有法子连络。傍晚很迟才到六安，车厂给其他部队使用着，很混乱。石井没有共事精神，很使我生气，早晚尽是些看不惯的事。病人亦多起来了。

（九月十七日）部队行军前进的距离短得可惊，近来虽是迟睡起早，但是出发是在正午，浪费了很多时间。……傍晚下雨，茂木上等兵老病发作。前进是一小时一公里左右。道路很泥泞，终于到了半山的时候，停止前进……

（九月十八日）……想要砂糖，却很不容易得到……茂木在身体不好的时候，呜呜地哼着，毫不自持，光使唤人，实在讨厌。吉川亦病了……

（九月十九日）……病人更加增多了……

（九月二十日）为了破坏道路，今天又中止行军。要下雨罢！光下雨，以后的事情要堆起来了，很不安……

（九月二十一日）茂木又发痁疾，今天格外利害，痰里带血，这种天气又不能到病院去，实在为难……

（九月二十三日）今天又下雨，何时才能晴呢？毫不知道，这个样子战局是不能进展的吧！很不安。粮秣亦完了，已经下命令每天吃二餐了……

想向上帝祷告，快点天晴才好，人类的丑恶的斗争快点结束才好，可怜我呀……

弹药亦不足了吧，很不安。到了夜里雨又是簌簌地下着，非常忧郁，汉口亦不能进去吧！

（九月二十三日）……在叶家集没有米了，象是吃南京米，……据说野战病院中有了三千多的伤兵，因为与后方断绝连络，药品等都不足起来了罢，一战，有弹药吗？想到这里，心里就苦恼起来了。

（九月二十四日）心痛，烦闷，不平，愤怒。

今天又是白白过去了，杂志上说烦闷是不好的，但是这种天气不能不担心，以后天气会稍好一点的罢！这样的不动，事情也多起来，很挂念着前线，战友们在说现在的食物坏，我是一点也不感觉的……

（九月二十五日）……把桌子烧了，要是给人看见一定要大闹起来，很不愉快……这一中队有一点很难融洽，从小队长起都是不懂事的人不过现代的人，都是这样的吧！

（九月二十八日）……为什么不渡河呢？角田少尉的行为，是不可思议的，结局还不是不能不渡么？……因为伤风很苦……对于军队也很厌恶起来了，对于世间的不平也很厉害。

（九月二十九日）……从傍晚热起，呼吸很苦，有三十九度。三十九度的热，身体相当吃不消了，虽然如此，到了早晨精神又恢复起来。要是疟疾，是很讨厌的，以为是普通的伤风，看护兵说是疟疾，不早点治疗是不行的……

（九月三十日）……天气不恢复，首先是前进受阻，事情到此，进攻汉口是一大打击，陷落也要相当迟慢吧……一想起来，就发生起无聊的不安来。

（十月一日）……今天想洗衣服，但听迷信说，初一是不宜洗衣服的，就没有洗了，而且身体还不很好，说不定不应该的，上一段山坡就气喘、心跳，仅仅是发热二次，身体就变动到这个地步，很可惊，但是不久就会恢复吧。成濑对于病人颜色很不好，心里很难过……

很想读国内的新闻杂志……

（十月二日）……午后被中队使唤到×粮厂，很想得一些甜的东西，但不可能……

傍晚高野来，说是信阳还未陷落，汉口今天还未攻击。为什么呢？很悲观……

（十月四日　晴　雪）……很多能够忍耐的人，很快把一生安定下来的，人是怎样的多事啊……

（日记至此日止）

说明

这本日记，是从一月一日写至十月四日止的，时间相当的长，内容相当的多，这里只选最有意义的地方节译出来，大约还不及全体十分之四，但只是这一些已够我们参考了。

由着他的所记，可以知道“皇军”的庐山真面目，因此，略就其内容作一个统计如下：

一、记着去慰安所去嫖的三次。

二、记着寻女人的二次，一月三号更明白地记着“去征发女人了”。

三、记着想恋女人的七次。

四、记着征发东西等的五次。

五、记着饮酒的事情五次。

六、记着其他不正当的行为如赌博、偷东西、乱烧民房等七次。

七、记着官长的恶行，如喝醉酒、玩女人、不守纪律、贪货等五次。

八、记着疾病的事情十八次。（自己的及部队的）

九、记着伤亡的事情五次。

十、记着困难的事情，如给养缺乏、子弹缺乏、糧食缺乏、交通困难等二十五次。

十一、记着子弹的浪费一次。

十二、记着后方的困难，如生活困难、其他困难等五次。

十三、记着本人在军中经济困艰的事情八次。

十四、记着对工作的不满，如工作太多、太苦、分配不好、苦乐不均等事十八次。

十五、记着其他的不满七次。

十六、记着官长与士兵间的不良关系，如官长打骂士兵、待兵不好、士兵对

官长不满的表示等三十八次。(如一月十九日、三月四日、八月十三日等所记系其尤者)

十七、记着士兵间的不良关系如吵架、对别人的不满等九次。

十八、记着受游击战的威胁和打击十八次。

十九、记着中国的宣传一次。

二十、记着我空军的空袭一次。

廿一、记着怕死的情形二次。

廿二、记着思念故乡、想归国等二十七次。

廿三、记着对战争失望悲观厌战等六次。(九月二十二日记着“人类的丑恶的斗争快点结束才好”,九月二十八日也明白地写着“对于军队也很厌恶起来了”。)

廿四、记着烦恼苦闷有十五次,有两次记着又想归国,又怕归国后失业。(二月二十三日、三月五日)

(原载于《敌军士兵日记》,新知书店,1940年)

某氏的日记

（新X军四支队在桐城附近战斗中缴获）

[日本]佚名
林植夫 译

（六月十七日 一九三八年）六时起床洗面，一面望右边津岛的景色。点名后体操。时时望着各岛景，实在感到海洋的雄大，一面又感着故乡的容姿而继续航行。

（六月二十四日）……六时外出去参观慰安所。

（六月二十七日）……午后十一时在塘沽附近，发现残敌五六百名，本中队有紧急集合，但未出动……

（七月一日）……午后十时三十分到了兖州，由此更前是危险的，所以明朝七月二日等天明出发。

（七月二日）午前五时三十分在兖州驿于周密的警戒中出发，途中高粱繁殖至七八尺，实为危险……乘车兵队没有得食，将校（官长）则在膳堂食，因此乘车迟了，作为将校的行动实在……

（七月三日）……第三小队在徐州驿前的南方约二公里的地方，机关车、货车三辆被败残兵弄颠覆了，第一第二小队立刻分乘汽车，在新井少校指挥之下，急去应援，零时二十分回到车厂的位置，后在汽车上休息。

（七月八日）……途中相当危险，停车数次……

（七月九日）……此际我用枪柄将敌一名打至气绝而将其捕虏过来，归途在途中将其斩首。

（七月十日　晴）

起床六点三十分，今天为昨天的败退的残兵出防，派步兵一个小队去警备，在兰封南方约十二基罗地点附近侦察。……本日把苦力二百名作为“使役”带走。……

（七月十四日）……中国的防御阵（地）的坚固，为之一惊。……

（七月十五日）……本日带来发现的两幅图画。

（七月十八日）虎疫猛烈，移住驿前。

（七月二十三日）……得报在此以前，每夜有败退的残兵出没，在轨道上装设地雷，于武装严重警戒中，翌日午前九时三十分到达青岛。

（八月三日）……午后一时左右在金坛约三公里面前的桥被破坏，停车约三时十分。

（八月四日）……距天王寺约四公里的桥被破坏，不得已于午后四时在天王寺城外露营……

（八月五日）……五六名去征发，得到鸡一只、南瓜四个……

（八月十日　雨）……喝了中国酒一升五合，醉得很，午前一时顷就寝。

（八月十四日　晴）……夜敌机来袭，熄灯。

（八月二十一日　晴）三时四十分左右在进行中忽从右岸上受了轻机关枪的猛射。

（八月廿三日　晴）在船中发虐[疟]疾的续出，本中队有四十名。

（八月二十九日　晴）午前七时三十分受敌败退的残兵的袭击，（击……）

交战约一时半，当分队占领了右山上。

烧毁途中的桥，枪杀中国兵七名。

(八月卅日　晴)向漳山约十二里，进行至九里时，敌约有两个师和我步兵部队激烈的交战。

(九月一日　晴)大约十一时，由桐城约五公里前，有败退的残兵的袭击，某部队的车辆被烧毁，战死和负伤者颇多，本中队收容了负伤者前进，午后零时二十分在桐城大休息。

(九月三日)在桐城约七八公里的地点，佐野队(?)的五辆车受袭击，战死五名，二辆车受重伤，三辆车被烧毁。

(九月四日)……本分队为尖兵，向桃镇的途中，与败退的残兵战斗三四次……。

(九月七日)……午前十一时顷在桐城北方八公里的地点，因为敌人的地雷，中岛队……(注：中岛队以下字句不明，总是吃亏无疑。)

说明

本日记只有数页，残缺不全，无头无尾，故不能知是谁及那一部队，但在此数页中记着被我游击队袭击的事情，乃非常之多，可知游击战对于敌人是具有多大的威胁，不但给他精神上以重大的打击，而且还消耗他不少兵力、子弹辎重，在第二期抗战游击战之占着主要的地位，对此可以证明。同时在这一个断片日记中，还可以注意一事，即敌人残杀我们的俘虏是：七月九日记明将俘虏兵斩首，八月二十三日又记杀了中国兵七名，即其证明(此处所记的枪杀乃“枪杀”之汉译，即枪决是，如果在战场上打死，当用射杀，或“打杀”等字)。我们捉到日本兵，不但不杀反予以优待，因此他们都能够了解此次战争，而同情于中国，进而为我们工作。中日战争的胜败已决定于此了。此外怀念故乡，表露不平，发生疫疾，拉夫抢物等事，亦有记着，所谓皇军之真面目，不外如是而已。

(原载于《敌军士兵日记》，新知书店，1940 年)

某氏的野战日记

（新✕军二支队在博望战斗中缴获）

［日本］佚名
程震文 译

（八月四日　一九三八年？）……通过八木驿的时候没有遇到几位相识的朋友，在京都梅小路的货物站，母亲、妹妹、叔父、叔母和从弟等来送行，很是快乐，但只有一刹那间的事情啊……。

（八月五日）六时左右要从旅宿地出发的时候，义男兄来送行，到登船止的途中，一直走说着，但等到开船的时候，却没有来了，真是憾事，是凄寂的啊！开船时也没有多少人送行，寂寞得很。

（八月七日）……有一点不像是去打仗那样的神情。

（八月八日）……不久看见了陆地，有一点高兴起来了。但是异国风光被战争破坏了，看见高的建筑物和民家感着寂寥。饭田桥上站着装好了子弹的警戒兵，使我感到严重。

上了陆，饭也没吃便整整作了二里路的行军，背包又重，更加苦了，而且拿着子弹行军，是如何之辛苦，可想而知。

（八月九日）……午后要写一封信，却被命令作工兵，什么事都做不成。对于卫兵到中国来是第一次碰到，很是紧张着，但是刮着强烈的风雨，而且没有雨盖，因此也浸湿到身里去，晚上冷得不得了。

（八月十日）下着雨积着水，湿到没有不浸湿的地方，同时身体的情况也不好了……勉强弄完回来一看，听说明天五时要作汽车队的护工，不能不去，胆子吓掉了。

（八月十一日）擦着那想睡的眼睛，拿了很重的行李，乘上汽车，跟着一百辆的汽车最后一辆走。因为有了毛病和车陷进泥泞里，不能前进，困难极了，停止了好几次。正在困难到不得了的时候，却听见了枪声，碰到袭击了么？吃了一惊，赶紧冲上抵抗线，但是苦得很，还好子弹没有打到。再向前开半里的光景，看见了人影，心里正在惊怪，他却进树荫里去，于是停车调查，开枪把他射杀了，那次杀死他只在六七尺前，因之心里颇为难过。……

（八月十二日）到达徐州，向着南京的途中，桥被破坏，因此要走廿里的路程转回徐州一宿，桥梁好几处被烧毁，尽是日本军队架的，使我们为之惊异。

（八月十三日）当我回去的途中，警戒是非常的森严，向着南京走去……

（八月十五日）……在南京方面听说现在有五个师团驻扎着，才勉强安下心。

（八月十七日）从南京出发向着溧水前进。

（八月十八日）惊醒了露营之梦，又开始向秣陵关继续进行。

（八月十九日）已经达到我们的目的溧水了。据说有残兵出没的样子，夜间听见枪声，吓坏我。

（八月二十八日）为着与二小队交代，去负责桥的警备，听说是很危险的地方，每天都有贼来的样子，但是因为下雨罢，没有来了。

（八月二十九日）想到天又黑了，比这个更难过的没有了。交代时零时三十分，敌人来夜袭，开始在弹雨下面糊里糊涂的工作，以为一定会死，不管有水的空洞钻了进去，打到东方发亮。

敌人把死者四名留在廿米的前面逃走了，当时不能不痛感到可怜，我们有两名的负伤者，当来安慰它的时候，又不能不十分感慨了。

（九月三日）回溧水放下了心。但恶魔来了，病倒了。

（九月五日）进了病室，受了糖尿病的宣告，想我自己是多么可怜啊，在内地不发病，在这远的战地病倒，这多么痛苦的事啊！

（九月廿五日）肚子因为吃了药的关系好了，但是这一次又来了虐[疟]疾，邻室有患虐[疟]疾的病室，给它传染了罢！每夜热度在四十度以上，极其痛苦，病上加病，不知什么时候才可以好，都看不准了！

（九月卅日）好像军医看不过意了，他说这一次的船二三日可到，与负伤者一同送去南京。实在对不起的很，想起我身之弱……

（十月三日）……抱着遗憾的情绪离开了队伍，向着医院出发。在秣陵关歇住了一夜，听说昨天晚有了六百多敌人来袭！有了死伤者，及不明者（失踪者）。

（十月六日）我想医院里的给养一定是好，而肉一定可以吃得到吧！但与我的想像却相反，给养之坏为之吃惊。对于它的食品，味道却比我们中队里好，但是××料理不好。下给品也常有。向中队方面写谢函，并通报文送去。

为着要病快一点好，到酒保去买一点滋养品来吃喝，但是价格过高钱又不够。……

（十月七日）听见第一线的情形，感到我们自己部队的幸福……

（十月十日）病院的生活不会发生好感的，尤其是患了内科的病，更是苦痛的。是和部队里流泪而别来的到战地，勤务也不做而逛着，对于后方，对于君国，实在是感着苦痛。……

（十一月六日）……也到过中队的山本旁边去看它，山本既不发言，眼睛也吊起来，变成为死尸的样子，现在是危笃的情形，实在可惊的。

(十一月十五月)……一面看着相隔两月的华中平野的风景,一面仍旧对于被敌人袭击的桥梁作着困难的通过,而回到溧水的中队。

被服的受领,也是很困难的忙着,听说最近中队要向洪兰埠移动。

(十一月十六日)明天全小队都回到溧水来的,听说要开到洪兰埠去的,但是今天回来还要到分屯地去,因此我也跟它们同作了相隔二个月的里半路的行军。到大高町的地方,睡不着,尝着辛苦和寒冷的滋味。

(十一月十七日)……今天看见了一个稀奇的东西,这是小队长杀了俘虏的头。

黄昏的时候,不能不由溧水向洪兰埠移动,是夜行军,又是移动到初次不习惯的地方,但是夜间住的是个华丽的民家,那便是柳川中将的宿舍,精神爽快,忘却昨晚的疲倦而睡去了。但是谎说因为没有寝具,到半夜冻醒了,又是值夜的时间,完了不来叫,因此早起,颇为不好意思。

(十一月廿日)民众非常之好,到街上去买点用品,只要是中国货,都可以买到,好得很。但是今天兵舍成立了,移动到兵舍去,又回到不自由的生活,立刻当部队的卫兵。

(十一月廿一日)今天中队去讨伐,因此捕回了四名俘虏。

(十一月廿二日)今天我也去讨伐,但和行军一样,因此把脚走痛了。

(十一月廿四日)……今天有了薪柴,那是好的,此后如果没有薪柴的话,又将如何的寒冷呵。

(十二月)……关于讨伐,到七八里的地方去过两次,作为夜间迎击队,二三日的夜间的救援两次,卫兵与哨兵的勤务共有六七次,除了把脚弄痛以外,再没有其它的变故。此外种种的差事都无恙的过着日子,而且能够在洪兰埠去迎接正月的降临。其它有许多有趣的及快乐的事情,这算是我渡支以来最愉快的一个月呵……

说明

这一位不知姓名的日本兵，可说是胆小已极，一到中国刚登上岸便感到严重（八月八日），听见要作汽车队的护卫，则把胆吓掉了（八月十日），在南京听见有五个师团驻扎着才勉强安下了心（八月十五日），想到天黑了心里便难过，敌人来夜袭，便不管有水的空洞而钻了进去（八月廿九），回到溧水才放下了心（九月三日），这也便是皇军的勇士啊！

还有两事值得注意：一是他们的医院会作弊，弄到给养坏，使病人发生不满（十月六日十日）；一是残杀俘虏，如十一月十七日所记，“今天看见了一个稀奇的东西，这就是小队长杀了俘虏的头”。敌军没有本事在战场上发挥他的勇敢，却有本事把捉到的俘虏来发挥他的残暴，这也是皇军的真面目啊！

（原载于《敌军士兵日记》，新知书店，1940 年）

某氏的日记

（新×军一支队二团在句容近郊战斗中缴获）

[日本]佚名
林植夫 译

枪、剑号码二〇〇、四六九〇

毒气　八二一六六八

(十二月十二日)(日)(昭和十三年起)

四时半起床，今天真是出发了，背上会压倒人那样重度的行李，六时集合于路旁。有好像是母亲的老太婆叫着“在啊在啊”已经哭了起来，也有说着“啊！身体不好过”而把身伏下去的老太婆。……在感激的当中乘船。有的已上了船上，从老远地方来送而无法会面的人们，在那里哭着，也是可怜的。到了夜晚喝醉了酒的，大唱起歌来了，但是战争是要很大的牺牲的啊。……

(十三日)(日)

晨到达门密，卖者把船开到外面来卖种种东西。买啊，买啊，工人是怎样会吃东西啊！不久大吵起来，是吵架。有一个人从船中偷来一箱橘子，事务员来调查，又是一番搔[骚]扰。再吵架的结果，一个人斫了一下，又发生停船不停船的大问题。日本人的三分之一可说是无教育无赖者。……

(十七日)(金)

……真的战争是这样的么？更加恐布[怖]起来。是黑暗的。

（十八日）（土）

……途中中国人所做的防御工事实在有做得好的。……

（二十日）（月）

“是谁把豚尾奴（中国人之骂语）好好好地使着”，这是上等兵对于扶病而来的补充兵说的话。在军队里面多一颗星（肩章上面的）是占便宜的，但是他在路上对于“当汉奸的杀无赦”却读不出来哩。

（二十一日）（火）

……中国人也开始出来多了，但是女子一个都没有，据说是躲在山里。

（二十二日）（水）

……大家都在拼命喝酒……

（二十四日）（金）

……午后休养，出去走走，又给小队长骂了。……吃饭吃鲜鱼，三班的人吃了羊，说是五毛钱买来的。但是在前线征发不回来的，据说有二个人。……

（二十七日）（日）

……午后有命令叫写上陆以来的觉悟，到现在还说甚么觉悟，夜晚把邻室所写的签一个名盖一个章交去……

（廿八日）（火）

晚晌有雪意，入夜积了一寸，得俳句如下：

一、初雪啊！国内的“炬达”（注：冬日烤火的一种火盆），可恋啊！

二、分开初雪的是车辙和车辙，

三、初雪之朝响得厉害的是枪声（注：在国内则是木屐之声），

四、初雪是在战地眺望的时势啊！

（廿九日）（水）

……班中于八时顷有紧急集合，骚动着。

(一月三日)(月)

……战后日本要到来些什么?

一、友日本不受○也是有祸。(注:○中字不明)

(六日)(木)

领到薪饷六圆六毛一,心里有说不出的一种心情。

(十四日)(金)

今天抄近路走,实在是危险的地方,两边有河,有拱桥,一天走了三里(日里),完全是拼命。

(二十二日)(土)

……汤山附近有炮兵学校和步兵学校,其广大惊人,日本没有吧!

(二十三日)(日)

七时出发,天气佳,但寒甚。路很好,尤其是愈近南京愈好。中山陵旁是日本所无的,其宏大只有令人吃惊。南京城大,……进入城内到处是兵。中国凡与国民政府有关系的东西都宏大,军官学校也大,一切都大。

(二月三日)(木)

在三班被发见,逃到二班以来,班内赌博盛行起来了。甚么都不知道的善良的国民,来到战地,也学了坏事回去。

(廿一日)(日)

去津浦的人回来了,据说很多危险的地方。……

班内在赌博中被小队长发见,与分队长有争执。……

(三月十二日)(土)

本部暂时决定向芜湖移动,今天与通讯等出发,这样看来一时是没有满期的吧。(注:满期便可回去。)

本日记至四月八日止

说明

日俄战争时，送出征的人和被送的都非常雄壮，没有一个哭的。但是这一次不同了，送的和被送的是怎样一个凄惨的情形啊！日记的第一日，写得太清楚了。士兵怕死的心理也充分的在这里表现着，兵与兵间也有上等兵和二等兵的阶级之分，有官长骂士兵的事情，这里也记得有中国的古语“兵克在和不在众”，敌人的兵既不众而且不和，他想征服全华，真是“癞虾蟆想吃天鹅蛋”哩！下雪便使他想起国内的“炬达”，刚到不久，便想“满期”，这些都表现着兵无战意。中国的大也把他吓倒了。

（原载于《敌军士兵日记》，新知书店，1940年）、

《敌军士兵日记》跋

林植夫

这里一共有十本的日记[①]，均系去年十月起至今年二月止，由前方先后送到的。内以中村义夫即中村伍长的《阵中日志》为最先到，当即由陈辛人同志将其全部译出来，印为本军敌情第十二号，后来有人拿去《东南战线》等去登载过。

但即此外各日记亦有极其精彩的，其价值亦多不下于中村伍长的这一篇。徒因我及各同志工作都极忙碌，和我今春又害了两个多月的眼疾，以致不能很快的将其译出，以贡献给国内外热心抗战，亟欲明了敌情的人士，实深抱恨，一直至今年四月半以后，始陆续整理、翻译、校改、缮正，勉强于五卅的纪念前一日将其编出。所以未能全译，一因抗战的参考上不甚重要，二因工作上来不及，其实有一两本均有全译价值，如松户铁及桐村定男的日记是，这只好俟诸异日了。

所有译稿，全部经我校改，所有错误，自当由我负责，在我虽颇费了一些苦心，而因其他工作关系，不能专心于此，或自免不了有一些错误，但在这重要地方，均经细心研究，不至于有将事实弄颠倒之处罢！同时有些地方无法看出，则付诸阙疑，不事臆测。事实上所有日记，文既简单，字复草率，即本人亦有认不出的时候，我们去译他，自又更差一层，这也是不可避免的啊！

这一篇对于中国的抗战，如能有多少贡献，则是编者的大幸了。

民国二十八年六月三日，林植夫于新×军

(原载于《敌军士兵日记》，新知书店，1940年)

---

① 《敌军士兵日记》原书十份日记依次为《竹枅英雄的从军日记》《笠安雄的日记》《近藤正利的日记》《福山孝雄的日记》《松户铁的军队日记》《桐村定男的阵中日记》《中村义夫的阵中日记》《甲某氏的日记》《乙某氏的日记》《丙某氏的日记》。本书在收录时进行了拆分处理。其中，竹枅英雄、桐村定男日记存在多个译本，编目时随其较早的译本前置了排序。陈辛人译《中村义夫的阵中日记》曾出版单行本《一个日本士兵的阵中日记》，本书在收录时以其单行本为底本。——本书编者注

昆仑关上战死的敌炮兵队长日记

[日本]福岛千秋
佚名 译

此篇系本报战地记者韩北屏从战地得来的昆仑关战死的敌军日记，作者的姓名为福岛千秋，是野炮第五联队的炮兵少尉，他是十一月一日开到北海来的，钦州登陆后，加入昆仑关方面的敌军作战。其日记是从去年五月十一日起，至十二月十七日，即我军总攻击之日止，以后就没有写了。在一天的记述中有“接到观测所电话报告有夜袭，枪声甚密”等语，或许福岛就在这次我军的夜袭中死了。最后这本日记描画出敌军犯桂的阴谋与行动，反映出我军杀敌的英勇与公路破坏的收效。因此本报特为逐日译载。以供参考。

十七日

上午十点钟到达海南岛南端的三亚洲，岛上极多柳树，令人大有重到南洋之感，气候恰似国内的八月风光，军舰很多，保护着我们，运输船也有五六十艘，在停泊着。

十八日

在三亚港过了第一夜，早朝六点钟就起床，把八头瘦马叫送到海南岛上休养，将士也多数上岸，我自己因为要巡察将校勤务，不能够上去。英国轮船驶入我们作战区域之内，被我们海军逮捕了，又英国的飞机也飞入我们作战区域之内，又被我们海军逮捕了。

十九日

上午十时从三亚港出发，我们的运输船七十艘被编成两个大纵队，以军舰保护向北海方面出发。

入夜暴风雨大作，船在黑暗中前进。二十日风雨益厉，遂变为大暴风雨，船仍向登陆的目的地前进，风势秒速十六七米达，甲板上完全不能立足，浪花高涌，很耽心明天登陆的事情。

二十一日

中村支队昨晚还不能够登陆。

二十二日

和敌人相当接近，夜里很清晰地听到炮声，点验士兵，分班勤务，实在很耽心，一夜里都没睡好。

二十三日

朝间七时起床，七点钟就叫民安车曹和两个士兵去找宿舍，这道路十分坏，因此便率领大部份士兵先做修补道路的工作。此间道路破坏的程度，比之华北各地，真有天壤之别。本部前进几不可能。

二十四日

什么也没有做，过了上半天，今朝天气极好，华南的暑热有如国内八月的光景，昨夜梦见雅子生病，并且做了许多各种各样的梦，心里很忧虑。

二十五日

由九时起，中队全体都去修筑道路，道路破坏的状态，可真凄惨，这种大破坏，比之华北何止十倍，而其大部份是无法修补的。我真有点佩服，摄了一张照片。

二十六日

上午动员全队修补前方二里远以外的道路，三点半钟得到南宁陷落的消息，那是我目标的城市，实在欢喜。这一夜，联队长犒赏中队一樽清酒，用佐祝宴，三个官兵共喝，着实愉快。

二十七日

大坂[阪]《朝日新闻》和《每日新闻》把北海登陆及前线作战的新闻映画送到驻钦县的情报部，为拿这些片子，便带了五名士兵由队部出发，这时是早上的八点钟，任务完毕后，又在钦县巡视一回才返队部。

二十八日

上午仍然和往日一样是修补道路，工兵及其他部队的士兵都一样的拼命修路，四点钟才回来。

二十九日

下午一时视察到钦县的道路，道路非常坏，仅可通过野炮，决定明天向钦县前进。

三十日

九时，中队由蒙村向钦县出发。中山少尉和池田军曹先行设营，正午以前就到达钦县了。立刻视察盐田兵团的踪迹，看出当时的战斗是很激烈的。今日是自己的生日。

二日

接到一道命令，明天上午七时半要我和本部鸟村少尉、千玉军曹及川曹长四个人，顺搭兵部汽车出发小董墟侦察道路及设营。

三日

五时半起床，集合出发。途中道路非常之坏，到小董墟有三十六公里，午后两点钟到达，架桥的工事中，有敌（指我军）便衣队横行，被我捕杀，作种种侦察之后，因等车塔[搭]回钦县。

四日

今日到大队命令：今日下午一时出发，火速准备六时到达大岗墟。此地以北，敌人（指我军）到处活动，非常危险，

五日

今日上午十一点钟从大岗向小董出发。两点钟到达小董，从事设营工作。

六日

八时半由小董出发。我们的中队先行。今日到那晓墟只有六里路，陂路

之难行为向所未有的。马也十分疲惫，实在是困难的行军啊！别的中队也非常狼狈。

七日

上午八时半从那晓出发那陈，四点钟到达那陈墟，这里也有敌军（指我军）活动，在警戒中就寝，官兵一概露宿。夜间甚冷。

八日

早晨八点半钟向吴村墟出发，一望旷野，间以小丘，实在是比三瓶原更广大的陆军操培所。

九日

八时五十分由吴村向南宁出发，官兵都说："到南宁去，到南宁去。"士兵的两条腿也好像轻些了的样子，官兵非常高兴。两点钟光景，由山岭可以俯跳[眺]南宁市街，那是此次作战的目的地，实不胜其感慨！

十日

为了南宁城外的第一夜，为了即将出发前线。

十一日

预定十三日出发南宁北面约百五十里的九塘，日子是愈近了。

十二日

明天出发九塘要取得步兵的协同行动和掩护，为了这事，十点半钟便带了一个传令兵到中村支队部去。

十三日

晨八时，从南宁出发，大队长检阅本部官佐并且送行。今日行军预定在四塘一宿，四点钟到达四塘。

十四日

天气晴明，晨八时向七塘出发，一时半到达。

十五日　晴

上午九时由七塘出发，在出发前将捷克式机关枪试行射击。途中残留着激战后的创痕。十一点钟到达九塘，把中队交给我指挥，一到九塘离前线就只有五千米达了，指挥中队赶往昆仑关，三临时到达昆仑关，立刻部署，准备射击。昆仑关丛山叠嶂，实为险要的地形。

十六日

昆仑关第一日的清晨，天气明朗，上午从事营房的各种准备工作，下午到观测所的高地去，从事测量准备射击的工作，和敌军的对峙，约有一千至三千米达的距离，可以看到很多敌军正在构筑工事。在前方，侧方，后方，不时听见机关枪的声音，想到今年的新年也和敌人相持，争取这个“年”的，敌人行动沉着，却是硬敌，确实愉快。

十七日

晨七时起来，立即到观测所去，从事准备，八时半以前到达观测所，今天的射击工作快要开始了，九时中队长也到观测所来了，十一时半发见关下方有三四千敌军，立刻开始射击，敌军异常镇定，隐蔽于适当的地形，宿舍方面有夜袭，观测所的电话时接到情报，枪声甚密。

（原载于《昆仑关血战记》，苏报社，1941 年）

桂南敌兵日记

[日本]三木联队多人
佚名 译

昆仑战役为抗战以来最激烈之一幕

日本强盗没费多少力气就占了南宁，其趾高气扬的态度更有些不可一世，却没想到在邕宾路上反遭到最大的打击。敌兵是有名的第五师团，前锋到达昆仑关后，即不能前进。我□□等部的出击，使他们陷入欲罢不能的“苦战”中！据军事家的观察，昆仑关的争夺是抗战两年来最激烈的战斗，尤其是我军官兵前仆后继，勇往直前，使敌寇们惊愕不置，昆仑关附近高地堡垒的争夺战，我军斩获极□，在俘获后方文件中，有许多敌官兵的作战日记，从这些观载中，充分证明了我军炮火的猛烈，将士的英勇和敌兵的惧恐与伤亡之重大，现在摘译数则，以飨读者。

（一）

（在这册日记上没有写着所有者的名字，大约是敌二十一联队的一个战斗兵）

十一月十二日

八时，二十一军军司令官阅兵，全部运输舰定于十时开船，同时在甲船上整列向皇宫遥拜，对南宁攻略誓不生还。

运输舰七十艘一齐吐出黑烟，发动机声隆隆，至觉壮烈，舰旋转四驶。晓雾初晴，半月来之心境有此一爽，此港与我以至深印像，骤然离去，不禁依依，乃高歌《骑马夺罗斯》（日本歌名）。

十二日二十三日

敌弹异常猛烈，渡河困难，曾于后方高地期待飞机协同。再行渡河，不久第四连单独向南方迂回强行渡河。午饭后进出邕江之线，遇敌于恭见乡附近，最恶烈之苦战乃起。

可悲哉！中村战友于此时战死阵地，原宫畸两班长亦相继负伤，其他尚有轻伤数名，期待之飞机终未获得，乃向各弱点配备警戒，但无地物可以利用。

（二）

S(这册日记似乎是敌军小队长的记载)

十二月十八日

下午三时奉命在九塘方面警备之我联队正与敌交战中，因得其急援请求、四时乃奉命汽车由东门外出发，向目的地前进，七时半至九塘，连任军旗掩护，排任□位，余在附近待命，第五连达到后随即出发。

十九日

上午四时自九塘出发□警以到达第五连占领之山为目的而开始行动。因山之附近有敌，乃即在白省村休息。本排即在附件近民房内休息，此时忽有敌炮弹飞来□以致四人炸死，九人负伤。尸体焚烧后，营乃继续前进，排长以下三名随同跟进。

在白省村附近炸毙者：上等兵石华英，一等兵横田一美智、桥本藤、名田太一。缴运武器：步枪四、刺刀四、钢盔八、弹匣一、弹带四、刺刀鞘四。派一排输送病兵到九塘。

终日在山上，受敌山炮猛烈射击，下午七时半下山，八时到白省，排全体官兵回部，全营在白省集结。

二十日

六时自白省出发，黑暗中匆匆上山。

全日构建工事，以备烧火。黄昏后完成警戒阵地，夜间顾虑敌袭，在山背后露营。入夜有敌多数战车来袭。

二十一日

晨向第五连取联络，十一联队区城警戒。

派那田错指挥两联，赴“言大山形”之山，决死守该地，黄昏后受敌猛烈炮击。

（三）

（这是三木第二十一联队山烟（身分不明）的日记）

十二月十八日

早膳后随征发队征取菜蔬，坐汽车到处跑，结果正午以前在桥那一边装车完毕，满载而归。午后向九塘方面讨伐，乘汽车，于六时半到达，立即配属到第五中队前进，此时已听到最前线的枪声。

十九日

上午五时，山根一等兵被手榴弹炸伤，全身虽然给血染着，但也无法可想，到天明时炮弹落到很近的地方，不断爆起灰尘，也不知什么时候就会打倒身边来。山根于是午后三时始被收容。

二十日

敌人的炮弹照例轰击得很可怕，日间也来迎击。相信是很顽强的敌人，其连络也很敏捷，飞机也从二十日的下午再□来轰炸，一天也没有吃什么东西，不知几时全被消灭，炮弹不断的飞来，现在虽因见惯而不感到十分怎样，但总是有点可怕！

二十日

上午九时因电池缺乏，通讯连络已不可能，而有线通讯亦因炮弹轰炸，再三断线。

晚十一时敌人逆袭，岩安、佐木、竹内、冈木等因手溜［榴］弹负伤，至晨三点的时候后退。

（四）

（这是一本最详细记载，所有者是三木联队宫木大队山中中队之水井正治）

十一月十六日　星期四　晴

和昨天没有什么差异，没有风浪，从早晨起船在河里往上开，至十时上陆于其地点，今天十一联队在龙门港前实行敌前登陆。

十九日　星期日　晨雨　下午晴

昨天行军到钦县宿营，今晨六时又开始行动，八时□□镇北方高地约有敌兵一个大队，当即开始战斗，至十一时我们也爬上了高地，敌人后退。可是山中中队长战死，第一小队的籐井、石场二人亦战死，此外尚有负伤四人，不知上午又到那里去呢。

二十日　星期一　晴

早餐后，十一时又开始行军，向那磨桥前进，今天中队的残部也未到……

廿七日　星期一　雨

先头的四中队（二十一）新田队未能入城，城外有许多部落，三大队不知那里去了。……据说在第一渡河点二十一联队的一个小队全被消灭，二十一联队战死的有八十个人，将校也有四人。

六日　星期三　晴

没有变化，昨天起做卫兵勤务，上午一时接到四十二联队在离南宁十四英里的九塘前方一公里地点，陷于苦战的消息（敌人是附有战车十五辆的三千名的有力部队）。下午四时坐汽车出发，八时到，立即向第一线前进，为了争夺□□高地，中队弄出很大牺牲，第二分队中除了森田上等兵、荒木、厚田、新田、栗山等多数的战死者，其余分队中的人马都受了轻伤，还算是幸运。

十二月十九日　星期二　晴

昨晚在战壕里，直到现在还没有吃东西，为炮弹之下，什么都不能做，战壕的战斗简直不如意，现在炮弹也是不断的从头上飞过，我的枪也慢慢成为不中用了，小便也在战壕里，第二分队只有菜刀和我两个人，其他全部负伤了。

二十日　星期三　晴

和昨天一样没有什么变化，还是在山岭后的战壕，我们的枪声就听不见了，可是敌人的炮声就渐渐的多起来。我们简直不能向外跑一步，大小便也在战壕里。从昨天起，晚饭早饭中饭都没有吃到，不知几时才能有得吃。我们也来了四架飞机，但敌人也不后退，真不知那天会被敌发一炮，简直是没有活着的心情，只感到一步一步和死接近，正在祈祷。并友军的进击（二十一日上午六时二十分在山巅）。

九塘及其他十九日下午十时的战死？棕□伍长、加村、渡边、北村、森田上等兵等五名，下午六时说。

廿一日　星期日　晴

早晨吃了些昨天剩下来的东西。今天敌人阵地内不断的飞来迫击炮弹，十一半一弹落壕边，永井伊藤心窝内中了破片而战死。想到命运的难测，禁不住的祈祷神佛。二时左右久条田上等兵也中弹而战死。

（原载于《昆仑关血战记》，苏报社，1941 年）

冈本秀夫的日记

[日本]冈本秀夫
林林 译

十月十日

出发以来，战友们总谈着战争能早日结束才好。时常提着打到什么时候，攻到什么地方为止呢？今年内是否可能和新兵交替呢？……这类凯旋归国的话题。哦，谁不愿意能早日回到有父母、妻子、同胞们等待着的故国呢？谁都这样啊！我也愿意凯旋，好见到我的母亲、妻子和兄弟的面，但不知为什么总是怀着鬼胎，好像要留在这战地一二年似的心情，这多么寂寞的心情啊。

战友们到妓楼去夜游的时候，对于她(指他的妻)的怀念，更是厉害哩。

…………

我们停在干草堆，放下炮弹枪弹，兵员坐在草堆上。向顺德进军追击的命令来了，日落后出发，八点钟的时候，东长寿站，从汽油集积场起火了，火焰冲天，爆炸声很凄厉，弹药也引火，继续燃烧到三点多钟，我们稍为等了火熄后才行军。

三时到了正定，待天明入城。出发之前，征发一头猪，支那人的宰猪的方法和我们不同。

十一月二日

为庆祝明日的明治节，分发了一只鸭、一只鸡，大相扑的演艺场之类，也很排场地做起来，但是受着禁令就中止了。

有了形势险要的情报，就接着要在十一月三日午前六时向山西出发的命令。正在准备中的晚饭弄好了，鸡五只，作为明天的菜料也拿来了，小豆也全部煮好。夜，在一号车睡觉，又是谈到家庭的话，期满的话。

十一月三日

午前九时在天空的北边那儿，飞来了一群大雁鸟，数起来是有好几百只吧。八九只，或廿只，成一小队，排成山形，很好看的。

今天是明治节，把国旗竖在车上。在石家庄南部，用柳枝作旗竿了。

到了石家庄，有向山西省进军的命令。预定本日可到井陉，但在途中失却联络。到中国来，爬山过岭这是第一次。在这里民房同城堡一样，墙壁都是以岩石作的，不是土。

十一月四日

到了长城附近，又取白桦树枝作国旗竿。积贮米粮，向平定出发。过了娘子关，在约九基罗米达的小村落，几百匹的马尸，横陈在道旁。又看到柿树，摘来吃，涩得不能进口。

井陉是有名的矿山地，到了这里，凯旋像是要拖延下去的。和我豫想的——早日战事结束，又是两样。

长城娘子关附近，激战的余迹，显得十分凄惨。敌机曾飞来助战过。此地峰峦叠障[嶂]，山谷底就是道路，落雨时便成大河，不能通行。四处没有一颗树木，净是岩石的高山。……马尸尚在路傍颠覆着。

长城以西，这里好像很受共产军的色彩强烈的渲染过，排日侮日的标语，到处都有。

在途中的山谷间露宿。分发了日本酒，我这个分队的卑劣的兵员，还要喝过别的部队去。岛田、矶村二君口角了，并且波及到九分队，大家都扭打起来，后来小山小队长来排解。

岛田上等兵喝醉了，由我和北川一等兵看护他，一直到夜里二点钟还不能睡觉。

十一月七日

…………

这个时候，每夜总要作故乡的梦，梦见种种不可思议的事，虽然是没有的事，但心里却置念着。今天到了石家庄，也许有家信来吧？

（在井陉县上安村记）

今天有十余名乘着人力手车，走向内地去的日本女人卖淫妇，她们也许能够在军队中大赚其钱，真是“大和女杰”！

一个女人，从早起到明朝，一昼夜间，一个人一块钱，可以接二三十个兵客人。

分发冬服、衬衫和袜子等。到了石家庄，匆促移动，向×××出发，十分队中没有收到一封从国内寄来的家信。

把交通银行的客厅作宿舍用。

十一月九日

传来宋哲元率六万兵要从山岭地经顺德的暗路袭击石家庄的情报，兵站部守备队非常紧张，我们的队伍也戒卫起来。

十一月卅日

朝五时三十分起床。——据说正安这地方，是抗日思想最激烈的地方。女学生也拿枪抗战。所以城内的男子全部杀死，只留下女子，十二三岁以下，三十岁以上的，一共有二千人，为天主教会所收容，其他的年龄的女子，放在城内，听任兵士们○○○○○○，收容的女子，也有被○○○○○○○○(原文如此)

十二月十日

在大名捕得土民十名，黄昏时候押到城里来，将处死刑。他们态度泰然，好像日本古来的武士一样，第二个看见头一个的人头滚地，鲜血飞溅的惨状，也面不改色。

(原载于《崇高的忧郁》，文献出版社，1941 年)

我在战地生活

[日本]雄远郎次
萧森 译

十月九日

天还昏暗地站在黎明的前刻，部队集结在离桥约一千米达的广场上，我向他们道了谢，走出司令部的门口。人的身体真是不可思议的东西，昨晚我想今天无论如何当不能再走了，可是今天早晨醒后，穿上军衣，拿起枪，精神也就莫名其妙地来了，也就不知不觉地能走了！这些真是不可思议。脚上的泡不知在什么时候被踏破了，疼不疼呢？我却全说不明白。在这广场附近的竹林内，发生像是机关枪的声音。一会〖儿〗，竹林烧起来了。不久，我们的部队也来到了。中队长和小队长的姿影，又活泼地出现在我的眼帘，我行了举手礼，简单地向他们报告昨天以来的状况，中队长只说“你们很辛苦了”一句话。甲斐一等兵走来了，他说：“班长，我们挂念你，虽然其他的人都说这路很危险，你们一定夜间住下了，但是，我想你们一定会来，所以我特意来欢迎。天很黑而我落在河中。直等十点钟的时候，你们还没有来，我就回队了”。我们大家一齐笑着说：“你真好落水的人呀！”午前六时出发，走出金山，就看到不可胜数的中国兵的尸骸，在屋前，池沼中，地上，零落地像深秋的落叶散乱着。

这路已经变得非常地好了，但是行军却仍然是苦痛的，炎热的太阳照射着，我们都流着汗。谁都厌烦说一句话，尽量地喝着水，我们感到苦痛和难堪，咬着唇，两腿像是机械地轮子呆滞地转动着，我只是被“不要倒！”的努力操持着向前转动。不久，值得感谢的战争又开始了，因此我们潜伏下，得到了暂时休息的机会。

在前方的森林中，响起了激烈的枪声，我们卧倒在道路的两旁，和敌人冲突是前卫部队。传令兵把“山炮前进”的命令递传到后方，山炮的车轮发着唧啦唧啦的声音，卷起了灰尘，被拖往前边去，不久，在远方的森林中，山炮轰轰地声音开始了，飞机也来了，在前方的天空中盘旋着，我清楚地看见，仿佛是酒瓶子样的东西从飞机的腹部滴落下来，带着特有的使人听了心酸的风声，接着就是猛烈地爆炸的声音，白色的烟往上升，飞机是三架转到了我们的上空，我们一齐举起手来，大声地喊，不用说他们是听不到的。但是我们很清楚地看到飞机上的驾驶员在和我们招呼着的手，摇着手或者是摇着手巾，偶然也有涂了红颜色的通信筒投往稻田中。我们在稻田中吃了午饭，“卫生队前进”！

“拿担架来！”传来这大喊着的声音，抬了担架的士兵，发起慌乱的足音，跑向前去，不久，又听到“中队长中弹了！”的声音，据说，当面的“敌人”是大部队，非常的顽强，我们的友军有了许多的死伤，又传来“抬担架来！”骇人的声音，森林里的枪炮声猛烈在响，像是有无数的猛虎恶狼在呼啸。

我们仰卧在道旁的凹地里，天空是蔚蓝的，大块棉絮似的白云，慢吞吞的在流转，暖暖的太阳照射着我们的身体，我们下意识地望着深远的天空，我的神情也随了白云在飘散，突然仿佛随白云而去，感到在前边森林中展开着凄惨地格斗，像是于我没有什么关系似的，子弹在我们的颈上飞驰，发生特有的恐布[怖]的呼啸。暖暖的秋天的阳光照射着使我的头有些昏，我就迷沉沉的睡下了，不仅是我，兵士们也都像沙丁鱼似的，一排都睡着了！鼻孔里发出甜醉人的鼾声，醒来的时候，太阳已经要斜了，然而枪炮声仍然在继续着，我附近的士兵都还在睡。我收拾了枪，直到登陆以前我的枪稍微有点锈，就马上擦一擦，可是从登陆那天浸入到泥里以后，我们就始终没有再修理机械的机会了。一向是任它锈着，锈着，我想起就拿着油布擦，刺刀也很锈了，我也把它擦一擦。在我身边的小田一等兵笑着问我：“今天是武器修理日哟！”中岛军曹在道上传过命令，十一月五日任乘本唯夫为上等兵。太阳落下了，大地蒙上一层灰黑，枪仍继续在响，我的心里很恐惧，我们决定分住在附近的民家。

九日晚间

在枫湿[泾]镇西我军的进路上，使我们预想到今后的进军更要困难了！子弹仍然是毫不变更的骋驶着，不断的射中在墙壁上。步哨在竹林中警戒飞过去，遗留下“小队长集合”的声音，我走到那里，黑暗中听出是小队长的声音：“今夜在这里露营，各分队派出步哨担任警戒。”已经是夜深了。一片无云的晴空，斜挂着一轮皎洁的圆月，银铃似的星闪着耀眼欲眩的光辉。我凝视这伟大奇丽壮美的晴空。突然，我像是想起了什么事情似的，又被一种凄伤的哀愁完全缠绕了，这里究竟是什么地方呢？我们究竟要做些什么呢？

我被喧嚣的声音从梦中惊醒了，我慌忙地脱去外套，没有折起，只把它卷了卷就捆到背囊上了。随着我们的前进，周围渐渐透出鱼白色，道路两旁有河，水面上闪着微微的白光。早晨来到了，我们对战况究竟怎样了呢？一点也不明白，我们只是跟着命令转动，只是在这凹地里一动也不动的挨了一天。战争是没有意义的事情，我是不愿再打了！（被俘前一日）

（原载于《战时文艺》第1卷第2期，1941年）

一个俘虏的日记

[日本]中野秋宇
路明 译

从这一篇日记里面，我们可以知道，一个俘虏在意识上的转变，这些没有隐瞒的赤裸的表露，足可给我们证明，所有迷蒙在日本军阀下的人们，都会有一天也像中野秋宇一样，在麻醉中自动地醒悟过来。因为人是趋向于真理的，一旦发觉自己是背叛真理的时候，每个人，都会立刻把自己的心供奉出来，为着真理牺牲。

——译者

一月六日

我像是死囚一样，被人们牵到这陌生的村庄，站在我旁边的两个游击队，不时呼咤着围绕在我面前的人群，但是我羞愧的不敢抬起头来看一看这许多胜利骄傲的笑脸，我只能饱含着两眶热泪往肚子里吞咽。

“俘虏，日本鬼子！——”孩子们的喊声，像刀一样刺痛我的心，不能洗刷的耻辱，我深深的诅咒着。

现在什么希望都没了，我只希望快些赐给我死，用死来结束我的痛苦，来埋葬我的羞辱吧！

我恨我为什么不能光荣的牺牲在战场上，我做了国家的罪人，敌人的俘虏！

晚上，我被关在一间没有光亮的小屋里，虽然蒙他们的厚待，给我铺了干草，但是它不能给我心的温暖，我绝望的靠在墙边，倾听我自己心房的跳动。啊！在这寂无人声的夜里，我真感到害怕！

手无寸铁，我能干什么呢？连想结束自己的生命都不可能，还想逃出这重重围囚的地方吗？那门口看守的人，来回走动的脚步声，使我的勇气全部消失了，我只能守候着天明，等待我将要临受的死的徒刑。

一月七日

今天我要被押解到司令部了。我恐惧、愤怒！我知道，我的生命会在中国的刑架上残酷的死去！对待一个敌人还有什么值得怜惜的啊！

几个孩子争着端一碗饭来，放在我的面前，笑笑的走开了。我感到厌恶、羞耻，虽然肚子里饿得非常难过，但是我不能够咽下这一碗饭，我呆呆的矗在那儿，像没有看见一样。

我又被拖着走了，走在田野间的小径上，今天的太阳特别好，尤其照在没有自由的人身上，会感到一点抚慰。

心，平静了好多，但是我奇怪，我为什么没有遭到像我想像的那样非人的虐待呢？记得过去的我们，曾经是多么残酷啊！在这一块土地上，人们好像是很善良的。

晚间十点多钟，我们才来到一个小小的城市，连一点灯火都没有的小城，夜像死的一样。

我开始感到害怕了，这里都是些凶恶的仇恨的目光！也许是环境特别严肃的关系，因为这是师部的司令部。

来到这个地方，我是完全绝望了。我知道，这是我惨死的处所，我不敢想像我将要挨受到的那一幕情景。

门关上了，一盏小油灯陪伴着我。

这一夜，我再不能宁静，潦乱哀痛的心，呆对着孤灯颤抖。

千头万绪，我的心跳得厉害，怕死吧？不是的，因为我只有死，我相信他们也不会叫我好好地活着的，虽然知道死是人的归宿，但是我怕那活活的惨死、惨刑、毒打，明天的审问，我所必遭的死啊！我不敢去想。

我重重地在房子里来回的走着，不规则的脚步声响，更增加了我思想的混乱，我无法摆脱，无法避免，我□新恨了，但是我恨谁呢，我恨那逼迫我死的人！

我爱我的国家，我要为它而死，现在正是我死的时候了，还需要什么留恋呢？可鄙的懦弱，刚才竟为死的可怖而表示萎缩。好！拿起为国牺牲的精神吧！怕什么死！我要高呼着大日本万岁而壮烈的死去！想到这光荣的死，我又似乎轻松了些。

但是，立刻像触电一样，又没有丝毫反抗的力了，一张爱人的照片，我忽然想起从衣袋里掏出，她依恋的向我望着，我还有什么勇气可以再说呢？我对着这默默无言的姿影，做最后的话别。

我不由自主的跪了下来，向东方，遥祝她的安全。我伏在她的照片上，为永不能相见的悲伤而流泪了。

我能允许别人从我的尸体上，拿去我的爱人来玩弄取笑吗！好，在我还没有死去以前，让你毁灭在我自己的手里吧，我不愿意有任何人对你沾染了丝毫的侮辱！

烧成了一堆灰，啊！我不忍心再看，灯被我吹灭了，我在黑暗的魔手下发抖。

一月八日

这样意外的事太使我不解了。昨夜，我做了一夜的悲痛而恐惧的恶梦，今天却这样安全地过去了。对着那两位充满着友爱的人，我只有羞愧，以前的仇恨，无形中隐埋在心的深处了。

每一句真诚劝励的话，与我的心是多么矛盾啊！我屈服了，但是我又惊醒了。

我苦痛地躺在床上，脑子里乱七八糟的，不知在想些什么东西，这种怀疑难定的心情，比任何绝望悲痛都还要难受。

啊！还是让我死去不干脆吗？所有的苦恼甚至罪恶都可让它一同埋葬在毁灭里。

今天，为什么我感到那样苦涩呢？每一句话的追问，使我找不出一句回答来。唉！难道我是没有理由来替自己辩护吗？

“你为谁作战？”“你有什么感想？”我的脸被这些缓慢而低沉的问话弄得发烧，我像做了错事似的，唉！我为什么不能回答呢？

我开始动摇了，开始否定存于我心中的荣耀，在这混乱的思绪中我似乎触到了一根绳索，这根绳索可以引导我冲破黑暗，让我内心的争执减轻了。

“朋友！认清你的敌人，站在你面前的，不是你的敌人，你被真正的敌人欺骗了，等你觉悟到你是在背叛着真理的时候，你该怎样痛恨自己啊！聪明的人，是会醒悟的！”这些含有魔力的话，深深地感动了我。

“事实都摆在你的眼前，你自己去判断真理和罪恶吧！”热情，诚恳，我感到非常惭愧！

“你好好的休息吧！明天会有贵国的朋友来看你的，他们都在为着正义努力工作呢！”

啊！我如何是好呢？我走入迷途了。

独自一个人睡在这里，外面时常有脚步声□立在我的窗前，不久又轻轻地走开了。

尤其当夜深人静不能入眠的时候，我更尝到了寂寞、苦痛的滋味。我的心情仿佛飘浮在太空中，是多么难受啊。

一月九日

天公今天下起雨来了，雨里还带着几片雪花，尖锐的风不时从破窗的洞口吹进来，感到异常寒冷。

今天虽然清醒些，但心里还是不断的在思索，因为时间似乎允许我能够更清楚的去想一点，所以比起昨天的混乱是好得多了。

最使我烦恼的，是我的回忆，因为自从离家到这陌生的战地辗转以来，眼睛看到的，自己做过的，不能不叫我以现在的事实相比而感到悔恨、难过，野蛮与文明，真理与罪恶，在我的回忆里，有着战栗的不安。

当我端起碗来吃饭的时候，更特别觉得不好意思，一个被俘虏的敌人，受着如此优待，我过去错误的念头，显然是被欺骗了。

饭没有吃完，喉咙哽塞得一点也咽不下去，只能长叹一声，倒卧在床上，让我安静地祈祷着忏悔。

今天有一个人跑到我房里来两次，他的日语说得很流利，他一点也没有拘束，好像是多年的老朋友一样，他说他在日本住过四年多，并且还到过我们的学校里。非常客气，他晓得我是一个大学生。

这一天平淡的过去了，心里有说不出的感想，一种新的情绪似乎占据了我的心。几天来经过剧变的骚乱，我将会为意识的驱使有着新的转变。

雨，下午已停止了，晚间，从窗口可以看见稀疏的几颗寒星。

一月十日

天刚微明，外面已经充满了歌声、跑步声，在雄壮短简的呼声里，我赞美着这新的朝气。

轻轻的敲门声，打破了我的沉思，随手进来的是两位前天所说的日本人，他们是刚从远路赶到的。吹红的脸嘘着热气，表现着非常兴奋的样子。他们热烈地握着我的手，我感到是多么亲切。

我一句话也说不出来，含着感谢的眼泪，注视着他们。这颗喜悦的心得到了安慰。

“在我们工作的岗位上，又多了一个伙伴，这实在是值得我们庆幸的。”

我被他们这句开场白而惊呆了，我的心不由自主地急速的跳着，满腹欲诉的话，我无从说起。

“中野样，请你不用奇怪，我们是正在做拯救国家的工作，我们已经被麻醉的够受了。几千万祖国的人民，都在制造战争的恶魔下不敢喘息，大多数追求光明的青年，也都被他们驱逐出来，替他们当炮灰，血的事实还不够教训我们吗？”

从自己同胞的嘴里说出来的字句，更觉得是真实的。我静静地听着。

“我们宁愿做强暴者的叛徒，但是不愿意做历史的罪犯、人类的仇敌。”

“人是追求真理的，尤其是青年人，我们不能为少数人的贪厌来毁弃世界的正义。”

“朋友：谁不爱自己的祖国？但是祖国快要被疠[疯]狂的军阀摧残得趋于灭亡了，我们是多么痛心，我们对着这千万爱好和平的中国朋友，感到惭愧！中国的优待我们，正给我们自己一个可耻的反照，我们还不醒悟吗？”

突然的沉默，空气显得格外紧张。

坐在床边的山本，他凝视在窗外的一棵枯树上，带着凄凉的调子：“唉！谁个知道？我们的家现在怎么样了！家？……在饥饿线上挣扎着的家，有谁去援救呢？……”

我不能忍耐了，立刻跑到他们的面前，含着激动的泪水，说不出话来，半天，我才说出几句断续的话句：“我完全明白了，前天在我矛盾的心里已领悟到新的启示，现在你们相信我吧！我绝对追随着你们，合着你们的脚步，向同一目标迈进！“

最后，我们紧紧地握着手，告别了。

我像囚犯得救了一样，全身感到轻快。束缚着我身心的枷锁，都解开了。

在今天的日记里面，我要留下最值得纪念的一页。

今天我可以安静的休息了，再不会有失眠的痛苦，因为我的心像湖水一样的平静。

一月十一日

大概是前方战事转为激烈了，司令部显得很紧张。我刚起身，山本与松田就跑来了。

当他俩静静地报告一年来工作方面的进展与方针时，外面大骚乱起来了，出去探悉，方知道是警报。

“请你们到外面躲躲吧！”这关照的周到，使我们非常窘困。

我们的后面跟着一个卫兵，大概这是因为我的原故，但是后来被一个带着上校领章的官长斥退了，他含笑地和我们打招呼，并参加到我们这里来，经山本介绍，知道他是师部的参谋长，姓刘。

刚到防空洞，飞机已轰轰的来了，由声音的可怕，知道它飞得很低。

唉！看到自己祖国的飞机，来威胁这许多无辜的生命，使我更感到战争的残酷！

至少有几秒钟，我是失去了知觉，因为地的振动，几乎把我们这一群埋在土里面，灰烟带着火药味将要窒息了我们的呼吸。

只是一瞬间，已不知有多少人失去了家，失散了妻女，唉！人间的悲剧，被强盗们到处的导演着。

我不忍抬起眼睛看一看这四周的惨景：孩子的叫声，妈妈的哭声。我简直像个罪人，低着头走了过去。

我无力的倒在床上，含着两眶眼泪，注视着坐在我床边的两位朋友，想祈求他们给予我一点安慰。

“不用难过，今天的遭遇对你是有益处的，因为这触目的凄惨会更坚定你的心，让你亲眼看看仇敌的真面目，了解世界上杀人的残暴，你会将你赤裸裸的心贡献给伟大的人类，为正义而牺牲。”

“我们只有尽我们自己最大的力量，来揭破军阀们无耻的阴谋，来唤醒沉醉在强力下的祖国的同胞，我们要在自己的手里，建立一个真正和平自由的日本天国。”

“好吧，我们赶快回到自己的岗位上去吧，朋友，你可以准备。”

我们亲密的谈了一天话，没有丝毫疲倦。饭后，我又被叫到了那间温暖的房里，当我坦白的诉述我的决心的时候，他们热诚的为我庆祝。

一月十二日

本来今天一早就走，后来听说师长视察前线，中午将要回来，我为了想见师长一面，多候了半天。

师长是一位魁武爽直的人，叫人一见，就会发生好感，自然地对他尊敬。他纯粹以异国友人的态度对我们，虽然初次见面，又是处于俘虏的地位，但是他没有做作的威风，他严肃的给我们谈话，诚挚的给我们鼓励，更温存的给我们安慰。

时间来不及了，因为我们工作的同志，是在更接近前线的一个村庄，离此地有七十里，所以我们只得定明早起程，今天再休息半天。

对于我，一切都已成为过去，我将从明天开始，重新鼓舞起精神，向我真正的敌人攻击。

——为了篇幅，我不能将我不间断的日记这样继续的写下去，就在这里，暂作一个小的结束吧。

（原载于《黄河》第2卷第4期，1941年）

敌军战场日记题记

曹聚仁

韩泽先生搜集了各战场所得的日本士兵日记，汇编删订，即将付刊，叫我来赘说几句。日本士兵，知识水平颇高，他们所写的日记，可诵读的很多，而且他们自幼受了俳句的训练，短短篇章，自有深致，如读晋人随笔，回味不尽。可惜各方搜得的虽不少，散失的也不少，我们只能享一脔之味了。这些日记，以往因为两国交战，军事秘密，不能随便刊布；但就我个人所见，日本士兵的日记，实在很少军事上的价值，倒是他们的心理变化，值得我们仔细研究，作为对日本民族性的分析，这些是最可宝贵的资料呢！

甲午战争前后，有一欧洲文学家小泉八云，正寄籍在日本，他看见战后的日本社会动态，他说："帝国的军事复兴，新日本的发祥，从中日的战争开始。战争告终了，未来虽然是笼着云雾般模糊，但好像有巨大的希望宿着的样子。为着要成就更高大的永续的伟业，无论障碍有怎样的黑暗，日本是不会有恐怖或是疑惑的。"他接着便慨然道："或许日本将来的危险，就正存在这个大自负心之中也未可知。这个自负心并不是因此次战胜所生的新感情，那是一个因为连胜的历史所渐渐加强下来的民族感情。"这些士兵的日记，正是他所说这番话的注解，每一个士兵，都是带着这份大自负心，他们都是神圣天皇的子孙，他们所参加乃是建设大东亚新秩序的"圣战"，他们是不曾有过恐怖或是疑惑的。其结果，也正如小泉八云所说的，"日本将来的危险，就正存这个大自负心之中"。七年以前，美国有一外交家席勒，曾经预言日本的崩溃，日本的人民将受到重大的惩罚。"让日本自己削弱自己，尽量给狂人以绳子，他们会自己吊死自己。"这些话，眼前也都应验了。

在士兵日记的另一角，我们又看见了日本士兵心理的另一面：他们那么厌世悲观，那么浓重的世纪末情绪。鲁南战役，正当日军所向无前的光辉黄金时期，可是他们的士兵，已经写了"我们为什么而战？中国人受了磨劫，日本人也受了苦难，天呐！天呐！什么地方是我们葬身之所呀！"这么悲愤的诗句，就在那年，石川达三所写《未死的兵》，也是同样的悲观情调。勃脱兰说："日本人具有像少年维特那样的感情，经过大战澌灭了的欧洲人的多情善感性都在日本复活了。"他们都是东方的哈姆来脱（Hemelt）。

我在最近的一篇旅行通讯中说过这样的话："东方民族脸部没有表情，这是欧美人士对我们的印象。我们看了日本士兵的脸谱，用以和美国士兵的奔放情调相对比，更觉得东方民族的'喜怒不形于色'。不过中国士兵的脸相，呆板而沉滞，日本士兵，还多一点忧郁的气分。我们最怕日本军官的发笑，他们的笑容和日本妇女的鞠躬，同样地做作得过分，使人不敢领受。"我重又抄在这儿，也许足以帮助对于了解日本士兵心里[理]的了解呢！

曹聚仁　一九四六二月十八在上海

（原载于《敌军战场日记》，群众图书公司刊行，1946年）

高田正明日记

[日本]高田正明
佚名 译

松浦部队(一〇六师团),园田部队(一四七联队),吉冈部队,平岛队,第一小队,第一分队,家住:东京市吉田谷区松原町一之七二五之二,高田镇正方

昭和十四(一九三九)年二月十六日,在天桥河(张庄村)领到此本《从军手帖》以后,便用日记体记述在战地的观感与所为,以留纪念!

二月十六日

收到清水义重氏的来信,才知美代子之死,我欲哭无泪,只觉得我的半生完了……

十七日

十一时起,开始工作,敌之迫击炮弹不断飞来,在眼前的谷里炸发,大家鼠窜地逃入已掘之壕中。不久,七百米之前,发见敌之斥候队,他们是将校斥候吧!计对峙三十分钟。想写一篇美代子的吊文寄去,构想了一下,可惜下笔不如意,再三书之,又都涂抹了。

三月一日

回想东京的郊外生活……

三日

头脑一静时,便频频想起国内的事情,下次战斗,会曝尸异国,也未可知。想起自身的命运,悲痛欲绝,日来思乡心切,真想再过一回国内的生活。与和

田班长谈起故乡高松的生活，别府的风趣，舞踊的情绪，入夜不能成睡。

四日

中队长宣布师团长的训词，始明言攻击南昌，而且与机械化部队协同作战。大约在此四五日中会开始战斗吧！大家均像行将来临的战斗，作种种的幻想。现在及将来之我，确如风前之烛，夫复何想？生死之数，只有付之天命矣。

七日

大家仍然担心下次的战斗。“尽自身的能力，而待天命。”这句话，是从绝望中发出来的，以绝望二字来形容此时的心情，我以为是最好的形容词。

十日

今日除分得一人一日二合五勺三日份的米与三日份的罐头以外，香烟没有发。我们已经不再想分得香烟了。……所谓的“陆军纪念日”，什么也不给，待遇有稍为改善的必要。不发香烟与甜的食品我们是最愤慨的。

十一日

攻击南昌，因洪水延期五日，所以出发后的野战重炮重回设营地。……没有香烟抽，真是残酷的待遇，这是战斗前的待遇吗？这种待遇，不止现在吧！其他的东西，什么都领不到，这样的生活，继续到何时呢？

十三日

此地田园多化为阵地，挖坟取棺盖为桥，到处皆是军队，这种样子，我也讨厌，百十三、百二十三联队从事驾桥，也非乐事。

十五日

现在尚不能得到充分的给养，只发米麦各半的食品，副食物完全没有，就是有也只有粉酱油而已，若长此以往，如何是好呢？

十七日

晨餐后，二人同去取燃料，我俩讲到攻击南昌的预想及国内情况，不禁怨从中来。在此生死不明之际，梦事频来，简直在梦中生活，在梦中怀抱希望，以为梦所安慰，所谓吃梦过活，便是说我们的现在，谁也不能言喻，谁也以为自己不会死，所以这样快活地闹。谁也不愿傍人说他“你要死”，但是“你要死”的私语，却心心相印地传遍了。……现在的快活，是建筑在恐怖之中的，恐怕不能从恐怖中逃生吧！这种生之恐怖，恐不复有所感慨矣！

二十日

午后六时二小队出发，午后七时第一第三小队出发，一定在敌前渡河，与战车队协力，向敌之主阵地攻击。从午后四时半起，射击的炮弹，发出凄凉的爆炸声，听说打了二万多的炮弹真是吓人了，乘黑夜冲到渡河点，中战车（十二吨）、轻装甲汽车列着，有如城廓，对岸之子弹频频射来，我们藏在战车后边，等待渡河的时刻，到达河岸的战壕中，因敌弹激烈，渡河困难。……朝晨敌尚未去，步枪弹频频而来……敌之迫击炮弹在眼前爆发，又一人倒下去了，或许已送了性命。

廿一日

想起美代子之死，叔父消瘦的脸，浮在我的眼前，吊文没有写成。河岸有友军之死尸，照旧横陈着，计一百二十三人，都是去年十月来的补充兵。渡河前的日记，尚依然如故。国内人士，不知战地情况，依旧祈祷“武运长久”吧！一想起自身亦将与他们同一运命，那就不能漠不关心了。

廿四日

以我为中心的一切事情，于今既无所难，更无所述，双亲可以适当的为我处理吧！我对于公私生活，本抱着很多的希望与期待，而且得惠特多。——这样幸福的生活，有如活动电影，一幕一幕地映在我的眼底。其中最使我记忆的，是近藤先生的面影，他是我学生生活时代的恩人。在私生活方面，则高松的生活最值得我回忆。数日后的战斗中，或许我死于战斗。我自己一方面意识到死，一面浮想起过去的快乐生活，此外，心中别无动摇之感。或如濒死的病人一样，觉得自己尚未死去。

四月七日

好看的墙壁上，写满抗日的宣传标语与绘画，“杀灭倭寇”的文字，到处皆有。其中也有痛快的文句，如“日本军到处鸡犬不留”等等。我一想起日本兵用刀刺鸡、用手牵狗的绘画，真苦笑不止。……粮秣没有来，每日皆反复征发中国米，不好吃，若无调味，真不堪设想，故连日各队皆出发征发蒜与其他野菜。……昨日从奉新运米来了，但是别无他物，没有香烟真是难过。……等待国内的来信，杳无音讯。

九日

午前九时出发，十时后到靖安城，此城群山环绕，纯是山谷里的城市，景致相当秀丽。此处竹笋极丰富……还有花生、豌[豌]豆等等，日军稍停之处，田园为荒，鸡豚绝迹。

十三日

今日各分队又出去征发，粮秣不来，当然非继续征发不可。书信、包裹及食米迄无来到。在此偏僻的山地，担任警备，决非乐事。难道吃风景吗？我们不是仙人，是凡俗之徒，只做梦看风景是活不下去的，想每个士兵都怀抱着满肚皮的反抗，但未看见发表出来。……今天是绝烟的第二天，一卧下，在高松的生活便一一浮在眼前。痛苦的事情，快乐的事情，自己的私生活，公私的事务等等，充满脑中，一切的生活，皆浮在脑际。我确实为思乡之念所包围。其实不止我一人，就班长也在梦中思乡吧！

十四日

征发姑娘，也有人不断的去干了。

十五日

晨餐后，出去征发。……绕山搜寻米与其他目的物及砂糖、小豆、香烟、鸡等等。小河畔上，乌鸦飞止猪头，这真是平和的山村风景，他们的世界，没有斗争，也少有意欲的行动，姿态极其自然。我们放火烧房子，三十分钟后，火烟突突而起，我们却快乐的看。……搜得米五斗、鸡近三十只……想念故国，想念家庭之心极切。书信不来，又不能寄出去，只想包裹的到来，可是我们等待的东西，却一个也没有来到。

十六日

期待着许久了的补充兵的升级发表了，以为这次定会升级，谁知又成为泡影了！第一回补充兵仅仅是西口俊治一人升级，其他四人都不行，第二回也只有两名，第三回十三名。我想实在是些矛盾似的，参加了劳苦的战斗之后，应该是依着顺序升级的，谁知小队长他们，竟连一句安慰的话也没有。努力的干到现在，反得着这样的结果，实在使人灰心，也许是联队长的命令……

（原载于《敌军战场日记》，群众图书公司，1946 年）

子安喜重日记

[日本]子安喜重
佚名 译

第一〇一师团福井(一五七)联队少校(第三)大队小行李辎重兵

昭和十三年八月七日(彭泽附近)

七时船靠码头,小行李的马匹,突然全部下船,马具及车辆,也慢慢准备。比我们先登陆的一〇六师团的某中队,晚上睡着了不加留意,半夜遇着敌人袭击,狼狈惨败,几乎碰着全部被消灭的痛苦,百余人只有六人生还,军刀、钢盔、蚊帐及被服等,一齐丢光了,轻重机枪也被夺去了,“皇军”的威信完全下坠,逃出来的人,几乎完全裸体,三天没有东西食过。步三君还记着扫荡敌人的慌话,后来知道了由德永部家断然发挥威力,抵抗敌人。

十四日

旅团的兵突然闯进来,这是步兵第三联队从虎口逃出来的,因被中国军队袭击,碰着痛苦的事情,形容憔悴,东京的军队都是不能打仗的。

昭和十四年一月二日(修河北岸)

步哨二名夜间持灯在四周一带巡查,且第一线还有敌袭和炮声机枪声不断的传来。昨晚第一线被敌突破,直冲至大队本部前,友军之战死者,有伍长一名、兵三名,“战争”是没有甚么新军的。

三日

有人拿着手榴弹去炸鱼,晚上弄到鲤鱼来吃,腥得要命,吃不下去。

四日

今日敕谕捧读式，明日队长要来巡视宿舍，不晓得是什么用意，真讨厌！一到警备的时候，马上就有什么巡视、检查，刚在火线上侥幸保存了一条生命就拿出什么军纪、风纪来，在四十岁的男子面前，说这些乱七八糟的话，真是讨厌！

五日

今日因大队长来宿舍巡视，故打扫比平时小心，听说大队长代理联队长去扫荡残敌，回迟了，现在还在睡觉，咚……咚的声音他也听不到，恐怕是疲倦了吧?！因此今日巡视舍内，就逛着等候，又说要延期到明天了，军队的方式只有上官能够自由处理一切事情。

六日

近卫内阁总理辞职的消息已传来，复继者为平沼男，政党遂不能再传衣钵了。国民之总意又被忽视，怎样也可以说已是非常时期了，当此举国一致之时，又忽视国民选举贤能，这是因为日本没有伟大的政治家如中国之蒋介石者。

二月一日

编好了伪装网，为生平第一次的创作。关君退院回来。一〇六师团在箬溪遇敌包围，粮道遮断，只好用飞机输送，在夜间去补给，听说又落在敌阵内去了，真悲惨。燃料也没有，米放在铁兜里，用刺刀柄当柴煮米吃，又不意被逆袭，服装乱七八糟的穿着，也有裸体的，其中有惊至发狂的，又有一个疯了不能步行，被活埋了，真惨呀！以上是内田病院来人所说，像这样悲惨的情况，"皇军"也会表现出来。

二月七日

楚野君六时出发，他好像说是赌博赢了钱，已有百元以上之贮金，真是可惊呀！

三月二日

第九中队的川岛少尉，因是到炮兵观测所连络，行至东家岭山麓，左掌被敌弹所中贯通枪伤，与敌人有很远的距离，会有这样的事，真是不可思议！（译者按：该兵有怀疑川岛少尉之受伤系自己弄伤之意。）

六日

对于对岸的在枪眼中伺机而发的敌人，不去想他，只看见悠悠大地，茫茫原野之一角的凹地上集合着一群补充兵，被教练着冲锋姿势，一个一个向着草人冲去，十二三人一排，反复练习……在兵器发达科学战事的今日，仍然是非把胆子练大不成，被迫着将近拼命之前练习冲锋的青年的士兵同志啊！又不知几多人难免牺牲，血肉之躯，尊贵的生命恐怕非暴露于修水河边不可呵！虽然对此无恐怖之必要，现在是正练习着肉体的冲锋，但是仔细思量，不觉泪涌下来。因为要贮蓄预备粮食，上峰是吩咐不要下多了米致留有余饭，将来又恐怕要下命令节食啊！无论如何空着肚是不能打仗的。联队长的训示“增进健康”不过是空文而已，好像标语上的“忍耐，坚持”一样而已！

十九日（棋盘山）

发现了藏小行李的壕没有做，官长命令做集积弹药的壕，藏人的壕却不要做，他们（指官长）的壕连掩盖也要做上！军队里面阶级是要讲的，上官可以任意处置一切，口里说是敬爱团结，心里完全两样，不把我们的生命当作生命！

二十日（在修河北岸等候渡河）

将近十时到附近的战壕内去，各中队的兵也来了，本部的兵也来了，副官也来了，副官不知和那里的将校说：“虽然下雨也不能停止战斗。”当这样说着话的时候，邻近战壕内的兵发出伤感的歌声，大泽君又和其他两个人这样说：“很想回家里去慢慢地睡觉，很想围着由浴池里刚起来的围巾，如果回到家里老婆真是顶要紧吧……”由四时三十分开始炮击，至七时三十分仍继续着，大家都列队在堤岸边看着，敌人的步枪弹时时不客气地在头上飞过。刚至八时，向队本部跟进，我们二人和命令受领者同行，第一线部队已使用毒气开始渡河，以前沉默着的敌人机枪已活泼地射击着。因为装具很重，在泥泞道上，屈进非常吃力，到乘舟的地方必经完全暴露于敌的地点，命令受领者已定为十五人共乘一舟。我们被编出列外，前往沙滩边就看见队长、副官、本部士兵等全部伏在细雨的泥泞中，四边频频飞来敌弹。到了此处已有相当多的牺牲者，在眼前就有五人，有一工兵被贯穿了胸，尚可独自步行向后方去，真是悲壮，第九中队的兵一个受伤了哀呼着，但是工兵一个人在水浸着的壕中，不顾什么泥不泥，正向着步兵求救，呼喊着：“你们不是战友吗！在那儿站着干什么？”这时谁也管不了谁，敌弹又是低低地在身傍飞过。

廿五日(安义以南)

捕捉中国的土民做挑夫,走至途中倦不能行,士兵即以棒击其头,偌大的男子汉亦如婴孩般泣不成声,战败国家之人民虽觉可哀可惨,但又是滑稽光景。于战后之兴奋中,毫无感觉之士兵们,因毫无常识,故不知枪点。

卅一日(南昌附近)

为征发入民家,怪难看的支那土民的面孔,表现无限哀愁,好像是受了重大的损失吧!今日苍空阴郁,冲之一角特起火灾,求一夜之宿,而去时又烧毁其屋。

四月三　日(南昌郊外)

和伊藤君二人乘着马去征发马粮,行至十字路口,遇着步哨说:"奉命非有中队长以上之证明不得入城。"这样说起来,就是不准到城内去征发,补给品什么都不发给,征发又不许可的话,除了饿死之外,尚有何法?打起仗来任意杀人,这时候甚至征发也不许可;这不过是宣抚班所赐,如果这样是对的话,还不如由中国撤兵回去,还来得痛快!

五日(同右)

南昌的敌人似乎是用意周到而退出的,说是什么东西也没有遗留,这恐怕是"皇军"将杭州抢掠一空的教训和中国焦土抗战的方法吧!这对于宣抚工作也是有内外之感的,离开了部队真是悠悠自得的生活。

十日(高安以东)

一〇六师团到处吃败仗,今次又被包围,几经苦战,在宿舍睡眠时,夜间又被藏在楼上的残兵投掷手榴弹而且烧起火来了。

十二日(同右)

午后二时,森君去征发,遭残敌约一分钟之袭击,负伤逃归,因为一面逃走,一面伏下致被敌弹自屁股穿过肩膀,他说八个人只有三枝步枪,不能应战,为此由大小行李各派四名担架兵出去,将伤者抬回。今日计算休息一下找个好的地方,对于松浦与御园生很抱歉!在会报规定:以后征发至少须有一分队以上,且限定于第一线后方一里以内,均须一一经队长之许可,倘不遵守,如有负伤不认为战伤,当作过失负伤办理。

十五日（同右）

残留组赴附近村落征发，我也去，经理室的森君亦曾去过，听说那面村落里尚有残敌，令人颇觉可怕。听说有一个十七八岁的姑娘在屋里，跑去看没有见到，志野君说："在这屋里。"进去只看见一个四五十岁的女人，已在垂死状态中哀呼着，不知说着什么。有一个像她的父亲，那个人已被杀死在旁边，姑娘是已逃走了，这好像是大行李的工作，所谓强奸的事件，就是这么一回事。昨晚舍里有一个老人拿了外套和洋毯想逃走，被发现了以后，抓回来把他推落粪坑里去，用棍棒拼命的打，就把他打死在粪坑里。大行李近来太残忍了。对猪也用步枪对着头打去，马上就死了，八贯重之猪有二只（译者按：每贯重一百市两），还有二十五六贯的带着小猪的母猪呢！畔蒜君持枪近猪，该猪并不想逃，反而靠近来，只有三尺近，眼与眼对着打了一枪后，急急地打转苦闷着跪下前脚，只有后脚还立着，小御生君拿了小刀把喉管刈断了，血泊泊流出来，四肢伸动，取其背肉，切断了足肉，好像总在动着，这能吃吗？一想真恶心呀！从容地做这些事的人，真是可怕！

十九日（同右）

步枪弹、赤筒，手榴弹等用六匹驮马载至九中队，约一里多路（译者按：日本里一里约等于四公里），九中队之士兵，使用苦力筑道路工事，随处看到的田圃都同样荒芜。约于十时半到达目的地，卸下弹药，又急速乘马出去征发。因为荒野之故，总有多少残敌之危险，以稍走远些为佳，从九中队深入约一里即见一个漂亮村落，此处丘陵起伏，残敌易于潜伏，全然不能看见友军，有此不良征候，全员七名仅有手枪一枝，乃在左右警戒中前进，若于前面山丘之一角藏匿残敌，除全灭外，别无他法矣！这样一想遂起"疑心生暗鬼"之感，好似该地现在已有残敌一样。无耻地出来征发真后悔，铃木宋八于下谷征发时被人拉去的事情也想起了，在这种地方无谓牺牲生命，真是可惜！前面的村落起了火灾，丘陵之间冒着黑烟，仔细看去，自己来的地方的一角也起了烟雾，这似是残敌之烽火，好像已受了包围，有着这样不吉的预感，深入了每个人的胸中，这时还说到目的地的村落，到村落里的高地警戒，其余皆去征发。因为日本兵攻击到这个地方是费了相当时间，老百姓的家财都乘时预先搬走，现在什么东西都没有，土民的影子也见不到，土民即使很多也担心，连人影也没有的时候更担心了，空手由右面迂回回去。顺便物色姑娘却是一个也没有，只有几个老太婆，二个人抓住了一个来，问她"有姑娘吗？"她说"没有"，行李长将日本刀一拔出来，就吓得她面如土色，逃进葛蒲田中不敢出来，听说到现在还伏着不起来。

领到有姑娘的地方去，说着又出去了，领到其次的村庄，又只有一个老婆婆，征发不到任何东西。雨中寻到最后的村落，找到一个四十岁左右的妇人，就把她干起来，因为怕羞耻弄到房间里去，她在床上拼命把腿夹着，不管三七念一的强迫她张开，她就哭泣起来，这都是薄情军队所干的。

（原载于《敌军战场日记》，群众图书公司，1946 年）

秋间修一郎日记

[日本]秋间修一郎
佚名 译

一〇一师团一〇三联队第二大队第五中队

译者按：该敌兵现年三十九岁，住东京市足立区千住一丁目二番地。于去年九月间被征入东京麻布区第三联队受训练，十一月二十六日，由东京出发，同行者第三联队约千名，五七联队约千名，于十二月一日在上海登陆，十二日到达九江，廿四日在三泚桥河将二百四十七名新兵分配于第二大队，秋间修一郎配属第五中队。此次高邮市之役，该敌被我击毙，搜获其日记一部，记述颇详且通法文，间用法文记述。兹摘译其日文部份：

三月九日

已预定三月廿日开始攻击，但现在似乎有提前数日的样子。

十三日

早餐后举行瓦斯演习。

十五日

中队长于午前九时出发侦察敌情。

十六日

以距南昌七十公里之永修为中心，构筑炮兵阵地，时机急迫，攻击开始时间将到。

十七日

午后五时攻击南昌之野炮、重炮一齐开始射击，一〇一及一五七两联队均预定今日渡河，本部则预定廿日午前在永修集合。

十八日

午后二时军装检查，战线上我军甚为活跃，预定明日(廿)渡河。

十九日

步一四九、一五七联队各有相当之牺牲，但因努力善战，各收相当之战果。野炮、重炮均猛烈射击。

廿日

出发之际携六日间之米，干粮三袋，罐头等颇多。午后五时重炮兵一齐猛击，至午后十时一五七联队已渡修河，在敌前上陆，本大队在永修城外一公里之地集合，到永修城待机渡河。

廿一日

昨夜枪声不绝，午前十一时至午后一时半，渡河完毕。四时到刘家山，五时由刘家向二公里之地推进。

廿二日

今日空军出动对敌扰乱。

廿三日

一五七联队之重伤者一四五名。午饭后一时半，由蔡氏向安义前进，敌兵及土民死体随处皆是。

廿四日

午后一时半到达安义。

廿五日

午后五时将西山之敌击破，本队到着石东铺。

廿六日

各处桥梁多被破坏，行军困难，数日来强行军疲劳之极，落伍者二五，平均每小队落伍者约百分之四十。幸今晚得山村宿营地，但粮秣缺乏。

廿七日

落伍者逐渐到齐。

廿八日

离南昌约十六公里之地宿营。

廿九日

七中队机关枪队开始扫荡残敌，落伍者华[陆]续到西村李归队（离南昌约一公里）。

三十日

准备出发离开西村李（西山战死者二份十）。

卅一日

自廿日出发以来，从未洗澡，南昌之水甚浊。今日至熊庄杀猪一头，吃个满饱。

四月一日

在南昌附近青口湖方面扫荡残敌，今后约一星期间尚在此地驻扎。

二日

休养，食物缺乏。

三日

第八中队准备参加攻击庐山，拟明后日开往德安集结。

五日

军装检查，一部受领粮秣，一部演习。

六日

西山战役参加者整队，由队长训话。

七日

联队长训话。

八日

明日向西山西方六公里之地开拔。

九日

午十二时到西山午餐，午后四时到喻家宿营。

十日

午后一时到达目的地高邮市，即与敌遭遇，发生激战，第二大队即构筑工事。

十一日

今朝在离宿营地约一公里半之地征发，得猪四头、小牛二头。清水、涩谷、平井、井上、石井、秋间计六名，小林、平井、织井与木竹值夜。一时至二时下大雨。在小队内，有一位年约十八岁的女子，被十八人强奸，虽说是以年轻的女人该为军人安慰，但是惨酷啊！

十九日

领到香烟廿支。

廿日

今日赴村落征发得猪及葱。

廿二日

收到砂糖一袋。

廿三日

今朝加强阵地之构筑中，平川健一氏负伤，铃木及其他二名出发焚烧村落，三小队之松冈出发征发。去向不明者二名。西山方面联队本部受敌袭击，敌人四方活跃，似有反攻之意。

廿四日

敌逐渐活动，枪声不绝，今朝五时至六时敌迫击炮弹十五六发，在我附近落下。

廿五日

三时三十分醒来，四时敌之急袭。射击开始约五分钟后，接敌兵由右方徒涉之报告，全体集合待机；五时半步兵炮之兵一名，受伤入医院；至六时半天明，敌退去，解除待机。

廿六日

昨夜正面之敌平稳，但西山与本部之间有敌百余，与我领粮秣之部队遭遇，被我击退。

廿七日

敌情视察后，将近八时在返部途中遇山本军曹，其时右翼之敌已迫近我阵地，我军有退却模样。

（原载于《敌军战场日记》，群众图书公司，1946 年）

川喜一郎日记

[日本]川喜一郎
佚名 译

第一〇一师团第一〇三联队第五中队预备役兵一等兵

昭和十三年九月廿七日(瑞昌之张家岭)
十时半集合,十一时半出发,向相港湾夜行军。

廿八日

午前七时顷,到达相港湾大休止,午后五时半夜行军,出发至大谷田约二十公里,途中遇敌袭,激战约二小时。

廿九日

午前七时,到达大休止地后再行二公里之深谷中之村落宿营,轻装准备出发。

三十日

本中为尖兵中队。第一队为尖兵,九时顷出发。行约七公里处即与敌相遇,发生激战,第七中队长(光冈)及〇〇〇少尉岛内三、大队长等约廿七名于李笔山之战斗战死,受伤者甚多,今敌在敌前宿营。

十月七日

三时半在箬溪集合,九时出发向武宁攻击,第五队为尖兵,敌[午]后二时半与敌遭遇,三时宫本中队长被敌迫击炮弹击中毙命,其他受伤者甚多,晚在敌前露营。

昭和十四年三月十六日

整装及兵器整洁，午后七时至九时演习。薄暮战后，在永修城内集结。

十七日

四十九及步一两联队进入中州，炮定于十五时开始射击，颇多命中，余等在山顶上，等于见学。

十八日

全大队自午后一时至五时检查兵器及军装。

十九日

准备出发至永修城散步，回营途中，参观十五榴弹炮演习。

二十日

昨晚大雨，今朝六时中队出发，十三时起炮兵一齐时[射]击，集中火力，敌在我弹雨中，我一五七联队敌前上陆，十四时许已突入敌阵地。渡河舟共五只，中有三只覆舟，其中一只仅得三人生还，同时敌由右方射击甚烈。

廿一日

本大队等候工兵之架桥完毕，即行渡河，十一时渡河开始到南岸时，见敌人之堡垒共有三重，均被我炮火击毁，但出于我意料之外者，是敌死尸甚少。

廿二日

六时出发，十时始赶上先头部队。

廿三日

道路因有多数车辆经过，步行困难。

廿五日

路上见各村落火灾到处皆是，是夜宿于某村落，杀鸡为食。

廿六日

一山过了又一山，行军真是好困难，午后四时到达西山站，此地距南昌约三十六公里。

廿八日

至离南昌十一公里之地停止待命,下午三时奉命开往南昌南端集结。

廿九日

十一时出发,约二公里有一小河,无桥不能通过,七时雷雨大作,在电光闪闪中行军,至夜十时始到目的地,因迟到中队长发怒。

三十日

因无粮食,派三人前往征发米、面、饼、果等。

四月一日

依大队之命令,出发征发粮食。

二日

约每秒二十公尺之强风,在中国颇为罕见。

三日

今日派兵四名,出去征发,我留营休养。

四日

九日起在南昌城内征发糖及罐头食品,四时到宣抚班游玩。

五日

大队之兵器检查及大队教练分列式。

六日

投网捕鱼为乐,吃南昌之龙眼(果实)。

七日

赴南昌野战医院访永野君。

八日

早八时半移动，在牛行站广场集合，与迫炮队共同行动，行至约廿公里之石桥里宿营。

九日

八时在石桥里出发，西山站午餐，某地宿营。

十日

八时半出发，向高邮市前进，行至市之入口，与敌遭遇开始战斗，牛之头中弹，（译者按：似为敌人强征我农民耕牛用以载物品。）战至三时攻入市中，敌五百余在隔河频频放枪，我即星夜构筑工事。

十一日

一五七联队与一〇六师团接替高安城防务。

十二日

在小队长指挥下构筑交通壕。

十三日

构筑交通壕，第三小队在河之下流约四公里之地担任警戒。

十四日

九时半下士哨交代，接有高安城除粮秣等必要之物外悉数焚烧之命令，大队本部约向二公里之后方撤退。为预备队，亦将下士哨撤退。

十五日

突然间命令又变更了，本小队以三个分队编成之后，担任警备勤务。

十六日

下士哨兵交代后入浴。右侧上流之一五七联队向锦河线前进，向对岸炮击，锦河水涨三尺。

十八日

出外征发物品。

十九日

闻联队长将来巡视。

廿一日

十时大队长与副官前来巡视,约一小时回队。

廿二日

一五七联队渐次向后撤退,我等之任务将更重大,闻敌对联队本部袭击,第六中队亦被敌包围,陷于苦战中。

廿三日

敌今日反攻甚烈,第三小队在战斗中,负伤者三名,我严密警戒,将附近村落焚烧。

廿四日

三小队之去向不明者,仍未发见。敌迫炮向我射击,命中我邻近家屋,令人惊慌万状。

(原载于《敌军战场日记》,群众图书公司,1946 年)

宫川军曹日记

[日本]宫川××
佚名 译

第一〇一师团第一〇三联队第二大队第五中队

昭和十二年九月一日

午前一时受到召集令状。

九月六日

在麻市第三联队入营后,编入第五中队。

十九日

由联队出发,午后四时到达涩谷车站。

二十日

十时到达神户,下榻藤吉末吉民家洗了澡,蒙赐厚宴,甚慰!

廿一日

午后二时半乘江苏丸(五千吨)由神户出港,送行者有藤吉末吉夫妻及中谷民枝、栖次吉江。

廿三日

午后二时到达门司港,未下船,午后十时出港。

廿四日

在船内未见陆地，只是茫茫大海。

廿六日

午后三时到达虬江码头，即刻上岸。

廿七日

午后二时半在江湾爰家宅附近之一农家就第一线配备。

十月十六日

第一回补充兵来了入第三大队。

廿二日

午后十时有敌四百名左右、机枪九挺向我夜袭，激战至二十三日拂晓，被我击退。

廿四日

午前五时半准备出发，午前十时半向闸北移动，当日到达刘家宅。

廿五日

刘家宅出发，到达狭家滨，参加第一线战斗。

卅一日　小雨

午后一时向苏州河前进，午后五时半到达管巷宿营。

十一月四日

苏州河水涨丈余，渡河似有困难之模样。

十二日

午前五时向南翔前进，午前十时南翔陷落，午后十一时抵陆家宅宿营。

十三日

由陆家宅出发，午后三时半嘉定城陷落，午后八时半在娄塘镇宿营。

十五日

行军前进途中捕杀俘虏一名。

十八日

向嘉定城后退和其他部队交替，二时二十分强行军，半数以上落伍。

二十日

在徐家宅宿营，因道过坏，大家都要哭。

廿一日

宝山县罗店镇十一时午餐，午后四时到达刘家行宿营。

廿二日

由刘家行出发，道过真茹无线电台侧，午后三时抵暨南大学宿营。

廿七日

午前出发，经复旦大学，过市政府，通过六角塔水电公司，宿于吴淞镇永安纺织工厂。

三十日

向杨行镇出发，行后到杨行镇。

十二月一日

在杨行镇警备。

四日

第二回、第三回补充兵开到。

八日

接出发命令，午后二时在市政府五汉路集合，午后七时半到达上海运动场。

九日

由上海运动场出发，在陆家宅宿营。

十日

由陆家宅出发，午后到朱家塘宿营。

十一日

由朱家塘出发，到达松江镇宿营。

十二日

由松江镇出发，经过金山时已午后二时半，霍乱病流行，午后六时半到达如意圩宿营。

十三日

如意圩出发，正午到达枫泾镇一宿，收到家江之来信。

十四日

由枫泾镇出发，经过嘉善到达朱家镇宿营。

十五日

朱家镇出发，经过嘉兴，到达王江泾镇宿营，大家都觉疲劳了。

十六日

由王江泾镇出发，经过盛泽到达双阳镇。

十七日

乘汽车由双阳镇出发到达湖州宿营。

廿二日

由湖州出发，道经山间，上陆以来还是初次，有特别之感。敌桥皆毁，工兵甚忙，午后二时到达三桥埠，无家屋，露营。

廿三日

三桥埠出发，行军甚感疲劳，到达瓶窑镇宿营，落伍者甚众。

廿四日

瓶窑镇出发，在杭州市外农家宿营。

廿五日

出发途中见西湖之水青青可爱，六和塔亦别开生面。谷川部队入杭州城。

廿九日

午前八时起押解中国人苦力三百名往杭州市东北方之笕桥，修理飞机场。谷川部队三千一百八十三名内，到本日为止，战死者一千四百三十二名。

三十日

在笕桥飞机场警备，苦力七十人左右，在夜中逃亡。

昭和十三年一月一日

午前四时和步哨说恭贺新年。太阳很红的在东方升起，大家排列呼圣上万岁，遥拜皇居，酒宴。

四日

连日修理机场。

五日

午前出动修理机场，午后第二小队全员和第十四师团之士兵交替，午后三时回杭州市。

七日

午后六时受杭州市马街龙骧里十三号胡郑逸兰女士宅请宴，中国菜实在好，中队长以下十六名。午后十一时中队长事务室前起火。

九日

由杭州出发，踏上了上海的归途，午后五时到达乔司镇宿营。

十日

由乔司镇出发，江岸线即是所谓海岸线，恰巧沿钱塘江之海岸线行军，午后五时到营海宁缩达[①]。

十一日

由海宁出发，午后到达新仓镇，捉到十六只鸡，大家食之。

十二日

由新仓镇出发，到澉浦镇露营。

十四日

由澉浦镇出发，经过海盐城，午后到达西埭巷露营。

十五日

西埭巷出发，到达兴兴镇。小林上等兵头部被便衣队射击毙命。

十六日

兴兴镇出发，到达金山卫城露营。

十七日

金山卫城出发，到达头桥镇露营。

十九日

头桥镇出发，到达奉贤城宿营。

二十日

由奉贤城出发，通过大围镇到达南汇城。

廿一日

在南汇城，大家都觉行军十分疲劳，午后到达川沙宿营。

---

① 为“到达海宁宿营”之误。

廿二日

到脊豪电车终点为止，继续行军，到达洋泾镇宿营。

廿三日

洋泾镇出发，乘云阳丸渡过黄浦江，入上海市赴暨南大学。

三十日

领到本月份薪饷十四元二角一分。

二月一日

午前九时整列在高尔夫场教练，大队长指导。

九日

本日举行联队慰灵祭，中午十一时整列，在江湾竞马场集合举行仪式。

十七日

敌机来杭州笕桥飞机场空袭，我军死伤五十名。

三月十日

午前九时整列，在市政府前行阅兵式，松井军司令官及伊东中将到场检阅。

十三日

在饭田栈桥(码头)演习敌前上陆。

十八日

由神隆丸开始移乘，一时在崇明岛上陆。

十九日

崇明城出发，和残敌交战，占领庙镇。

廿一日

第一分队警备庙镇北方之桥梁。

四月十三日

乘汽车由庙镇出发，赴崇明城归队。

廿八日

在埠头警备，掘井少将来岛巡察，并赴南堡镇巡察，同日归还上海。

五月五日

在同所休养，忙于打麻雀，午后五时二十分接到新家镇有海盗二百名来袭之情队，第一小报为先发队，乘汽车出发，第三小队有危险之电话，第二小队由埠头乘船出动。

十三日

闻向化镇有暗杀团，大家依着形迹到各家搜索，未见何等异状，捕虏男二人、女一人。

廿二日

第四回补充兵开到。

六月二日

本日为中国端阳节。

廿九日

由南门港乘若松船，归还上海，午后七时到达江湾兵舍。

七月七日

六时出发，经苏州、无锡、镇江，午后六时到达南京车站露营。

八日

由南京出发到达太平府宿营。

十日

改变命令，停止前进，预定在南京集合。

十四日

乘汽车到达南京城，寒暑表在百度左右。

十五日

由南京城出发，上神龙船，在船内宿营。

十六日

到达芜湖。

十七日

由芜湖港出发，船内非常炎热。

十八日

到达安庆，仍在船内宿营。

十九日

在安庆上陆，即在第二大队奥田部队之舍内发下香烟、啤酒、罐头等。

廿二日

午前九时安庆出发，十二时乘汽车到达源潭×铺，铃木少尉、宫川、西田、相原、加藤、中队长及第一小队长向潜山行进。

八月二日

敌由山夜袭，我方应战将敌击退，八中队内，战死四名，负伤十名。

四日

野炮一个大队来了，炮击山头。

八日

前方烧了中国民房四五栋，午后在第三下士哨附近杀中国人两名。

廿四日

大队本部由潜山调回。

廿五日

后备第六大队去潜山，因为一个中队音信不通，以第六、第八中队前往应援，机枪手佐伯战死。

廿六日

应援部队由余家铺前进，但先发部队生死不明。

廿七日

工兵队赴余家铺前面之桥边，闻迫击炮声，惊恐后退。

廿八日

午前八时由源潭铺赴余家铺连络，我军在潜山被三个联队之敌包围，正激战中。

廿九日

午前十二时为第二军参谋，与池田兵站司令官之护卫宫川以下十二名乘汽车赴余家铺。

九月四日

×变更中队之编制，高安（人名）调四分队，小池、平栖调五分队，矢岛、葛山调六分队，边见调小队指挥班，岛村调中队指挥班。午前十一时整队到安庆码头，午后五时上船，宿于船内。

五日

午前十时通过东流，午后三时半停船，四时在彭泽上陆，本晚宿于彭泽。第五回补充兵到来。

七日

在石婆岑山顶与敌对峙。

九日

小雨，在石婆岑山顶以天幕露营，谷川联队与松井联队交替，军旗祭在彭泽县举行。

十一日

第二、第三、第六分队在三千米左右之处。遇到约有三百名之敌，正战斗中，若狭军曹受贯枪创，龟谷胸部负伤，五中队即刻全体出动增援。

十七日

奉联队命令，为带防毒面具，须将胡须及头发剃去。

十八日

与一一六师团交替。

十九日

由石婆岑下山，回彭泽露营。

廿一日

午前整队乘大阪商船之青海轮船，在彭泽江面宿营。

廿二日

午后五时到达九江，在船内宿营(青海船)。

廿三日

午前九时半在九江上陆。

廿四日

联队长之军装检查，大队演习。第六回补充兵到达九江。

廿五日

由九江出发。大久保因病残留。

廿六日

午后经瑞昌城，抵曹家岭宿营。

廿七日

由曹家岭出发，在横港湾宿营。

廿八日

由横港湾出发。

廿九日

午前六时到达大矢田村。

三十日

我军猛烈攻击,第五中队夺取左边之三零五高地,相柏原战死,第七中队长光冈大尉负伤,小队长鹿隅少尉战死,五中队中岛正及渡边负伤!

十月一日

午前一时起,彼我交战甚烈,第一分队轻机枪发射弹三百五十发,七中队战死伤二十七名,三中队上杉负伤,第三大队中岛内少佐战死。携带口粮甚少,预感困难,取甘薯为食。

二日

午前一时左右激战甚烈,铃木少尉、村田伍长负伤,见敌继向山上攻击,究川代理小队长、藤田曹长为第二小队长,率所部前往救援被敌包围之我八中队。

四日

午前十一时总攻击,敌向箬溪撤退,第十一中队,中队长以下仅残留八十名,余皆战死伤,青梅川少佐、加藤少佐、岛内少佐均负伤,坂田少尉、中岛准尉及六中队长战死,八中队长亦战死。

六日

在战壕里有兵四十,下士三名。香烟不足,非常困难,一枝香烟五人共吃。大队长训示:联队有四百名战死、伤者,深为遗憾,尚望残余之将兵更努力战斗攻击云。

七日

午前六时半出发,向武宁前进一里半左右和敌遭遇,即刻应战,中队长战死,大队长(奥田)负伤,根岸少尉代理中队长,平川负伤,金井发病。激战之后，露营于阵地内，宫本中队长战死(迫击炮队)。出发时每人发给食料六日份，香烟十包，巧格力糖一块。

八日

昨夜敌来袭，当与应战，第二大队死伤三十七名。

九日

午前九时因地形不良，撤至另一高地。

十一日

德安方面攻击之第六师团，应援部队二十七师团之一部，一〇三联队之一大队及三大队方面之敌之上空，友军飞机猛烈轰炸，敌有退却模样。

十二日

午前五时，敌来夜袭，入箬溪部落，看护兵一名战死，捕敌一名。午后一时，秋田十七师团之一个大队见乘汽车由九江驶来。

十四日

午前五时二十分敌约四五百名向我箬溪进袭，我即应战，敌向我阵地数度突击，均彼[被]击退，小队长藤田负伤，箬溪病院后退，敌迫击炮向我炮击整日，午后六时，小沼上等兵手颈负伤；因情况孤立，派岸野上等兵与大队连绍[络]，迄午后八时半敌仍无后退之模样，坚强抵抗。

十五日

午后二时一〇一师团炮兵又来增援。

廿三日

由箬溪出发，为大队之预备队，午后三时到达周庄东方高地。

(原载于《敌军战场日记》，群众图书公司，1946 年)

中村元治日记

[日本]中村元治
佚名 译

第一〇一师团福井(一五七)联队小松(第三)大队小行李辎重一等兵

昭和十二年九月廿五日

整天出去打猎,实在是不像在战场上,有趣的鸡肉和猪肉吃了一大批,足够营养英气了。夜十二时许敌袭来袭,听见友军高射炮、机关枪、步枪声音,初次看见空袭,实在是心寒呀!

廿七日

晨五时许在王宅棉田中睡了内[几]小时,下午三时出发,向朱宅前进约一千公尺,敌用轻机枪射来,弹如雨下,有生以来第一次碰见子弹,入民家隐蔽处,头伏在地上,敌我互相射击,耳像聋了一样,在战斗中第一个感觉就是凄凉。

十月一日

今天仍不断的激战,队本部也突出约一千三百公尺,输送十分遥远,战死的陆续多了,第一线极其紧张,我空军举行大轰炸,敌利用月夜空军来袭,晚上严禁一切烟火,黄昏雨点点滴滴的下着。

三日

从大家宅前进,子弹仍猛烈射来,队本部前夜已前进,但惨得很,不断的后退,退到跟我们的位置接近。

七日

开始渡河,听说极其悲壮。

八日

敌在桥的二方,行交叉猛烈射击,堕河中者随流水而去了。过河之难,在意料之外。

九日

我们的小行李跟着牺牲了,肯黑仓之助战死,但他过桥过了十分之七,子弹贯穿胸心死的,我自己也被送到宝山县的病院去,从每天战伤来院的士兵说的情形,可叹！每夜敌机来袭,通夜高射炮发射,舰上也发炮,实在是壮观！

十二月十三日

上午五时半,从风[枫]泾镇出发向嘉善前进,下午二时到达城内宿营。今天比较早一点宿营心里快乐,起火煮东西吃,碰着敌手榴弹暴[爆]炸起来,五人受伤!

廿二日

上午七时半出发,前面的桥梁和道路都被敌人破坏了,一面由工兵队修理,一面全军前进,情形之混乱,实在是凄凉的行军,生命又要顾虑啊!

昭和十三年一月七日

已下严格命令,如归还上海,禁止抢夺行为。

九月十二日

午饭后出发,途中见庐山下的中国兵营并列着,非常惊呀！而且在山间训练的兵,就是先前和我们作战的,我们一大队也有相当牺牲,联队炮的石田少佐的头也飞去了。

十月四日

上午七时半出发,输送弹药,今天也相当激战,下午全体休战状态,夜九时半传令来说,第九、第十一两中队将濒于全体消灭的危境,请帮忙立刻运弹药去，十时许全体出动。

十日

今天在王龙山下，碰着敌方的地雷，马死一匹，人也死一名，此人头部不知飞到那里去了，我飞机也中了敌弹，被迫降落了于山坡上，机体成为片片，一人负伤一人无事，还装有九个炸弹，可幸没有爆炸，奇极了，这是天佑的缘故吗?!

（原载于《敌军战场日记》，群众图书公司，1946 年）

涩谷日升日记

[日本]涩谷日升
佚名 译

华北派遣军几谷部队福荣部队安永队山本队第二小队冢田队第五分队

九[八]月八日

上午十一时三十分由松江向神户出发。

九日

下午一时三十分到目的地，下午五时至滩区深田町，在小泉良助宅过宿两夜。

十一日

上午九时三十分集合于中队部事务所前面空地。由神户码头登轮，下午五时开船，经过内海。

十二日

下午七时许经过下关，即与祖国河本最后告别。

十三十四两日

海上波浪颇高，四面不见一岛。下午九时许见上空警备飞机数架，岛屿开始出没于四周。

十四日

海上颇平。

十五日

海上无风浪，上午集合中队全员“手角力”，第三哨兵得胜，下午由队部分发酒肴，全员痛饮尽欢。明天系海上生活第六天，可抵大活[沽]地方。

十六日

上午九时许降雨，十时三十分许开入大活[沽]川，每人分发子弹二百粒，下午七时五分在大活[沽]造船所登岸，登岸始知该处不是造船所，实为宋哲元之兵工厂。规模非常宏大，四面墙壁中弹颇多，疮痕满面，情状凄惨，可谓日海军发挥其威力已到极点，非常痛快。

道路非常恶劣，夜间在中国民房住宿。

十七日

上午七时向大活[沽]西方三五里处出发，道路非常恶劣。辎重特务兵确涉尽人间之苦，下午一二时力尽不能行军者为数颇多。

一天不能行军五里，最多只行二里半，夜间各兵大体在马路上过宿，时常追忆家乡。夜半空气相当寒冷。

十八日

天气炎热。不知今天向何处前进，水源非常缺乏，始觉水之恩惠，中国小孩在厨房外张望，要讨残饭止饥。

道路非常峻险，强行四里方达目的地，冈本君未达目的地前已力疲，倒于路旁。

十九日

午后四时半出发，途中偶见桃、苹果、葡萄园，摘以止喝[渴]。

二十日

上午六时向天津出发，正午到天津市内，下午一时半许至天津女中，解下军装休息。

廿五日

上午五时半集队，六时半向铁道线方面出发。

廿六日

上午六时向独流镇站出发，七时到达。

十联队在此展开激战，战死四十名，负伤一百二十名。

廿八日

在大炮队掩护下上午八时四十分至玉家院村，下午一时许飞机数架在玉口镇上空投弹，轻机关枪队集中待命，步枪队在中间地方步哨。

中国民众手举日本旗欢迎。

廿九日

玉家院上午四时动身，七时半达独流镇，八时三十分五中队先遣队再前进，十一时中途遇见水源，相争而饮，突然受射击，则迎击一场，负伤三名，下午二时半又受射击，折回战壕取军装两包，乘黑夜而归，中途射击炽烈，寸步难进，伏于地上待机，此为出征以来之初次战斗。

三十日　阴天

占领玉庄镇后就地休息，上司发令，明朝与飞机及野炮队共同攻取玉口镇。

卅一日

半夜一时半，下令前进，上午六时半到玉口镇，敌方抵抗顽固，展开冲军，野炮弹射中城门之塔，与敌阵仅隔五十公尺，敌方射击愈烈，小队长负伤，敌方射击愈演愈烈，不得已后退二百公尺，再由右侧进攻，由上午七时起开始进攻，至下午一时许方占领，分队搜查民房，枪毙男童(约十七八岁)一人。

九月一日

玉口镇住民逃避一空，其寂寞情形所未见，上午结队出外搜罗食物，下午下令戒严。

二日

下午四时联队下令：明朝七时集合向南面前进。

三日

五中队到离玉口镇南方二里之小村，敌弹纷纷飞来，第七中队在后面休息，敌方之迫击炮落于第七中队中央。

四日

天雨。半夜二时下令进攻西子牙镇，上午六时到西子牙镇北方村落，迫近相隔敌阵四百公尺，突然子弹飞来，我方负伤多人，战死二名，大队亦受伤，约历八小时激战后方得占领该地，实为出征以后最大之战斗。敌兵反攻颇炽，向我队夜袭，第七中队受伤三十名，冈本君亦重伤，因此地点非常重要，所以山本大队留以看守。

五日

敌方反攻愈烈，全队兵士不分昼夜，致力防御。

六日

守防西子牙镇，亲友由木、足立均安泰。

七日

食物告罄，出外搜罗鸡鸭数十只，屠杀充饥。

敌兵尸体如山。不论中国老百姓，见人必杀。

夜间戒严。

八日

奉命前往东子牙镇相帮工兵架设桥梁，因为敌兵撤退时块[决]溃堤坝，不能前进。

九日

任攻守西子牙镇之责。午饭后写信与内人。

十日

午夜三时半向东子牙镇出发，第十中队在前方应战，敌方之野炮愈开愈烈，第十中队负伤二十七名。

夜间向西小沿庄出发，道路恶劣，迟迟难进，约历两小时方到该处，敌弹纷纷飞来。

十一日

奉命前进一千五百公尺，中途又遇河浜，脱衣而游。

十二日

奉令进占豆新省，午后又向马头前进，中途无见一敌，突然从附近村落子弹飞来，前进五百公尺后公路又被敌方破坏，不得通行，等候三小时后稍修完竣，闻中岛已战殁。

十三日

第三小队第一五分队奉命留在原址与四十联队连络。

十四日

半夜在屋顶观看炮兵射击。

十五日

半夜二时半向北越展开总攻，大炮队集中发炮数百发，敌弹如雨，非常恶战，十时许占领该地，枪毙败兵不可胜数，十一时开始进攻南哨扶，第七中队从右侧，第六中队由左侧，第五中队由中央包围，敌兵无路可遁，顽固应战到底，我方死伤二十七名，唯第五中队毫无受伤，下午展开第二次冲军，当晚展开巷战。

十六日

占领南哨扶。

十七日

奉命全员整理步枪。

十八日

半夜二时四十分向马厂前进，中途又遇河浜，在水中行军约一小时以上。

十九日

上午十时由马厂向清县出发。

二十日

补充兵数人到队。

廿一日

四时起床，向兴济镇出发，第五分队前往兴济车站，守护铁路，我与其他数人任师团长之卫队，沧州一带空袭非常炽烈。

廿二日

写家信。上午至车站搬运防毒面具。

廿三日

半夜敌兵袭来，全员紧张应战，无死伤。

廿四日

下午六时向沧州出发。

廿五日

小雨。上午七时许往东花园扫除残敌，中途遇见友军尸体十五具，中国军尸体数百具。据称：昨夜交战，第六中队七十四名、第八中队二十四名、第五中队十七名战死，现正在火葬中。下午一时四十分向东方排官民车站出发。

廿六日

天津出发以来，初次入浴，非常爽快。舍姊寄来家信，述家中情形甚详。

廿七日

六时出发，当夜在玉希庄过宿。

廿八日

与浜崎、岸本两君前往砖河庄布置营房。

廿九日

天阴。与辎重队同时出发，当夜在河边过宿，非常寒冷。

三十日

天降雨雹，非常寒冷，由四处搜罗柴薪，以取暖。

十月一日

行军两小时后到泊头，前面敌弹如雨，下午奉命扫荡败兵，中途遇见梨园，各士兵冒弹争往试食，四面皆是中国兵尸体。

二日

中队六时出发，第二分队掩护辎重队前进。

三日

五时出发，在桑园稍事休息后，再向德州挺进。

四日

闻第一线部队在前方激战，野炮向六百公尺之敌阵猛施炮击，非常壮观。当夜又任师团本部之卫队。

五日

五时向北宾村落出发，夜间枪声大起，全体紧张戒备。

六日

五时起床，向德州车站出发，德州城墙被轰炸破坏殆尽，中队部在德州车站整队待发，下午二时向黄河涯车站出发，四时到达，我分队开往岳高铺与最前线哨兵队交替，下午到达。

七日

队长下令，在此休养至十二日止，再行前进。

八日

家中寄来信件三封，连同护身符亦寄来。

九日

舍兄来信一件，下午写回信，夜间聚集玩扑克牌。

十日

雨。今天为野战军旗祭日，全员领到老酒、麦酒等痛饮。

十一日

全队分发冬季服装，非常忙碌。夜间玩扑克牌，至十一时许就寝。

十二日

准备出发。

十三日

四时起床，队长下令，进攻朱家庄之敌阵，第五中队为先锋，到八里庄，途中不见敌兵之踪迹。突然在五里屯方面一群鸟怆[仓]惶飞过，可见附近有敌兵潜伏，经数小时之激烈之战斗，我方战死三名，负伤数名，下午八时侵入五里屯。

十四日

半夜三时结队前往朱家庄，收拾尸体，敌兵向任庄退却，随后追击，逃避无踪，下午四时到平原。

十五日

在防守平原期内，无大变化，只翘足等候家信。

十六日

家信到。

十七日

被派北门立岗。

十八日

往医疗处慰问负伤之松下、中野、都田等。夜间遇敌兵之夜袭，全员巡逻至车站。

十九日

半夜之时有敌兵之夜袭，与小队长等巡逻至车站附近一带。

二十日

辎重队之士兵一名不知去向，派一小队前往附近村落索查无着。

廿一日

奉令进攻陵县之敌阵，第七、第五两中队之先兵队在附庄附近与六七百名之敌兵相战，下午三时半占领该地，战死二名，负伤十三名。

廿二日

第八中队在中途，杀俘虏一人。下午电悉，陵县已占领，半夜有敌兵之夜袭，立即步哨完妥。

廿三日

天亮向平原出发，下午四时到达，夜间第五中队奉命，防守考种镇铁路。

廿四日

六时起床，九时与驻屯平原之总队部告别后向考种镇出发，下午一时到达。

廿五日

驻守考种镇。

廿六日

驻守考种镇。

廿七日

驻守考种镇期内新来补充兵三十六名。友人信件及前线慰问品已到。

廿八日

防守考种镇期间内并无变化，每日向民众征发鸡鸭充作酒肴。

十一月四日

侍从武官前来考种镇参观。

五日

接到稻田君来信,述乡中情甚详,家严无恙,写回信寄往。

六日

往第三小队访友。

七日

准备出发。

八日

上午九时与浜崎君及高野排长前往平原总队布设营房,下午三时第五中队抵此。

九日

在平原休养,每朝举行早操。

十日

夜间往第八中队堀本君处访问。

十一日

在平原城门口与小队长合撮[摄]纪念照片。

十二日

天亮向禹城进攻,行至张庄我小队被派为师团长之卫队,当夜在蒋河济过宿,中途战斗激烈,辎重队之翻译官战殁。

十三日

下午三时抵禹城,在敌兵前面渡过河浜,第一大队第六中队向安仁街敌阵攻击,非常激战,通宵炮声不熄,我方死伤不少。我小队仍为师团长之卫兵。

十四日

上午八时向安仁街出发,闻松下好三郎已战殁,与花原君二人祝其冥福后而别。全军集于韩家庄,下午向床[宋]家庄之敌阵进攻,剧战异常,是夜住宿于韩家庄。

十五日

天亮展开激战,敌死伤数百人,俘虏六人,战获品颇多。下午检查床家庄附近之敌兵尸体,内有二人假死,立即予以枪决。下午四时由晏城南门进城,在车站附近一宿,第七、第八中队向济河攻击。

十六日

保卫师团长至济河,上午十时到达,途中枪声四起,炮队向城门开炮一百三十发。在城墙上可见黄河。

十七日

天亮奉命出发,第五中队折回晏城驻防,第一小队防守车站,第二、第三小队晏城西面之赤家庄村落。

十八日

骑马游玩,天降雪。

十九日

写信给稻贺一枝。

二十日

天亮往禹城布置营房。

廿一日

在禹城休息,当地物价颇昂,无军用汽车来往,无法寄信。

廿二日

写信给舍兄,是晚往第四分队,沐浴。

廿三日

信件仍不能投递。

廿四日

下午排长告示来往信件之注意事项。

廿五日

上午接到来信。下午四时第一、第二、第五分队被派前往车站立岗,慰问品、酒、糖果等亦领到。

廿六日

下午四时调回中队。

廿七日

下午四时奉命出发,七时由西门向东海道前进,莫明其妙,然后据云:此为济南总进攻之准备,该夜通宵行军。

廿八日

因昨夜通宵行军,身体颇觉疲惓,在玉吕村稍事休息,进晚餐。下午七时奉令出发,又继续行军,经过夏口镇,该镇破坏殆尽。

廿九日

上午七时抵阳家庄附近之村落,上午抵阳家庄,捉鸡十只,充当酒肴。

三十日

在阳家庄休养,等候渡过黄河之命令。

十二月一日

下午下令,第五中队排列第一线,渡河期日已迫,激战难免,各兵希望作最后之效国战斗。

二日

下午训练渡河工作。

三日

下午小船中弹而沉。

敌阵建筑非常坚固，苦力千余名从事建设，敌方装置重炮一百二十四门，我方亦有大炮一大队与之相峙。

四日

等候队发命令，敌方阵地布设日趋坚固。

五日

下午调往旅团总部充当卫队，据闻参谋回国。

六日

第八中队上午来接替旅团总部卫队，折回原队时，接到二哥及内人来信两封。

七日

据云：济南总攻击或者中止，据情报南京将攻陷。

八日

下午队长命令，明朝向高唐前进，各兵忙碌捆包行李。

九日

六时出发，夜宿济集村。

十日

上午七时五十分出发，下午七时许抵韩家庄。

十一日

韩家庄七时四十分出发，下午四时到〇〇村落，总队部向高唐出发，第二大队向南镇出发。征发鸡鸭十五只，糖若干，不见住民人影。

十二日

八时向南镇出发，经过贯屯村，在此一宿，夜间被派立岗，又闻枪声。

十三日

上午七时五十分贯屯出发，下午三时抵南镇，在此防守至翌月十五日，立即布置营房以便住宿。

十四日

时常发现枪声，第二小队守备南门。

十五日

第一、第二小队被派查勘道路，第八中队恶战不支，下午四时被派前往救援，第八中队战死一人。

十六日

第七、第八中队调往扫荡村中残敌，第七中队因桥梁被毁折回，大队长亲自指挥攻击第八中队宿舍南面之敌兵，下午二时开始战斗，约历二小时占领该地，第五中队无损伤，惟第六中队士兵一名头部受伤。

十七日

半夜立岗，无发现枪声。

十八日

上午七时第四分队前来接替岗位，我分队折回宿舍，各兵领到酒肴，痛饮尽欢。命令明天开始讨伐镇平附近之残敌，二十分钟后此命令取消，改向其他方面前进云。

十九日

半夜一时向高唐前进，第五中队不能参加济南总攻，当属遗憾，上午七时到达目的地，其他中队向阳家庄出发，是晚被遣西门立岗，中国行人一向岗位敬礼，其情状实为可悯。

廿日

西门岗位交替后折回宿舍，下午出游市内，香烟求之不得。

廿一日

营房业主差遣小工二三人送来物品甚多,颁发臂章给小工,以便出入,第四、第三分队被差前往禹城取信件,约需二三天。

廿二日

下午三时第三小队自禹城运来慰问品,该品系三井公司所赠。

廿三日

下午队中派员前往邮局取信。

廿四日

自上午九时起西门之岗位由第二分队担任,出入之中国人一一向岗位敬礼,治安维持会干部来称:“无证明书之小工绝对不得搬出物品。”该干部系日本帝大出身,日语流利。济南总攻或已开始,因在此可闻大炮之声音,当晚被派立岗,半夜非常寒冷。

廿五日

早晨八时又被派立岗,重轰炸机三架向济南方面飞去,九时第六分队前来接替岗位,我回宿舍,见重轰炸机三架自济南方面飞回,中国民众见状颇为狼狈。今天系大正天皇祭日,各发老酒一大瓶,夜餐痛饮尽欢,高原附近一带之治安非常良好,仅黄河方面时常可闻炮声。轰炸机时时刻刻盘旋于上空,据情报:廿五日第一线部队已渡过黄河,牺牲者人数不明,济河方面布一师,该路附近布二师,阳家庄方面布四师,现正在展开激战,因驻守南镇之第二大队离开他往后中国军队即冲入,以致维持会人员被杀殆尽,实属可怜。九时往禹城邮局取信之分队已还,带回包裹及信件等颇多。

廿六日

国防妇女会及亲戚各来一信,申述祖国及家中情形颇详。

廿七日

早晨收拾房间及整理兵器,下午三时许队长训话。

廿八日

下午三时训练，临时召集各就其应守之场所。夜饭时治安维持会送来酒肴甚伙。

廿九日

据情报悉：济南业于十二月二十六日占领，现市内大火未熄，先锋队从事市内扫荡，我方死伤人数正在调查中。

卅日

野犬偷吃牛肉，打杀三只。

卅一日

今天为昭和十二年最终之一日，出征以来交战数次，我队各将兵均安好，谢天谢地。

民国二十七年元月元日。

起床后即入浴，全体向东方致最敬礼，祝祖国及家族平安。

二日

大饮特饮，大吃特吃，度过一天。

三日

下令，明朝四时出发，各兵分发粮食甚忙，维持会副会长张周一来队云："日兵离开后维持会人员难免又受中国兵队之惨杀。"又盐店主人云："如日兵离开此地，我即率领全家十四人随军逃避天津。"

一月四日

上午七时出发，维持会人员含泪欢送我军，盐店主人引率全家及店员等计二十人跟随我队出发。

五日

正午到禹城车站，轰炸机数架盘旋于上空，第三小队被派守卫铁道，在南哨扶地方受伤之分队长已伤愈回队。

六日

上午九时乘火车约历四十分钟到晏城东北面之赤家庄。

七日

第一、第三、第六分队派往桑梓店车站防守。晏城车站内,子弹、火药、军粮堆积如山,小船亦有数十艘,据云此系第四兵站。

八日

写信寄往家中。前第四分队之出羽君因在济南方面受伤,现折回晏城治疗。下午发令,明朝七时出发。

九日

上午十一时上火车,在黄河前一站下车,途中各车站兵器,军粮堆积如山,借用榻车十九辆,以便搬运行李。夜宿于黄河堤坝之右侧村落,北海道第七师团亦驻在此处。

十日

由兵站搬来粮食甚多,据情报悉:二千余名之中国败兵冲入高唐城,破坏友军之重轰机数架。

十一日

写信给家族及亲戚。下午入浴。夜间被派立岗。黄河已结冰。

十二日

因为工头揩油小工之工资,双方发生冲突。

十三日

下午手榴弹爆炸,伤马一头,其他士兵无受伤,幸甚。黄河铁桥已毁,现工兵队及满洲铁道公司从事修建。

十四日

夜间被派立岗。

十五日

终日无事，谈笑度日。

十六日

上午九时冢田小队长及中队长来队。写信给台湾之贤市君。夜充步哨，与交通班士兵谈及大[太]原方面之战况，天降雪。

十七日

地上积雪颇厚，第六分队之金田君赴济南。

十八日

与第四分队之足立、藤原、岩田、中仓及第五分队之森、林原、坂口君等同往济南，济南原是山东省之都会，现被中国兵破坏殆尽，日本领事馆亦被毁，日军占领后市面日见复兴，各路口有日军立岗，市内设有东本愿寺，安置战殁士兵之遗骨。铁桥附近施行戒严，因华北最高指挥官寺内寿一将抵此视察。

十九日

特务兵三名乘汽车往禹城，因不谙路程，误往高唐方面，中途遇见中国败兵，被枪决，仅中国人司机放回，现派队四出搜查尸体，我队被留为看守。

廿日

与同队四人同往济南游玩。

廿一日

再往济南游玩。

廿二日

再往济南游玩。

廿三日

夜间被派立岗。

廿四日

写信给内人。

廿五日

特务兵尸体索查队出发以来已历数天，未还。是晚立岗。

廿六日

因受炭毒，全员皆觉头痛。

廿七日

上午往铁桥附近，搬运粮食时遇见第五师团第四二联队之兵士，该联队驻防于保定，此次因公抵此云。

下午据云：以战败为理由，韩复渠[榘]被蒋介石枪毙。

廿八日

特务兵尸体索查队已还，并无结果。

枪杀中国败兵甚众。

卅日

往中队指挥班领粮食。据云：粮食现由野战兵站分配，即率领小工□往该站。

卅一日

往军队妓院游玩，与中野村、浜田两君相遇。

二月一日

北泺口出发，各分队分批往济南，宿于济南兵站，明天开往前线。

二日

七时集合火车站，九时上车，下午一时到大汶口车站，中饭后被派前往太平镇布设营房，营房发现中国兵之刺刀十余支。

三日

上午又奉命前往管村布置营房。

四日

上午七时管村出发,正午到曲阜,参观大成殿,建筑宏大,高约五〇尺,阔约一百余尺。

五日

七时五十分曲阜出发,下午二时半到邹县。

六日

驻守邹县,上午值岗。

七日

驻守邹县。

八日

驻守邹县,上午值岗。

九日

驻守邹县。

十日

舍姊来信,明天为国庆节,全员准备庆祝。

十一日

今天系国庆节。

十二日

整理步枪。

十三日

旅团长由曲阜来邹,中途遇残匪袭击,旅团长受重伤,保卫队十八名中,战殁六名，负伤十余名，翻译官及随军记者亦毙，第七中队出动救援，亦死伤二人，第六中队亦在栗店应战，因敌众，再派第八中队前往救援，激战通宵。

十四日

昨夜通宵戒严，夜半我中队折还兵营，并无死伤，我即被派步哨，半夜二时许又奉令出动，第七中队正在展开激战。

十五日

天亮奉令退却，敌方开炮甚炽，十二时集合于大队部前，待发，队长发令，拼命攻陷栗店，以与第六中队取得连络。

十六日

下午十二时向栗店进攻，队长谕：途中虽遇敌兵，不可开枪，全队抱定死心，向栗店前进，四时许冲入栗店，而不见敌兵，全员转赴车站。天亮见敌兵数百名向北退却，即开枪应战，敌方猛射机关枪，我队不持，退回栗店。队长命令：明天进攻栗店南面之敌阵，第七、第六中队轮流驻守栗店。

十七日

大队十二时出动，第七中队上午出动，上午十一时石田小队长战死，足立君重伤，下午四时开发大炮，第五中队绕道占领乡村，第七中队死伤惨重，第五中队渡边甘颐部受创，夜间第十二中队前来救援，明天早晨准备总攻。

十八日

天亮开始总攻，敌方死伤数百人，不持而退。下午八时还邹县，经两□□□□我方战死四名，受伤十七名。

十九日

分发粮食。

廿日

驻守邹县。

廿一日

上午值岗。

廿二日

分发薪俸,接到家信。

廿三日

写回信,分发慰问品。

廿四日

上午八时奉令护送车辆至栗店,下午还邹县。

廿五日

驻守邹县。

廿六日

分配粮食。

廿七日

写信给家族。

廿八日

终日无事。

廿八日

终日无事。

三月一日

天降雨,稍冷。

二日

上午九时起立岗。

三日

天雨，写信，入浴。

四日

整理枪枝。

五日

第一中队、第四中队前往栗店驻守。

六日

信件及慰问品寄到，各兵分发御寒衣类。

七日

分发慰问品。

八日

写信给内人。

九日

相帮第三中队分发粮食。

十日

今天系最有意义的陆军纪念日，下午全体开游艺会。

十一日

整理兵器，下午试验新式手榴弹，其威力颇堪惊人。

十二日

准备出发。

十三日

整理行李，全队各兵醵出若干，以劳中国小工。

十四日

上午四时全体集队于孟子庙待发，预备进攻滕县，先向界家车站进攻。两大队为主力，敌方掷迫击炮甚猛，第三小队三名受伤，又向香城进攻，敌方迫击弹加猛，我方野炮队及战车队亦出动应战，香城已入手中，再向界家总攻。下午入激战阶段，栗店方面又开来一大队救援，中途援救父子六人，对我表示谢意。下午六时攻入城内，杀残匪六人，在此一宿。

十五日

界家出发，向滕县进攻，中途一面扫荡残匪，一面向东南方鼎进，下午四时，从飞机探悉，第五中队现正在离曲阜东面二里之别庄地方，截断敌方退路。至翌晨十六日上午四时方到玉庙，稍事休息后，五时又出发，向藤[滕]县猛进，中途变更战略，第十联队改攻藤[滕]县，第二大队改向南沙河车站进攻，难民数万人向日军阵地躲避。装甲车在藤[滕]县车站待机，野炮队、速射炮队及战车队猛烈开炮，展开空前未有之激战，其壮观实笔墨所难形容。各炮队向敌装甲车之部猛烈炮击，其中一部已遁走无踪，其余二部中弹，不能驾驶。是夜住宿于装甲车。

十七日

早晨七时集队向临城推进，第二大队在第一线左侧鼎进，中央部队已开始战斗，飞弹如雨。在临城东北面二里半地点，重炮队、野炮队展开剧烈炮击，机关枪亦参加扫射，敌兵四面被我方包围无处可逃，被杀者不胜计数。总队部向临城，第二大队向孔庄挺进，第二大队不战而入孔庄城内，稍事休息，忽然由对面山顶子弹飞来，我方负伤一人，野炮即应战，不幸我方马队中弹六只，死伤人数亦不少，下午七时半再向临城前进，十一时许到达，宿于车站西南面民房。

十八日

上午十一时奉命出发准备，正午出发向泽县进攻，第七中队乘汽车出发，忽然由临城东北面高地子弹飞来，即开始应战，第十二中队由南侧进攻，第七中队之小队长竹信少尉中弹而死。我队向泽县挺进，忽然由南面山顶猛射，我躲在战车后面，继续前进，总队部经激战后死伤达相当人数。下午七时在家邻车站吃晚餐后再继续行军，十九日上午三时半许到刘庄，后离泽县一里，因食米告罄，往附近农村探掘山芋止饥。

十九日

开始正面进攻泽县，第六中队、第八中队猛烈开炮，敌弹如雨，第六中队开始肉搏。泽县西北城外之村落，敌兵人数颇众，以机枪向我方猛射，田边君中弹受伤，其他死伤甚众，速射炮队队长亦战殁。下午十时半我军冲入城内，展开巷战，至廿日上午三时在市内从事扫荡残敌。

廿日

尸体载道，其情状非常凄惨。

廿一日

上午九时开始收拾尸体，下午一时在南门外开吊，负伤者即送往泽县，死伤共计三十余名。

廿二日

天雨。驻守泽县，下午八时下令，准备明晨出发。

廿三日

上午七时南门出发，第二分队沿铁路前进，总队部向泥沟车站之敌阵展开猛射，杀敌颇众，夜袭车队东南面之北落村，间宫君受伤。

廿四日

上午六时北落村出发，向台儿庄前进，第五中队及机关枪队右侧第一线，总队部向铁路敌阵开始进攻，敌兵约数千名，第五中队呼应总队部向敌阵进攻，受敌方猛烈射击，不支，伏于麦田，谷川君战死，第三小队之见泽君去向不明，中仓、中原两君受伤。向铁路东西面村落夜袭，小队长下令，各兵要抱死心，敌方以捷克机关枪猛射，我伏在地上，立在前面之森君中弹即死，黑川君亦中弹倒地，金田君负伤，战车队向南面蓦进，展开肉搏战，小队长负伤，因敌兵甚多，我军含泪而退，马拾只倒地，经理部长战死，其他死伤不少，敌方发射愈猛，我中队不能与总队部取得连络，约历一夜，川谷君战死。

廿五日

敌装甲车出现于前面约距五〇公尺，因势寡不得动手，浜尾君战殁。排长率第五分队往总队部连络时，我阵地北方发现敌兵数千人，吹喇叭而向我阵地进攻，刘家湖方面之敌兵亦甚众，向我攻袭。各兵抱定决心待死，约历两小时许忽闻友军枪声四起，第七中队及辎重兵队负伤颇重，在刘家湖取抵抗态势，伤兵送往卫生队，中途所有乡村均放火焚烧。

廿六日

在刘家湖稍事休息，下午五时出发，占领东面之小村，该处约距台儿庄二百五十公尺，准备明天开始进攻台儿庄。

廿七日

半夜二时出发，幸哉，无月，无星，四面黑暗，敌方无从探知我方行动，中途无受敌兵袭击，到达总队部，立即开掘战壕，竹安君被派步哨。由木君受伤惨重，据称第四中队于廿四日战斗，死伤将达一百数十人之谱。

天亮六时半，各炮队开始发炮，其音响震动天地，第五、第六两中队结成敢死队由城墙之破裂口冲入，墙边有河浜，手榴弹如雨飞来，数人中弹倒毙，其惨状实为人间之地狱。队长命令，不管死伤如何惨重，各应尽本分。步兵几乎全员倒毙，手榴弹仍如雨飞来，我身边亦飞来数枚，我无负伤，非常奇迹。经激战方得占领城市之一隅，我方已牺牲半数以上云，然后将死伤者全部收容于大房屋内。黄昏，敌再度袭来，我方受伤数人，手榴弹仍如雨似雪飞来，夜间我与林原、足立两君刺毙敌兵九名，通宵枪声不绝。

廿八日

敌众势寡，无从扫荡敌兵，仅与之对峙相持，迫击炮如雨飞来，我方死伤益见惨重，全员不分日夜，从严防守，各中队人数仅剩六七十人。

廿九日

敌方开始退却，我方伏于战壕向敌兵猛射，各中队各派一部出外扫荡，夜间第九中队由后方开来助战，我方战车被敌方破坏殆尽，子弹亦告罄，不得已伤兵之子弹拿来应用。

卅日

天亮展开巷战，敌方抵抗顽固，不得进展，上午十一时许第九中队之西山君战死，激战一天，无占尺地，敌迫击炮、手榴弹愈演愈猛。

卅一日

上午九时开始进攻，正午前敌方发射迫击炮甚烈，我方死伤惨重。

开始收拾尸体，约有六七十具，因敌方猛射无从收拾，夜间与第三分队从事防守，附近一带落弹颇多。

四月一日

上午六时火葬尸体，八时开始进攻，死伤者全部送至后方，下午占领和尚寺一所，全员进驻该寺，准备明天战斗，敌机投弹于该寺附近，石仓君中弹重伤，重机关枪分队长亦中迫击炮而毙，第三分队战死三名，重伤一名云。

二日

上午九时开始进攻，因道路受阻，工兵队从事毁坏房屋，以便前进。

三日

早饭后开始进攻，敌弹如雨飞来，足立君中弹而毙，各处起火焚烧，火陷[焰]冲天。

四日

互相投掷手榴弹，下午三时许，发现敌机十一架，投弹。夜间看守友军尸体。

五日

与第三小队前往火葬尸体。敌弹猛烈，第九中队排长负伤；第三分队之三泽君尸体，虽经四面探查，无从发现。

六日

与林原君两人舁足立君之尸体至收容所，途中迫击炮纷纷飞来，非常担忧，尸体舁至火葬场时敌弹愈射愈烈，我伏于望远楼中，稍待，大队部在此中弹三名，第八中队八名亦倒毙，第三小队亦舁尸体前来，下午七时，收拾死伤兵之枪枝。大队部无法支持，退至河浜附近，敌弹愈射愈猛，牺牲数百人之生命而占领之场所又被敌方夺回，我队亦含泪跟随大队部后撤，退却时向战死者暂告惜别，且将所有房屋放火焚烧。

七日

台儿庄撤退后，上午五时到泥沟，四面桃花满开，春景颇佳，我队因人数关系，即编入第十联队。上午十一时许到夹坊林，在此暂驻，我之生命，暂时可以保全。由乡村中捉来鸡鸭十五只，大吃特吃，在此稍事休养，准备下次进攻。

（原载于《敌军战场日记》，群众图书公司，1946 年）

日本人的宗教思想

——读《敌军战场日记》后

灵犀

在听涛室读到几篇敌军战场日记，这都是从那些完成了盲目的“祈战死”的敌寇遗尸上搜集来的，字里行间，都充满了恐怖、忧郁、苦闷、悲愤和思家怀乡的情绪。聚仁兄说：“日本士兵的日记，很少军事上的价值，倒是他们的心理变化，值得我们仔细研究，作为对日本民族性的分析，这些是最可宝贵的资料。”在这之外，我想特别指出的，是日本人的宗教思想。

日本人在宗教上，是受了佛教的影响，在好些地方，都染上了佛教的浓厚色彩，但在实际上，他们简直是佛教的罪人，根本不配谈宗教思想。他们只是迷信神权，完全以自私自利作为出发点，早也祈祷，晚也跪拜，所求祝的，只是个人的利己主义，希望神佛能庇佑帮助他去侵害他人，达到自己的功利目的，根本和我佛的冤亲平等、慈悲为怀的至高至上的真谛，完全相反。我佛仁慈，对于这个误解佛门宏旨，单以损人利己为目的的民族，正该首先给以惩膺，决不能让他们在世界上猖獗横行着。这里待我从他们的战地日记上，指出他们在思想上的错误，以致造成了错误的行为，酿成了这次惨败的后果。如果他们对于宗教能有更进一步的了解，切实的奉行佛教宏旨，那么他们决不会希望“将快活建筑在恐怖中”(高田正明日记)，一方面怀着死的恐惧，一方面却又露着狰狞面目，必要置人于死地。不如此，则此次大战，当然不会产生，而日本当然也不会失败到如此地步。所以我认为日本人的惨败，完全是由于不能具有最高的宗教思想所致，日本要想复兴，还须在佛教真谛上下些切实功夫，完全改变了以前的穷兵黩武的残酷思想、疯狂行为。

在他们的日记里，都充份的流露神权的迷信，时时刻刻在祈祷着“攻击的安全”。横仓勘一所记的，更可见到他的痴心，他的热望；但他越是痴心，越是热望，便也越显示了他的可鄙的私心，不仁的欲望。他在火线上，接到家里的来书，知道他的妻子和歌子大概已是生了小宝宝了吧，于是他“从战地向神祈祷着，但愿母子都告平安”，这话正是说明他的结发的爱，舐犊之情，希望神的保佑，使她生下一个小宝宝，母子都告平安；可是我们读到这里，再想到他正拿着枪杆，在做那残酷的杀人工作，便可证明他完全没有宗教头脑，更不懂得佛家的慈爱精神，只是自私自利的迷信神权能帮他杀人，赐他洪福，这不但是矛盾的心理，也是可鄙的意念，如果神而有知，当然是不会接受他的祈求的。照儒家说，忠恕是立身之本，“己所不欲，勿施于人”，一面杀人，一面希望自己却生下一个小宝宝，母子都告平安，那是通论？简直笑话！

这里待我再引证他的日记的片段：

> 六月十一日雨……旁晚，登城，向东方拜告祈祷我家的繁荣和一家的健康；最后，祈祷我的妻的安全，不要太为我不安心。
>
> 七月十一日晴……夜，是真好月亮的月夜，利仔呵，你已经出世两个月了，快点给我乖乖的长大罢，爸爸很健康，正有劲的干着呢。利仔和妈嫣，不要让暑气中到呵，大些好等爸爸归来呵。
>
> 七月十二日晴……点阅之后，向宫城（东京）遥拜，并祷祝父母的健全，我家的繁荣，利仔的健康。
>
> 七月十三日晴……不是玩笑的事，首先应该自重，最要紧的是身体，非自己保重不可，家里和利仔母子在等待着呢。
>
> 向住民射击！
>
> 七月廿四日……以为有信来，可是并没有。唉，真是想早日回家啦。和歌子和利仔都很康健很快乐吧？爸爸是不久就可回家了呢。
>
> 七月廿九日雨……开往二千米的村去放火烧屋，……在一千米的地点，火烟已经冒来起了，唔，已经快到了，在住民的家里放起火来，女人、小孩子哭泣着！
>
> 八月二日晴……我那日夕在念的她——和歌子，今天总会有信来了吧，暑中惟有祈祷着大家平安无事。
>
> 八月三日晴……无论怎样，非留着一个健全的身体回去不可。
>
> 自重自爱，静待凯旋。

他是如何爱惜着自己的身体，热恋着家庭，苦念着妻儿老小，我们读了他的日记，真会感动得几乎掉下泪来，寄予无限同情；可是他不曾想一想，谁无父母，谁无妻子，谁无可爱的家，谁不希望快乐的团叙，他只为自己祈祷着神佛的保佑，却惨酷的举着枪“向住民射击”，用了火药“在住民的家里放起火来”，不管无辜而又毫无抵抗能力的可怜女人和小孩的哭泣，这简直是全无人性的兽行，何曾懂得宗教家最高的慈爱精神！他越是虔诚热烈的祈祷着，越显得他的居心险恶可杀，为天理人情所不容。所以他终于在九月二十七日，做了庐山金轮峰下的炮灰了。虽然他曾为妻子朝夕祈祷着，也是不能再有回去的日子，家里和利仔母子，是只好永远的等待着了！我们自然为他可怜，但也是他们的自作孽，不能完全了解我佛的慈悲圣教，才会替自己掘下了坟墓。

再看和歌子给横仓勘一的信上说：

> 等主人回来时候，再生产罢，我是这样向神祈祷着。每天到米谷菩萨那里去，都是为着主人，为着出生的孩子祈愿。此外身体上并无异态，每日都是平常一样地工作着，这也是菩萨的保佑吧。

而她一方面却替主人祈祷着能多杀人，“凯旋归来”。永田庞子致其夫永田秀夫的家书上，也同样的说：

> 三日来，天亮也好，天黑也好，都是祷祝着你的武运长久。……现在我是只有信托神佛，方能安心过活下去。

从这些〖信〗上，便可见到日本男女老幼，都是怀着一股矛盾的心理，希望神佛帮助他们去杀人，同时佑护他们不要为人所杀。对于死，他们是恐惧、痛恶得不得不朝夕向菩萨祈祷着，这是多可哂的事，和一个强盗拜求神佛保佑他的“杀人放火”的生意兴隆，同样可笑。日本人的惨败，我相信一半也是失败在这上面。他们在明治维新时候开始排斥佛教，一班佛教徒不得不削足就履的将佛教屈纳在褊狭的帝国主义思想里，于是一面拜佛，一面是盲目的被穷兵黩武的军阀们驱上战场，为了贪婪的侵略，作残酷的杀戮。此在我佛看来，已是罪人，佛所诏示，不离因果，凡人之造业为因，业成之所得为果，业有善恶之殊，即果有苦乐之异，这是世上任何宗教家科学家所共认的至理，日人既造恶因，自然必食恶果。所以日人如果想复兴，在认识了这次的惨痛教训，忏悔了这次的凶暴罪恶，更须纠正了心理上的错误，贯澈了宗教思想，对于佛家的慈悲之旨，贪嗔之戒，要切实奉行，不要只是在菩萨前叩头祈祷便算了事。那么日本人回头是岸，复苏有望，而世界大同，便也奠立了永久和平的基石了。

写到这里，有位朋友问我，暴寇的杀戮，既为佛家所不许，那么我们的以战抗战，在佛家又是如何看法？我便合十写下了佛经上的话作为答复，经云：“为护生命，宁舍国财，为护一家，宁舍一人，为护一村，宁舍一家，为护一国，宁舍一村。”自大乘教言，菩萨为利益众生故，为调伏魔怨，勿令多所残虐，自堕恶道故，可以开杀戒。我们为了调伏魔怨，当然不惜以王者之师发动圣战。为了护国保民，自更不惜牺牲一切，来抵抗暴力的侵袭。“多行不义必自毙”，“仁者无敌”，于是日本终于自取覆亡，而最后胜利，终属于我了！

六月三日作

（原载于《茶话》第2期，1946年）

编后记

《日记卷》是“二十世纪东亚抗日叙事文献整理与资料丛书”史料编的一卷，选录了民国时期的日记资料及日记评介六十余篇。这些日记的内容皆与丛书主题“东亚抗日”相关，搜集自民国时期的中国报纸、杂志和单行本，经过重新整理、录入、拆分、选取、编目，以国别、发表年份的顺序汇编成册。

与《书信卷》类似，《日记卷》的编选思路也以抗日语境下的“东亚性”“抗日性”为主要原则。所收日记资料中，既有中国普通民众与在华外国抗日革命人士的日常交流记录，也有在华韩国革命者、日本反战人士、苏联战士的战斗日记，此外还收录了许多战时中方缴获后翻译刊行的日本士兵日记。

其中，中国人士日记方面，本卷收录篇数不多，仅《春生日记》和战时西安《黄河》杂志主编谢冰莹的《编辑室日记》两篇，但都是值得注意的材料。前者记录了一名普通中国学生和韩国流亡抗日志士遗孤遗孀的交流情形；后者反映了《黄河》杂志与韩国青年战地工作队的交往片段，以及中韩抗日志士与日本俘虏的接触交流。国际抗日反法西斯人士的战斗日记方面，本卷收录有朝鲜义勇队队员的《阵地工作队日记》《中条山反扫荡日记》，日本反战人士池田幸子的《武汉行》（以群译），苏联人西尔倩考的《冲上张鼓峰去》（焦敏之译）、格罗金的《一个空军战士的手记》（戈宝权译）等。这些日记为东亚视野下的抗日叙事研究提供了文献补充。

搜集并整理抗日战争时期中国方面翻译出版的日本士兵日记，是本卷的重心之一。抗战时期，中国方面在战场上缴获了大量敌军日记。对这些日记加以整理与分析、翻译与发表，是战时敌工工作的内容之一。然而，这方面的文献此前较少受到学界关注。本卷选编了五十余篇侵华日军士兵阵中日记的中文译本，这些日记译本均为时人所编译，其中包括：八路军平型关战役战利品《板垣师团长卫兵日记》（吴默健译）；淞沪会战中缴获之日军重藤部队士兵日记《敌兵阵中日记》（田汉译）；新四军在前线缴获的多份日本士兵日记（《敌军士兵日记》，林植夫编译）；国军一六零师在庐山金轮峰战役中缴获之日军一零一师士兵“阵中日记”“烧伤日记”数篇(《敌军日记》,徐孔生编译);罗浮山游击队员翟兆泰在血战中拾获并译出的《大和魂之忏悔——一个侵略者之日记》;以及路明翻译的某日本战俘之醒悟日记;等等。此外还有若干时人(主要为译者)关于侵华日军日记的评论、单行本序言或跋,详述了翻译敌兵日记的动机与意义、战局分析等。这些“敌兵日记”及相关分析,对考察战时中国的抗战宣传、战斗情况、对敌研究工作,以及反映侵华日军行动路径、部队面貌、士兵战争态度、厌战情绪、日本国内战争宣传等,都是可资参考的珍贵文献。在中国人民抗日战争暨世界反法西斯战争胜利八十周年之际,重现这些尘封在历史中鲜为人知的中方缴获之日本士兵日记译作,既是对文化与敌工战线革命先辈的纪念,也丰富了东亚抗日研究的史料与思路。

需要说明的是,部分日本士兵日记存在多个不同译本。例如,朝鲜义勇队队员韩志成、新四军政治部敌工部部长林植夫,都曾翻译桐村定男的日记。八路军在平型关战役中曾缴获一位名为 Nagamo 的卫兵的日记,该日记有吴廷璆(默健)、夏烈、孙良录三个译本。《竹枡英雄的从军日记》(谢振军译)、《从敌兵日记中看出敌军之痛苦——厌战与横暴》(史沫特莱译)、《一本日本兵士日记的拾零》(C.Y.译)三篇,译者不同,翻译来源不同,日记主人分别被译为“竹枡英雄”“竹增”“高松英勇”,实为同一份士兵日记。关于这些情况,本卷从文献史料的角度考虑,将同一士兵日记的多个译本均按原文收录在内。对于不同译本间的内容差异,敬请读者在使用时审慎辨别。

衷心感谢所有在《书信卷》《日记卷》汇编过程中提供细致帮助与热忱支持的课题组老师同学、山东大学出版社编辑团队以及文献作者(译者)家属亲友。

吴铭

2025 年夏